Felix Friedrich / Eberhard Kneipel

Orgeln in Thüringen – Ein Reiseführer

Kamprad

Felix Friedrich / Eberhard Kneipel

Orgeln in Thüringen – ein Reiseführer

Kamprad

Inhalt

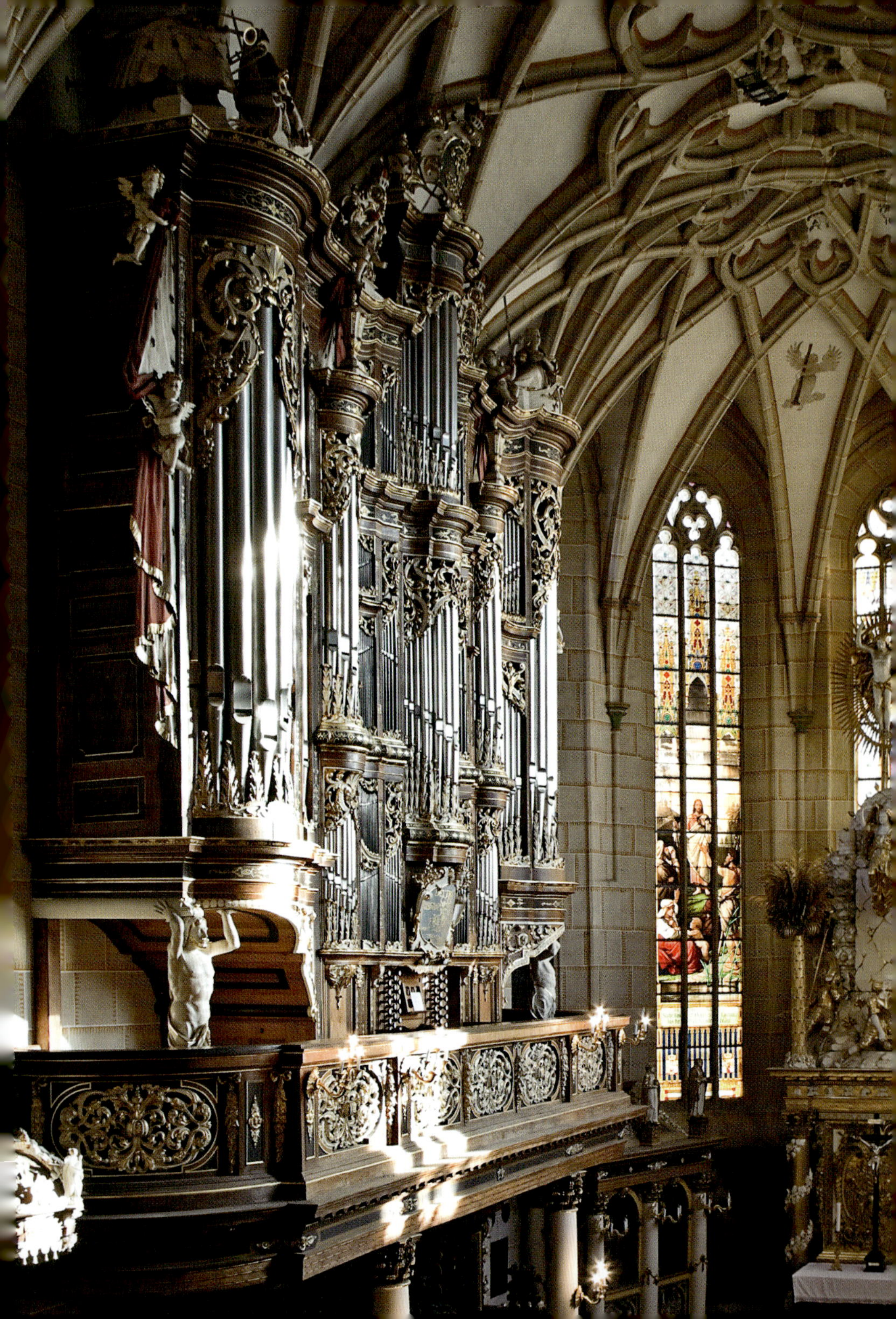

Die Trost-Orgel in der Schlosskirche zu Altenburg

Disposition > Seite 171

Orgelbauer:
Tobias Heinrich Gottfried Trost
Erbauungszeit:
1735 – 1739
Restaurierungen, Umbauten:
1867, 1881/82, 1974 – 1976

Noch bevor der „privilegierte Hof- und Landorgelbauer“ Tobias Heinrich Gottfried Trost aus Altenburg sein Werk vollendet hatte, noch bevor die Orgel in der Hofkirche des Altenburger Residenzschlosses mit ihrem schönen und fremden Ton überraschen und ihren Ruf als ungewöhnlich pracht- und klangvolles Instrument erlangen konnte, noch bevor sie weit über den mitteldeutschen Raum hinaus die kühnen Klangvisionen ihres Erbauers und den Repräsentationswillen der Herzöge von Sachsen-Gotha-Altenburg manifestieren würde, machte ihre Einzigartigkeit bereits von sich reden.

Berühmtheiten wie Bach, Scheibe und Silbermann waren die Wortführer und des Lobes voll. 1733 hatte die herzogliche Rätekammer den Entscheid getroffen, die alte Schloss-Orgel durch einen Neubau zu ersetzen und – nach ausführlicher Prüfung – den Altenburger Meister mit dieser Aufgabe zu betrauen. 1735 wurde der Kontrakt mit Trost geschlossen, die Kosten auf 3.091 Taler und die Bauzeit auf 2 ½ Jahre festgesetzt. Doch schon 1736 befürchtete man Verzögerungen beim Arbeitsablauf. Die Kammer bat den Sächsischen Hoforgelbauer Gottfried Silbermann, der im nahen Ponitz am Wirken war, aufs Schloss. Am 21. Juli 1737 begutachtete er das halbfertige Werk und gab – neben kritischen Hinweisen und Vorschlägen für Änderungen der Disposition – ein lobendes Urteil über die Arbeitsweise seines Kollegen und über die neue Orgel ab, „die ein gar ansehnlich und gutes Werk werden würde, darinnen sich Herr Trost viel Mühe und Arbeit gäbe, keinen Fleiß sparete, [aber dafür] auch schlechten Profit haben dürfte“. Das eine wie das andere war exakt vorhergesagt. Die Experimentierfreudigkeit und Risikobereitschaft, die handwerkliche Meisterschaft und Originalität Trosts brachten den Orgelbau in der ersten Hälfte des 18. Jahrhunderts auf den neuesten Stand. Aber seine Geschäftspraktiken, das Fehlen eines wohl organisierten Werkstattbetriebes, auch der großzügige Umgang mit seinen Mitarbeitern, in denen er „seine kostbaren Gesellen“ sah, verschafften ihm keine Reichtümer. Und wie die Anfänge seines Lebens im Dunkeln liegen, so endete es in Altenburg in Not und Vergessenheit ...

Am 22. Oktober 1739 nahmen die Examinatoren Hans Gustav von Kirchbach, Johann Gottfried Golde, Johann Ludwig Gotter und Hofkapellmeister Gottfried Heinrich Stölzel das Instrument von Tobias Heinrich Gottfried Trost ab und stellten ihm ein glänzendes Zeugnis aus. Lediglich das Glockenspiel, das „im Thon zu jung sey“, missfiel und wurde 1740 durch den Erfurter Glockengießer Johann Andreas Buttstädt ersetzt. Auftragsgemäß zeigte sich nun die neue Orgel in der Hofkirche des Altenburger Schlosses – die der in Gotha ansässigen Hofkapelle das kirchenmusikalische Pendant lieferte – als ein großartiges, wahrhaft fürstliches Repräsentationsinstrument. Allein schon der Orgelprospekt mit dem reichen, in Weiß und Gold gehaltenen Schnitz- und Figurenwerk des Gehäuses macht das deutlich: Die Orgel ist in den herzoglichen Prunkmantel eingebunden, durch das Wappen des Herrscherhauses bekrönt und mit der Dedikation von Friedrich III., dem fürstlichen Geldgeber, verziert. Auch bei den Baumaterialien war, wie gefordert, nur das Allerbeste ausge-

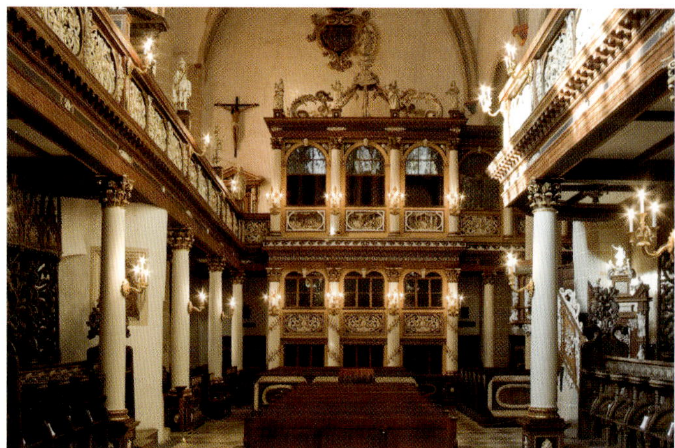

Innenraum der Schlosskirche von Osten. Rechts die Nordempore, auf der die Orgel steht

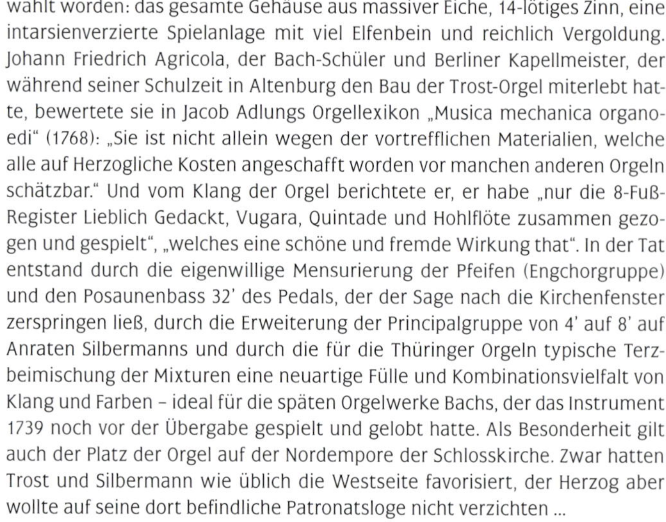

wählt worden: das gesamte Gehäuse aus massiver Eiche, 14-lötiges Zinn, eine intarsienverzierte Spielanlage mit viel Elfenbein und reichlich Vergoldung. Johann Friedrich Agricola, der Bach-Schüler und Berliner Kapellmeister, der während seiner Schulzeit in Altenburg den Bau der Trost-Orgel miterlebt hatte, bewertete sie in Jacob Adlungs Orgellexikon „Musica mechanica organoedi" (1768): „Sie ist nicht allein wegen der vortrefflichen Materialien, welche alle auf Herzogliche Kosten angeschafft worden vor manchen anderen Orgeln schätzbar." Und vom Klang der Orgel berichtete er, er habe „nur die 8-Fuß-Register Lieblich Gedackt, Vugara, Quintade und Hohlflöte zusammen gezogen und gespielt", „welches eine schöne und fremde Wirkung that". In der Tat entstand durch die eigenwillige Mensurierung der Pfeifen (Engchorgruppe) und den Posaunenbass 32' des Pedals, der der Sage nach die Kirchenfenster zerspringen ließ, durch die Erweiterung der Principalgruppe von 4' auf 8' auf Anraten Silbermanns und durch die für die Thüringer Orgeln typische Terzbeimischung der Mixturen eine neuartige Fülle und Kombinationsvielfalt von Klang und Farben – ideal für die späten Orgelwerke Bachs, der das Instrument 1739 noch vor der Übergabe gespielt und gelobt hatte. Als Besonderheit gilt auch der Platz der Orgel auf der Nordempore der Schlosskirche. Zwar hatten Trost und Silbermann wie üblich die Westseite favorisiert, der Herzog aber wollte auf seine dort befindliche Patronatsloge nicht verzichten ...

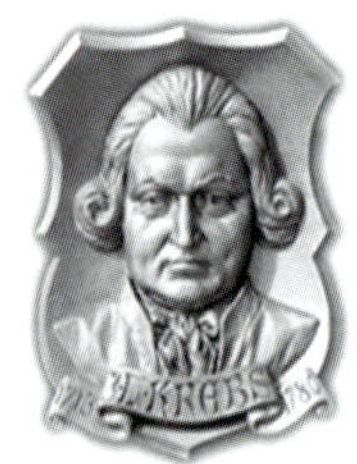

Portraitmedaillon von Johann Ludwig Krebs in der Altenburger Schlosskirche

Fertiggestellt, stand das exquisite Instrument im Mittelpunkt des höfischen Musiklebens und wirkte fortan weit über Altenburgs Grenzen hinaus als Magnet auf Musiker und Besucher. 1756 trat der bedeutendste Bach-Schüler Johann Ludwig Krebs, der als „ein sehr guter Orgelspieler" und als „ein fruchtbarer Componist für Orgel, Clavier und Kirchenmusik" galt und von dem es witzig hieß, es sei „in diesem Bach nur ein einziger Krebs gefangen worden", das Amt des Hoforganisten an. Bisher in Zwickau und Zeitz an eher mittelmäßigen Instrumenten wirkend, konnte er nun in Altenburg seine Laufbahn krönen: Fast ein Vierteljahrhundert hindurch betreute er „seine" Orgel mit nahezu väterlicher Liebe. Im 19. Jahrhundert fanden erstmals öffentliche Konzerte in der Schlosskirche statt, die vor allem mit dem Amtsantritt des Hoforganisten und Hofkapellmeisters Wilhelm Stade (1860) ihre Pforten für den bürgerlichen Konzertbetrieb und für Veranstaltungen des „Allgemeinen Deutschen Musikvereins" öffnete, der 1868 und 1876 Tonkünstlerfeste in Altenburg aus-

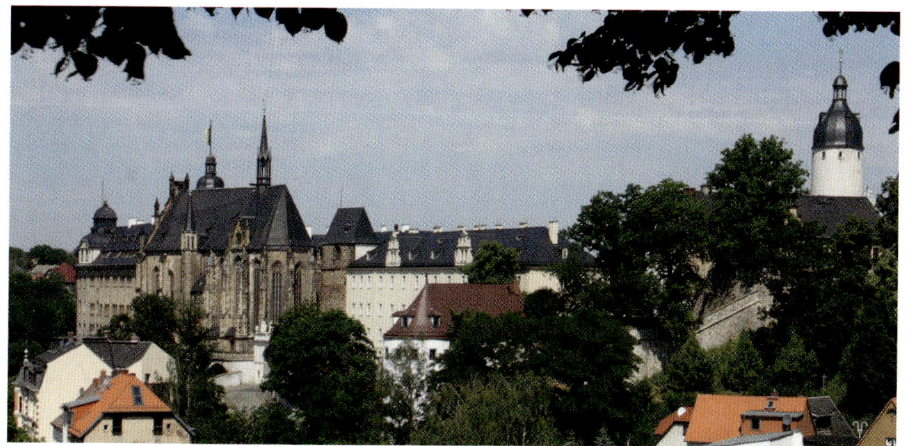

Residenzschloss und Schlosskirche (links) in Altenburg

richtete. Zu den berühmten Ehrengästen zählte Franz Liszt, der nicht nur mit seinem Spiel auf der Trost-Orgel brillierte, sondern wohl auch deren Umbau durch Friedrich Ladegast (1881/82) anregte. Hatte 1867 der Orgelbauer Karl Ernst Poppe die Disposition „wegen der zu vielen dünnen Stimmen im Haupt- und Oberwerk" verändert, so modernisierte nun der Weißenfelser Meister die Barockorgel zu einem romantischen, von französischem Klangempfinden geprägten Konzertinstrument.

In der ersten Hälfte des 20. Jahrhunderts haben zwei Weltkriege die Musikpflege unterbrochen und die Orgel so gut wie zum Schweigen gebracht. 1917 wurde ein großer Teil der Prospektpfeifen für Kriegszwecke eingeschmolzen, ab 1918 gab es keinen ständigen Hoforganisten mehr, immerhin aber wurde 1944 ein elektrisches Gebläse angeschlossen. 1951 erfolgten notwendige Reparaturen, und im Jahr darauf begannen neue Aktivitäten, indem Ingeborg Herkommer und Bernhard Klein eine Konzertreihe des Kulturbundes etablierten. Die Restaurierung der Trost-Orgel von 1974 bis 1976 durch den VEB Eule Orgelbau Bautzen im Auftrag des Rates der Stadt Altenburg stellte dann den Originalzustand wieder her. Sie wurde nicht nur zur großen Herausforderung, sondern lieferte zugleich einen richtungweisenden und Aufsehen erregenden Modellfall für künftige Arbeiten, indem erstmals in der DDR eine große Orgel kompromisslos restauriert wurde. Seither hat die Trost-Orgel ihre herausragende Rolle als bedeutendes Denkmal der Orgelbautradition und als prachtvolles Konzertinstrument wiedererlangt und kann mit Recht zu den klangschönsten und klangprächtigsten historischen Orgeln in Deutschland, ja in ganz Europa gezählt werden. Seit 1976 wirkt Felix Friedrich – mit Ulrich Dähnert und Klaus Gernhardt Sachverständiger für die Restaurierung – als Schlossorganist. Wissenschaftliche Konferenzen, Orgelseminare, Konzerte und Musikfeste mit internationalen Gästen, die Thüringische Orgelakademie und auch die regelmäßige Vergabe von Aufträgen an Komponisten vieler Länder zeugen von der Lebendigkeit, der Attraktivität und der Ausstrahlungskraft des Instrumentes und des Altenburger Musiklebens.

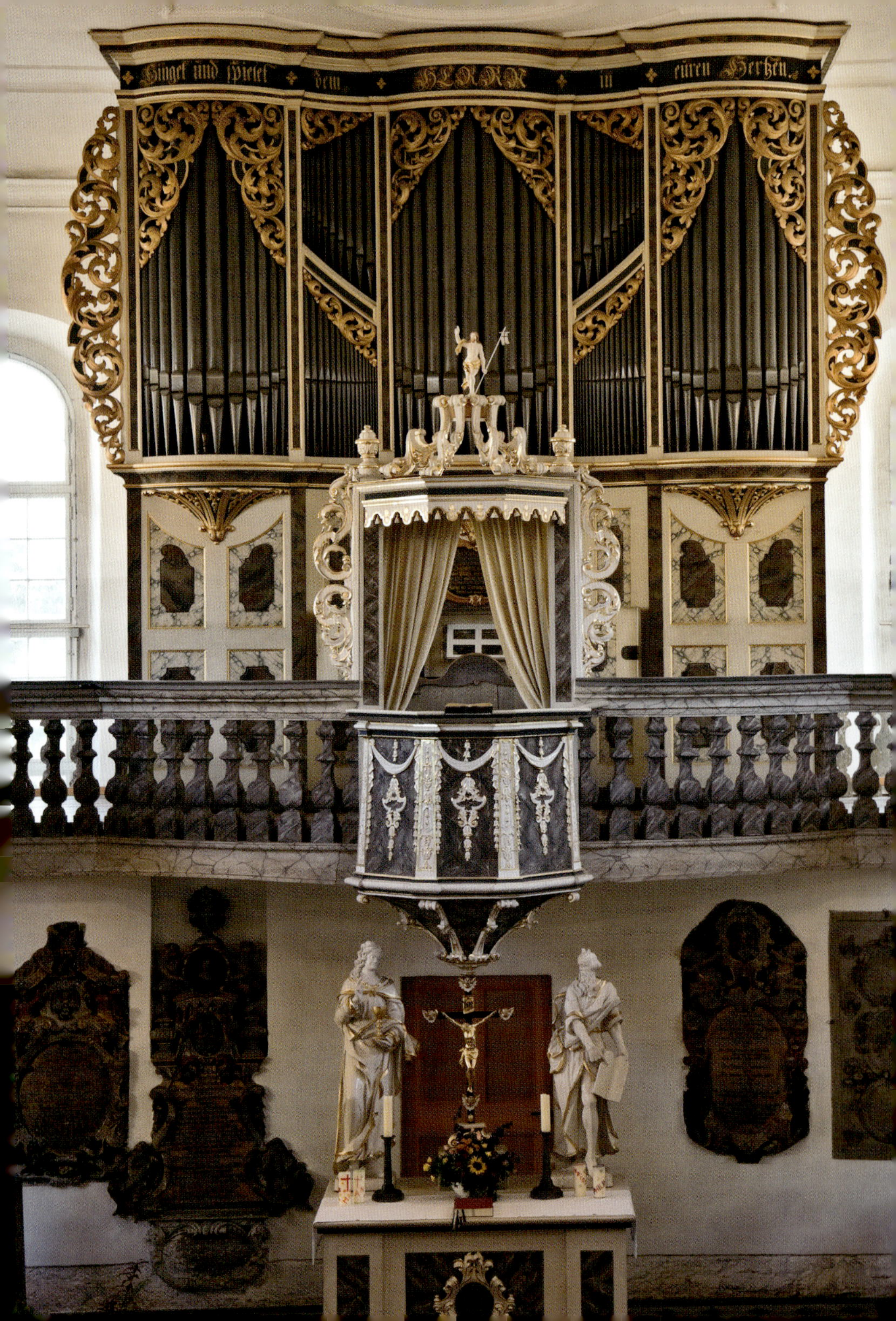
Singet und spielet dem HERRN in euren Herzen.

Die Silbermann-Orgel in der Friedenskirche zu Ponitz

Disposition > Seite 171

Orgelbauer:
Gottfried Silbermann
Erbauungszeit:
1735 - 1737
Restaurierungen, Umbauten:
1782, 1828, 1864, 1936, 1984/85, 2007

Ponitz ist stolz auf seine Orgel. Denn nicht nur die Friedenslinde, die 1650 zu Ehren des Diplomaten, Friedensstifters und Schlossherrn Wolfgang Conrad von Thumbshirn gepflanzt wurde, ziert das Ortswappen. Drei Orgelpfeifen weisen den Betrachter auch auf das herrliche Instrument hin, das Gottfried Silbermann 1735 - 1737 für die Dorfkirche geschaffen hat. Es ist das Opus 40 des berühmten Orgelbauers. Und es zählt zu den wenigen, die Silbermann außerhalb jenes Wirkungskreises errichtet hat, für den er am 30. Juni 1723 aufgrund seiner Bittschrift an Friedrich August I., „König in Pohlen, Herzog zu Sachßen und Churfürst", das Privileg erhielt.
Selbstbewusst hatte er dem Ersuchen um das „Praedicat eines Königl. Hoff- und Land-Orgel-Bauers" damals schon mit dem Hinweis auf „sehr vorteilhafte" Angebote „aus der Fremde" Nachdruck verliehen. Die Orgel in Ponitz hätte aber durchaus auch ein Werk von Tobias Heinrich Gottfried Trost aus Altenburg sein können. Denn der Ort gehörte zum Herzogtum Sachsen-Gotha-Altenburg. Und Trost, ab 1723 ebenfalls ein „privilegierter Hof- und Landorgelbauer", wäre eigentlich für Ponitz zuständig gewesen. Doch auf Initiative einflussreicher Kirchenpatrone, namentlich der „Hochwohlgebohren Herr Carl August Edler von der Planitz, nebst der Hochwohlgebohrenen Frauen, Frauen Dorothea Elisabeth von Schönbergin, und der Hochwohlgebohrenen Frauen Christiane Sybille Edle von der Planitz" wurde mit Silbermann „ein Contract wohlbedächtig abgehandelt". Das geschah am 14. September 1734. Die Auftraggeber für ein „ganz neues Orgelwerck" konnten ins Feld führen, dass sie bereits im Vorjahr den Kirchenbau finanziert hatten. Nun wollten sie dem Gotteshaus noch die Orgel schenken und waren durchaus in der Lage, Silbermann für das zweimanualige Instrument mit 21 klingenden Stimmen die beachtliche Summe von 900 Talern zu zahlen. Bei Trost hätten sich die Kosten für eine gleichgroße Orgel - etwa die in St. Petri in Eisenberg (1747 - 1752) - lediglich auf 750 Taler belaufen. Silbermann aber wusste seine große Reputation gut zu verkaufen - anders als der gleichaltrige und künstlerisch ebenbürtige, freilich bei weitem nicht so effizient produzierende und gewinnbringend agierende Freund und Kollege. Doch für Trost war Silbermanns Ansehen auch von Nutzen. Denn 1737 bat die Herzogliche Rätekammer Silbermann, der in Ponitz am Werk war, für zwei Tage ins nahe Altenburg: Er solle Trosts Orgelneubau in der Schlosskirche überprüfen. Das Urteil fiel lobend aus und war förderlich ...
Auch in Ponitz lief nicht alles wie geplant ab. „Weil gedachter Herr Silbermann [...] noch eines und das andere an der Disposition geändert", wurde der Vertrag schon ein halbes Jahr nach seinem Abschluss umgeschrieben. Am 1. März 1735 vereinbarten beide Partner bauliche Veränderungen und eine Erweiterung um vier Stimmen, die dem Instrument, das mit Viol di Gambe und Vox humana zwei von Silbermann selten verwendete Farben besitzt, sehr zum Vorteil gereichten. Das Werk erhielt mehr Klangfülle, Grundtönigkeit und Gravität. Und der Prospekt war nun mit dem der 1718 vollendeten Silbermann-Orgel in Großkmehlen fast identisch. Natürlich hatte die Erweiterung ihren Preis.

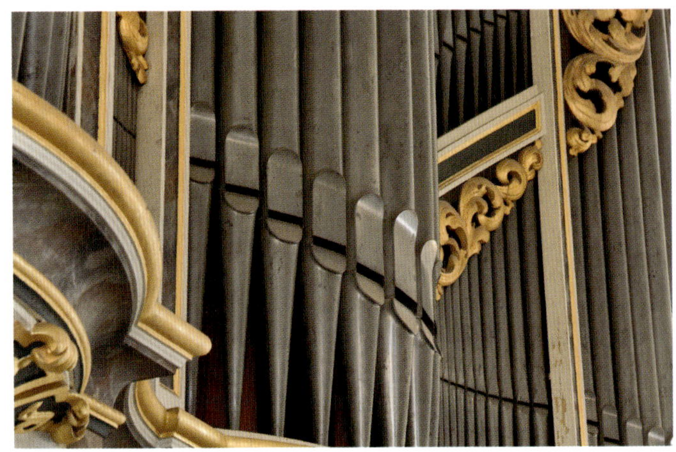

Prospektdetail

Die Bausumme erhöhte sich auf 1.110 Taler; der spätere Altenburger Hoforganist Johann Ludwig Krebs nennt gar 1.500 Taler. Auch der vereinbarte Termin zu Martini 1736 ließ sich nicht halten; die Übergabe der Orgel erfolgte erst am 18. November 1737. Zur Zeit ihres Aufbaus hatte Silbermann zwischen Juni und November in einem Nebengebäude des Gasthofs Ponitz Quartier bezogen, das noch heute existiert und mit einer Gedenktafel versehen ist.
Wer das Instrument abgenommen hat, ist nicht bekannt. Der Ponitzer Kantor Johann Heinrich Kalb oder sogar der Bach-Schüler Johann Ludwig Krebs kämen in Frage. Es gibt auch keinerlei Hinweis auf den Verlauf der Orgelweihe. Kalb hat Musik dafür komponiert. Und in einem der sieben Lobgedichte, den Carmina, jubelte er: „In unsers Silbermann kunstreich erbauten Sachen/ steckt die geheime Kraft: Die Tadler stumm zu machen./ Wohlan, berühmter Mann! Soweit hast Du's gebracht,/ daß Dich nun vierzigmal Dein Fleiß berühmt gemacht." Eine andere dieser barocken Huldigungen hat Krebs verfasst, zu jener Zeit Organist an der St. Marienkirche im 20 km entfernten Zwickau. Fünf Jahre später warb er hier bei seinen Dienstherren für den Neubau einer Silbermann-

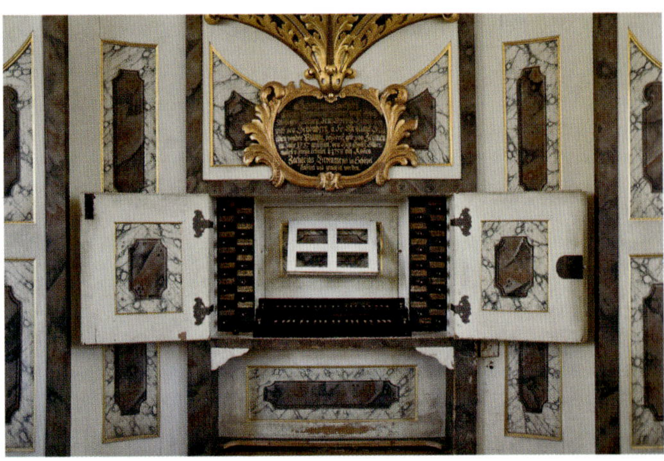

Spielanlage

Orgel. Enthusiastisch hat er dabei die Qualitäten des Ponitzer Instrumentes gerühmt, das der fast gleichzeitig entstandenen Trost-Orgel in der Schlosskirche zu Altenburg vorzuziehen sei. Er konnte nicht ahnen, dass er knapp 15 Jahre später genau dort Hoforganist werden sollte ... Knapp, aber zutreffend attestierte die Ponitzer Patronatsherrschaft dem Orgelbauer Silbermann, dass er „sein von Gott verliehenes Talent, Fleiß und weltbekannte rühmliche Geschicklichkeit besonders erwiesen, den mit ihme geschlossenen Contract in allen Stücken vollkommen Genüge geleistet“ habe.
Die Orgel, die mit „dem besten geschlagenen englischen Zinn“ und „gutem Holze nach der Disposition zu verfertigen war“ und der Zeitgenossen eine „große Simplicität der inneren Anlage“ bescheinigten, zeigte sich im Laufe der Jahre als wenig störanfällig. 1782 baute Johann Wolfgang Müller aus Kraftsdorf ein Glockenspiel ein. Und die nachfolgenden Arbeiten der namhaften Orgelbauer Friedrich Wilhelm Trampeli aus Adorf (1828), Karl Ernst Poppe aus Altenburg (1864), Richard Kreutzbach aus Borna und Hermann Eule aus Bautzen (1936) beschränkten sich auf Veränderungen in der Stimmungsart, Reparaturen der Pedalklaviatur und den Austausch der vom Holzwurm befallenen

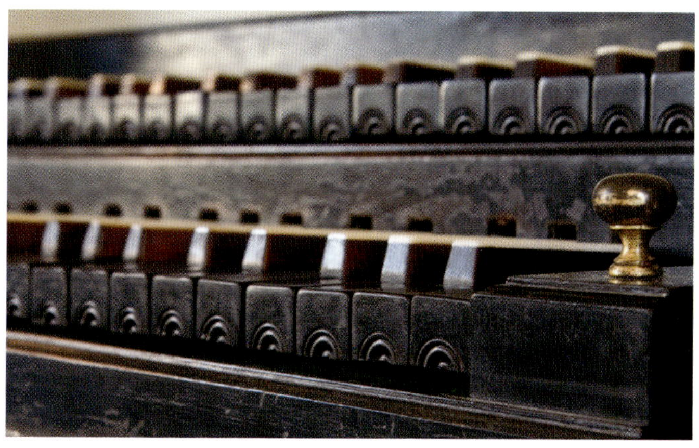

Manualklaviaturen

Pfeifen. Der originale Pfeifenbestand wurde nicht angetastet. 1984/85 hat der VEB Eule Orgelbau Bautzen das Instrument grundlegend restauriert, 2007 führte der Hermann Eule Orgelbau Bautzen weitere Erneuerungsarbeiten durch. Mit ihrem vollständig erhaltenen Pfeifenwerk und dem von Lieblichkeit, Klarheit und silbernem Glanz bestimmten originalen Klangspektrum gilt die Ponitzer Orgel nicht nur unter den Silbermann-Orgeln als große Kostbarkeit. Ihr Ruf reicht weit und holt alljährlich Künstler und Liebhaber der Orgelmusik aus aller Welt zu Konzerten und Seminaren nach Ponitz. Durch den Aufbau der Orgel auf der Ostempore der barocken Saalkirche fügen sich Altar, Kanzel und der schön verzierte, mit dezentem Goldschmuck versehene Prospekt eindrucksvoll harmonisch zusammen. „Singet und spielet dem HERRN in euren Hertzen“ ermuntern in der Höhe die glänzenden Lettern zu Gemeindegesang und Himmelsmusik. Und das kunstvolle, aus feinen Ornamenten bestehende Schnitzwerk öffnet sich wie ein Vorhang und gibt stolz den Blick auf die Pracht der Pfeifen frei.

Sehenswertes im Altenburger Land

Altenburg

Residenzschloss

Altenburg, über 1025 Jahre alt, kann sich mit vielen Attributen schmücken: Residenzstadt, Skatstadt, Museumsstadt, Musikstadt, Stadt der Türme. Schon das Schloss, das imposant über der Stadt thront, präsentiert sich mit seiner eigenwilligen Hofanlage, dem Verbund verschiedener Baustile von der Romanik bis zum Neubarock und dem prächtigen Interieur seiner Säle als eindrucksvolles Architekturdenkmal und Ort lebendiger Kunstpflege. Es war slawische Wehranlage, im 12. Jahrhundert Kaiserpfalz von Friedrich I. Barbarossa, ab dem 14. Jahrhundert Residenz der Wettiner Fürsten und in der Nacht vom 7. zum 8. Juli 1455 Schauplatz des Sächsischen Prinzenraubes. Ab 1603 wurde es Sitz der erbbedingt wechselnden Adelshäuser Sachsen-Altenburg. 1672 fiel es an Sachsen-Gotha-Altenburg, 1826 wieder an Sachsen-Altenburg, nun der jüngeren Linie. Und 1920 kam es zu Thüringen, nachdem Herzog Ernst II. im November 1918 als einer der letzten deutschen Fürsten abgedankt hatte und Altenburg vorübergehend Landeshauptstadt des Freistaates Sachsen-Altenburg geworden war.

Schlosskirche

Der bauchige Wohnturm – die „Flasche“ – und der schlanke Hausmannsturm, der Agnesgarten und der Neptunbrunnen, der Ostchor und die Südansicht der Schlosskirche, das hufeisenförmige Residenzgebäude und der Festsaalflügel stellen sich dem Auge als Zeugnisse eines kunstvollen, um repräsentative Erweiterungen bemühten Baustils dar. Die spätgotische Architektur und die frühbarocke Ausstattung der Schlosskirche, der einstige Kirchensaal – heute Johann-Sebastian-Bach-Saal mit dem 1976 vom VEB Eule Orgelbau Bautzen errichteten Orgelpositiv –, der Festsaal und der Goldsaal bilden ein einzigartiges Gesamtkunstwerk. Kostbares Mobiliar, prachtvolle Gemälde und Decken-Fresken – darunter die viel bewunderten Wandmalereien von Karl Moßdorf zum römischen Kunstmärchen „Amor und Psyche“ – und erlesene Gegenstände in den großzügig angelegten, lichten Räumen künden vom Reichtum und der feinen Lebensart der früheren Besitzer. Heute sind die Räume des Schlosses attraktive Konzert- und Begegnungsorte. Sie beherbergen

Schloss- und Spielkartenmuseum

das Schlossmuseum mit seinen vielen historischen Dokumenten, den wertvollen Porzellan- und Uhrensammlungen und der Rüstkammer sowie das Spielkartenmuseum mit seiner einzigartigen Ausstellung zur Geschichte der

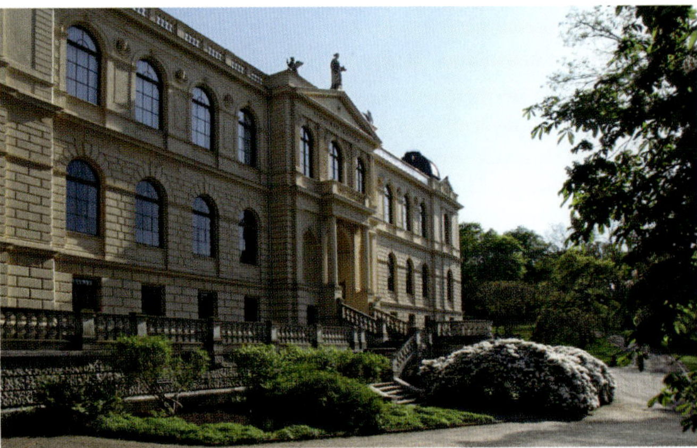

Das Lindenau-Museum in Altenburg enthält berühmte Kunstsammlungen

Spielkarte und zur „Skatheimat" Altenburg. Ein Geheimgang zur Stadt und die Fürstengruft erwecken Neugier und Grusel. Veranstaltungen des traditionsreichen Altenburger Musikfestivals und der Sommerorgelkonzerte sowie Open-Air-Aufführungen des Theaters im weitläufigen Areal des Schlosshofes bereichern das attraktive Bau- und Kunstensemble lebendig und anziehend für die Stadt und ihre Gäste.

Lindenau-Museum

Am Nordausgang des herrlichen Schlossparks mit seinen Plastiken und dem barocken Teehaus samt Orangerie (1712) befindet sich das Lindenau-Museum. Es wurde 1873 – 1875 errichtet und ist nach dem Staatsmann und Kunstmäzen Bernhard August von Lindenau benannt, der hier seine Vision verwirklicht sah, „die Jugend zu belehren und das Alter zu erfreuen". Sein Geburts- und Sterbehaus steht im Pohlhof, wo der ausnehmend schöne Renaissancegiebel des Wohngebäudes den Blick auf sich zieht. Lindenaus Sammlungen früher italienischer Malerei, antiker Keramiken und Plastiken des Altertums, die Kunstbibliothek und in unseren Tagen die hochkarätigen Wechselausstellungen mit alter und moderner Kunst tragen zum internationalen Ruf des Museums bei.

Mauritianum

Ebenfalls im Schlosspark ist das Mauritianum gelegen, das 1908 zu Ehren des begeisterten Naturfreundes und Naturkundlers Prinz Moritz von Sachsen-Altenburg so benannte Museum für Natur- und Völkerkunde. Die einmalige Kollektion, zu der auch der Tierforscher Alfred Brehm Präparate beisteuerte, vermittelt anschaulich und eindrucksvoll Kenntnisse über Bauformen im Tierreich und über den Vogelzug, über die Geologie und den Abbau der Braunkohle im Leipziger Südraum. Mit dem „Rattenkönig" wird gar ein sensationeller Fund gezeigt.

Und wenn von Museen die Rede ist, sollten auch das der Altenburger Brauerei und die Destillerie nicht vergessen werden.

Landestheater

Unterhalb des Schlosses steht das Landestheater Altenburg, seit 1995 mit den Bühnen der Stadt Gera unter dem heutigen Dach von Theater & Philharmonie Thüringen fusioniert. 1871 als Herzogliches Hoftheater eingeweiht, wurden Baustil und Innengestaltung immer wieder anerkennend mit der Dresdner Semperoper verglichen. Auf der Rückseite, am Brühl, ist das Seckendorffsche Palais – 1724 als Prachtbau des Generalfeldmarschalls Reichsgraf Friedrich Heinrich von Seckendorff errichtet, später Wohnstätte des prominenten Verlegers und Buchhändlers Friedrich Arnold Brockhaus und heute vom Theater als Funktionsgebäude genutzt – ebenso zu bewundern wie der Skatbrunnen

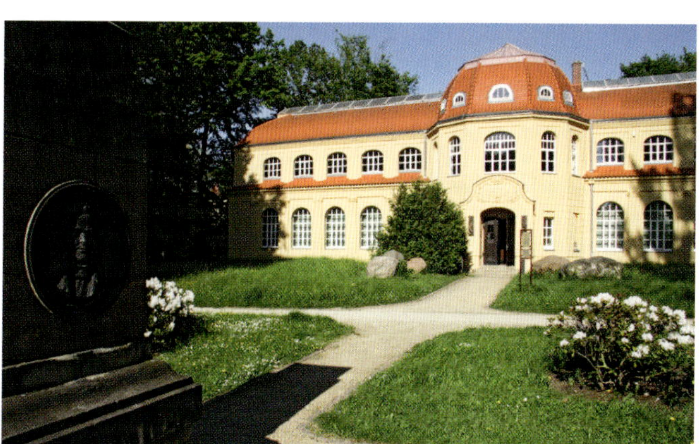

Das Naturkundemuseum Mauritianum in Altenburg beherbergt u. a. Sammlungen von Alfred Brehm

mit den vier raufenden Wenzeln, das „Taufbecken" für die Original Altenburger Spielkarten.

Sakralbauten Altenburgs

Die vielen Türme im Stadtbild – das Rathaus, der Kunstturm, Kirchen und die Relikte alter Sakralbauten – prägen Altenburgs Skyline und Ambiente. Als ältestes und markantestes Wahrzeichen ragen die „Roten Spitzen" in die Höhe – ehemals Kirchtürme des Augustinerklosters „Unser Lieben Frauen auf dem Berge vor Altenburg", das Kaiser Friedrich I. Barbarossa gestiftet hat. In seiner Anwesenheit wurde 1172 die Marienkirche eingeweiht. Der Nikolaiturm ist Teil der Nikolaikirche, die sich an der höchsten Stelle der romanischen Altstadt befand. 1223 wurde diese zweite Stadtkirche erstmals erwähnt; sie war ebenfalls ein Wirkungsort von Mönchen des Bergerklosters. Auf der westlichen Anhöhe des langgezogenen mittelalterlichen Marktes mit seinem schönen Renaissancerathaus fällt der Klinkerbau der Brüderkirche ins Auge. 1902 – 1905 neu errichtet, war sie ursprünglich Bestandteil eines nahegelegenen, im 16. Jahrhundert aufgelösten Franziskanerklosters. Ihr Turm ist 77 m hoch und besitzt ein Glockenspiel; der Kircheninnere ist reich mit Bildern, Mosaiken und Glasmalereien ausgestaltet und bietet 1.000 Besuchern Platz, die dem Spiel auf einer großen dreimanualigen romantischen Sauer-Orgel lauschen und manch anderes Kunstereignis erleben können. Die St. Bartholomäikirche wurde im 12. Jahrhundert gebaut, von den Hussiten zerstört, 1459 wiedererrichtet und 1524 die erste evangelische Stadtkirche. Sie dominiert noch heute das Stadtbild. Ihre Orgel, die Friedrich Ladegast 1881 erbaut hat und die 1989/90 modernisiert wurde, lädt mit dem romantischen Klangspektrum ihrer drei Manuale, 44 Register und 2.554 Pfeifen zu stimmungsvollen Konzerten ein, denen das A-Dur-Geläut der Bronzeglocken den festlichen Rahmen schafft. Der jüngste der Altenburger Türme erhebt sich am östlichen Rand des Schlossgartens. Er ist 56 m hoch und gehört zur Herzogin-Agnes-Gedächtnis-Kirche. 1906 wurde sie als Stiftung von Herzog Ernst I. eingeweiht – aus Anlass des goldenen Ehejubiläums und im Gedenken an seine 1897 verstorbene Gemahlin. Den Innenraum schmücken schöne Rosenornamente; die zweimanualige Orgel stammt von Oskar Ladegast.

Märkte

Umland Altenburgs

Doch nicht nur die Denkmäler und die liebevoll restaurierte Innenstadt und deren fünf Märkte – neben dem Hauptmarkt der Brühl als ältester, außerdem der Topfmarkt, der Kornmarkt und der Rossplan – laden zum Besuch und Verweilen ein. Auch idyllische Dörfer mit kleinen Kirchen und großen Vierseithöfen, das Wasserschloss Windischleuba und die 1000-jährige Eiche von Nöbdenitz, die Burg Gnandstein und die „Ritterburg" Posterstein, die Kohlebahn im früheren Bergbaugebiet zwischen Regis-Breitingen und Meuselwitz, die „Knopfstadt" Schmölln mit dem Knopfmuseum und nicht zuletzt die Messe-, Musik- und Museumsstadt Leipzig bieten im Altenburger Land und in der näheren Umgebung viele interessante und lohnende Ziele.

Ponitz

Ponitz gehört unbedingt dazu. Die früheste urkundliche Erwähnung von 1254 bezieht sich auf das Schloss des Ritters Friedericus de Ponicz. Berühmtester Schlossherr war Wolfgang Conrad von Thumbshirn (1604 – 1667), Geheimrat und Kanzler am Altenburger Hof und 1643 mit Ponitz belehnt. Thumbshirn nahm als kurfürstlicher Bevollmächtigter in Münster und Osnabrück an den Verhandlungen zur Beendigung des Dreißigjährigen Krieges teil und war Mitunterzeichner des Friedensvertrages vom 14. Oktober 1648. Seine Rückkehr wurde am 22. Juli 1650 aus Anlass des Westfälischen Friedens mit einem Fest gefeiert, bei dem die legendäre Linde am Dreierhäuschen gepflanzt wurde.

Friedenskirche Ponitz

Die Kirche, eine der schönsten Barockkirchen im Altenburger Land und 1998

Friedenskirche benannt, prägt mit der 42 m hohen Spitze ihres Westturms die Silhouette des Ortes. 1733 hat sie der Altenburger Baumeister Gottfried Samuel Vater anstelle einer 1349 erwähnten Vorgängerin errichtet: „daß Bedürfnis eines neuen Gotteshauses stellte sich immer dringender heraus". 1881 erfolgte die Verlagerung der Kanzel auf die Südseite; bei den Restaurierungsarbeiten zwischen 1980 und 1990 wurde der Originalzustand wiederhergestellt. Eine weiße Stuckdecke, die umlaufenden Emporen, barockes Gestühl und die Gutsherrenloge auf der Westempore mit dem Ausblick auf Altar, Kanzel und Orgel prägen den hellen, festlichen Innenraum. Die Epitaphe für Abraham (Nordempore) und Hans Heinrich von Thumbshirn (Südempore) sind kunstreich mit biblischen Szenen, Stifterbildern, allegorischen Figuren und Evangelisten-Medaillons versehen und durch schmuckvolle Säulen und Wappen gerahmt. Ein Gemälde stellt die Geißelung Jesu dar. Die beiden Altarfiguren – der Evangelist Johannes mit dem Kelch in der Hand und Moses mit den Gesetzestafeln – stammen vermutlich aus der Werkstatt des Zwickauer Bildhauers Irmscher und befinden sich seit 1734 in der Kirche. Das Schloss präsentiert sich als stattlicher Rechteckbau mit einem charakteristischen abgeknickten Ostgiebel, der aus zwei Vollgeschossen besteht und mit großen dreigeschossigen Schweifgiebeln nach allen vier Seiten ragt. Seit 1990 erfolgen Sicherungs- und Restaurierungsarbeiten zum Erhalt und zur Nutzung des historischen Bauwerkes, die auch der 1998 gegründete Förderverein Renaissanceschloss Ponitz unterstützt. Im Jahr 2000 erstrahlte der Festsaal mit seiner farbig gefassten Kassettendecke aus dem 16. Jahrhundert endlich wieder in neuem Glanz. Der Förderverein veranstaltet hier seine jährlichen Konzertreihen und greift damit auf eine bis 1987 weit über Ponitz hinaus bekannte Tradition zurück. Auch Ausstellungen bildender Kunst finden statt. Seit 2004 ist es für Brautpaare möglich, sich im Festsaal und seit 2007 im restaurierten Trauzimmer standesamtlich das Ja-Wort zu geben. Und je mehr das Flair der Renaissance in aller Schönheit wieder aufblüht, desto mehr Leben kehrt in das Schloss zurück ...

Schloss Ponitz

Altenburger Land

Information	Altenburg Information Markt 10 04600 Altenburg Tel.: 03447 896689 Fax: 03447 8966 88 E-Mail: info@altenburg.travel
Sakrale Bauten	St. Bartholomäikirche, Schlosskirche, Rote Spitzen, Brüderkirche, Herzogin-Agnes-Gedächtnis-Kirche, Katholische Kirche „Erscheinung des Herrn" (alle Altenburg), St. Nicolaikirche Schmölln, St. Martinskirche Meuselwitz, St. Annenkirche Gößnitz, Friedenskirche Ponitz
Museen	Schloss- und Spielkartenmuseum, Lindenau-Museum, Naturkundliches Museum „Mauritianum", Brauereimuseum, Destillerie (alle Altenburg), Knopf- und Regionalmuseum Schmölln, Museum Burg Posterstein

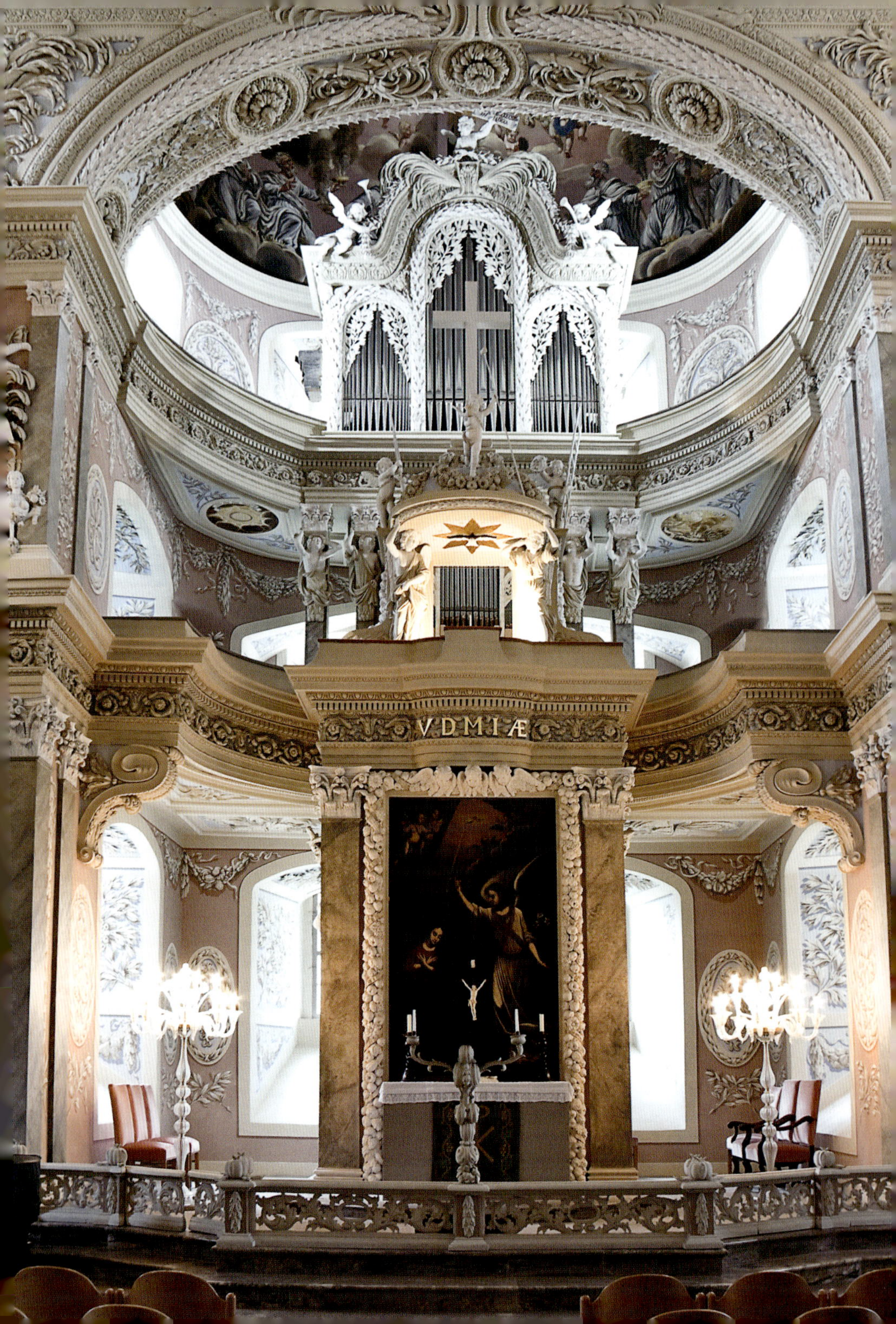
VDMIÆ

Die Donat-Trost-Orgel in der Schlosskirche zu Eisenberg

Disposition > Seite 172

Orgelbauer:
Christoph Donat/Tobias Heinrich Gottfried Trost
Erbauungszeit:
1683 – 1688/1733
Restaurierungen, Umbauten:
1776, 1778, 1805, 1862, 1959 – 1963, 1977, 1986 – 1994

Doppelnamen haben es in sich: Sie betonen Einklang und besitzen Spannung. Bei dieser Orgel, einer Schönheit von besonderer Eigenart und Gestalt, ist das nicht anders. Mit Kanzel und Altar harmonisch vereint, erhebt sich ihr blendend weißer Alabasterkörper zweigeschossig in die Höhe, umkränzt von filigranen Rundbögen, umrahmt von feinsten Blatt- und Blüten-Ornamenten, umgeben von heiteren Engelsfiguren und Putten, geschmückt mit dem Metallglanz der Prospektpfeifen. Einträchtig – und doch reizvoll zu den aufwendigen Stukkaturen und farbenprächtigen Deckenmalereien kontrastierend – fügt sie sich als Zierde des Ostchores und Blickfang von ungewöhnlichem Zauber in die festlich beschwingte Atmosphäre der Schlosskirche ein, die das Flair italienischer Kunst in eine kleine thüringische Residenz brachte.
Und ihr gewinnendes Äußeres verrät nichts von ihren Schicksalsschlägen: von Problemen und Rivalitäten, von Zerstörung und Rettung. Den Auftrag zum Bau der Orgel vergab Herzog Christian von Sachsen-Eisenberg an den Leipziger Meister Christoph Donat. Am 26. Oktober 1683 wurde der Kontrakt für ein Instrument mit zwei Manualen, einem Pedal und 20 Registern geschlossen. Die Kosten sollten 550 Taler betragen. Ein Jahr später wurde auf Empfehlung des Komponisten und herzoglichen Kapellmeisters Johann Krieger sowie von Donat persönlich die Disposition auf 22 Register erweitert. Im Juli 1687 begann Hoftischler Georg Berger mit dem Bau des Gehäuses. Und am 30./31. Januar 1688 nahm der Organist der Naumburger St. Wenzelskirche, Johann Leo, das Instrument ab. Nacharbeiten am Windsystem, am Pfeifenwerk und an der Traktur waren erforderlich. Und kein gutes Omen. Den „Fürstlich gnädigsten Herrschaften" aber gefiel, was sie sahen und verlangt hatten. Und was Donats Orgel selbst angeht: Sie wurde dem musikalischen Geist und dem Klangideal des späten 17. Jahrhunderts voll gerecht. Die Disposition hob die einzelnen Register – die Prinzipale, die zeitgemäß stark vertretenen Flöten- und Zungenstimmen, auch die damals üblichen Schnurrpfeifereien wie Vogelgesang und Tremulant – klar voneinander ab und ermöglichte ein kraftvolles, aber auch differenziertes Spiel. Mit diesem Instrument hatte der angesehene Orgelbauer eine eigenständige Konzeption realisiert und sein Können bewiesen. Donat war 1625 in Marienberg im Erzgebirge geboren worden; er wirkte ab 1653 in Leipzig und starb dort 1706. Eines seiner größten Werke schuf er für den Dom zu Luckau (III/P/37) und seine Nachkommen waren bis ins 19. Jahrhundert in Sachsen und Ostthüringen tätig.
Der Glanz der Eisenberger Orgel aber verblich schnell. Dem Missverhältnis zwischen leeren Kassen und den repräsentativen Ansprüchen des Herzogs entsprangen offenbar zahlreiche Mängel bei der Auswahl und Verarbeitung der Materialien. Das Werk war störanfällig; der Kunstgeschmack hatte sich gewandelt. Jedenfalls legte die Prüfung der Donat-Orgel durch Hoforganist Gottlob Lorenz Rittersdorf im Mai 1731 eine grundlegende Reparatur nahe. Und da Eisenberg nur knapp drei Jahrzehnte als Residenz eines selbständigen ernestinischen Herzogtums existiert hatte und danach wieder an Sachsen-

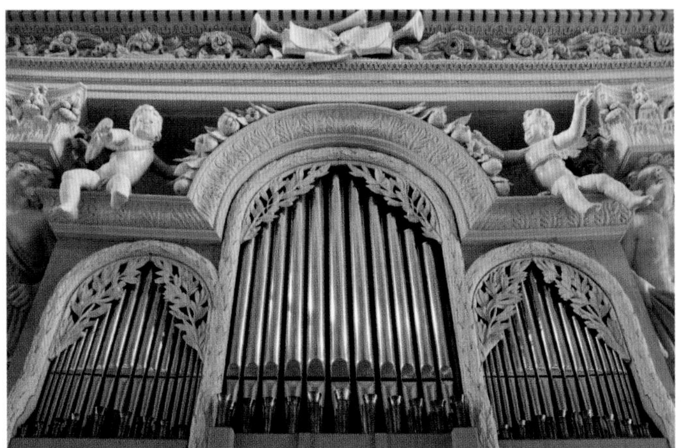

Prospektdetail (Brustwerk)

Gotha-Altenburg fiel, wurde kein anderer als Tobias Heinrich Gottfried Trost, seit 1723 „privilegierter Hof- und Landorgelbauer" in Altenburg, mit dieser Arbeit betraut. Ob es für ihn eine Genugtuung war, die Eisenberger Orgel in die Hände zu bekommen, lässt sich nur vermuten. Der Sohn ihres Erbauers, Jacob Donati, hatte mit Trost fünf Jahre um das Amt in Altenburg gestritten, obwohl ihm die Bestallung trotz väterlichen Ruhms und eigener hervorragender Leistungen 1718 wegen seiner nachlässigen und unseriösen Orgelpflege und Arbeitsweise entzogen worden war. Streitobjekt war die Altenburger Schlossorgel, 1636 von Josias Ibach erneuert, nun aber ziemlich verfallen. Gutachten, unter anderem von Silbermann, beendeten die Auseinandersetzung 1723 zugunsten Trosts, der dann 1735 – 1739 sein „fürstliches" Instrument in Altenburg baute. Für die Eisenberger Orgel aber stand auch unter neuer Herrschaft wenig Geld zur Verfügung: Ein Neubau stand von vornherein nicht zur Debatte, und selbst an einen Umbau war nicht gedacht. Letzterer ließ sich aber nicht vermeiden, denn Trost fand allerhand Defekte vor, auch in der Konstruktion. Gewissenhaft und engagiert ging er mit zwei Gesellen daran, das Werk seines Kollegen zu erhalten. Und hat es doch grundlegend verändert: durch die notwendige Demontage und die Verlegung der Balganlage, die Reparatur der Windlade, die Erneuerung der Spieltraktur und Überholung des Pfeifenwerks, durch eine neue Pedalkoppel und -klaviatur, Änderungen der Disposition und durch die Erweiterung der Mixtur um einen fünften Chor, die Terzreihe. Der Orgel hat er eine zweite Seele eingehaucht, die seinen eigenen Intentionen ebenso entsprach wie dem galanten Musizierstil des 18. Jahrhunderts. Äußerlich sichtbar wird die Einheit unterschiedlicher Ästhetiken in der Spielanlage: Die schmiedeeisernen Registerzugstangen stammen von Donat, die hölzernen Manubrien von Trost. 350 Taler hat Trost, dessen „angewendeten Fleiß und accuratesse" man wohl zu schätzen wusste, für seine Arbeit erhalten; 126 kamen – nach der Abnahme des Umbaus durch Rittersdorf und den Altenburger Hoforganisten Christian Lorenz am 8. Juli 1733 – zur Deckung der Mehrkosten hinzu. Die hatten ihn freilich bereits in Schulden getrieben – es wurde, wie meist, ein Verlustgeschäft. Aber er hatte die Probleme behoben. Für eine Weile.

Dann war die Familie Donat wiederum am Zug. 1776 und 1778 nahmen die Urenkel des Erbauers, der Altenburger Hoforgelbauer Christian Gottlob Donati und dessen Bruder Gotthold Heinrich, Reparaturen und Erneuerungen vor, bei denen Singend Regal 8' durch ein Solocornett 3fach im Brustwerk ersetzt wurde. Geprüft wurde ihre Arbeit vom Altenburger Hoforganisten und Komponisten Johann Ludwig Krebs, dem bedeutendsten Bach-Schüler, und von seinem Sohn, dem Eisenberger Hoforganisten Carl Heinrich Gottlieb Krebs, die sie als „wohl gelungen" und „gut ausgeführt" werteten. 1805 besserte dann der letzte Nachfahre, der Hoforgelbauer August Friedrich Wilhelm Donati, Trakturschäden aus. Nach kleineren Instandsetzungsarbeiten – u.a. durch Christian Friedrich Poppe aus (Stadt-)Roda – nahm dessen Enkel Karl Ernst Poppe aus Altenburg im Jahr 1862 größere Veränderungen am Instrument und in der Disposition vor, für die er mit 392 Talern entlohnt wurde. Doch all dieser Aufwand erwies sich als vergeblich: 1917 wurden die Prospektpfeifen ausgebaut und für Kriegszwecke eingeschmolzen. Damit war das Schicksal von Schlossorgel und Schlosskapelle für Jahrzehnte besiegelt: Unspielbarkeit, Verwahrlosung, Vergessen.

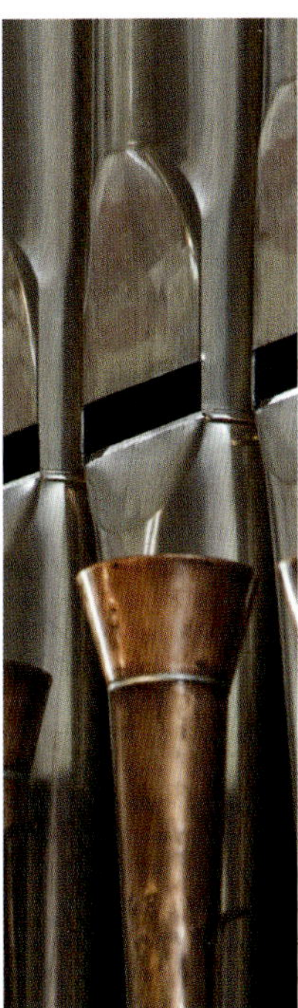
Prospektpfeifen

Von 1959 bis 1963 erfolgte ein erster Anlauf, die traurigen Relikte der Orgel zu restaurieren. Archivstudien von Ulrich Dähnert, Reparatur- und Montagearbeiten des Weimarer Orgelbaumeisters Gerhard Kirchner und der Ersatz der Zinn- und Metallpfeifen durch die Firma Sauer (Frankfurt/Oder) sowie der Anschluss eines elektrischen Gebläses lieferten die Entscheidung und die Grundlage, um die stilistisch interessante und unverwechselbare Faszination des „Doppel-Instrumentes" wiederherzustellen. 1977 hat Wilhelm Rühle, Moritzburg, die Spielbarkeit und die konzertante Nutzung der Orgel ermöglicht. Eine umfassende Erneuerung und die Rückführung auf den Zustand von 1733 unter Beibehaltung des Pfeifenwerks von Sauer begann dann 1986 durch den VEB Eule Orgelbau Bautzen, der bereits die Altenburger Trost-Orgel beispielgebend restauriert hatte. 1994 nahm Hartmut Haupt (Jena), der Fachberater für die langwierigen und aufwendigen Arbeiten, die Orgel ab. Er attestierte der ins Musikleben Zurückgekehrten: „Die Eisenberger Schloßorgel gehört zu den bedeutendsten Instrumenten des thüringisch-sächsischen Raumes. Dank der Donatschen und Trostschen Elemente und ihrer harmonischen Eingliederung in den akustisch gelungenen herrlichen Barockraum bietet sich das Instrument vor allem an für die differenzierte und weit aufgefächerte Orgelkunst der Barockzeit." Die helle, glanzvolle Virtuosität der norddeutschen und die weiche, warme Klanglichkeit der südlichen Richtung sowie die von Trost besonders auf das Bachsche Orgelschaffen zugeschnittene Disposition ergeben diese seltene Vielfalt des musikalischen Spektrums. Der Doppelname des Instruments ist ein Güte-Siegel: für künstlerische Intuition, handwerkliches Können und innovative Problemlösungen. Bei Donat, Trost und den nachfolgenden Meistern.

Sehenswertes in Ostthüringen

Eisenberg

Eisenberg, reizvoll in der wald- und sagenreichen Gegend nahe dem Verkehrsknotenpunkt Hermsdorfer Kreuz gelegen, ist seit 1994 Verwaltungszentrum des Saale-Holzland-Kreises. Die Geschichte der Kleinstadt, die 1196 als Ysenberch erstmals urkundlich erwähnt wurde, ist verbunden mit markanten Persönlichkeiten und wunderlichen Namen: Dietrich der Bedrängte, der 1210 ein Augustiner-Chorherrenstift gründete und 1219 das Zwickauer Zisterzienserinnenkloster nach Eisenberg verlegte; Albrecht der Entartete, der 1270 eine Kunigunde von Eisenberg zur Frau nahm und dem Ort 1274 das Stadtrecht verlieh; Heinrich der Gebissene, der 1285 dem Eisenberger Kloster die Schössermühle geschenkt hat. Und neben diesen Markgrafen als erster und einziger Regent Herzog Christian von Sachsen-Eisenberg, der Eisenberg zur Residenzstadt machte. Als einer der sieben Söhne von Ernst dem Frommen erhielt er 1680 diesen Teil des Herzogtums Sachsen-Gotha-Altenburg, der die Ämter Eisenberg, Ronneburg, Roda und Camburg umfasste. Seine Freude an Repräsentation und Hofhaltung aber, denen sich der Neubau von Schloss und Schlosskirche sowie zahlreiche Festivitäten, Konzerte und bedeutsame Opernaufführungen verdankten, erforderte einen Aufwand, der den Kleinstaat überforderte – selbst wenn dieser 1681 – 1684 eine Glanzzeit erlebt hat. Auch Schatzsuche und Alchemie halfen dem Herzog nicht, den Bankrott abzuwenden. 1707 starb er – von Experimenten vergiftet und durch Geisterwahn zerrüttet. Das Land wurde aufgelöst und Eisenberg wieder Nebensitz der Herren in Gotha und Altenburg. Denen fiel kein schlechtes Erbe zu! Christian hatte 1676 Eisenberg als Wohnsitz gewählt und die marode Burg der Wettiner zum würdigen Residenzschloss umbauen lassen. Im Jahr 1680 legte er den Grundstein für sein teuerstes Vorhaben: die Schlosskirche St. Trinitatis. Nach Plänen von Baumeister Christian Wilhelm Gundermann und des Weißenfelser Architekten Johann Moritz Richter der Jüngere entstand Thüringens schönste Barockkirche. Für die Ausgestaltung hatte der Herzog die italienischen Stukkateure Bartholomeo Quadro und Giovanni Caroveri sowie den Eisenberger Maler Johann Oswald Harms ausgewählt und ihnen – wie für die Gemächer des Schlosses – genaue Vorschriften für die Fresken, Farben und Bildmotive, für Dekor und Säulen und selbst für das Kirchengestühl erteilt. An den Decken von Chor und Hauptraum sind eindrucksvolle

Schlosskirche St. Trinitatis Eisenberg

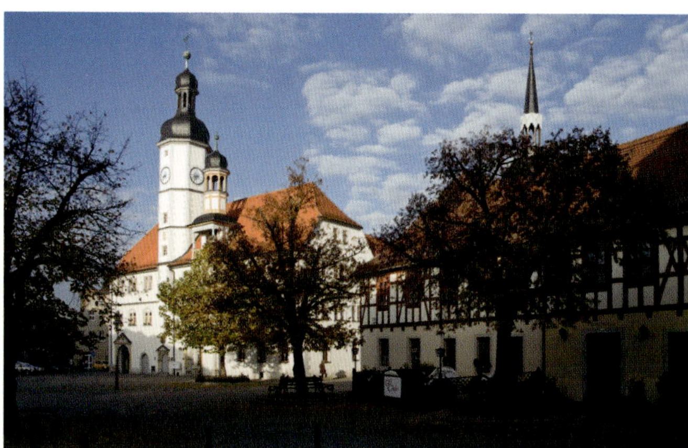

Marktplatz Eisenberg

Darstellungen von Jesu Himmelfahrt, der apokalyptischen Reiter und der Evangelisten zu sehen. Die Wandmalereien zeigen christliche Embleme, und der Altar ist mit einem kostbaren Gemälde „Die Verkündigung des Engels an Maria" geschmückt. Reich verzierte Wendeltreppen führen auf die Emporen, die von korinthischen Doppelsäulen gestützt werden. Und die Fürstenloge, Blickfang auf der Westseite, macht mit dem Prunk von Wappentafeln, Krone und dem Porträt Christians deutlich, wer hier neben Gott der Herr ist. Zwei Bildnisse der Gemahlinnen des Herzogs, die Gruft mit den Särgen Christians und seiner zweiten Gattin und der achteckige Turm, für den Christian Hähnel aus Zwickau ein „ganz neues Uhrwerk von gutem Stahl und Eisen" lieferte und Niklaus Rauch die Glocken goss, geben dem Kirchenbau überdies sein Gepräge als Ort höfischer Gottesdienste und würdiger Grablegung. Und wie es diesem Glanzstück der Eisenberger Residenz zukam, für dessen Gestaltung Kunstfertigkeit und Ideenreichtum eine größere Rolle spielten als Marmor und wertvolles Baumaterial, wurde die Einweihung am 27. November 1792 mit einem grandiosen Fest für erlauchte Herrschaften und Eisenberger Bürger begangen.

Schloss Eisenberg

In den herzoglichen Räumen des Schlosses sind ebenfalls aufwendige Stuckdekorationen, Felderdecken mit symmetrischen Figuren, Deckenspiegeln und floralen Ornamenten zu bestaunen. Allegorien, Genien und Eroten zieren das Versammlungszimmer und das Zimmer der Herzogin im ersten Stock. Im Kirchenzimmer des zweiten Stockwerkes finden sich Türen und Scheintüren mit Supraporten in Stuckrahmen. Und die Decke des Kaisersaals ist mit 14 allegorischen Porträts karolingischer und ottonischer Könige versehen. Das Gebäude, 1991/92 von Grund auf restauriert, kann der Besucher während der Führungen am Tag des offenen Denkmals erleben. Die Schlosskirche hingegen steht ihm offen und lädt zudem von April bis November und im Juni beim Schlosskirchenfest zu mannigfaltigen Konzerteignissen ein. Donnerstags erklingt am Mittag Orgelspiel. Der Schlossgarten mit seinen alten Bäumen, den Hofgärtner Johann Carl Wilhelm Döll aus Altenburg 1829 nach englischem Stil verändert und der Öffentlichkeit zugänglich gemacht hat, lässt sich als schöner Landschaftspark genießen. Und 1998 wurde für Herzog Christian ein Denkmal errichtet.

Stadtzentrum Eisenbergs

Der Marktplatz beeindruckt durch seine Renaissancebauten: das Schlagksche Haus, den Mohrenbrunnen und die Superintendentur. Das Portal des Rathauses ziert ein Wappenstein mit dem Mohrenkopf – Eisenbergs Wahrzeichen – und drei Stadttoren. Der heilige Mauritius als Schutzpatron? Oder Erinnerung an einen treuen Mohren, der zu Unrecht des Diebstahls verdächtigt wurde und im letzten Moment der Hinrichtung entging? Das ist die Frage! Im Klötznerschen Haus lockt seit 1992 das Stadtmuseum mit Funden aus der Steinzeit und vielfältigen Ausstellungen zu Natur, Heimat und Geschichte. Ein ungewöhnliches Gabelkreuz, der Triumphbogen und alte Tafelbilder prägen den Innenraum der neugotischen Stadtkirche St. Peter, ebenfalls ein Ort attraktiver Konzerte. Die spätbarocke Orgel, Trosts letzter Neubau (1747 – 1752), wurde 1884/89 durch ein Instrument der Gebrüder Poppe (Roda) und dieses 1977 durch ein Werk von Rudolf Böhm (Gotha) ersetzt. Herrliche Villen, Gebäude und Fassaden im Jugendstil sind in der Jenaer und der Klosterlausnitzer Straße, am Schützenplatz und im Steinweg zu bewundern, wo auch Gründerzeithäuser stehen. Altmodischen Charme verbreiten das Wirtshaus „Die Butte" und der Gasthof „Zum Mohren". Die moderne Stadthalle bildet seit 2004 Eisenbergs kulturelles Zentrum. Das Krausedenkmal am östlichen Ausgang des Schlossgartens erinnert an den 1781 geborenen Philosophen Carl Christian Krause. In Geyers Garten, benannt nach dem Pianohändler Felix Geyer, sind eine künstlich angelegte Burgruine, seltene Gehölze, der Heimattiergarten und die Bärenschänke zu entdecken.

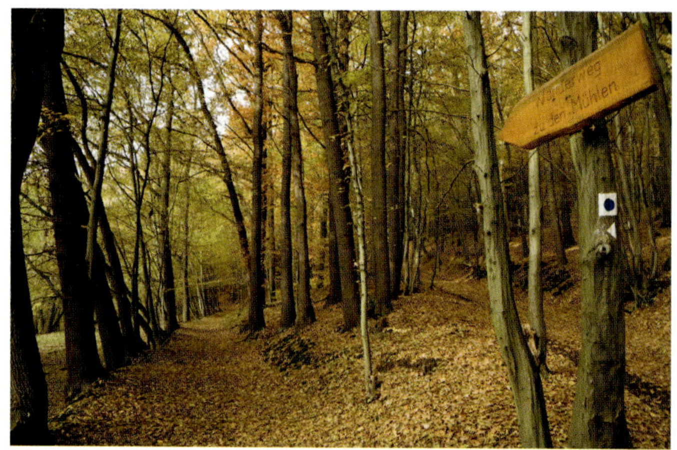

Wanderweg im Mühltal

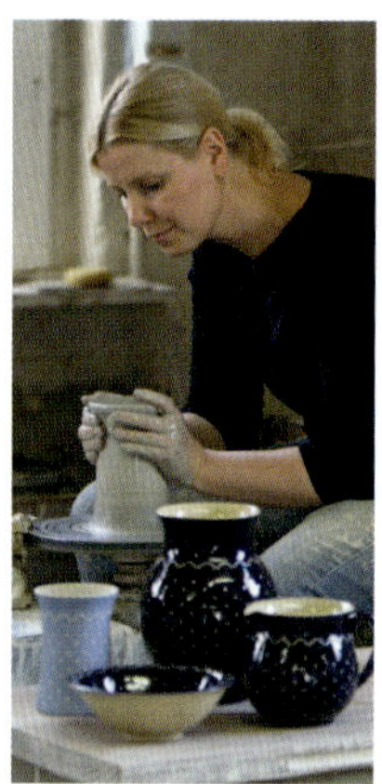

Töpferei in Bürgel

Mühltal
Bad Klosterlausnitz
Bürgel, Thalbürgel
Dornburger Schlösser
Tautenburg

Eine touristische Attraktion des Holzlandes ist das romantische Mühltal. Der Mühltal-Miniaturenpark an der Robertsmühle und das Mühltal-Museum an der Naupoldsmühle zeigen Vergangenes. Und acht von einst elf Mahl- und Schneidemühlen am Raudabach laden heute als Gaststätten und Pensionen mit historischem Ambiente und freundlicher Bewirtung zum Wandern und zu gemütlichen Kremserfahrten zwischen Kursdorf und Weißenborn ein. Von da ist es nicht weit, um in Bad Klosterlausnitz die Klosterkirche zu besuchen. Ihr romanisches Triumphkreuz im Mittelschiff stammt aus der Blütezeit des Klosters. Die 1866 geweihte Orgel von Karl Ernst Poppe wurde 1985 durch die Gothaer Firma Hugo Böhm ersetzt. Auf der B7 in Richtung Jena kommt man in das Städtchen Bürgel, das durch blau-weiß gepunktete Keramik, das Keramik-Museum von 1880 und den Töpfermarkt bekannt ist. In Thalbürgel steht die imposante Kirche des früheren Benediktinerklosters Bürgel, die der Kunst der Hirsauer Baumeister noch heute ein großartiges Zeugnis ausstellt. Die dreischiffige Pfeilerbasilika, deren vierstufiges Säulenportal dem von Paulinzella gleicht, wurde 1965–1972 restauriert und ist alljährlich Heimstatt für die hochkarätigen Veranstaltungen und Interpreten des „Konzertsommers". Die Dornburger Schlösser im nördlichen Saale-Holzland-Kreis, unweit von Jena, sind ebenfalls ein Touristenmagnet. Altes Schloss, Renaissanceschloss und Rokokoschloss, der Schlossgarten im englischen Landschafts- und im französischen Barockstil mit Terrassen und Rosenspalieren, dazu ein hinreißender Ausblick ins Saaletal verleihen ihnen ihre ungewöhnliche Schönheit. Goethe war ihr 1828 erlegen; eine Gedenkstätte erinnert daran. Der malerisch gelegene Ort Tautenburg wurde 1960 durch das Observatorium der Akademie der Wissenschaften zu Berlin – heute die Thüringer Landessternwarte „Karl Schwarzschild" – überregional bekannt. Schon im 19. Jahrhundert begeisterten der weithin sichtbare Bergfried, die neugotische Dorfkirche und idyllische Wanderwege unter uralten Bäumen die Sommergäste. Ricarda Huch und Max Reger weilten hier. Und 1882 wollte Friedrich Nietzsche während eines mehrwöchigen Aufenthaltes die Beziehung zu Lou von Salomé vertiefen – mit seiner Schwester Elisabeth als „Anstandsdame" ein vergebliches Unterfangen ...

Bad Köstritz

Verlässt man Eisenberg auf der B7 in Richtung Gera, ist man schnell in Bad Köstritz. Schwarzbier, Dahlien und vor allem das Heinrich-Schütz-Haus als Gedenkstätte und Konzertort für den „Vater der deutschen Musik", der am 8. Oktober 1585 hier geboren wurde, laden zum Besuch ein. Die „Musikalischen Exequien" von Schütz wurden am 4. Februar 1636 als Begräbnismusik für Heinrich Posthumus Reuß in der Geraer Stadtkirche St. Johannis uraufgeführt.

Gera

Die Otto-Dix-Stadt Gera, drittgrößte Stadt Thüringens und Zentrum von Ostthüringen, hat viel an Sehenswertem und Kunstvollem zu bieten. Auf dem Marktplatz beeindrucken das reich verzierte Portal und der 57 m hohe achteckige Turm des Alten Rathauses aus dem 16. Jahrhundert, der schmucke Renaissanceerker der Stadtapotheke und der Simsonbrunnen. Die Höhler der Altstadt sind als Museum zugänglich, werden alle 2 Jahre zur Höhler-Biennale mit Installationskunst ausstaffiert und einmal im Jahr mit einem Fest gefeiert. Auf dem Nikolaiberg nahe dem Markt stehen das Schreibersche Haus, das älteste Bürgerhaus der Stadt und heute Naturkundemuseum, und die Salvatorkirche. Der dreischiffige Barockbau ist mit schönen Glasmalereien und Jugendstilkunst ausgestaltet; 1725 hat Johann Sebastian Bach die Orgel geprüft. Moderne Industriebauten und der alte Handelshof, Villen, Bürgerhäuser und schmucke Siedlungen lassen den Wohlstand erkennen, den Textilbetriebe, Färbereien und Maschinenbau gebracht haben, und sie bezeugen das Wirken von Bauhauskünstlern wie Henry van de Velde und Thilo Schoder. Architektonische und künstlerische Anziehungspunkte im Stadtteil Untermhaus sind die spätgotische Marienkirche mit ihrem herrlichen Altar und das Otto-Dix-Haus am Mohrenplatz. Im Geburtshaus des bedeutenden Malers (1891 – 1969) sind Zeichnungen, Grafiken und eine Dokumentation zu Leben und Schaffen zu sehen. Die Orangerie zeigt die beachtlichen Geraer Kunstsammlungen und bemerkenswerte Sonderausstellungen.

Bühnen der Stadt Gera

1900 – 1902 errichtete Heinrich Seeling den Jugendstilbau des Reußischen Theaters. Einmalig ist die Vereinigung von Theatersaal und Konzertsaal unter einem Dach. Der Konzertsaal erhielt 1977 eine neue Sauer-Orgel; 2004 – 2007 wurde das Haus aufwendig saniert und mit einem modernen Anbau versehen. Seit 2006 präsentieren sich die 1995 mit dem Landestheater Altenburg fusionierten Bühnen der Stadt Gera als großes Mehrspartenensemble unter dem Namen Theater & Philharmonie Thüringen. Im umfangreichen Spielbetrieb setzen Ur- und Erstaufführungen, die Geraer Balletttage und das Open-Air-Festival „Alles Theater" seit Jahrzehnten überregional wahrgenommene Akzente. Der schön angelegte Küchengarten zwischen Theater und Orangerie und der 2007 für die Bundesgartenschau neugestaltete Hofwiesenpark sind wunderbare grüne Inseln im Häusermeer. Am Rand des Stadtwaldes erhebt sich über dem Elstertal der erhalten gebliebene Turm von Schloss Osterstein, einst die Residenz des Fürstenhauses Reuß jüngere Linie und im Krieg zerbombt.

Eisenberg, Gera und Umgebung

Information	Eisenberg-Information Markt 26 (im Stadtmuseum) 07607 Eisenberg Tel.: 036691 73454 Fax: 036691 73402 E-Mail: info@stadt-eisenberg.de	Gera-Information Markt 1a 07545 Gera Tel.: 0365 8381111 Fax: 0365 8381115 E-Mail: tourismus@gera.de
Sakrale Bauten	Schlosskirche, Stadtkirche St. Peter (beide Eisenberg), St. Salvatorkirche, St. Trinitatiskirche, St. Johanniskirche, St. Marienkirche, Katholische Kirche St. Elisabeth (alle Gera), Klosterkirche Bad Klosterlausnitz, Klosterkirche St. Maria und St. Georg Thalbürgel, Dorfkirche Tautenburg	
Museen	Stadtmuseum Eisenberg, Stadtmuseum Gera, Otto-Dix-Haus Gera, Naturkundemuseum Gera mit Höhler, Kunstsammlung Gera, Museum für Angewandte Kunst Gera, Heinrich-Schütz-Haus Bad Köstritz, Keramik-Museum Bürgel	

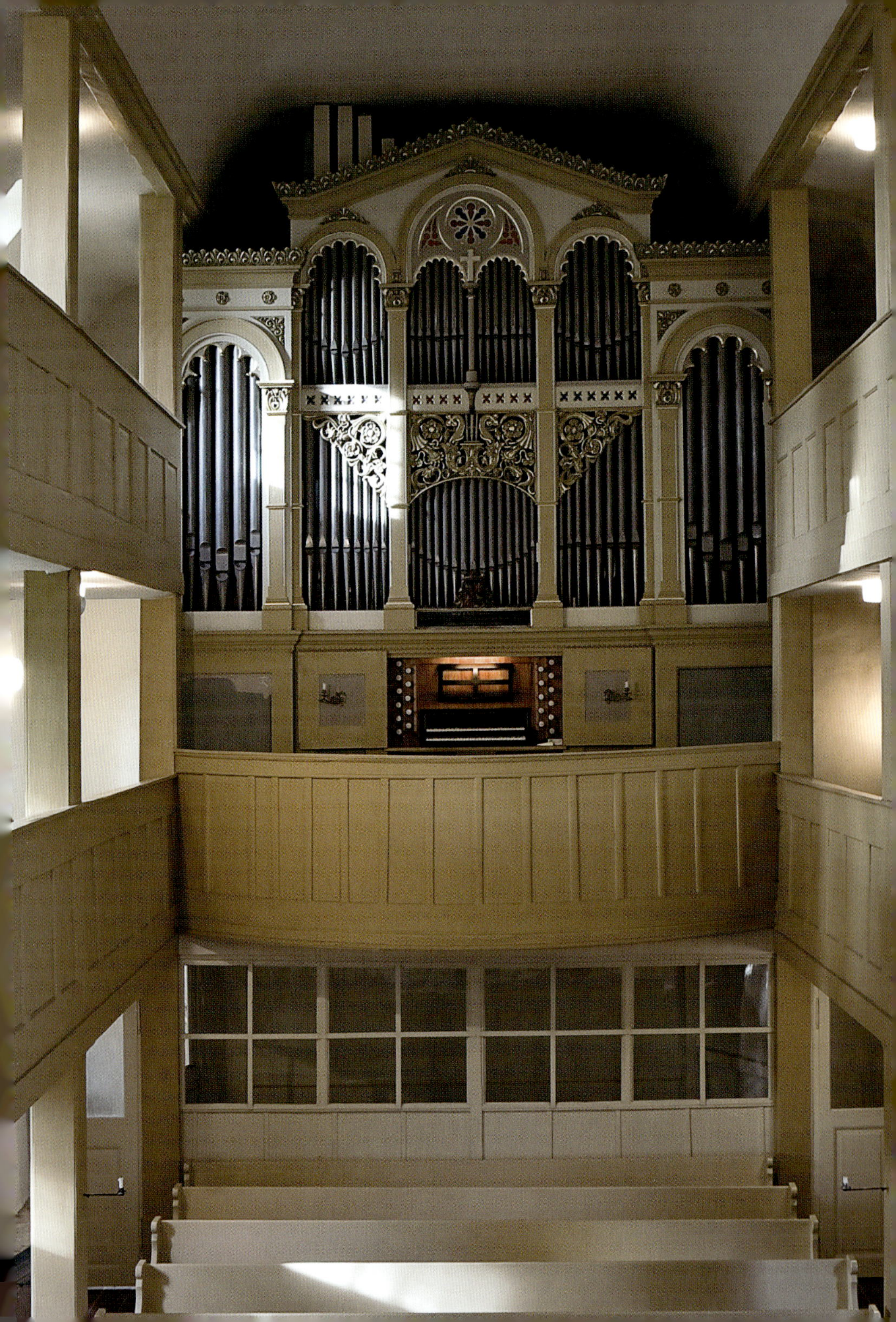

Die Peternell-Orgel zu Denstedt

Disposition > Seite 173

Orgelbauer:
Gebrüder Peternell
Erbauungszeit:
1857 – 1860
Restaurierungen, Umbauten:
1983, 1993

Franz Liszt, Zar Nikolaus I. und Großherzogin Maria Pawlowna, Sir Yehudi Menuhin und Karlheinz Stockhausen – auf sie kommt unweigerlich die Rede, geht es um die Orgel und die Kirche in Denstedt, einem kleinen Dorf im Weimarer Land. Ohne diese prominenten Persönlichkeiten sind Gotteshaus und Instrument nicht zu denken; allesamt haben sie auf eine besondere Weise zu deren Erhalt und Berühmtheit beigetragen. Und dabei sind die Orgelbauer noch nicht einmal erwähnt ...

Die alte Denstedter Kirche wurde 1812 durch einen Brand fast völlig zerstört. Ihr Wiederaufbau war aufwendig und opferreich. Meister Johann Friedrich Weber aus Wickerstedt bei Apolda fertigte 1815 den hohen klassizistischen Kanzelaltar und den hölzernen Träger der Taufschale an. Sechs Fenster wurden eingesetzt und die beiden zweigeschossigen Emporen wieder errichtet. Die Glocken wurden von der Johanniskirche in Jena erworben. Aus Bösleben bei Ilmenau wurde eine ausgediente Orgel angeschafft. Und das kostbare Altarkreuz stiftete Zar Nikolaus I. Er hat 1838 seine Schwester, die Großherzogin Maria Pawlowna, in Weimar besucht und bei dieser Gelegenheit dem Besitzer der Burg in Denstedt das Kreuz verehrt: Dr. Wilhelm von Wegener. Dieser war der Erzieher des Erbgroßherzogs Carl Alexander. Als die Orgel 1857 unspielbar wurde, beschloss der Patronatsherr Wassily von Wegener-Lincker, gemeinsam mit seinem Bruder Carl ein neues Instrument zu stiften. Die Disposition konzipierte der Weimarer Stadtorganist Johann Gottlob Töpfer (1791 – 1870). Und die Ausführung übernahmen die Gebrüder Carl, Wilhelm und August Peternell aus Seligenthal bei Schmalkalden – Orgelbauer, die einen guten Ruf besaßen und tüchtige Arbeit leisteten, von denen man aber wenig weiß und nicht viele Instrumente kennt ...

Die Orgel in Denstedt erhielt 19 Register, zwei Manuale und Pedal und kostete 1.250 Taler. Bei der Orgelweihe am 15. Januar 1860 präsentierte Johann Gottlob Töpfer das Instrument und verfasste ein ausführliches Gutachten, das dem Werk und den Erbauern nur Lob spendete. Das will viel heißen, denn dieser Weimarer Hoforganist gilt als der wichtigste Orgelbautheoretiker des 19. Jahrhunderts. „Die so trefflich ausgeführte Disposition bietet eine solche Mannigfaltigkeit schöner Toneffekte dar, daß ein denkender und geschickter Orgelspieler nie in Verlegenheit sein kann, zu seinen Vorträgen passende Registermischungen zu finden. Das volle Werk spricht mit einer Kraft und Präzision an, welche nichts zu wünschen übrig läßt. Es ist erfreulich, eine solch sorgsam hergestellte Orgel zu sehen." Das Instrument in der schlichten Saalkirche treibt wenig äußerlichen Aufwand; es schmückt sich stattdessen mit einem beachtlichen Klangreichtum, der bald Neugierige anlockte und Liebhaber fand. Einer der ersten von ihnen, der die Orgel nicht nur schätzen lernte, sondern sie in seinen Lebenskreis einbezog, war Franz Liszt, Weimars Hofkapellmeister. Gemeinsam mit Alexander Wilhelm Gottschalg (1827 – 1908), seinem „Fahnen- und Fackelträger", kam er nach Denstedt. Der Kantor aus Tiefurt hatte den Freund und Lehrmeister auf das neue, klangschöne Instru-

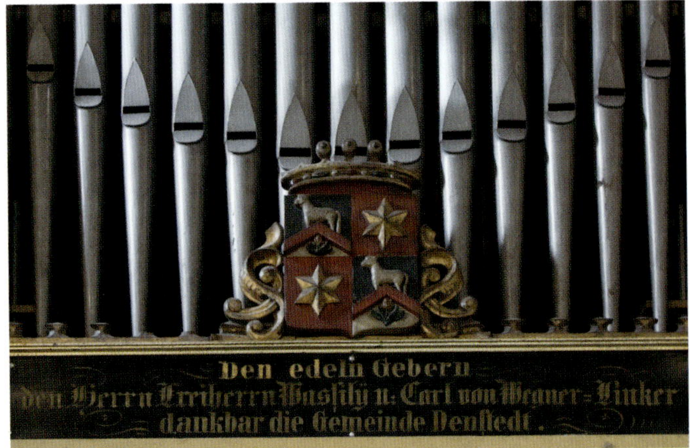

Prospektdetail mit Danksagung an die Stifter

ment aufmerksam gemacht. Und das keineswegs zufällig. Denn die „tätige Zusammenarbeit“ mit Liszt, die 1854 begann und bis zu dessen Tod währte, beschäftigte sich nicht nur mit allen Fragen der Orgel, sondern hatte auch große neue Werke zur Folge. In Denstedt hielt Liszt mit seinen Schülern so genannte „Orgelconferenzen“ ab und veranstaltete Privatkonzerte; er studierte das romantische Farbspektrum der Orgel und fertigte Transkriptionen von drei Bachschen Werken an. Seinem „legendarischen Kantor“ Gottschalg forderte er selbst dann noch Berichte über Denstedt ab, als er selbst längst in Rom weilte. Doch Gottschalgs außerordentliche Fähigkeiten wurden nicht nur von Liszt beansprucht und anerkannt, sondern 1870 auch durch die Berufung zum Orgelrevisor und Seminarmusiklehrer in Weimar gewürdigt – Positionen, in denen er die Nachfolge Töpfers antrat. Außerdem wurde Gottschalg, durch Vermittlung Liszts, Großherzoglich-Sächsischer Hoforganist. Und als Vorkämpfer der romantischen Orgelmusik war er nicht nur Liszt ein wichtiger Mentor, sondern später auch dem jungen Max Reger.

Die Denstedter Orgel aber, die anfangs hoch im Kurs stand und deren Erbauern Gottschalg das Gütesiegel „Silbermann des 19. Jahrhunderts“ erteilt hatte, geriet allmählich künstlerisch in Vergessenheit. Vielleicht war das der Grund dafür, dass sie von Veränderungen und Eingriffen wie der Zinnabgabe von 1917 verschont blieb. Jedenfalls hat Michael von Hintzenstern 1980 das Instrument unversehrt wiederentdeckt, als er einem Hinweis im Briefwechsel zwischen Liszt und Gottschalg nachging. Schon ein Jahr später rief Hintzenstern die Reihe der Denstedter Orgelkonzerte ins Leben, die den Werken von Liszt und seinen Zeitgenossen einen besonderen Platz einräumen. Und 1986 wurde der Weimarer Komponist, Musikwissenschaftler und Gründer des „Ensembles für Intuitive Musik“ (EFIM; 1980) Organist in Denstedt. Zu den Sponsoren, die sich für die Rettung von Kirche und Orgel engagierten, gehörte 1985 der weltberühmte Geiger Sir Yehudi Menuhin. 1983 hatte Norbert Sperschneider (Weimar) erste Arbeiten zur Erhaltung der originalen Substanz begonnen; eine grundlegende Restaurierung erfolgte dann von April bis Juni 1993 durch die Orgelbaufirma Förster & Nicolaus (Lich/Hessen). Am 18. Juli 1993 konnte sich die Orgel – ebenso wie die seit 1989 sanierte Kirche – in neuem Glanz zeigen. Und das nicht nur als beeindruckendes Denkmal, sondern auch als attraktiver Konzertraum, in dem zu DDR-Zeiten die Aufführungen von Werken

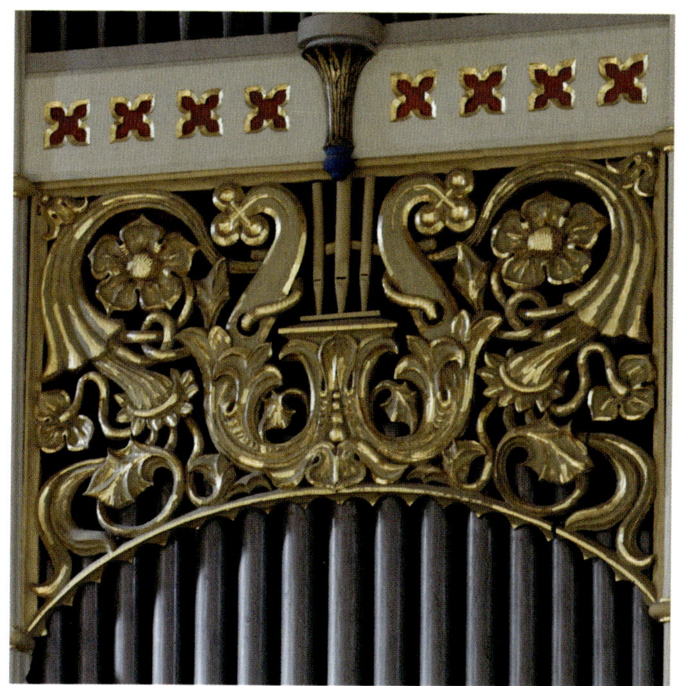

Prospektdetail mit verzierten Schleierbrettern

„unerwünschter" Komponisten viele Besucher anzogen. Karlheinz Stockhausen, der sich von Beginn an für das EFIM engagierte, war der herausragendste dieser Musiker und ein spiritueller Schutzpatron: „Ich werde helfen, wann immer ich eine Chance bekomme, daß Ihr weitergeht in der Entdeckung, Klärung der Intuitiven Musik." Der „Zukunftsmusiker" Liszt am Anfang, der „Visionär" Stockhausen in der Gegenwart: Innovation war und ist ein fester Bestandteil und das Markenzeichen der Peternell-Orgel – was die Substanz angeht und ihre Ausstrahlung betrifft.

Sehenswertes in der Umgebung von Weimar und Jena

Denstedt

Denstedt, 6 km nordöstlich von Weimar gelegen, wurde 775 als Dannistadt bekannt – ein Gut Karls des Großen, der der Hersfelder Abtei den Zehnten schenkte. Im Jahr 874 gehörte „Denesti" zu jenen 155 Dörfern in Thüringen, die dem Zehntrecht des Reichsklosters Fulda unterlagen und in denen Mönche mit ihren Gesängen die Kirchenmusik verbreiteten. Das 1206 erstmals erwähnte Rittergut war eine Wasserburg, die den Übergang über die Ilm sicherte. Sie gehörte den Herren von Denstedt und kam 1689 nach mehrfachem Besitzerwechsel in die Hände der freiherrlichen Familie von Wegener-Lincker und Lützenwick. Als Wasserwehr wurde die Burg 1530 aufgegeben und bis 1699 zur Schlossanlage umgebaut. Ihr ältester Kern ist erhalten geblieben und sehenswert: der hohe runde Bergfried, der Wehrgang und das massive Wohngebäude mit dem Treppenturm. Das um 1800 errichtete Wohnhaus wird als Neues Schloss bezeichnet. Als Patronatsherren sicherten die Schlossbesitzer auch

Burg Denstedt

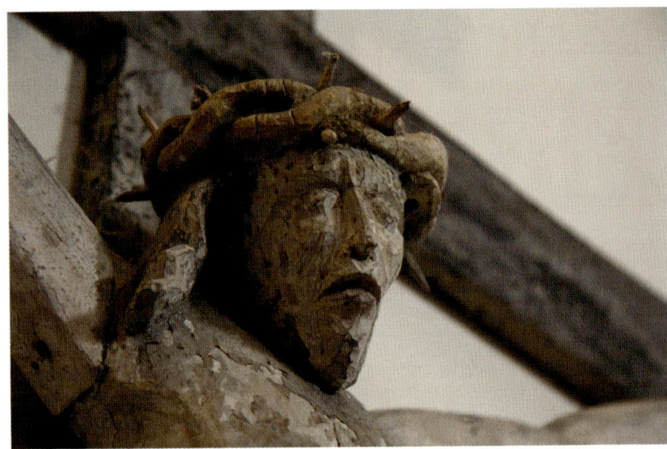

Mittelalterliches Kruzifix in der Kirche Denstedt

Kirche Denstedt

den Erhalt und Bestand der Kirche. Aus dem Mittelalter stammen das Chorgestühl und ein Kruzifix. Die sechs Grabplatten an der Süd- und der Nordseite des Altarraumes sind Gedenksteine für Mitglieder der Familie Thangel, die 1586–1668 Schloss- und Patronatsherren waren. Zwei der Grabstätten fallen durch kunstvoll gemeißelte, lebensgroße Figuren in Ritterrüstung besonders ins Auge. Und diejenige aus dem Jahr 1590 ist mit dem Wappen, einem Epitaph im Renaissancestil und einem Gedicht in lateinischer Sprache versehen. Lucas von Thangel, Doktor des geistlichen und weltlichen Rechts und Kammerrat zu Weimar, hatte sie noch zu seinen Lebzeiten so herrichten lassen. Und er hinterließ einen erstaunlichen Bericht und ein unerschütterliches Glaubensbekenntnis: „Nach so manchem Geschick und nach den Mühen des Hofes/Bettete ich hier den Leib, schwebt zu den Sternen der Geist./Habe gelebt und geführt das Leben durch alle Gefahren,/Aber das Leben ist nur eine ewige Angst./Gleisnerisch Werke gewährte der Hof,/Nur Neid mir und Arglist,/Ohne Verschulden nur Spott, Kränkung, Verbrechen und Tod./Drum hebe ich froh empor mich zum himmlischen Hofe,/Wo mir göttlicher Lohn sprosst aus der blutigen Saat./

Niemals fürcht' ich den Tod, die herrlichste Grenze der Dinge./Sterb ich in Christus, so wird immer zum Schlummer der Tod./Wer nur an Christum glaubt mit festem Vertrauen im Busen,/der hat die sich're Gewähr, dass ihn der Tod nicht ereilt./Gläubiger Tod ist nicht Tod, nein fröhliches Ende der Uebel./Tod ist der Weg, der uns führt in die Ewigkeit ein." (nach P. Lehfeldt) Da wird auch Goethes Reiselust verständlich, die ihn nicht nur vom Hof weit weg nach Italien geführt hat, sondern oft auch auf das Schloss in Denstedt ...

Kromsdorf

Denstedt ist heute Teil der Gemeinde Kromsdorf, wo eine massive Saalkirche (1514) und das schöne Renaissanceschloss (1580) stehen, das 1692 in den Besitz des Herzogs Wilhelm Ernst von Sachsen-Weimar kam. Ein kurzer Weg führt von Denstedt nach Tiefurt – zum Schloss und zum herrlichen Landschaftspark, den die Ilm umfließt und Denkmäler zieren. Dieser Sommersitz der Herzogin Anna Amalia wurde 1781 – 1807 zum ländlichen Gegenstück des städtischen Musenhofes. Dort trafen sich die Schönen und die Klugen, die Musen und die großen Geister und auch manch einfacher Mann im Wittumspalais zu den Tafelrunden der kunstsinnigen Fürstin. Und in Tiefurt entfloh man höfischen Zwängen und fühlte sich der Poesie und der Philosophie, der Schauspielerei und der Musik natürlich nahe. „Unter dem Gewölb' der Nacht" wurde hier am 22. Juli 1782 das Goethesche Singspiel „Die Fischerin" in Szene gesetzt – und gelebt ...

Tiefurt

Weimar

Die Stadt Weimar liegt im Südosten des Thüringer Beckens an einem Bogen der Ilm und zu Füßen des Großen Ettersberges (478 m). Sie wurde 899 als Wimares erstmals urkundlich genannt, 1249 als Stadt erwähnt und 1547 Sitz des Herzogtums Sachsen, ab 1572 Sachsen-Weimar. Im 16. Jahrhundert herrschte reges und einkömmliches Gewerbe- und Handelstreiben, doch das städtische Eigenleben wurde 1728 – 1748 durch die absolutistische Hofhaltung unter Herzog Ernst August I. erheblich eingeschränkt. 1759 übernahm Anna Amalia (1739 – 1807) die Regentschaft über das Herzogtum Sachsen-Weimar-Eisenach. Sie berief Christoph Martin Wieland zum Prinzenerzieher. Ihr Sohn Carl August lud Johann Wolfgang Goethe 1775 an den Hof; Johann Gottfried Herder und Friedrich Schiller folgten. Das klassische Weimar erreichte eine Blütezeit und markierte seinen Platz in der Welt – als Kleinstadt mit den großen Namen und als Residenz eines Zwergstaates, der ein Riesenpotential entwickelte. Im 19. Jahrhundert zog die Musik nach. Maximilian Eberwein wurde Kirchenkapellmeister, Musikdirektor der Oper, Leiter von Goethes Hausmusiken und Spiritus rector der musikalischen Abteilung des Musenhofes. Der Österreicher Johann Nepomuk Hummel nahm die Position des Hofkapellmeisters ein. Und mit Franz Liszt, Richard Wagner und Richard Strauss kamen die Neutöner, denen der poetische Joachim Raff (er half Liszt beim Orchestrieren) und der volkstümliche Peter Cornelius nicht folgen mochten. Die Malerfürsten Arnold Böcklin, Franz Lenbach und Max Liebermann verhalfen der 1860 gegründeten Kunstschule zu einem hervorragenden Ruf. Anfang des 20. Jahrhunderts feierte an der neuen, von Henry van de Velde geleiteten Kunstgewerbeschule der Jugendstil Triumphe. Und 1919 führte Walter Gropius beide Institute zusammen und gründete das Bauhaus. Künstler wie Lyonel Feininger, Paul Klee und Oskar Schlemmer lehrten hier. Bis die Klassikerstadt von Modernem und Funktionalem genug hatte und das Bauhaus 1925 nach Dessau zog. 1919 wurde im Nationaltheater die Weimarer Verfassung verabschiedet und Deutschland erstmals demokratisch. 1920 wurde Weimar Landeshauptstadt (bis 1950) von Thüringen und 1999 Kulturhauptstadt Europas. Die kleinste, die es bisher gab! Aber weil die großen Geister allerorten Lebensspuren und Wirkungsgeschichten hinterlassen haben, weil man ihnen in schönen Gebäuden und Parks, in Museen und Bibliotheken, in Kirchen und selbst an Grabstätten begegnen kann und ihr Eindruck lebendig blieb, gilt Weimar weltweit als einzigartiges Touristikzentrum ...

Stadtzentrum Weimars

Mittelpunkt der denkmalgeschützten Altstadt ist die Stadtkirche St. Peter und Paul (1498), auch Herderkirche genannt. Martin Luther hat hier gepredigt und Johann Sebastian Bach die Orgel gespielt; Vater und Sohn Cranach malten das Altarbild, das Luther und Cranach den Älteren zeigt, und Johann Gottfried Herder wurde 1776 Hofprediger in der umgebauten Barockkirche. Sein Sarkophag fand unter der Orgelempore im Westchor Platz. Auf der Empore steht seit 1999 die mit ihrem historischen Prospekt festlich anzusehende und klingende Sauer-Orgel und vor der Kirche das Herderdenkmal. An der Ilm erhebt sich auf dem Burgplatz das Stadtschloss. Von einer mittelalterlichen Wasserburg blieb nur der Turm erhalten. Das Residenzschloss wurde nach einem Brand ab 1789 neugebaut und, auch unter Goethes Mitwirkung, mehrfach umgestaltet. Heute sind hier die Weimarer Kunstsammlungen untergebracht, in denen Ausstellungsstücke deutscher Kunst vom Mittelalter bis zur Weimarer Malerschule und zur Moderne sowie italienische und niederländische Malerei des 16./17. Jahrhunderts zu bewundern sind. Im Schloss befinden sich auch das Schlossmuseum und die Stiftung Weimarer Klassik. Das älteste erhaltene Gebäude am Markt ist das Cranachhaus (1547 – 1549), dessen reich verzierte Fassade farbprächtig renoviert wurde und in dem Lucas Cranach d. Ä. bis zu seinem Tod 1553 wohnte. Das spätgotische Stadthaus wurde im Krieg zerstört und 1970 neu aufgebaut, das neugotische Rathaus 1841 anstelle eines abgebrannten Renaissancebaus von 1583 errichtet. Auf der Ostseite des Platzes der Demokratie erhebt sich das 1565 im Renaissancestil erbaute Grüne Schloss, das die berühmte Herzogin Anna Amalia Bibliothek beherbergt. Ein Fünftel des auf eine Million geschätzten Buchbestandes wurde 2004 bei einem Brand beschädigt oder vernichtet. Der weltberühmte Rokokosaal ist seit 2007 wieder zu besichtigen. Im ehemaligen Fürstenhaus auf der Südseite des Platzes, einem Barockgebäude aus dem Jahr 1774, hat die Musikhochschule „Franz Liszt" ihren Sitz.

Goethehaus

Auf dem Frauenplan steht das Goethehaus, in dem Goethe von 1782 bis zu seinem Tod gewohnt hat. Der schlichte Barockbau mit naturwissenschaftlichen, literarischen und künstlerischen Sammlungen, der Bibliothek, dem Arbeits- und dem Sterbezimmer ist der meistbesuchte Ort in Weimar. Und die ständige Ausstellung „Wiederholte Spiegelungen. Weimarer Klassik 1759 – 1832" würdigt Goethe als Dichter, Theatermann, Minister, Wissenschaftler und Maler. In der Schillerstraße, einer großzügig angelegten Fußgängerzone zwischen Frauenplan und Theaterplatz, steht das Schillerhaus. Der Dichter lebte hier von 1802 bis zu seinem Tod 1805 und arbeitete an „Wilhelm Tell", der „Braut von Messina" und dem Fragment gebliebenen „Demetrius". Die Räume sind nach historischem Vorbild gestaltet. Das Goethe-Schiller-Denkmal auf dem Theaterplatz ist ein weltbekanntes Zeugnis der Freundschaft beider Dichter.

Deutsches Nationaltheater Weimar

Dahinter erhebt sich das Deutsche Nationaltheater. Es wurde 1825 als klassizistischer Bau errichtet, 1907 abgerissen und durch einen größeren Neubau ersetzt. Goethe als Intendant ließ klassische Werke uraufführen – auch die eigenen. Das Deutsche Nationaltheater und die Weimarer Staatskapelle zählen mit hochkarätigen Schauspiel-, Musiktheateraufführungen und Konzerten zu den weithin wahrgenommenen kulturellen Leuchttürmen Thüringens; 2008 wurde aus Wagners Tetralogie der international gefeierte „Weimarer Ring" geschmiedet.

Seit 1990 sorgt das zwischenzeitlich von Nike Wagner, der Urenkelin von Richard Wagner, geleitete vierwöchige Kunstfest Weimar mit jährlich wechselnden Themen und außergewöhnlichen Performances an ungewöhnlichen

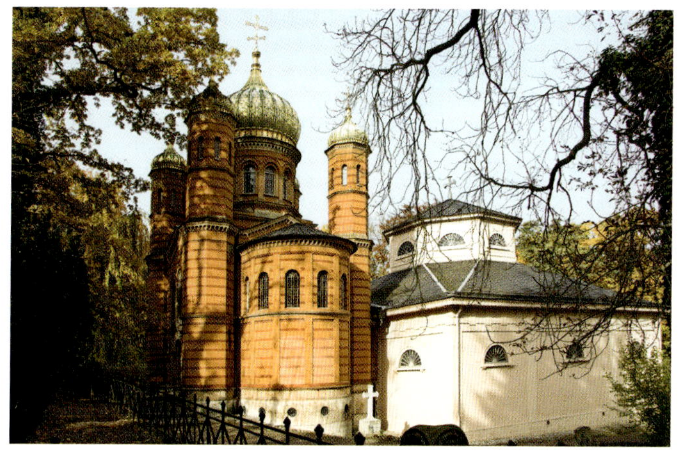

Die Russisch-orthodoxe Kapelle und die Fürstengruft auf dem Historischen Friedhof Weimar

Orten für Aufsehen. Zu den klassischen Höhepunkten, die in Weimar in allen Facetten und auf höchstem Niveau zu erleben sind, zählen auch die Open-Air-Konzerte, die die Staatskapelle zu Juli-Beginn auf einer schwimmenden Bühne im stimmungsvoll illuminierten Weimarhallenpark veranstaltet. Das sechswöchige Kleinkunst-Festival auf dem Beethovenplatz präsentiert im Köstritzer Spiegelzelt internationale Künstler mit Musik-, Theater- und Kabarettdarbietungen und damit eine andere Seite der Klassikerstadt, ebenso wie die Jazz- und Dixieland-Szene, die seit Jahrzehnten einen besonderen Ruf hat. Der Weimarer Zwiebelmarkt geht auf das Jahr 1653 zurück und erstreckt sich jedes Jahr am zweiten Oktober-Wochenende durch die gesamte Altstadt. Bis zu 350.000 Besucher zieht es zu Verkaufsständen, Musikbühnen und Shows. Dem Theater gegenüber, im Klassizismusbau des früheren Kulissenhauses, stellt das Bauhaus-Museum Bilder, Grafiken, Holz- und Metallarbeiten der Bauhauskünstler aus den Jahren 1919 – 1925 aus. Das benachbarte barocke Wittumspalais gewährt Einblicke in die adlige Wohnkultur des 18. Jahrhunderts. Weitere Sehenswürdigkeiten sind das Liszt-Museum, das Haus der Frau von Stein mit dem Weimarer Goethe-Institut, das Bertuchhaus mit dem Stadtmuseum und der Kasseturm, ein Überrest der Stadtbefestigung und heute Domizil des Studentenklubs und Namensgeber der Kasseturm-Band. Im idyllischen Park an der Ilm steht Goethes Gartenhaus, ein einfaches Landhaus und ein berühmtes Fotomotiv. Auf dem Historischen Friedhof wurden die Fürstengruft mit den Sarkophagen Goethes, Schillers und des Großherzogs Carl August, die Russisch-orthodoxe Kapelle für die Großfürstin Maria Pawlowna und andere berühmte Grabstellen zu Pilgerstätten. Schloss Belvedere, eine der schönsten Barockanlagen, entstand ab 1724 außerhalb von Weimar als Jagd- und Lustschloss mit Orangerie und weitläufigem Park. Heute ist dieses großartige Zeugnis höfischer Kultur als Rokokomuseum zu erleben. Und auf dem Ettersberg über der Stadt steht die Gedenkstätte des 1937 errichteten Konzentrationslagers Buchenwald als Mahnmal für eines der dunkelsten Kapitel deutscher Geschichte ...

Jena

Vielfältig, offenliegend oder unterschwellig, von Gemeinsamkeit beflügelt oder durch Rivalitäten verdunkelt, stellen sich die Verbindungen zwischen Weimar und Jena dar. Spuren der Bach-Familie und von Cranachs Kunst führen in die Stadtkirche St. Michael. Goethe trieb anatomische Studien, empfing in den nebligen Saale-Wiesen Anregungen für die „Erlkönig"-Ballade und förderte als Staatsminister den Ruhm der Universität. Schiller heiratete in der Dorfkirche von Wenigenjena Charlotte von Lengsfeld, schrieb in seinem Gartenhaus „Wallenstein", „Maria Stuart" und „Die Jungfrau von Orleans" und hielt an der Universität, die seit 1934 seinen Namen trägt, Vorlesungen zur Geschichte. Die Bauhaus-Architekten brachten mit schönen Villen und öffentlichen Gebäuden das zuwege, was ihnen Weimar verwehrt hatte. Auch stand Jena, erstmals 1182 urkundlich erwähnt, ab 1572 unter sächsisch-weimarischer Herrschaft; ein selbständiges Herzogtum Sachsen-Jena blieb Episode. Jena – immerfort die Dependance Weimars? Doch die Stadt zwischen steilen Hängen und waldigen Hügeln an der Saale hellem Strande hielt mit und auch dagegen und wurde für zwei Jahrzehnte Deutschlands geistiges Zentrum. Die idealistischen Philosophen Fichte, Schelling und Hegel und die romantischen Poeten Schlegel, Tieck, Brentano und Novalis waren eine entschiedene Konkurrenz. Industrieller Fortschritt folgte nach. Weimar – die Stadt der Schönen und der Musen. Jena – eine Stadt der Dichter und Denker, der Technik und des Lichtes ... Zwei Wahrzeichen stehen dafür: Der „Hanfried" auf dem Marktplatz, ein Denkmal für Kurfürst/Herzog Johann Friedrich den Großmütigen, der 1548 das Akademische Gymnasium gründete, aus dem 1558 die Universität hervorging. Und der „Jentower", ein 133 m hoher, weithin sichtbarer Rundturm aus Glas, Beton und Stahl. Er war als Forschungszentrum für das Kombinat VEB Carl Zeiss geplant und 1972 nach Entwürfen des Architekten Hermann Henselmann als Universitätshochhaus fertiggestellt worden. 1999 – 2001 saniert, ist er nun Sitz der Intershop Communications AG und anderer Unternehmen aus dem IT-Bereich. Die Plattform im 29. Obergeschoss gewährt eine atemberaubende Aussicht.

Wahrzeichen Jenas

Drei Jahrhunderte lang war das Collegium Jenense, ein ehemaliges Dominikanerkloster in der Kollegiengasse, die Erste Universität der Stadt. Die Zweite Universität hatte bis 1908 in einem Barockhaus am Fürstengraben ihren Ort. Und das Hauptgebäude der Friedrich-Schiller-Universität am Fürstengraben wurde dort errichtet, wo früher das Herzogschloss stand. Schiller pries die Universität als strahlenden Punkt im Geistesleben: „Ich bin überzeugt, daß man nirgends eine so wahre und vernünftige Freiheit genießt und in einem so kleinem Umfange so viele vorzügliche Menschen findet." Das Burschenschaftsdenkmal (1883) des Bildhauers Adolf von Donndorf vor dem stattlichen Gebäude und Ferdinand Hodlers Monumentalbild „Auszug der Jenaer Studenten" (1909) in der Aula würdigten den liberalen Geist und die vaterländische Gesinnung der Studenten, die 1813 am Freiheitskampf gegen Napoleon teilgenommen und 1817 beim Wartburgfest zu Einheit und Demokratie aufgerufen hatten.

Universität Jena

Im Jahr 1846 gründete der aus Weimar stammende Mechaniker Carl Zeiss eine optische Werkstatt, die ab 1880 zur Weltfirma der Feinmechanik und Optik aufstieg – auch dank der Zusammenarbeit mit Ernst Abbe, der neue Werkzeuge entwickelte, und mit dem Glaswerk von Otto Schott. Die Gewinne der 1889 errichteten Carl-Zeiss-Stiftung kamen der Universität und der Allgemeinheit zugute. Siedlungen mit Häuschen für die „Zeissianer" wurden gebaut, und das Volkshaus entstand 1903 als eine der ersten freien Bildungsstätten Deutschlands. Im großen Saal führt die Jenaer Philharmonie ihr vielfältiges und ambitioniertes Konzertprogramm durch. Mit 85 Musikern ist sie der zweitgrößte Klangkörper Thüringens und Jenas künstlerisches Aushängeschild. Der Philharmonische Chor, der Knabenchor und ein Madrigalkreis gehören dazu. Kulturelle Besonderheiten und Attraktionen sind auch die Kulturarena, die als siebenwöchiges sommerliches Open-Air-Festival für Musik und Theater im Zentrum der Stadt stattfindet, die traditionsreichen Jenaer Jazztage im Septem-

Carl-Zeiss-Platz in Jena mit der Gedenkstätte für Ernst Abbe

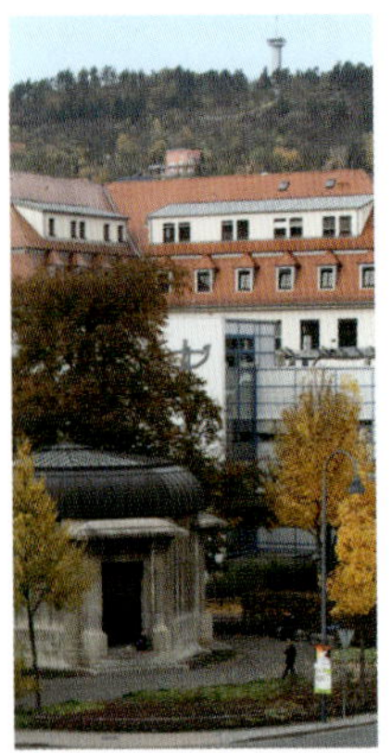

ber, der Jazzfrühling, das Brunnenfest am Romantikerhaus, das Altstadtfest im September und Oktober und der Weihnachtsmarkt.

Stadtzentrum Jenas

Der Markplatz der unter Denkmalschutz stehenden Altstadt wird vom spätgotischen Rathaus und seinem Uhrenturm geprägt. Die Alte und die Neue Göhre sind Weinhändlerhäuser im gotischen Stil. Das ältere beherbergt das Stadtmuseum, das neuere die Kunstsammlung der Stadt Jena mit Werken aus dem Mittelalter bis in die Gegenwart. Die dreischiffige Stadtkirche St. Michael ist einer der größten gotischen Sakralbauten in Thüringen; sie wurde 1506 fertiggestellt. Von ihrer mittelalterlichen Ausstattung blieb wenig übrig: die Holzplastik des Angelus jenensis (1240), die den Erzengel und Kirchen- und Stadtpatron St. Michael darstellt; die Kanzel (1507), von der Luther gepredigt hat; eine bronzene Grabplatte für den Reformator, die für Wittenberg bestimmt war. Im Chor stehen Holzfiguren der vier Evangelisten unter steinernen Baldachinen (19. Jahrhundert); die Glasfenster mit den Erzengeln (1956) gestaltete der Weimarer Künstler Fritz Körner. 1669 trat Johann Nikolaus Bach das Amt als Organist der Stadtkirche an. Auch Max Reger, der 1915 von Meiningen nach Jena gekommen war, saß des Öfteren am Instrument. Die große Sauer-Orgel mit über 100 Registern wurde 1945 bei Bombenangriffen zerstört; sie erhielt 1963 eine Schuke-Orgel mit 51 Registern und 4.500 Pfeifen als Nachfolgerin. Auch in Jena fügen sich Sehenswürdigkeiten und Gedenkstätten zur Perlenschnur: das Literaturmuseum für die Jenaer Frühromantik im Wohnhaus von Fichte; Schillers Gartenhaus; das Ernst-Haeckel-Haus mit dem Phyletischen Museum. Im Zeiss-Planetarium können Galaxien bestaunt und Lasershows bewundert werden. Das Optische Museum besitzt die größte Brillensammlung Europas. In der Schott-Villa informiert eine Ausstellung über das Leben und die Produkte des Chemikers und Glasmachers. Und für den Physiker Ernst Abbe auf dem Carl-Zeiss-Platz schuf Henry van de Velde einen achteckigen Bau und Max Klinger die Büste ...

Stadtkirche St. Michael

Saaletal

Lässt man sich in Jenas Wanderparadiesen vom Reiz des Saaletals verführen, dann kommt man auf nördlichem Wege zu den Dornburger Schlössern – und wiederum zu Goethe. Die Gegenrichtung führt zur Leuchtenburg bei Kahla und ins obere Saaletal, hin zu den schönen Bauten und klangvollen Orgeln in Rudolstadt, Saalfeld und auf Schloss Burgk. Doch das ist – ebenso wie die Dornburger Schlösser – ein anderes Kapitel ...

Weimar, Jena und Umgeburg

Information	Tourist-Information Weimar Markt 10 99423 Weimar Tel.: 03643 745-0 Fax: 03643 745420 E-Mail: tourist-info@weimar.de	Jena Tourist-Information Markt 16 07743 Jena Tel.: 03641 49-8050 Fax: 03641 49-8055 E-Mail: tourist-info@jena.de
Sakrale Bauten	Stadtkirche St. Peter und Paul, Jakobskirche, Katholische Herz-Jesu-Kirche, Russisch-Orthodoxe Kapelle, Autobahnkirche Gelmeroda (alle Weimar), Stadtkirche St. Michael, Friedenskirche, Katholische Kirche St. Johannes Baptist, Schillerkirche „Unserer lieben Frau", St. Peter-Kirche Lobeda (alle Jena), Kirche Denstedt, Schlosskapelle Kromsdorf	
Museen	Goethes Wohnhaus mit Goethe-Nationalmuseum und Goethes Gartenhaus, Bauhaus-Museum, Neues Museum, Wittumspalais, Schillers Wohnhaus mit Schillermuseum, Stadtschloss, Museum für Ur- und Frühgeschichte Thüringens, Gedenkstätte Buchenwald, Deutsches Bienenmuseum, Eisenbahnmuseum (alle Weimar), Stadtmuseum Göhre, Romantikerhaus, Optisches Museum, Schott GlasMuseum, Phyletisches Museum (alle Jena)	
Parks	Schlosspark und Orangerie Belvedere, Park an der Ilm, Park Tiefurt, Historischer Friedhof (alle Weimar), Volkspark Oberaue Jena	

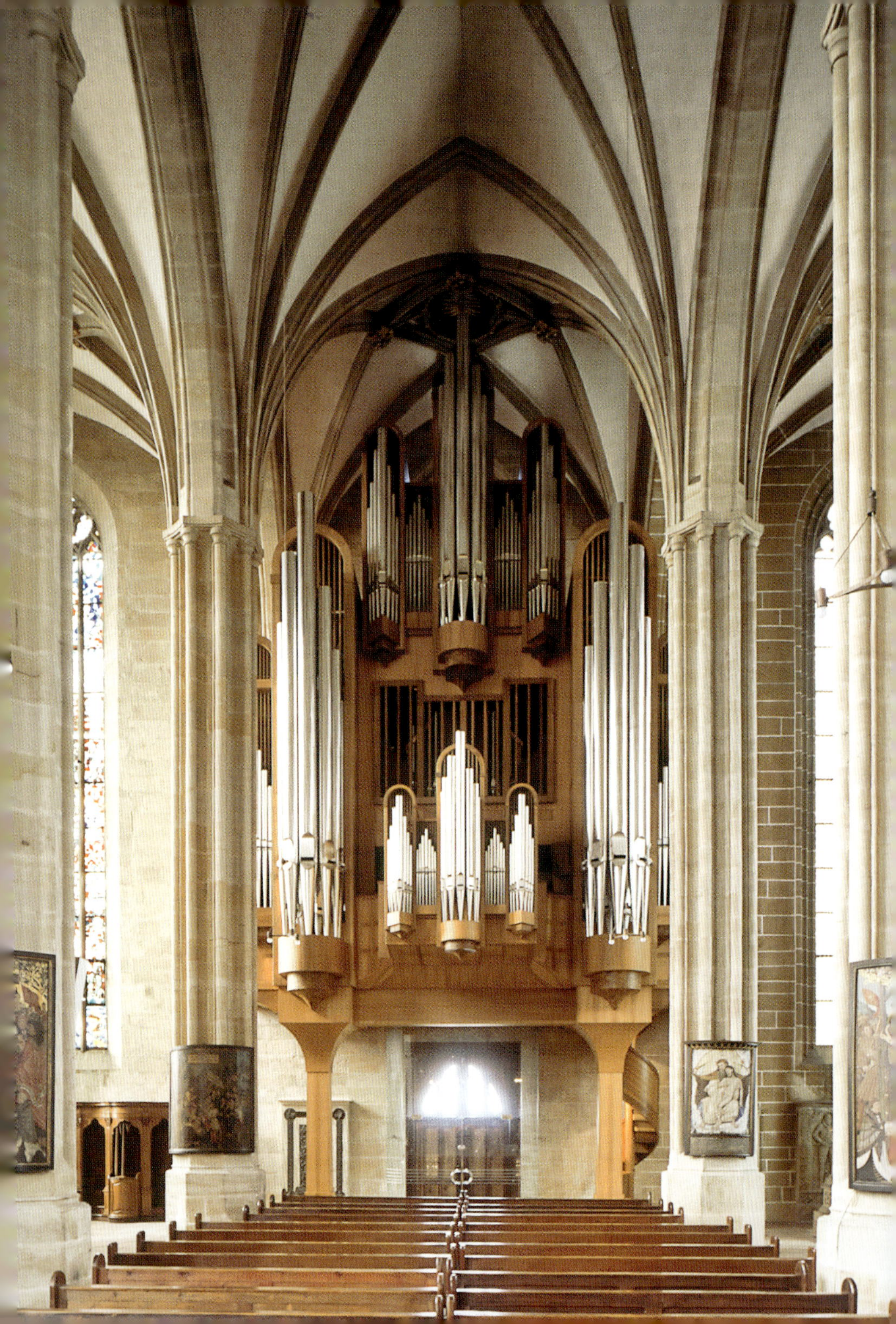

Die Schuke-Orgel im Dom St. Marien zu Erfurt

Disposition > Seite 173

Orgelbauer:
Schuke Orgelbau, Potsdam
Erbauungszeit:
1989 – 1992

Es sind zwei Orgeln, zwei Schuke-Orgeln sogar, die im Erfurter Dom ihre Heimstatt gefunden haben: die Hauptorgel und eine Chororgel. Auf ideale Weise sind sie mit der herrlichen Architektur und den vielfältigen Eigenheiten dieses grandiosen Kirchenraumes abgestimmt, und sie tragen selbst mit ungewöhnlichem Reiz und seltener Klangpracht zu diesem überwältigenden Eindruck bei. Der Hörer kann eine Vielzahl von Tönen, Farben und räumlichen Effekten erleben, die die beiden Instrumente solistisch, im Dialog und im Echospiel oder gemeinsam als majestätisches Plenum ausbreiten.

Die Chororgel wurde 1963 durch die renommierte, von Hans-Joachim Schuke geleitete Potsdamer Firma Alexander Schuke gebaut und im Hohen Chor auf der Ostseite des Domes aufgestellt. Sie war schon im Hinblick auf eine neue Hauptorgel konzipiert worden. Die alte Domorgel von Johannes Klais wurde nach der Fertigstellung der Chororgel abgebrochen, doch der Dom musste nahezu 30 Jahre ohne eine Hauptorgel auskommen. In den 1960er Jahren waren Planung und Auftragsvergabe eingestellt worden; erst Anfang der 1980er Jahre erteilte Bischof Joachim Wanke den Potsdamer Orgelbauern einen neuen Auftrag. Doch erst war 1983 der Zeitpunkt für weitergehende Überlegungen und Entwürfe gekommen, denn mittlerweile hatten sich Klangkonzepte gewandelt und die Aufführungspraxis neue Akzente erhalten. Vor allem die Romantik sollte wieder einen wichtigen Stellenwert im Klangspektrum erhalten. Doch erst 1989 war klar: „Es ist eine Orgel zu bauen, die der Größe des Domes entspricht und die Möglichkeit bietet, über den liturgischen Rahmen hinaus die Orgelliteratur bis in die Gegenwart hinein darzustellen." Die Umsetzung dieses Planes brachte die jetzt von Orgelbaumeister Matthias Schuke geführte Firma nicht nur mit dem Domorganisten KMD Wilhelm Kümpel und dem Orgelsachverständigen Rudolf Heinemann (Berlin) zusammen. Auch der Architekt Reinhard Rüger (Halle/Saale) wurde einbezogen. Ein aufschlussreicher Vorgang. Und ein ambitioniertes Unterfangen zugunsten einer optimalen ästhetischen Lösung. „Denn nur im Zusammenwirken von Orgelbauer und Architekt lag die Chance für das Entstehen eines Werkes, das sich im musikalischen und technischen Aufbau wie in der äußeren Gestalt dem vorgegebenen Raum einfügt und sich darin behauptet, ohne über Gebühr in den Vordergrund zu treten. In den visuell wahrnehmbaren Dimensionen, Formen und Farben sollte sich die akustische Gewalt und die Vielfarbigkeit der Klänge spiegeln." (R. Rüger) Die Größe der neuen Orgel ließ nur den alten Standort im Mittelschiff über dem Westportal zu. Der Platz war günstig für die optische Wirkung, aber einer seitlichen Ausdehnung des Instrumentes hinderlich. Es wurde auf zwei Stützen gestellt und bis ins Gewölbe hinaufgeführt. Formen und Farben folgten der Raumarchitektur: Das Gehäuse korrespondiert mit dem dunklen Eichenholz des Chorgestühls. Die hellen Zinnpfeifen führen die Form der Pfeilerdienste weiter. Und in den Schreinen und in den Pfeifentürmen werden die Bogenformen der Maßwerke und Gewölbe aufgegriffen. „Architektur, Orgelplastik und Klangkörper [verschmelzen] zu ganzheitlich künstlerischem Ausdruck". (R. Rüger) Ein wunderschönes Formen-

spiel ergibt sich, in das Traditionen des Orgelbaues vor dem 19. Jahrhundert und moderne Lösungen eingeflossen sind. An der Nordseite der Orgel führt eine Wendeltreppe an die Spielanlage. Und der Windfang zwischen den Stützen am Westportal ist aus Glas konstruiert, damit er den schönen Anblick der Orgel nicht verdirbt. Natürlich sollte sich auch der gesamte innere Aufbau, das Werkprinzip Schukes also, in deren Erscheinungsbild widerspiegeln. „Das Hauptwerk mit dem Principal 16' nimmt den zentralen Platz ein, während das Rückpositiv mit dem Principal 8' trotz seiner exponierten Stellung sich unterordnet. Das große Schwellwerk befindet sich im Unterbau der Orgel unter dem Hauptwerk, klingt aber frei aus. Die beiden Pedaltürme mit dem Principal 32' flankieren die Manuale und geben den seitlichen Rahmen." (M. Schuke) Alle Werke sind architektonisch und klanglich in sich geschlossene Einheiten, die sich aber auch dem Gesamten unterordnen und ein großes Ganzes bilden können. Gravitätisch, schlank und spitz, romantisch sanft und schwebend, mit vielfältiger Bassfunktion entfalten sie in den akustisch nicht einfachen Raumverhältnissen ihre charakteristischen Klangfarben, lassen ein geschlossenes Klangbild entstehen und stellen im polyphonen Spiel die Transparenz und Zeichnungsfähigkeit der Stimmen unter Beweis.
Am 12. Dezember 1992 wurde die fertiggestellte Schuke-Orgel eingeweiht. Bischof Joachim Wanke segnete das Instrument. Und Domorganist Wilhelm Kümpel demonstrierte gleich mit dem ersten Orgelspiel nach der Weihe und mit Werken von Johann Sebastian Bach und Felix Mendelssohn Bartholdy, dass eine technisch perfekte, kunsthandwerklich und klanglich hervorragende Hauptorgel in den Dom zurückgekehrt ist. An der Orgel, die 2006 eine neue Setzeranlage mit 4000 freien Speichern erhielt, finden die „Internationalen Orgelkonzerte Dom zu Erfurt" statt, in denen die bedeutendsten Organisten der Gegenwart zu hören sind und auch junge begabte Künstler aus dem In- und Ausland ihr Debüt geben. Nach wie vor macht das Instrument bei Fachleuten und Liebhabern größten Eindruck. Die gewaltige sinfonische Klangpracht mit ihrem barocken Kern findet höchstes Lob und der würdevolle Anblick tiefste Hochachtung.
Der Mariendom, die katholische Hauptkirche Thüringens, verfügt seit Jahrhunderten über ausgezeichnete Orgeln. Anders als in vielen Dörfern und Städten waren es nicht Landwirtschaft und Handel, Handwerk und Industrie, Herrscherhäuser und Kirchgemeinden, die für Wohlstand sorgten und den Bau von Kirchen und Orgeln finanzierten. Wallfahrer waren es, die der alten Stiftskirche Beatae Mariae Virginis so viel Geld spendeten, dass auch Orgeln aufstellt werden konnten. Für 1225 ist die erste von ihnen urkundlich belegt – vermutlich ein größeres Werk auf der Empore im nördlichen Querschiff, zu dem sich später ein kleineres im südlichen Querschiff gesellt haben soll, wo die Gottesdienste für das Volk stattfanden. Beide Orgeln wurden 1416 bei einem Brand beschädigt, wieder repariert und beim großen Stadtbrand von 1472 völlig zerstört. 1480 schloss das Domkapitel mit dem Orgelbauer Stephan Kaschendorf (um 1425 – nach 1500), der aus Breslau stammte und sich in Mittel- und Süddeutschland einen guten Ruf erworben hatte, einen Kontrakt. Der „Burger zu Sweidnitz" versprach, „ein groß Orgelwergk [...] zu machen", wie man „hundert mylen umb erfurrt nicht stehen" findet. Und „wol gezieret mit gesnitze" sollte der Prospekt sein. Die Orgel hatte 16 – 18 Register auf zwei Manualen und Pedal und einen Tonumfang von drei Oktaven und war für die damalige Zeit ein großes Instrument. Ihren Platz nahm sie auf der Empore ein, wo schon die Orgel von 1225 gestanden hatte. 1485 wurde sie eingeweiht und hatte fast 200 Jahre Bestand. Nur kleinere Reparaturen waren fällig, bis sie dann Ende des 17. Jahrhunderts ihren Dienst nur noch mangelhaft versah. Und weil sich auch der musikalische Zeit-

geschmack änderte, war ein Neubau unumgänglich. Der berühmte Orgelbauer Ludwig Compenius war dafür im Gespräch, den Auftrag erhielt aber Christoph Junge, der kurz zuvor ein Werk in Sondershausen errichtet hatte und der, wie Kaschendorf, aus Schlesien kam. Sein Instrument besaß 28 Register und eine Springlade statt der Schleiflade, was damals in Thüringen eine Seltenheit war. Als Standort wurde die neugebaute Empore über dem Westeingang des Domes ausgewählt. Jacob Adlung würdigte die Orgel als ein „rares Werk". Den prächtig mit barocken Schnitzereien und Figuren gezierten Prospekt von Valentin Ditmar ließ das Domkapitel im 18. Jahrhunderts zusätzlich vergolden. Junge starb während der Arbeit an der Orgel; sein Geselle David Merker hat sie 1689 vollendet. Nach fast 150 Jahren wies auch dieses Instrument Mängel auf. Metallpfeifen waren verbogen, Holzpfeifen vom Wurm zerfressen, Tasten abgenutzt. Eine Generalsanierung wurde überlegt, dann aber ein Neubau in „antikem Style" geplant, bei dem alte Prospektteile Verwendung finden sollten. Ernst Siegfried Hesse aus Dachwig bei Erfurt sollte ihn 1829 ausführen. Doch Erfurts Musikverein wünschte sich ein größeres Instrument. Ein Gutachten des Königlich-Preußischen Musikdirektors Wilhelm Friedrich Ernst Bach, Sohn des „Bückeburger Bachs" Johann Christoph Friedrich Bach, wurde eingeholt, das Änderungen der Disposition und des Auftrags nach sich zog. Bei ihrer Einweihung am 18. Oktober 1835 war die dreimanualige Orgel mit 55 Registern die größte in Erfurt. Jahrzehntelang wirkte sie an der Aufführung großer Kirchenmusikwerke mit, bis sich Protest gegen solche weltliche Wucht erhob. Die extra gebaute Empore wurde verkleinert, damit Chorauftritte unmöglich wurden. Allmählich verschlechterte sich, nicht zuletzt durch Bauarbeiten im Dom, der Zustand dieser Orgel, und „mit dem Requiem am 14.2. [1906] verhallten ihre letzten Klänge". Das Instrument, das nachfolgte, war noch größer. Wesentlich größer! Es stammte aus der renommierten und noch heute international erfolgreichen Werkstatt des Bonner Orgelbauers Johannes Klais und wurde bereits am 9. September 1906 eingeweiht. Es war – der Zeit entsprechend – eine „sinfonische Orgel", die mit vier Manualen, Pedal und 72 Registern, mit vier Kombinationen, Roll- und Jalousieschwellern und pneumatischer Tasten- und Registertraktur nicht nur technisch auf den neuesten Stand war; sie ermöglichte vor allem die vielfältigsten Nachahmungen und Mischungen der Klänge des großen romantischen Orchesters. Aufgestellt wurde sie wiederum über dem Westeingang. Die größte Pfeife war 11 m hoch und der Prospekt derartig monströs, dass er die Harmonie des Kirchenraumes störte. Das vierte Manual, das so genannte Echowerk, bestand aus einer Vox humana in der Hauptorgel und einer Chororgel mit 10 Registern, die hinter dem Hauptaltar Platz fand. Diese kleine Orgel ließ sich sowohl von einem eigenen Spieltisch als auch mittels einer elektrischen Traktur von der Hauptorgel aus spielen. Die große Klais-Orgel, deren Klang durch zahlreiche Zungenstimmen und zwei 32' -Register geprägt war, erregte allgemeines Aufsehen und große Bewunderung. Doch das Meisterwerk erlitt im Ersten wie im Zweiten Weltkrieg erhebliche Schäden. Zuerst wurden die Zinnpfeifen ausgebaut und durch einen gemalten Papppfeifen-Prospekt ersetzt, der die Klangentfaltung der Orgel behinderte und ihren Anblick verschandelte. Später kamen Nässeschäden infolge der zerstörten Domfenster hinzu. Und die Chororgel wurde so schwer in Mitleidenschaft gezogen, dass ihre Überreste abgebaut werden mussten. Sie fanden 1952 beim Bau der Klais-Schuke-Orgel in der Brunnenkirche zu Erfurt Verwendung; ihr neues Gehäuse schuf der Erfurter Tischlermeister Wiegand. Johannes Klais errichtete noch weitere Orgeln in Erfurt: 1930 in St. Severi und 1935 in der Lorenzkirche. Für den Dom plante man bereits Ende der 1940er Jahre den Bau neuer Orgeln. Doch erst mit Schukes Chororgel von 1963 war eine erste Etappe bewältigt ...

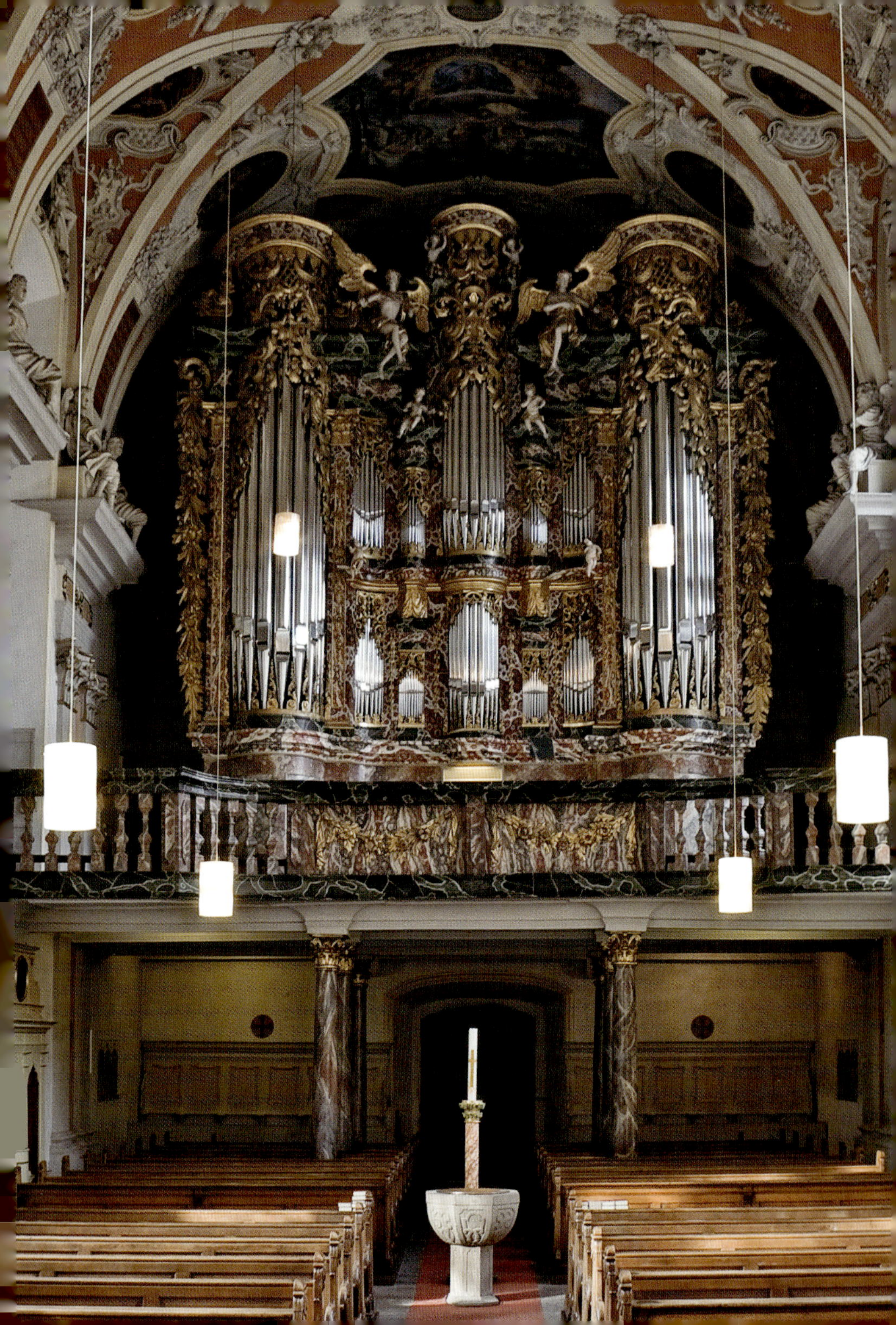

Die Volckland-Orgel in der Neuwerkskirche St. Crucis zu Erfurt

Disposition > Seite 174

Orgelbauer:
Francisccus Volckland
Erbauungszeit:
1732 – 1737
Restaurierungen, Umbauten:
1894/95, 1902, 1930/31, 1999 – 2003

Unter den vielen Thüringer Orgelbauern der Bachzeit nimmt Franciscus Volckland einen besonderen Platz ein. Wie Tobias Heinrich Gottfried Trost, bei dessen Vater er womöglich in die Lehre gegangen ist. Oder wie Johann Georg Fincke, der ihn gleichfalls ausgebildet haben könnte und mit dem er manche Gemeinsamkeit teilt. Den exponierten Rang verdankt er nicht nur der erlesenen Klangschönheit und dem festlichen Äußeren seiner Instrumente, die den Anforderungen und Charakteristika der thüringischen Orgellandschaft Genüge tun, die zu deren Identität beitragen und sogleich große Anerkennung fanden. Es gibt noch weitere Gründe. Geld zum Beispiel. Anders als Trost oder sein Lehrer Johann Georg Schröter hat es Volckland mit seiner kleinen Erfurter Werkstatt zu Wohlstand gebracht und war nicht unbedingt auf gewinnbringende und permanent fließende Aufträge angewiesen. Zwischen 1718 und 1779 hat er etwa 15 Instrumente geschaffen – vergleichsweise wenige innerhalb eines langen Arbeitslebens als selbständiger Orgelbauer. Dass er ein Privileg besaß, ist ebenfalls ein Grund. Dieses Vorrecht war seiner Meisterschaft angemessen. Er hatte es erstritten, doch es fiel nicht wunschgemäß aus: Die Stadt Erfurt verweigerte es Volckland für ihr Territorium. Der Orgelbauer zählte zu den wohlhabenden Bürgern und bedurfte einer solchen Vergünstigung nicht; zudem hatte Schröter dieses Privilegium inne. Ein sehr persönlich geführter, unerfreulicher Rechtsstreit endete am 20. Januar 1729 mit dem Ergebnis, dass Volckland eine Sondergenehmigung zugesprochen wurde, die ihm die Arbeit im Umland von Erfurt erlaubte. Aber er hat auch einige Orgeln in der Stadt gebaut, darunter die der Cruciskirche, seine größte und wichtigste. Noch heute ist sie Erfurts bedeutendste Barockorgel und gehört zu den hervorragenden historischen Instrumenten in Thüringen. Geboren wurde Franciscus Volckland am 5. Juni 1696 in Berlstedt, einem kleinen Ort in der Nähe von Weimar. Er war das jüngste von sechs Kindern des Töpfermeisters Carl Volckland. Das Schreiner- und Orgelbauerhandwerk hat er vermutlich bei dem Berlstedter Orgelmacher Johann Conrad Vockerodt und danach bei Johann Georg Schröter, einem der herausragenden thüringischen Orgelbauer des 18. Jahrhunderts erlernt. Schröter war am 20. August 1683 auch in Berlstedt geboren worden, war ebenfalls Schüler von Vockerodt und starb am 24. August 1747 in Mühlhausen. Mit Schröter zog Volckland 1712 von Berlstedt nach Erfurt. Hier dürfte er während seiner Lehrzeit den Bau der großen Orgel in der Augustinerkirche miterlebt haben, den Johann Friedrich Stertzing begonnen und Schröter vollendet hat. Und am 31. Juli 1716 könnte er durchaus Johann Sebastian Bach begegnet sein, der in jenen Jahren am Weimarer Hof als Organist und Konzertmeister amtierte und der gemeinsam mit dem Orgelbauer Johann Anton Weise aus Arnstadt die Orgel geprüft und abgenommen hat. Er bestätigte dem Orgelbauer Schröter, dass „das von ihm verfertigte erstere Meisterstück so wohl gerathen, und also an seiner fernerweitigen Arbeit nicht zu zweifeln" sei. Ein Qualitätssiegel, mit dem sich gut werben ließ. Für Volckland waren die Lehrjahre bei Schröter weniger frucht-

bringend. Zwistigkeiten kamen auf, das gute Verhältnis zwischen Meister und Lehrling kühlte sich ab und fand ein plötzliches Ende. Schröter befürchtete offensichtlich, er könnte einen ernstzunehmenden Konkurrenten bekommen. Volckland ging nach Ohrdruf, um die Lehre bei den Gebrüdern Lortzing abzuschließen, den Vorfahren des Komponisten Albert Lortzing. 1718 kam er nach Erfurt zurück und erhielt am 22. November das Bürgerrecht. Durch eine Erbschaft und den Kauf des Biereigenhofes „zum Tannenberge und zum grünen Löwen" im Stadtteil Viti gehörte er alsbald zu den begüterten Bürgern. Das Privileg, Bier zu brauen und auszuschenken, wurde zum lukrativen Geschäft. Und der Erwerb von Häusern und Ländereien vergrößerte seine ökonomische Basis, die es ihm erlaubte, sein Handwerk fürderhin ohne finanziellen Druck auszuüben. Nur das Privileg eines Erfurter Orgelbauers, das er mit aller Macht anstrebte, blieb ihm verwehrt. Gestorben ist Franciscus Volckland am 23. Dezember 1779 im hohen Alter von 83 Jahren. „Herr Stadtleutnant Franz Volckland auf dem Anger, Orgelmacher und Biereige wie auch der hiesigen Kirche wohlangesehener Inspektor, unter dem Singechor in der Kirche im Schwibbogen bei Nacht beigesetzt." Ein Bild des Orgelbauers ließ sich bis heute nicht auffinden.
„Der Klang dieser Orgel ist unvergleichlich." Bewunderung und Lob klingen aus diesem Satz, mit dem Jacob Adlung (1699 – 1762) die Orgel der Cruciskirche in seinem berühmten Buch „Musica mechanica organoedi" würdigte. Der Erfurter Orgelhistoriker und Musiktheoretiker war mit dem Orgelbauer gut bekannt und mit dessen Instrumenten bestens vertraut. Manche hat er selbst gespielt und konnte darum detailgetreue Angaben über ihre Disposition und ihre repräsentativen Spielanlagen publizieren. Die Orgeln Volcklands, die auch in Salomon Kümmerles „Encyklopädie der evangelischen Kirchenmusik" (1888 – 95) als „vorzüglich und von schönem Klang" bewertet wurden, besitzen maximal zwei Manuale. Größere dreimanualige Werke, wie sie seine Zeitgenossen Trost und Gottfried Silbermann geschaffen haben, sind nicht bekannt. Aber wie Silbermann nahm Volckland eine gewisse Typisierung seiner Dispositionen vor, die ein wohlbedachtes progressives Grundkonzept mit nur geringen Modifizierungen wiederholen. Und die Orgelprospekte wurden ebenfalls nach einem einheitlichen Modell gestaltet, das den Thüringer Kirchenräumen mit ihrem hölzernen Tonnengewölbe und der Platzierung der Orgel auf der zweiten Empore Rechnung trug. Doch bei aller Detailverliebtheit und Pracht erreichten sie Trosts üppige Ausstattung nicht. In seiner Orgelkonzeption hat Volckland alle Thüringer Eigenheiten vereinigt. Das betrifft den vielfältigen und charakteristischen Klang (Grundtönigkeit, terzhaltige Mixturen, Tremulant und die Sesquialtera zur Melodieführung), den er durch eigene Spezialitäten (Glockenaccord, Register Hohlflöte 4' im Pedal) und Erweiterungen des Tonumfanges bereicherte. Und das gilt für die musizierpraktischen Erwartungen und Anforderungen. Seine Instrumente waren hervorragend geeignet, im Gottesdienst zu präludieren, dem Choralspiel zu dienen und Figuralmusik auszuführen. Gerade das für das Triospiel unübertreffliche Register Violonbass 16' bzw. 8' war eine thüringische Eigenart von enormer aufführungspraktischer Bedeutung und erlesener Klangschönheit.
Die Orgel der Neuwerkskirche baute Volckland in den Jahren 1732 – 1737; gestiftet hat sie Maria Felicitas Dräger, Priorin, worauf eine Inschrift am Gesims unter dem Hauptwerk hinweist: MFDP 1739. Julius Hesse, ein Mitglied der namhaften Orgelbauerfamilie aus Dachwig bei Erfurt, teilte 1860 die „Disposition der am meisten bekannten Orgel in der Neuwerkskirche zu Erfurt" mit. Er hob dabei Adlungs Urteil hervor und führte weiterhin aus: „Entspricht auch

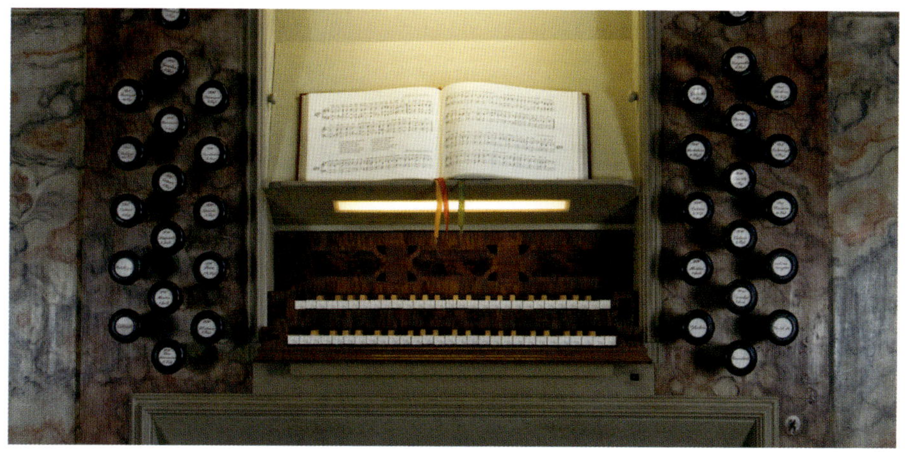

Spielanlage

diese Disposition der gegebenen Regel nicht ganz, da besonders im Positiv an der Stelle der Terz ein Geigenprincipal 8', sowie ein Lieblichgedackt 16' [...] desgl. eine 4 füßige Stimme im Manual zu wünschen ist, so bleibt die Orgel doch immer aus jener Zeit ein Werk von gutem Verhältnis." Für die Pfeifen im Hauptwerk war „das Metall [...] durchgängig halb Zinn und halb Bley"; im Brustwerk „die obersten 2 Oktaven von Holz, die untersten von Metall". Umbauten der Orgel erfolgten 1894/95 durch Friedrich Wilhelm Böttcher (Sömmerda), 1902 durch Otto Petersilie (Langensalza) und 1930/31 durch Michael Weise (Plattling). Dabei war das Instrument an die Westwand zurückversetzt und die Empore verkürzt worden. Weise entfernte dann die ursprüngliche technische Anlage, versah die Orgel mit einer pneumatischen Traktur und veränderte das Pfeifenwerk, das er auf Registerkanzellenladen stellte. Außerdem erhielt das 2. Manual einen Jalousieschweller. Die neue Orgelästhetik hatte vom Klangbild Besitz ergriffen ...

1985 reparierte Karl-Heinz Schönefeld (Stadtilm) das Instrument. Und 1999–2003 führte der Schuke Orgelbau Potsdam die Restaurierung und eine teilweise Rekonstruktion durch. Wenn man vor dieser Orgel steht und das Instrument hört und sieht, dann gerät man unweigerlich ins Schwärmen. Beeindruckend ist ihre Gestalt: ein majestätischer Prospekt; große runde Pfeifentürme; prunkvolle Verzierungen; musizierende Engel und Putten. Und ihre Klangpracht ist faszinierend. Man begreift augenblicklich das Lob der Zeitgenossen und die Wertschätzung in unserer Gegenwart. Die schöne Harmonie von barocker Kirche und barocker Orgel bildet einen einzigartigen Kontrast zum gewaltigen Gegenüber – der „sinfonischen" Hauptorgel im Erfurter Dom.

Sehenswertes in Erfurt und Umgebung

Erfurt

Erfurt ist die Landeshauptstadt des Freistaates Thüringen. Sie liegt am Fluss Gera, in der breiten Senke des südlichen Thüringer Beckens, aus der die Hügel von Domberg und Petersberg markant hervorragen. Überlieferungen zufolge lebte der Stamm der Thuringi, die dem Land Thüringen den Namen gaben, um 500 in diesem klimatisch milden und fruchtbaren Gebiet. Die Stadt erhielt ihren Namen von der ursprünglichen Bezeichnung des Flusses – Erph, Erphesa oder Erpha. Er bedeutet braunes Wasser. Und obwohl Erfurt, wie keine zweite Stadt, als das Ur- und Spiegelbild Thüringens gelten kann und sich mit seinen Bauwerken als ein aufgeschlagenes, prachtvolles Bilderbuch zur Geschichte, zur Architektur, zur Kunst und zur Religion präsentiert, hatten Stadt und Land im Laufe der Jahrhunderte bemerkenswert wenig miteinander zu tun. Politisch nicht. Und demzufolge territorial nicht. Erfurt gehörte den Heiden und den Christen, Mainz und Sachsen, Frankreich und Preußen und am wenigsten sich selbst. Beinahe Sitz eines Bistums Thüringen, beinahe Freie Reichsstadt, blieb der preußische Regierungsbezirk Erfurt erneut ausgeschlossen, als 1920 aus acht Kleinstaaten das Land Thüringen entstand, und kam erst 1944 zum „Gau" hinzu. 1950 wurde dessen Regierungssitz von Weimar nach Erfurt verlegt, doch schon 1952 – mit der Bildung der drei Thüringer Bezirke Erfurt, Gera, Suhl – hatte es seinen Status als Landeshauptstadt wieder verloren. Bis 1990 ...
742 beschrieb Bonifatius, der Glaubensbote aus Rom und vier Jahre später Bischof von Mainz, dem Papst Erfurt als einen Ort heidnischer Bauern, der schon lange bestehe und missioniert werden müsse. Sein Brief mit der Bitte um Errichtung des neuen Bistums ist die erste urkundliche Bestätigung von Erphesfurt. Bereits 754 wurde das Erfurter mit dem Mainzer Bistum vereinigt. Und um das Jahr 1000 traten die Mainzer Erzbischöfe auch als weltliche Herrscher in Erfurt auf. Bis 1802 blieb das Gebiet Mainzer Territorialbesitz, Erfurt jedoch das kirchliche Zentrum und galt gar als „thüringisches Rom". Der Beiname „turmreiches Erfurt" rührte von den vielen Glockentürmen der Kirchen und Klöster her, die seit dem 9. Jahrhundert gebaut wurden. Und die Stadt mit der Furt am Fluss Erpha, ein Schnittpunkt alter Handelswege, wuchs im 14. und 15. Jahrhundert zur mächtigen Metropole heran und wurde der wichtigste europäische Umschlagplatz für den Waid. Die wertvolle Färberpflanze ernährte in Thüringen viele Bauern, Müller, Handelsmänner und Färbersleute, bis sie durch Indigo, die Konkurrenz aus Indien, und später von den Chemiefarben verdrängt wurde. Noch immer erinnern viele Namen an Waid, und heute lebt er in manchen Teesorten, Kosmetika und Ökofarben wieder auf. Aus dem Reichtum, den die Stadt erlangte, erwuchsen Wirtschaft und Wissenschaft, Selbstbewusstsein und Macht. Erfurt, eine der gewaltigsten Stützen des Reiches und unter räuberischen Rittern und edlen Herren allerhand Begehrlichkeiten weckend, war aber nicht nur ein Entstehungsort und Umschlagplatz von Gütern, sondern auch von Gedanken. 1392 gründete man hier eine der ersten deutschen Universitäten. In den Humanistenzirkeln stritt man, allen voran der Lyriker Eobanus Hessus und der spätere Rektor Crotus Rubeanus, vehement gegen die Macht der Dummheit. Auch Ulrich von Hutten war in Erfurt. Sein Wahlspruch „Ich hab's gewagt" gilt seither für alle Zufrühgekommenen. „Hätte damals einer gelehrt, was ich jetzt durch Gottes Gnade glaube und lehre, ich würde ihn mit den Zähnen zerfleischt haben", erinnert sich Luther seiner mönchischen Zeit bei den Erfurter Augustinern. Zehn Jahre später, 1521, versicherte er an gleicher Stelle den herbeigeströmten Gläubigen, dass er auch dann nicht von der neuen Lehre abschwören wollte, wenn es

ihn zwanzig Hälse koste. Erfurt – eine Lutherstadt. Thüringen – das Land der Reformation. Während aber Luther seinen Hals behielt, war Erfurts Niedergang nicht mehr abzuwenden. Die Bürger glaubten, zwischen alter kurmainzischer Herrschaft und neuem kursächsischem Anspruch Eigenes gewinnen zu können. Da sich aber nicht sie, sondern die Fürsten einigten, hatten sie ab 1483 neben der Abhängigkeit von Mainz noch eine sächsische Schutzherrschaft zu ertragen. Nach schwedischem Zwischenspiel im Dreißigjährigen Krieg versuchte Erfurt erneut, Selbständigkeit zu erringen. Der Ausgang war ebenso katastrophal wie die vorangegangenen: Der Kaiser strafte die Stadt mit der Reichsacht, der Erzbischof mit noch engerer Bindung an die Kirche. Die Stadt wurde Thüringen ferner denn je. Für vier Jahre preußisch, fiel sie 1806 an die Franzosen. Napoleon schätzte der Bürger Tribut und der Brunnenkresse köstlichen Geschmack so sehr, dass er Erfurt zu seinem persönlichen Besitz erklärte: Domaine résérve pour l'empereur. 1814, der Korse hatte das herbe Kräutlein längst nach Versailles verpflanzen lassen, kamen wieder die Preußen. Zwei Jahre später wurden der preußische Regierungsbezirk Erfurt gebildet und die Universität geschlossen ...

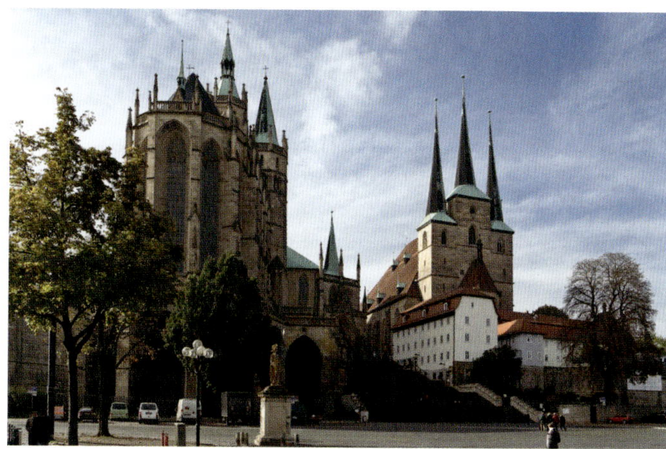

Blick vom Domplatz zum Dom St. Marien (links) und zur Severikirche

Domplatz Erfurt

Erfurts Wahrzeichen ist das monumentale Ensemble von Dom und Severikirche. Majestätisch ragt es über dem Domplatz und der Altstadt hoch gen Himmel, und ganz und gar irdisch überlässt es die hinabführenden breiten Stufen im Sommer den Genüssen des Theaters, um zu einer der schönsten Festspielbühnen der Welt zu werden. Auf dem Domberg ließ Bonifatius schon vor seinem Bittbrief an Papst Zacharias eine Kirche bauen, und der Berg trug auch die Burg der Erzbischöfe von Mainz, bis sie im 14. Jahrhundert zugunsten der Stifte St. Marien und St. Severi aufgegeben wurde. Nach der Säkularisierung von 1803 bzw. 1837 blieben beide Stiftskirchen Zentren der katholischen Kirche in Thüringen. Und 1994 wurde die ehemalige Marienstiftskirche die Kathedrale des neugeschaffenen Bistums Erfurt und Sitz des Domkapitels. Der Bau der Domkirche Beatae Mariae Virginis begann 1154 mit der Errichtung einer romanischen Basilika. Sie bestand aus einem dreischiffigen Langhaus, einem Querschiff und zwei Türmen an der Ostseite. 1349 erfolgte die Grundsteinlegung für den Hohen Chor, der 1370 – 1372 fertiggestellt wurde, und 1455 wurde der baufällige romanische Bau durch eine spätgotische Halle ersetzt. Brände, Plünderungen und Profanisierung setzten der Kirche oft zu, zerstörten Türme und Glocken, beschädigten das Chorgestühl und die Orgel, aber immer wieder wurde alles getan, das herrliche Bauwerk und die kostbare Ausstattung als bedeutendes Glaubenszentrum, als Denkmal und als Zeugnis der wirtschaftlichen und geistigen Kraft einer aufstrebenden Handelsstadt zu bewahren. Die Außengestaltung des Domes St. Marien beeindruckt u. a. durch die einzigartige Portallösung des Triangels, die den Kirchenbesuchern von der östlichen wie von der westlichen Seite her einen repräsentativen Zugang gewährt, und die Gewändefiguren an den Portalen – zwei Zyklen mit den zwölf Aposteln und mit den fünf Klugen und den fünf Törichten Jungfrauen. Auch im Inneren erweist sich der Dom als ein Ehrfurcht gebietendes Gesamtkunstwerk, das im Laufe der Jahrhunderte gewachsen ist und an Glanz und Schönheit zugenommen hat. Zu diesen Kunstschätzen zählen die farbigen Fenster im Hohen Chor mit ihren mittelalterlichen Glasmalereien; der prunkvolle barocke Hochaltar (1697), der die wichtigsten Heiligen und Patrone Thüringens zeigt; das aus Eichenholz geschnitzte Chorgestühl aus dem 14. Jahrhundert sowie im Langhaus die romanische Nischenfigur der Madonna mit Kind und ein romanischer Bronzeleuchter; zahlreiche Skulpturen, Schnitzfiguren und Reliefe; das aus Sandstein gearbeitete Sakramentshaus (1580 – 1590) und die seltene Darstellung des Heiligen Grabes (15. Jahrhundert); Altargemälde und Tafelbilder, Epitaphe und das bis ins Deckengewölbe aufragende, herrlich bekrönte Taufgehäuse. Die „Gloriosa" im mittleren Turm, die größte freischwingende mittelalterliche Glocke der Welt, wurde 1497 von Gherardus de Wou aus Kampen gegossen. Ihr feierliches Geläut weiht die hohen kirchlichen Festtage.

Die Severikirche, eine fünfschiffige frühgotische Hallenkirche, wurde 1278 – 1340 erbaut und bietet mit ihrem schmucklosen Baustil und drei spitzen Türmen einen interessanten Kontrast zum Dom. Zu ihren Kostbarkeiten im Innenraum zählen neben zahlreichen Altären und Plastiken ein großer Barockaltar aus dem Jahr 1670 und der Sarkophag des heiligen Severus (um 1360), der gotische Taufstein und das Alabasterrelief des Erzengels Michael. Die erste bekannte Orgel in der Kirche schuf der berühmte Mühlhäuser Orgelbauer Johann Friedrich Wender im Jahr 1714. Der herrliche, reich geschmückte Prospekt war der prunkvollste in Erfurt und blieb bis heute erhalten. Die Firma Johannes Klais (Bonn) und der Schuke Orgelbau Potsdam haben, wie im benachbarten Dom, ein neues Instrument erbaut bzw. eine Generalsanierung vorgenommen.

Neuwerkskirche St. Crucis in Erfurt

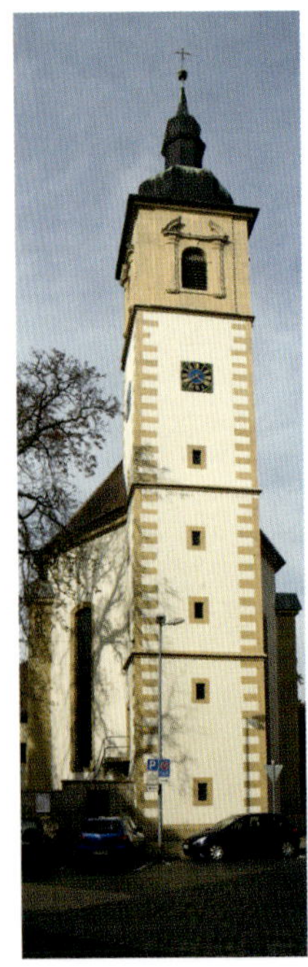

Die Neuwerkskirche St. Crucis im Klostergang am Rande der Altstadt wurde vermutlich 1168 gegründet und 1194/96 in die neue Anlage des Augustinerinnenklosters einbezogen. Brände und Plünderungen, Bauernaufstände (1525) und Schwedenbesatzung (1631) fügten dem stattlichen Bau und dem reichen Kirchenschatz manche Schäden, Verluste und Zerstörungen zu. 1466 – 1473 wurde der romanische Bau durch einen spätgotischen ersetzt und 1731 – 1735 die heute noch vorhandene Barockkirche unter Verwendung der gotischen Mauern neu errichtet. Mit seiner überraschend reichen spätbarocken Innenarchitektur ist der Kirchenraum einer der schönsten des 18. Jahrhunderts in Thüringen. Lebensgroße, vollplastische Engel, Stuckfelder mit bemalten Spiegeln und geschmückt mit Putten und Blumengebinden sowie ein umfangreiches Bildprogramm mit Evangelisten und Kirchenvätern, Propheten und Szenen aus dem Alten Testament sind Teile der ausdrucksstarken, farbenreichen und vielfigurigen Ausgestaltung. Auch der mächtige Hauptaltar und die beiden Nebenaltäre zeigen sich mit ihren Heiligenfiguren und den von Bamberger Hofmaler Johann Joseph Scheubel signierten Altarblättern (1734), ihrem Schnitzwerk, ihrer Marmorierung und Vergoldung als beeindruckende

Kunstwerke. Auch die Kanzel an der Südwand ist mit reichen Schnitzereien und mit Putten verziert. Und von der gotischen Ausstattung blieb die lebensgroße Steinskulptur einer Madonna aus dem 14. Jahrhundert erhalten. Der schöne Raum bietet der Volckland-Orgel eine würdige Heimstatt. Und das Loblied, das Erfurts größte Barockorgel hier zum Klingen bringt, ist in der Kirchenmusik der Stadt unüberhörbar und findet einen lebendigen Widerhall. Bei den Hörern und unter den Instrumenten der anderen Kirchen. Von ihnen soll noch die evangelische Predigerkirche St. Johannes (1270) erwähnt werden, die zu den bedeutendsten Bauten der Bettelordensarchitektur im deutschen Sprachraum zählt. Die prächtige Orgel wurde 1977 durch die Potsdamer Firma Schuke neugebaut, wobei der reich gegliederte und geschmückte barocke Prospekt von Ludwig Compenius (1648) erhalten blieb. Umbauten nahmen u.a. Franciscus Volckland (1740) und die Ludwigsburger Firma Walcker (1899/1900) vor. Im Augustinerkloster hat Martin Luther von 1505 bis 1511 als Mönch gelebt, nachdem er zuvor 1501 – 1505 an der damals schon berühmten Universität studiert hatte. Die Walcker-Orgel der Augustinerkirche wurde 1938/39 erbaut, mehrmals beschädigt und 2003 nach einer gründlichen Renovierung durch den Orgelbauer Jörg Dutschke (Salzwedel) wieder eingeweiht. Mit der Hauptorgel auf der Westempore und einer Chororgel an der Südwand stellt sich ein besonderer akustischer Reiz her. In Erfurts vielen Gotteshäusern und Glaubensorten, allesamt großartige Bauwerke und Schatztruhen sakraler Kunst, konnte jeder seiner Religion dienen und auf seine Weise selig werden. Die Kaufleute und die Schotten. Die Händler und die Bettelmönche. Die mystischen Schwärmer und die katholischen Schwestern. Und die Alte Synagoge (1100), eine der ältesten Synagogen Europas und 2009 aufwendig saniert, ist heute ein außergewöhnliches Museum und großer Besuchermagnet.

Sakralbauten Erfurts

Gegenüber von Domberg, Dom und Severikirche erhebt sich der Petersberg. Einst Standort von Peterskloster und der kurmainzischen Zitadelle, ist hier die einzige weitgehend erhaltene barocke Stadtfestung Mitteleuropas mit einem verzweigten und begehbaren Minenlabyrinth zu besichtigen und eine schöne Aussicht auf die Stadt zu genießen. Verwinkelte Gassen und lauschige Plätze, gotische Kirchen und hübsche Häuser, prachtvolle Portale und herrliche Fassaden erfreuen den Blick und erheben das Gemüt; sie machen den Rundgang durch die gut erhaltene Altstadt am Flussufer der Gera zum besonderen Erlebnis. Eine beidseitig mit schönsten Fachwerkhäusern und einer Kirche bebaute steiner-

Petersberg

Altstadt Erfurts

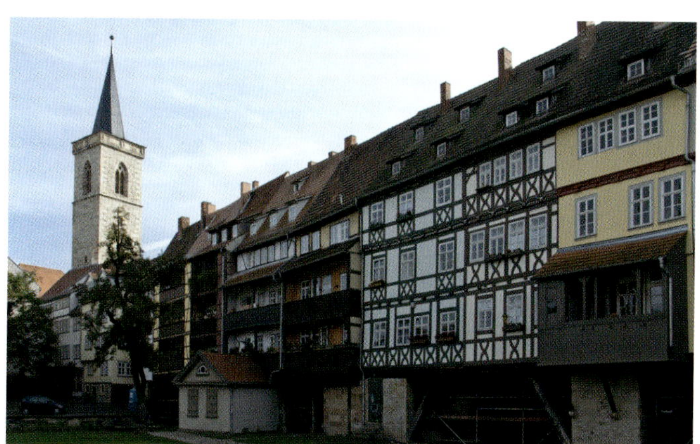

Die Krämerbrücke in Erfurt mit der Ägidienkirche (links)

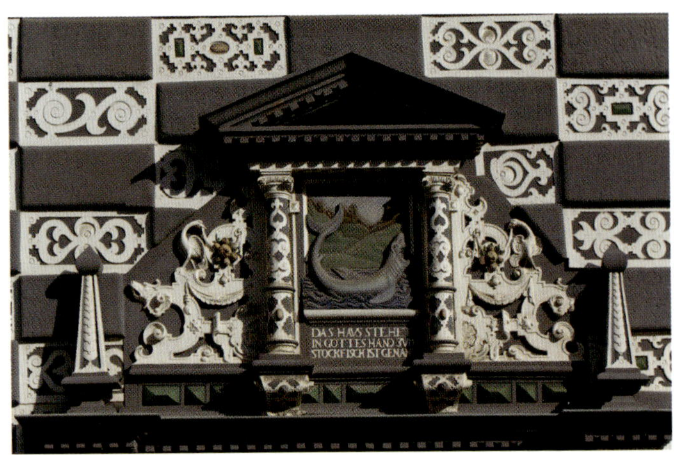

Fassadendetail am Haus „Zum Stockfisch" in Erfurt

ne Flussüberquerung wie die Krämerbrücke (1325) findet man nördlich des Brenners kein zweites Mal. Eher südliches Flair verbreiten auch die Barockbauten aus der Kurmainzer Zeit.

Die Perlen der altstädtischen Krone aber sind die Bürgerhäuser im Geiste der vergehenden Gotik und der aufstrebenden Renaissance. Ihre Namen – „Zur hohen Lilie", „Zum Güldenen Hecht", „Zum Roten Ochsen", „Zum Grünen Sittich", „Zum Stockfisch" – stammen von Blumen und Tieren. Auch heißen sie: „Zum Breiten Herd", „Zum Mohrenkopf", „Zum Roten Stern". Die Waidhändlerhäuser mit den phantasievollen Namen und den prachtvollen Fassaden säumen die Johannesstraße und zieren den Fischmarkt. Hier sind das neugotische Rathaus und das Haus „Zum Breiten Herd" die Glanzstücke. Der Festsaal des Rathauses zeigt Historienbilder zur Erfurter Stadtgeschichte und das Treppenhaus Darstellungen der Thüringer Sagenwelt. Das 1584 errichtete Haus „Zum Breiten Herd" mit seinem rotbraunen Renaissancegiebel und dem reichen Goldschmuck ist mit dem Gildehaus zusammengebaut. Auf dem Markt erhebt sich die 1591 geschaffenen Statue eines römischen Kriegers, des so genannten Roland, auf dessen leuchtend roter Standarte ein silbernes, sechsspeichiges Rad prangt – das Wappen der alten Handelsstadt. Die Johannesstraße mündet auf den Anger, der als weiter dreieckiger Platz am nordöstlichen Rand der Altstadt beginnt und sich als breite Flaniermeile nach Westen erstreckt. Heute ein schöner Boulevard mit vielen Geschäften und Restaurants, lassen die vielen Baudenkmäler ihre einstige Bedeutung immer noch verspüren. Im Haus „Zum Schwarzen Löwen" (Nr. 11) residierte während des Dreißigjährigen Krieges der schwedische Statthalter. Im prächtigen Barockbau des früheren kurmainzischen Packhofes (1706) befindet sich das Angermuseum, in dessen Ausstellungen zu Kunst und Kunsthandwerk vom Mittelalter bis zur Gegenwart kostbare sakrale Schnitzwerke, Landschaftsbilder sowie Porzellane und Fayencen aus Thüringer Werkstätten zu betrachten sind. Im Bartholomäusturm, einem noch erhaltenen Teil der Familienkirche der Thüringer Grafen von Gleichen, hängt ein großes Glockenspiel aus Apolda. Das Haus Dacheröden (Nr. 37/38) besitzt Erfurts schönstes Renaissanceportal und war Treffpunkt erlauchter Geister wie Goethe, Schiller, Wilhelm von Humboldt und Karl Theodor von Dalberg. Dalberg war der letzte kurmainzische Statthalter (1772 – 1802) für die Erfurter Region und das Eichsfeld. Die damalige Statthalterei, ein monumentaler Bau mit schöner Barockfassade (1711 - 1720), ist heute Sitz der Thüringer Staatskanzlei. Zu den historisch bedeutsamen Gebäuden in der Altstadt gehört der Kaisersaal (1715), ein traditionsreiches Kultur- und Kongresszentrum. Der Universität diente er als Ballhaus, den Bürgern - 1831 neu gebaut - als Stadttheater. Goethe, Schiller, Paganini, Clara Schumann und Liszt brachten ihm künstlerischen Glanz, und dem Erfurter Fürstenkongress (1808), bei dem sich Napoleon I. und Zar Alexander I. trafen, und dem Erfurter Parteitag der SPD (1891) bot er einen prächtigen Schauplatz. Und taucht man wieder ein ins Gewirr und Gewimmel der vielen Gässchen, dann bieten das Museum für mittelalterliche Sakralkunst in der Barfüßerkirche (Weilergasse) und die Predigerkirche (Predigerstraße) lohnende Einblicke und attraktive Anblicke, wird an das Wirken des mittelalterlichen Mystikers Meister Eckhart im Predigerkloster erinnert, und man stößt auf den alten Waidspeicher (Domplatz), wo heute die Erfurter Puppenspieler und das Kabarett Die Arche ihr Domizil haben. Im Brühl hinter dem Domplatz steht seit 2003 der moderne Neubau des Theaters Erfurt. Hauptsächlich auf Musiktheater spezialisiert, sind jährlich etwa 250 Vorstellungen Alltag, eine Uraufführung in der Saison

Theater Erfurt

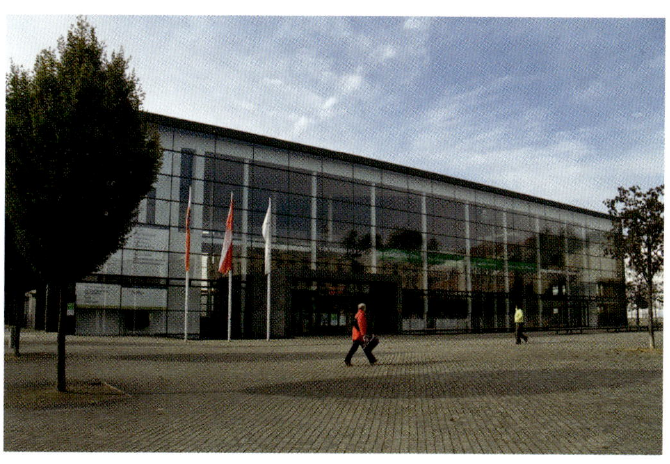

Der Neubau des Erfurter Theaters

ein Markenzeichen und die sommerlichen Domstufen-Festspiele mit der beeindruckenden Kulisse von Dom und Severikirche ein international wahrgenommenes Glanzlicht. Zum Theater gehört das Philharmonische Orchester Erfurt. Und die Schotte, die Theaterfirma Erfurt und das Neue Schauspiel Erfurt tragen dazu bei, dass es den Theaterfreunden der Stadt und der Umgebung an nichts mangelt. Erfurt als Musikstadt wurde im 17. und 18. Jahrhundert so stark vom Wirken der zahlreichen Mitglieder der Bach-Familie geprägt, dass noch 1793 alle Stadtpfeifer „Bache" genannt wurden. 1678 - 1690 war der Nürnberger Johann Pachelbel (1653 - 1706) Organist der Predigerkirche. Zu Beginn des 20. Jahrhunderts war Richard Wetz (1875 - 1935) die bedeutendste Persönlichkeit im Musikleben der Stadt. Der aus Schlesien stammende Komponist, der gut und gerne „thüringischer Bruckner" genannt werden kann, schuf hier seine Hauptwerke, leitete 1906 - 1925 den Erfurter Musikverein und unterrichtete an der Weimarer Musikhochschule. Für die zweite Hälfte des 20. Jahrhunderts ist Johann Cilenšek (1913 - 1998) zu nennen, der als Komponist und Hochschullehrer ein hohes Ansehen genoss und der die Hochschule

Musikstadt Erfurt

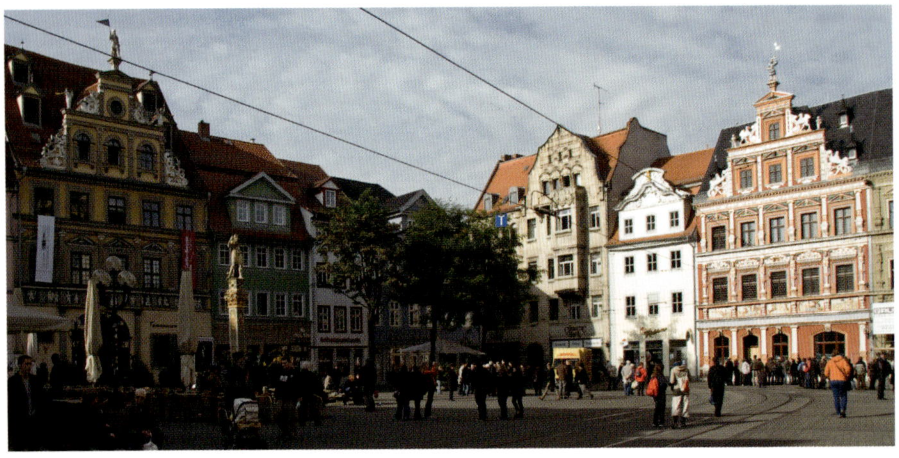

Der Fischmarkt in Erfurt

für Musik „Franz Liszt" in Weimar viele Jahre als Rektor leitete. Neben den Konzerten des Philharmonischen Orchesters und der Stadtharmonie Erfurt spielen vor allem die Kirchen und die Orgeln in Erfurts Musikleben einen bedeutenden Part. Orgelkonzerte und Orgelwettbewerbe, Oratorienaufführungen und Nachtkonzerte haben ihren besonderen Reiz. Das Musica-rara-Festival alljährlich im Oktober und November hat sich mit selten aufgeführter Kammermusik profiliert. Und ohne Jazz ist Erfurts lebhafte Musikszene nicht zu denken; der Jazzclub am Fischmarkt ist dafür die erste Adresse. Seit 1975 findet am zweiten Wochenende im Juni das Krämerbrückenfest statt, das Zehntausende Besucher anzieht und die ganze Altstadt in einen Mittelaltermarkt und eine Kleinkunstbühne verwandelt, Kunsthandwerk ausstellt und kulinarische Spezialitäten feilbietet. Und damit es bei diesem dreitägigen Fest richtig vielfältig und weltoffen zugeht, findet gleichzeitig hinter dem Rathaus das New Orleans Music Festival statt. Eine Attraktion ist auch der Erfurter Weihnachtsmarkt, der jedes Jahr von Ende November bis zum 22. Dezember vor allem auf dem Domplatz, aber auch auf dem Anger und den Fischmarkt im zauberhaften Ambiente der Altstadt stattfindet und die Erfurter und ihre Gäste in festliche Stimmung versetzt ...

Erfurter Gartenbau

Durch einen langen, vertraulichen Umgang mit Bäumen und Pflanzen, von dem auch die poetischen Häusernamen sprechen, haben sich die Erfurter eine besondere Beziehung zur Flora bewahrt. Der deutsche Gartenbau hat hier seine Wiege und sein Museum und eine ständige Ausstellung von internationalem Rang. 1959 wurde die Erfurter Gartenbauausstellung, heute egapark, eröffnet. Er liegt im Südwesten der Stadt an der Zitadelle Cyriaksburg; das 36 Hektar große, denkmalgeschützte Areal lockt mit dem größten ornamental bepflanzten Blumenbeet Europas und dem größten Spielplatz in Thüringen. Der Rosengarten und der Japanische Garten sind eine herrliche Augenweide und das Tropenhaus, das Orchideenhaus und das Kakteenhaus außergewöhnliche Anziehungspunkte.

Der Zoopark im Erfurter Norden am Roten Berg gehört zu den größten Zoos in Deutschland. 1959 eröffnet, beherbergt er heute etwa 1200 Tiere und 128 Tierarten, unter denen Löwen, Elefanten, Nashörner und Giraffen Staunen erregen. Und das Aquarium am Nettelbeckufer besitzt mit 315 Tierarten und 2.600 Tieren eine der größten Sammlungen von Süßwasserfischen in Deutschland.

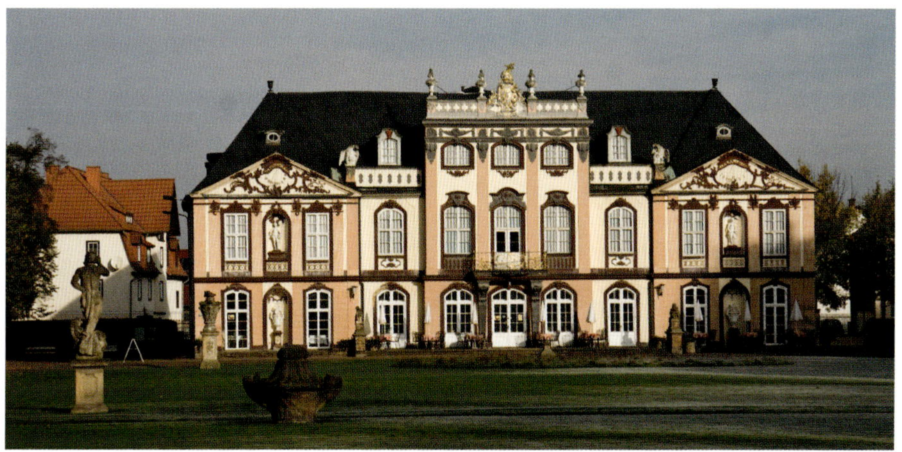

Schloss Molsdorf

In der Umgebung von Erfurt lädt Schloss Molsdorf (1740), eine der schönsten Rokokoanlagen Thüringens, zum Besuch ein. Und am großen Stausee Hohenfelden, nahe und landschaftlich schön gelegen, fand bis zum Sommer 2009 das Highfield-Festival statt, eines der größten Festivals dieser Art in Deutschland, das für drei Tage zur Hochburg zehntausender Rockfans wurde. Erfurt, die Blumenstadt im Zentrum Thüringens, ist eine Insel im grün-bunten Meer schier endlos erscheinender Blumenbeete, Felder und Obstplantagen. Doch sie ist nach allen Richtungen offen, das Land im grünen Herzen Deutschlands in seinem ganzen Reiz und seiner ganzen Vielfalt erkunden und erleben zu können.

Erfurt

Information	Erfurt Tourismus & Marketing GmbH Benediktsplatz 1 99084 Erfurt Tel.: 0361 6640200 Fax: 0361 6640290 E-Mail: management@erfurt-tourismus.de
Sakrale Bauten	Dom St. Marien, St. Severikirche, Evangelisches Augustinerkloster, Ägidienkirche, Katholische Allerheiligenkirche, Andreaskirche, Barfüßerkirche (Ruine), Katholische Brunnenkirche, Christuskirche, Gustav-Adolf-Kirche, Katholische Josefskirche, Kaufmannskirche, Katholische Lorenzkirche, Lukaskirche, Lutherkirche, Evangelische Martinikirche Ilversgehofen, Katholische Martinikirche, Michaeliskirche, Katholische Neuwerkskirche St. Crucis, Katholische Nikolaikirche, Predigerkirche, Reglerkirche, Katholische Schottenkirche, Thomaskirche, Katholische Ursulinenkirche, Katholische Wigbertikirche, Alte Synagoge (alle Erfurt)
Museen	Stadtmuseum im Haus zum Stockfisch, Naturkundemuseum, Angermuseum, Barfüßerkirche, Born-Senf-Museum, Druckereimuseum, Elektromuseum, Museum für Thüringer Volkskunde, Museum Neue Mühle, ega – Der Gartenpark in Erfurt, Deutsches Gartenbaumuseum, Kunsthalle im Haus zum Roten Ochsen
Parks	Anlagen am Talknoten, Benaryplatz, Botanisch-Dendrologischer Garten, Brühler Garten, egapark, Espachpromenaden, Hanseplatz, Hauptfriedhof, Herrmannsplatz, Hirschgarten, Johannesmauer, Karl-Marx-Platz, Löberwallgraben, Leipziger Platz, Luisenpark/Dreienbrunnenpark, Nordpark, Park am BAG, Parkanlage an der Pförtchenbrücke, Parkanlage Tettaustraße, Predigerhof, Südpark, Stadtpark, Venedig

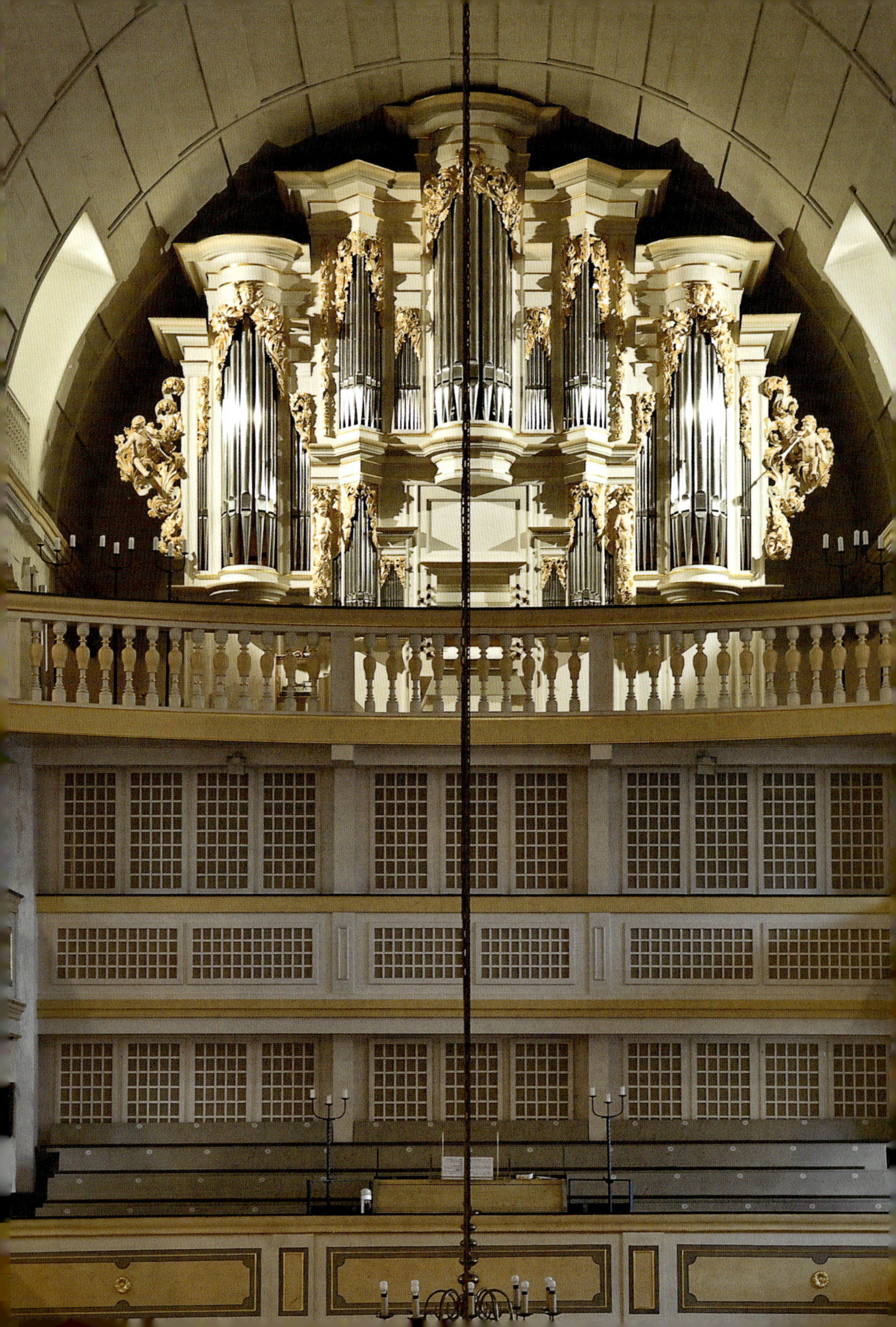

Die Wender-Orgel und die Steinmeyer-Orgel in der Johann-Sebastian-Bach-Kirche zu Arnstadt

Disposition > Seite 175

Orgelbauer:
Johann Friedrich Wender/
Orgelbau Steinmeyer
Erbauungszeit:
1699 – 1703/1913
Restaurierungen, Umbauten:
1862 – 1878, 1997 – 2000

Der Wender-Orgel hat man übel mitgespielt. Und sie hat Glanzzeiten erlebt. Kein Geringerer als Johann Sebastian Bach hat sie 1703 geprüft und wurde ihr erster Meister. Nach über zweihundert Jahren musste die Bachorgel, wie sie bald respektvoll hieß, gänzlich ihren Platz räumen. Für ein anderes Instrument, die Steinmeyer-Orgel, die dem Klangideal ihrer Zeit besser entsprach und der doch ein ähnliches Schicksal widerfahren sollte. Fast nochmals hundert Jahre vergingen, und sie thronte wieder auf ihrem angestammten Platz, hatte gar die Interims-Orgel unter die Fittiche genommen.

Über drei Emporen hinweg erstreckt sich nun dieser einmalige Bau in die Höhe: die Wender-Orgel in alter Herrlichkeit als Krönung und darunter die Steinmeyer-Orgel, deren neutrale Vorderfront das ehrwürdige Original besonders schön zur Geltung kommen lässt. Neuer Reichtum ist so in die Kirche eingezogen, kann doch jetzt die Musik der Bach-Zeit ebenso wie die der Romantik und der Gegenwart klanglich ideal dargeboten und erlebt werden.

An solchen Reichtum aber war anfangs nicht zu denken. An Reichtum überhaupt nicht. St. Bonifatius, die älteste Pfarrkirche der Stadt, war beim Brand 1581 zerstört worden. Für ihren Wiederaufbau, 1676 – 1683 auf den Resten des alten Mauerwerkes, war das Geld knapp. Die Neue Kirche, wie sie nun im Volksmund hieß, erhielt weder Orgel noch Glockenturm noch eine farbliche Ausgestaltung. Erst 1699 trat man dem Plan eines Orgelneubaues näher, nachdem Johann Wilhelm Magen, ein reicher Kaufmann, der Gemeinde 800 Gulden vererbt und dafür eine Begräbnisstätte in der Kirche erhalten hatte. Das waren zwei Drittel der Summe von 800 Reichstalern, die das neue Instrument kosten würde. Der Gemeinderat entschied sich für den Orgelbauer Johann Friedrich Wender (1655 – 1729) aus Mühlhausen. Ausschlaggebend dafür war dessen guter Ruf und die Fürsprache von Diaconus Fischer, der aus Arnstadt stammte und an der Kirche Divi Blasii zu Mühlhausen wirkte. Hier hatte Wender, der heute fast Vergessene, die Orgel umgebaut. Nachdem er in Arnstadt seine Vorschläge für eine Disposition mit 21 Registern, zwei Manualen und Pedal und für die Kosten eingereicht hatte, schloss der Rat mit ihm am 17. Oktober 1699 den Vertrag ab und zahlte einen Vorschuss von 100 Reichstalern. Am 24. Juni 1701, am Johannistag, sollte die Arbeit abgeschlossen sein. Doch daraus wurde nichts. „Wohl Edler Rath und wohl gelehrder Herr Bürge Meister!" beginnen die Briefe vom 6. November 1700 und vom 28. Mai 1701, in denen Wender um Aufschub bittet. Er ist noch mit der Restaurierung des „Orgele Werck zu Weimar in der statt Kirchen" beschäftigt, „weilln es durch die Mallerey ist sehr verdorben gewösen ist" und er sich „Vor ihrem Contract schon verdinget" habe. Auch sei die kalte Jahreszeit nicht geeignet, dass „man in der Kirchen bleiben kan und mit Leim umgehen". Er bestellt Bretter, die getrocknet werden sollen, und kündigt endlich an, „den 6. Juni bey ihnen zu sein seyn, wen nicht rägen Wätter einfellt und mich und die Meinen Gott gesund Lest [...] Den die schwalbe fengt an Zu bauen und da muß ich auch bauen und ist für mich anitzo die beste bau Zeid und so Gott Will Werde ich keinen Fleis sparen." Errichtet hat er das Instrument unter Mitwirkung

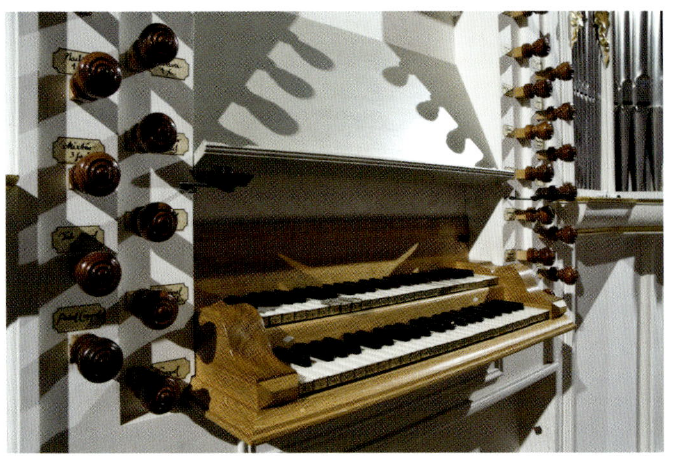

Rekonstruierter Manualbereich der Wender-Orgel mit Registerzügen

des Arnstädter Tischlermeisters Schmid auf einer separaten Orgelempore, der dritten Empore, wobei der Abschluss des Prospekts genau in die Rundung des Tonnengewölbes eingefügt und die Balganlage im Dachbereich über dem Tonnengewölbe untergebracht wurden. Anfang Juni 1703 lud Bürgermeister Feldhaus Johann Sebastian Bach ein, die fertige Orgel zu prüfen. Ein ungewöhnlicher Vertrauensbeweis für einen Achtzehnjährigen. Doch Bach hatte schon einen Namen und die Familie Einfluss in Arnstadt. Er befand das Werk Wenders für gut, erhielt vier Taler für sein Gutachten und das Amt des Organisten noch dazu. Das freilich war bescheiden, nahm doch St. Bonifatius den dritten und letzten Platz in der Kirchenhierarchie Arnstadts ein. Bach aber hatte hier Zeit – für sein Instrument, für neue Orgelwerke und für Abenteuer, die ihm Verdruss mit der Obrigkeit brachten: Er ließ „eine frembde Jungfer“ zu sich auf die Orgelempore. Er ist bei seiner vierwöchigen Studienreise zu Buxtehude in Lübeck „aber wohl 4. Mahl so lange außenblieben“. Und er hat in sein „Orgelschlagen“ so „viele wunderliche variationes gemachet, viele fremde Thone eingemischet“, dass die Gemeinde dadurch verwirrt wurde. Allzu lange hielt es den Heißsporn nicht in Arnstadt. 1707 ging er nach Mühlhausen, in die Kirche Divi Blasii. Ein Aufstieg, wie sich schnell zeigen sollte …
Die Bachorgel hatte 160 Jahre später ausgedient. Zwar führte Wender noch kleinere Reparaturen aus und behob Schäden an der Windanlage. Auch Arbeiten zum Erhalt der Stimmung und zur Behebung technischer Fehler erfolgten noch. Der Erhalt des historischen Instrumentes aber, das unverdrossen seinen Dienst getan hatte, stand dann nicht mehr an. Im Gegenteil: Stadtorganist Heinrich Bernhard Stade bemühte sich intensiv um eine größere Orgel, die den Ansprüchen der Orgel-Romantik besser entsprach. Drei Manuale, die Verdopplung der Registerzahl und eine Erweiterung der Klaviaturen schwebten ihm vor. Er sorgte dafür, dass die Stadt am 1. September 1862 einen Vertrag mit dem jungen Orgelbauer Julius Hesse aus Dachwig für den grundlegenden Umbau der Orgel abschloss. 2.110 Taler, die durch Sammlungen und einen Zuschuss aus der Stadtkasse zusammenkamen, waren für die Arbeiten, die auch Veränderungen des Kirchenraumes einschlossen, geplant. Am 11. Oktober 1863 sollten sie beendet sein. Doch auch am 17. September 1865 konnte die Orgel noch nicht benutzt werden. Und die Bausumme war auf 4.100 Taler angewachsen. Stades Ehrgeiz und Hesses Überforderung führten schrittweise zum Desaster – jedes Problem

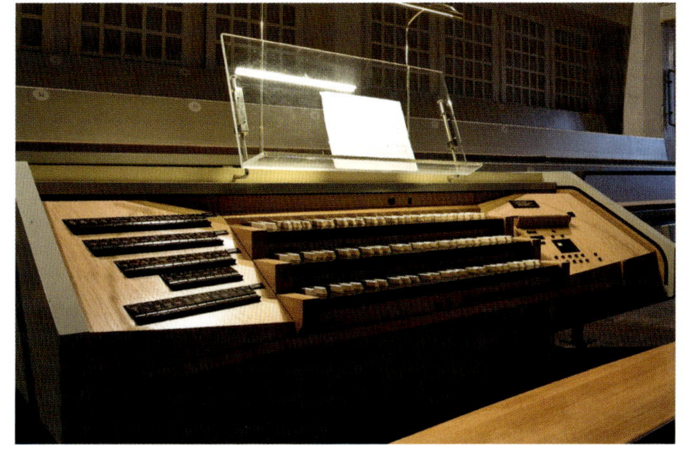

Heutiger Spieltisch der Steinmeyer-Orgel von der Firma Otto Heuss GmbH & Co KG Orgelteile Lich, eingebaut 2000 durch Orgelbaufirma Hoffmann

löste ein nachfolgendes aus. 59 Register sollten anstelle von 21 Platz finden. Dazu mussten der Prospekt, den Hesse ebenso wie eine große Zahl Pfeifen aus der Wender-Orgel übernahm, verändert und das Orgelgehäuse seitlich erweitert werden. Und pneumatische Spielhilfen wurden eingefügt, weil die größere Anzahl von Registern pro Windlade zu Problemen mit der mechanischen Traktur führte. Doch diese Lösungen befriedigten nicht. Im Oktober 1867 ergeht ein Hilferuf an den Kirchen- und Schulvorstand: „Heute in der Vormittagskirche machte diese Bachorgel wieder einen Spuk u schrei u pfiff u brüllte, daß es zum Erbarmen war [...] Nach meiner Meinung muß ein tüchtiger u berühmter Orgelbauer über dies Werk zum Nach- und Durchsehen geschickt werden, um die vorhandenen Fehler zu beseitigen."

Und das Fazit ist ernüchternd: „Wie glücklich waren wir doch, als wir noch unsere alte vortreffliche Orgel hatten, die ja nur einer anständigen Reparatur bedurfte!" Selbst 1872 war das Instrument noch nicht ordnungsgemäß abgenommen. Hesse hatte zwar dessen Fertigstellung erklärt, sich mit dem Register Hessiana 8' verewigt und „Aufenthalt dem Vernehmen nach in Rußland genommen". Doch Stade musste zugeben, dass die Orgel „bei aller Vorzüglichkeit einzelner teile doch im Ganzen noch nicht so vollständig und sorgfältig hergestellt sei, daß sie nach dem der Restauration zugrunde gelegten Plan und diesem gemäß mit P. [sic!] Hesse abgeschlossenen Vertrag als fertig anzusehen und in vollem Umfang benutzt werden konnte".

Dann wurde Friedrich Meißner zum Helfer aus der Not. Für den Umbau der Wender-Orgel hatte er Hesse die neuen Zinn-Pfeifen geliefert, „doch dessen Ansichten nicht geteilt" und ihm „manchen bitteren Tadel" zukommen lassen. Am 23. Mai 1873 legte Meißner seinen Kostenvoranschlag vor. Beim Abschluss der Arbeiten hinterließ er dann im Spieltisch über dem Notenpult die Inschrift: „In den Sommermonaten 1874 – 78 durchgehend fortgearbeitet und verbessert und würdig vollbracht von Friedrich Meißner, Orgelbauer in Gorsleben." Und über den Manualen ist zu lesen: „Auf Grund der mit * versehenen Stimmen erbaut von Joh. Friedr. Wender Orgelbauer zu Mühlhausen in Thüringen 1703. Nach dem Plan des Stadtcantors und Organisten Heinrich Bernhard Stade umgebaut und zweckmäßig erweitert durch Julius Hesse, Orgelbauer zu Dachwig bei Erfurt 1864." Stade ließ dann noch eine kleine Chororgel bauen, um die Manual- und Pedalklaviaturen der Wender-Orgel zu bewahren. Damit war wiederum ein

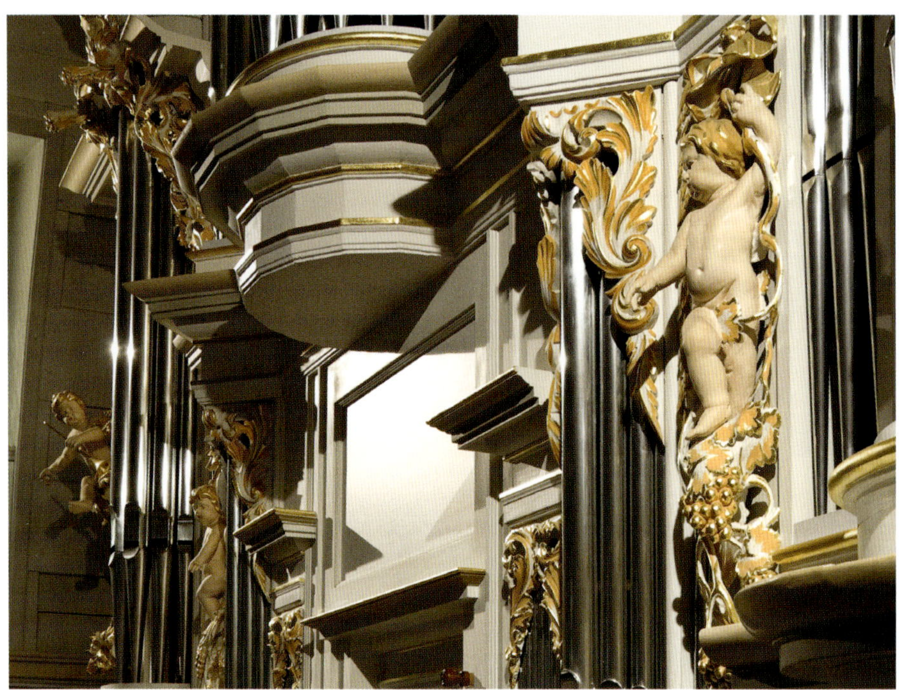

Ausschnitt vom originalen Prospekt mit Schnitzwerk

Kapitel Orgelgeschichte abgeschlossen. Erfolgreich? Zufriedenstellend? Es sieht so aus. Denn Franz Liszt gab 1882 bei seinem zweiten Besuch der Neuen Kirche ein großes Orgelkonzert – das hätte er bei einem anfälligen Instrument nicht gekonnt. Doch die Klagen über die schwere Spielbarkeit und das veraltete mechanische System häuften sich, und im Jahr 1896 betont der Bericht eines Zeitgenossen und Freundes des inzwischen verstorbenen Organisten Stade aufs neue: „Eine Bachorgel ist es nicht wieder geworden und wird es auch im Leben nie wieder werden [...] es sei denn, das neue Gehäuse bekäme ein neues Eingeweide." Aber erst am 2. April 1913 erhielt die Orgelbaufirma Steinmeyer aus Oettingen in Bayern den Vertrag für einen Neubau. Über 2.400 Orgeln waren seit 1847 in diesem renommierten Betrieb entstanden. 1911 wurde die Orgel in der Christuskirche Mannheim gebaut, und 1928 wird im St. Stephansdom zu Passau das größte Instrument mit 208 Registern errichtet werden. Für die Arnstädter Orgel beliefen sich die Kosten auf 9.940 Mark, die Fertigstellung sollte bis zum 2. November 1913 erfolgen. Die Firma gab zehn Jahre Garantie für ihr Instrument und übernahm auch dessen Pflege. Um ausreichend Platz für die neue Orgel zu gewinnen, wurde ihr Standort auf die zweite Empore verlegt und die eigentliche Orgelempore abgebrochen. Der schöne Barockprospekt der Wender-Orgel blieb weitgehend erhalten, auch sechs ihrer Register wurden übernommen und mit einem B als „Bachregister" gekennzeichnet. Die neue Steinmeyer-Orgel mit ihrem erweiterten Tonumfang, ihren 55 Registern, drei Manualen und einem Pedal, mit einer pneumatischen Traktur und mit romantischen Spielhilfen ausgerüstet, wurde am 13. Dezember 1913 abgenommen. Musikdirektor Köditz und Bürgerschullehrer Rittermann waren die Prüfer. Nach einem Vierteljahrhundert bescherte die Kirchenheizung der Orgel technische und klangliche

Probleme. Der Gothaer Orgelbauer Wieland Helfenbein musste die Orgel auf die erhöhte erste Empore umsetzen; er änderte auch die Disposition – u.a. durch einen Tremulanten – und näherte sie (mit 54 Registern) wieder dem helleren barocken Klangbild an. Gewachsenes historisches Bewusstsein lässt dann auch das Gutachten des Potsdamer Orgelbaumeisters Hans-Joachim Schuke von 1951 erkennen: „Um in der Joh.-Seb.-Bach-Kirche in Arnstadt als Bachgedenkstätte eine Orgel im Bachschen Geist entstehen zu lassen, ist es notwendig, die Orgel völlig umzubauen." Zunächst aber kümmerte sich die Orgelbaufirma Karl-Heinz Schönefeld aus Stadtilm darum, die immer anfälligere Steinmeyer-Orgel bis 1997 funktionstüchtig zu erhalten. Dann wurde das Instrument abgetragen; die Kirche war nun ohne Orgel.

2000 wurde ein Traum wahr! Zum Bach-Jubiläum ging in Erfüllung, was KMD Gottfried Preller schon 15 Jahre früher, zum 200. Geburtstag seines Vorgängers an der Bachorgel, geplant hatte. Seit 1981 wirkte Preller als Organist an der Bachkirche und als Orgelsachverständiger der Thüringer Landeskirche. Von Anfang an suchte er beharrlich und engagiert nach Lösungen des immer dringlicher werdenden Orgelproblems, er entwarf Projekte und zog auch die Schuke-Orgel in der Liebfrauenkirche als Beispiel für Funktionstüchtigkeit und Zuverlässigkeit heran. 1985 schloss daraufhin die Kirchgemeinde Arnstadt mit dem VEB Potsdamer Schuke Orgelbau einen Vertrag ab, der für 1996 (!) eine neue Orgel vorsah. „Im 1. und 2. Manual sowie im Pedal sollte sich die Wender-Disposition wiederfinden. Das 3. Manual sollte als Schwellwerk die guten romantischen Substanzen in sich vereinen. Die Tontraktur sollte mechanisch und die Registertraktur elektrisch konzipiert sein." (G. Preller) 1990 begannen erneut Diskussionen um die Orgel. Man wollte nun, soweit es ging, die alte Substanz der Wender-Orgel an Bachs Wirkungsort erhalten – der Prospekt und mehr als 7 Register von 1703 waren noch vorhanden. Und die Steinmeyer-Orgel von 1913 sollte als „gewachsene" Orgel in der Bachkirche und als Denkmal des romantischen Orgelbaus in Deutschland erhalten bleiben.

Für die Rekonstruktion des einen und die Restaurierung des anderen Instrumentes erhielt die Orgelbaufirma Otto Hoffmann aus Ostheim in der Rhön 1997 den Auftrag. Sie stellte die alten Standorte auf der dritten und der erhöhten ersten Empore wieder her, was für die Steinmeyer-Orgel Begrenzungen nach oben und Veränderungen in der Innenkonstruktion nach sich zog. Die Disposition wurde auf die von 1913 zurückgeführt und mit einer modernen Registriereinrichtung versehen.

Eine große Aufgabe war es, den Prospekt und die alte Pfeifenaufstellung der Wender-Orgel wieder original herzurichten. Dazu ließen sich der Orgelbauvertrag von 1699 und Vergleiche mit den Wender-Orgeln in Dörna und in der Erfurter Severikirche nutzen. Die Tonhöhe (465 Hz) und historische Stimmung des Erbauers J. Fr. Wender konnte nach Untersuchungen am originalen Register Gemshorn 8' wieder hergestellt werden. Und die Prospektfront der Orgel wurde farblich so gefasst, wie das 1776 bei der ersten Ausmalung der Kirche erfolgt ist. Dank vielseitiger und großer Unterstützung wurden die Weihe der beiden Orgeln in der Johann-Sebastian-Bach-Kirche und die Eröffnung des Bach-Jahres 2000 am 16. Januar 2000 zum Festtag. Zwei Instrumente waren auferstanden. Beide lieferten sie nun Zeugnis von alter und neuer Orgelbaumeisterschaft, von großem Einsatz für ihren Fortbestand und für die reiche Orgeltradition Mitteldeutschlands. Und die erhalten gebliebene originale Spielanlage der Wender-Orgel fand ihre würdige Heimstatt im Schlossmuseum, wo auch eine sehenswerte Bach-Ausstellung gezeigt wird.

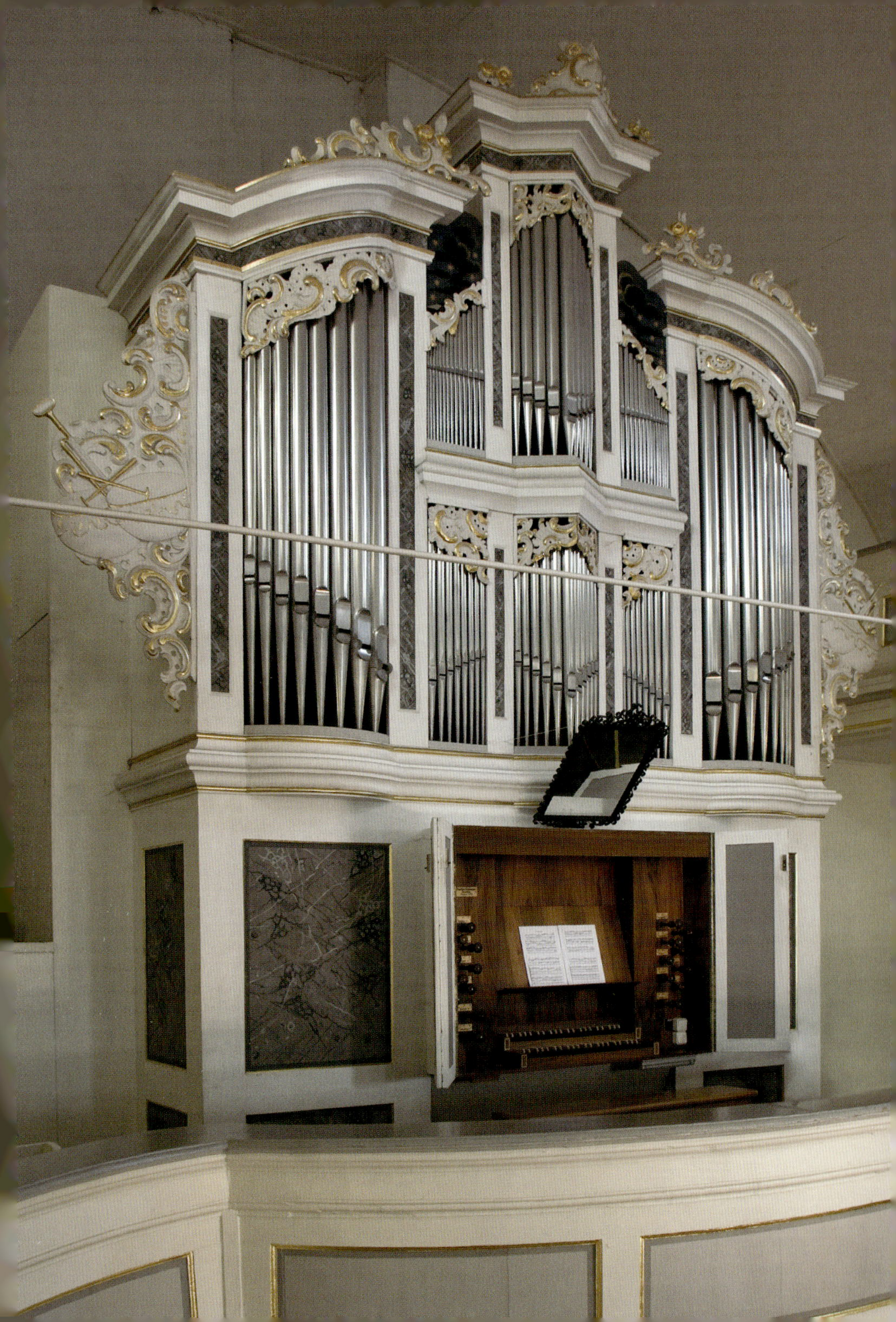

Die Gerhard-Schönefeld-Orgel in der St. Bartholomäi-Kirche zu Dornheim

Disposition > Seite 176

Orgelbauer:
Justin Ehrenfried Gerhard/Karl-Heinz Schönefeld
Erbauungszeit:
1766/1985

Es war der 17. Oktober 1707. Auf den Höhenzügen des Thüringer Waldes streckte der Winter erste Fühler aus, doch im Tal zögerte der Herbst seinen Abschied hinaus. Fröhlich singend lief eine Schar junger Leute über die Stoppelfelder von Arnstadt nach Dornheim, und dann läuteten in der schlichten Dorfkirche die Hochzeitsglocken. Der „ledige(e) gesell und Organist zu St. Blasii Mühlhausen" Johann Sebastian Bach und die „tugend same(n) jungfer" Maria Barbara Bach, seine Base, gaben sich das Jawort. Der Bräutigam hatte sich bereits einen Namen gemacht, hatte eine gute Stelle angetreten und zudem 50 Gulden geerbt, so dass nun an eine Eheschließung zu denken war. Die Braut stammte aus Gehren und lebte nach dem frühen Tod ihrer Eltern bei der Tante in Arnstadt. Dass sie singen konnte, wusste man seit jenem Tage, als aus der Neuen Kirche in Arnstadt nicht nur die Orgelklänge Bachs drangen, sondern auch der Gesang einer „frembden Jungfer". Selbstverständlich hatten die Bürger sogleich Beschwerde eingelegt. Und der Unwille der Obrigkeit ließ auch nicht lange auf sich warten. Kaum vorstellbar ihre Reaktion, wenn sie geahnt hätten, dass die beiden nicht nur durch die Musik verbunden gewesen waren ...

Von wem die Orgel stammte, die diese Trauungszeremonie begleitet hat, ist nicht bekannt. Sicher ist nur, dass ein Instrument existierte, wenn auch vielleicht nur ein sehr einfaches, denn der leidenschaftliche Orgelspieler Bach hätte wohl kaum eine Traukirche erwählt, in der sein geliebtes Instrument nicht erklungen wäre. 1723/24 wurden im Zuge von Baumaßnahmen Emporen eingebaut und eine Orgel von Johann Anton Weise (1672 – 1750) aufgestellt. Sie hat die Zeiten nicht überdauert. Die heute in der Kirche befindliche Orgel stammt in großen Teilen von Karl-Heinz Schönefeld aus Stadtilm; er hat sie in ein spätbarockes Gehäuse mit schönem Prospekt eingefügt. Dieses goldgeschmückte, mit Trompeten und Ornamenten elegant verzierte Gehäuse war Teil einer Orgel, die Justin Ehrenfried Gerhard aus Linda gemeinsam mit Christian Vogt aus Uhlstädt 1766 für die Kirche in Schöngleina geschaffen hatte. 1985 wurde sie zusammen mit dem Prospekt nach Dornheim umgesetzt. Beim Bau des Instrumentes übernahm Schönefeld das Gerüstwerk, die Windladen und die mechanische Traktur sowie die noch vorhandenen Holz- und Metallpfeifen aus den alten Beständen der Gerhard-Orgel. Alle diese Teile wurden sorgfältig instandgesetzt bzw. rekonstruiert und ergänzt; einige Register und der Spieltisch mit Koppelaufbau wurden neu gefertigt und eingebaut. Die Orgel besitzt zwei Manuale, Pedal und 18 Register und spielt eine wichtige und vielseitige Rolle im Musikleben. Das Arnstädter Bachfestival, der MDR Musiksommer und namhafte Gastchöre und Instrumentalsolisten sind gern und immer wieder zu Gast. Und natürlich kommen viele Interpreten und Besucher allein schon des schönen Instrumentes wegen zu den wunderbaren Orgelkonzerten in Bachs Traukirche.

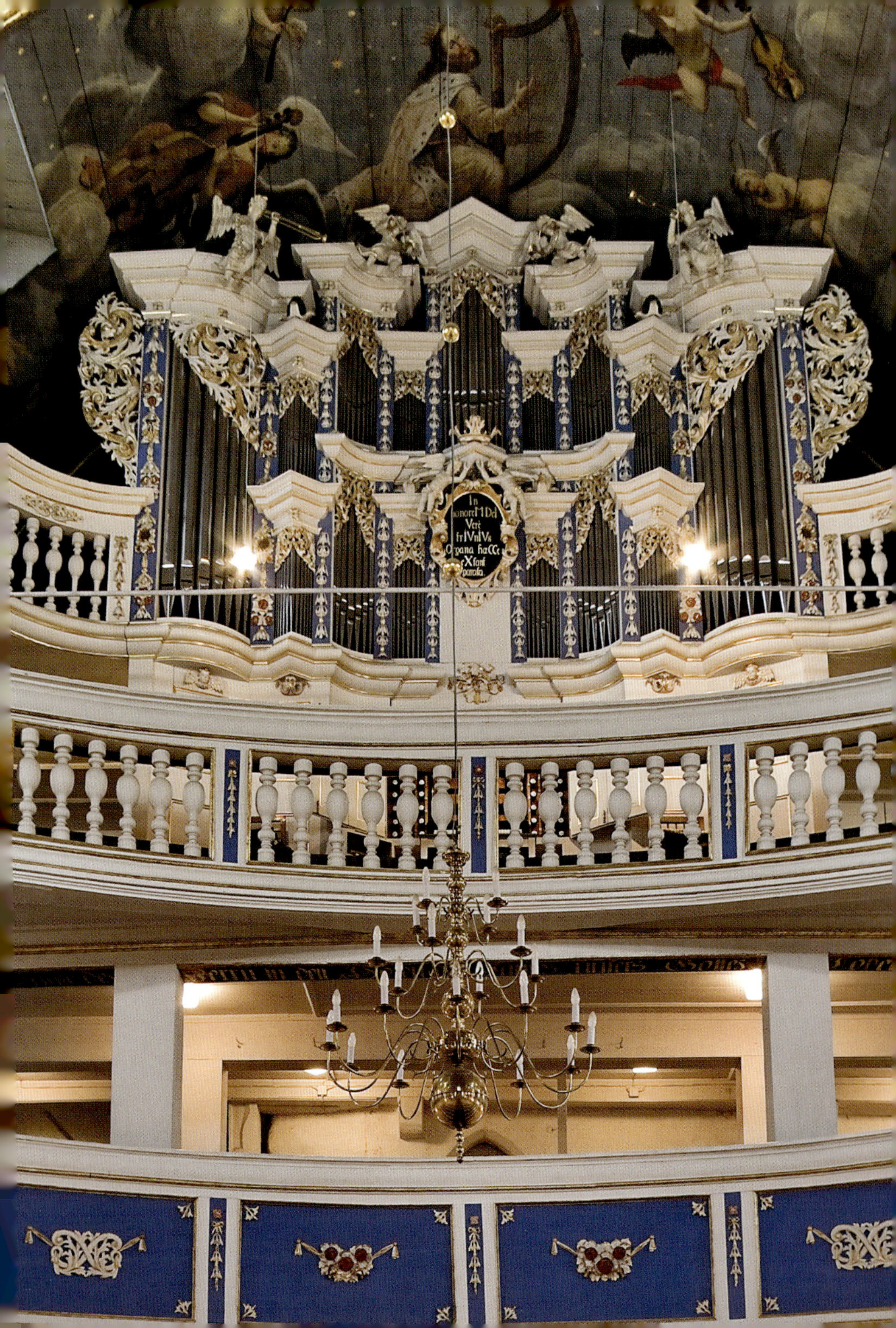
In
Veri
Organa haCCe

Die Volckland-Hesse-Orgel in der St. Lukaskirche zu Mühlberg

Disposition > Seite 176

Orgelbauer:
Franciscus Volckland
Erbauungszeit:
1729
Restaurierungen,
Umbauten: 1744, 1748,
1824, 1934, 1997

Das Einzugsgebiet war klein, in dem Franciscus Volckland seine Orgeln gebaut hat. Nach dem unerfreulichen Rechtsstreit mit seinem früheren Lehrmeister, nunmehrigen Kollegen und unnachgiebigen Rivalen Johann Georg Schröter um das Privileg des Erfurter Orgelbauers erhielt er 1729 lediglich eine Sondergenehmigung, die ihm das Arbeiten im Großraum von Erfurt erlaubte. Diese Region gehörte – wie die Stadt – als Exklave zum Erzstift Mainz und – was Volcklands Orgel in Elxleben (1750) bei Arnstadt betrifft – zum Fürstentum Schwarzburg-Rudolstadt.
Doch für die Auftragslage erwies sich der eng begrenzte Raum als recht günstig. Volckland konnte in Ruhe künstlerisch schalten und walten, wie er wollte, Klangkonzepte ausprobieren und Baupläne verwirklichen, und er nahm diese Gelegenheiten wahr, sich mit repräsentativen neuen Orgeln in der Premiumklasse anzusiedeln.
Die Orgel in Mühlberg gehört unbedingt dazu! Das wohlhabende Dorf am Fuße der Mühlburg besaß bereits im 16. Jahrhundert eine Orgel. Das Instrument, das Franciscus Volckland dann in der St. Lukaskirche errichtet und das 1.000 Reichstaler gekostet hat, war wohl das dritte oder gar das vierte an diesem Ort. Und es trägt ganz und gar eigenständig zur Attraktivität und Faszination eines Kirchenraumes bei, dessen kunstvolle Ausgestaltung farbenreich und glanzvoll das Lob Gottes zum Ausdruck bringt. Die einzigartigen Wandmalereien und der herrliche Kirchenhimmel sind eine Augenweide von seltener Schönheit. Das feierliche Geläut der drei Glocken beeindruckt das Ohr. Und die Orgel hoch oben auf der zweiten Empore der Westseite fesselt das Gehör und den Blick: mit dem Klang ihrer 26 Register und 1.500 Pfeifen, verteilt auf 2 Manuale und Pedal, und einem festlichen, elegant geschwungenen Äußeren. Die Abnahmeprüfung des neuen Werkes nahm Johann Peter Kellner im Jahr 1729 vor, ein Musiktheoretiker, Komponist und Organist aus Gräfenroda. 1744 und 1748 erweiterte Volckland das Klangspektrum seiner Orgel durch zusätzliche Register – zunächst um Violonbass 16', dann um Glockenspiel, Cymbelstern und Tremulant. Zusammen mit den Pauken an der Orgelempore entstand so eine Klanggruppe, die für die Ausführung von Figuralmusik unverzichtbar war und die der Ausgestaltung hoher kirchlicher Feiertage eine besonders festliche Atmosphäre verlieh. Und wie die Vielzahl grundtöniger Achtfuß-Register und terzhaltiger Mixturen ist sie ein typisches Merkmal des thüringischen Orgelbaus in jener Zeit und besonders für die Wiedergabe von Bachs Orgelwerken geeignet. Als Volcklands Spezialität kommt die häufige Anwendung des Registers Hohlflöte 4' im Pedal hinzu. Und auch das große Cis in Manual und Pedal war zu dieser Zeit beileibe noch nicht alltäglich.
„Der Klang dieser Orgel ist unvergleichlich." Das Lob, mit dem der Erfurter Orgelhistoriker und Musiktheoretiker Jacob Adlung (1699 – 1762) die Orgel der Neuwerkskirche (St. Crucis; 1732 – 1737) zu Erfurt in seinem berühmten Buch „Musica mechanica organoedi" bedachte, darf auch das Instrument in Mühlberg – wie alle Volckland-Orgeln – auf sich beziehen. Dass Volcklands progres-

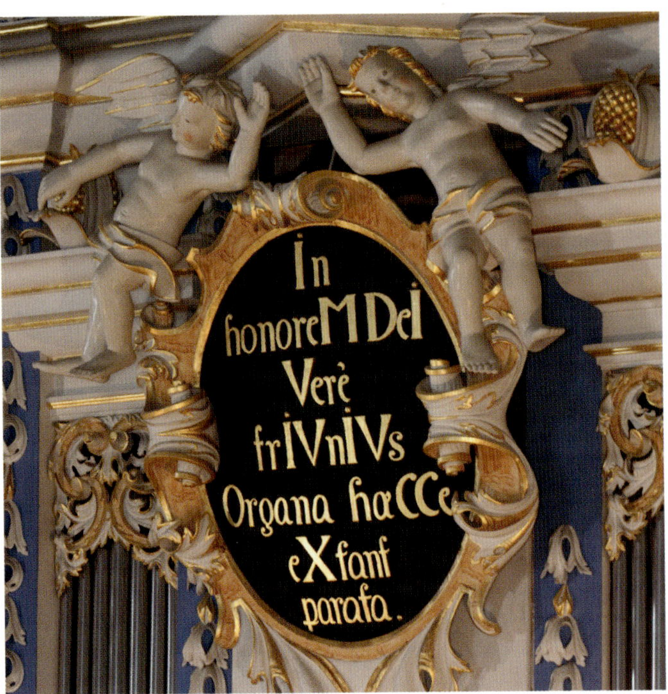

Kartusche mit Chronogramm am Prospekt

sive Klangkonzeption noch in der Mitte des 19. Jahrhunderts Bestand hatte, Anerkennung fand und vor tiefgreifenden Änderungen gefeit war, zeigt das Urteil von Julius Hesse. Dieses Mitglied der namhaften Orgelbauerfamilie aus Dachwig bei Erfurt wies 1860 ausdrücklich darauf hin, dass „noch heute seine Werke als unübertroffene Muster da[stehen]; indem Schärfe, unbeschreiblicher Schmelz und die reinste Klangfarbe der einzelnen Stimmen so sehr wie die schönste Vereinigung der Gesamtmasse auszeichnen". Er stellt auch fest, dass sich die Dispositionen sämtlicher Volckland-Orgeln mehr oder weniger gleichen, „so wie auch die gleiche Solidität und Ton, wo dieselben nicht durch schlechte Behandlung geschwunden, noch vorhanden sind. Mängel in der Mechanik sind jener Zeit anzurechnen." Und er verrät überdies, dass der Gründer der Firma Hesse von Franciscus Volckland – „der unter günstigeren Verhältnissen den Ruf eines Silbermann erreicht haben würde" und der seiner Zeit „in vieler Beziehung besonders im Entwurf guter Dispositionen voraus war" – wichtige Arbeitsprinzipien „und den größten Theil seiner Mensuren entnahm."

Es blieb aber nicht aus, dass Ernst Ludwig und Ernst Siegfried Hesse im Jahr 1823 erhebliche Umbauten vornehmen mussten: Ein neuer Spielschrank wurde gefertigt, die gesamte Register- und Tontraktur einschließlich der Ventilkästen erneuert und einige Register ausgetauscht oder neu angefertigt. Die Klangseele aber wurde 1934 durch die Firma E. F. Walcker & Cie. (Ludwigsburg) verletzt, die das Instrument vom Chorton auf die damals übliche Normaltonhöhe (440 Hz) eingestimmt, den Tonumfang erweitert und mit den dafür erforderlichen pneumatischen Zusatzladen Fremdkörper eingefügt hat und auch den Zugang zum Inneren der Orgel verbaute.

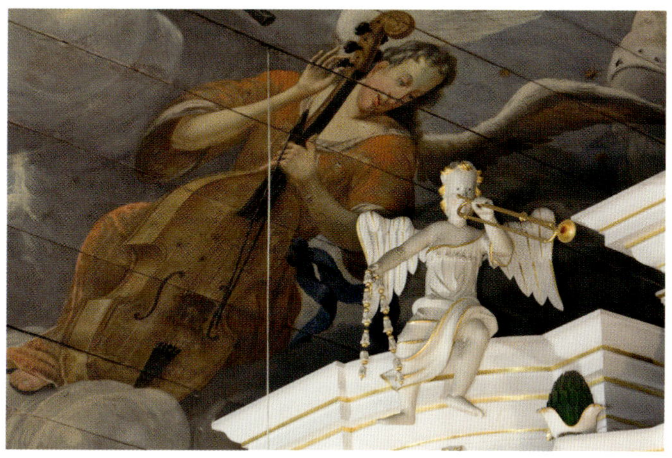

Musizierende Engel am Orgelprospekt und in der Deckenbemalung

Erste Schritte auf dem Weg einer Wiederherstellung der alten Orgel unternahmen Norbert Sperschneider aus Weimar (1983) und der VEB Potsdamer Schuke Orgelbau (1988). Die sorgfältige Restaurierung des Instrumentes, mit der der Zustand von 1823 konserviert wurde und die auf eine Volckland-Hesse-Orgel hinauslief, erfolgte dann 1993 – 1997 durch die Orgelbau Waltershausen GmbH. Sie beseitigte die Schäden an Bälgen, Windladen und Windkanälen und die dadurch verursachten störenden Geräusche, sanierte die Lagerstellen der Trakturen und stellte wieder eine angenehmere Spielart her. Auch die Spuren von elektrischen Einbauten und Veränderungen an der Klaviatur im Spielschrank wurden entfernt, alle Holz- und Metallpfeifen ausgebaut und die originalen Prospektpfeifen, die dem Ersten Weltkrieg zum Opfer gefallen waren, sowie die später ergänzten Zinkpfeifen durch rekonstruierte Zinnpfeifen ersetzt. Zum Thüringer Orgelsommer 1997 bekam die Orgel ihr strahlendes Klanggewand zurück, nachdem der barocke Prospekt schon seit der Kirchensanierung Mitte der 1980er Jahre neuen Glanz erhalten hatte.

Seither verführt auch hier die Königin der Instrumente den Hörer mit ihrem reichen, dunkel getönten oder auch durchsichtig hellen Klangzauber. Und dem Betrachter bietet der schöne Orgelprospekt auch ein kleines Rechenexempel: In der Aufschrift versteckt sich das Baujahr der Volckland-Orgel. Errät man, dass die großen Buchstaben im Text als römische Zahlen zu addieren sind, so hat man es entdeckt: 1729.

Sehenswertes in Arnstadt und Umgebung

Arnstadt

Arnstadt, Bachstadt und Tor zum Thüringer Wald, ist eine der schönsten Kleinstädte in Thüringen. Schmale Gassen, stolze Renaissancegebäude und wertvolle Sakralbauten, die Brunnen und Türme von Kirchen und Schlössern machen ihren Charme und ihren Reiz aus. Dieser älteste urkundlich erwähnte Ort Thüringens – 704 als Arnestati – erhielt 1266 Stadtrecht und war ab Mitte des 14. Jahrhunderts Residenzstadt der Grafen und Fürsten von Schwarzburg-Sondershausen, die 1332 dem Hersfelder Kloster die Stadtrechte abgekauft hatten. Wohlstand erlangte Arnstadt als Handelsplatz für Holz, Getreide, Wein und Waid, durch Mühlengewerbe, Gerbereien und Tuchmacherhandwerk und mit der Industrialisierung. Schäden und Leid brachten der Große Brand von 1581, die Pest und der Dreißigjährige Krieg. 1918 dankte Günter Victor von Schwarzburg-Rudolstadt und Fürst von Schwarzburg-Sondershausen als letzter Thüringer Monarch ab. Seit 1920 ist Arnstadt Sitz einer Kreisverwaltung und seit 1994 Kreisstadt des Ilm-Kreises. Auf dem Marktplatz steht das Bach-Denkmal. Es wurde 1985 errichtet und zeigt den Meister als jenen „flegelhaften“ Burschen, als der er in seiner Arnstädter Zeit galt. Das Rathaus entstand 1582 im Stil der niederländischen Renaissance und besitzt zwei reich geschmückte Giebel und ein prächtiges Portal. Der bekannteste Sakralbau der Stadt ist die schlichte Bachkirche. Neben den Orgeln auf der Westseite und dem gegenüber befindlichen Kanzelaltar gehören eine Kreuzigungsgruppe in der Vorhalle und wertvolle Grabdenkmäler aus dem 16. – 18. Jahrhundert zu ihrer Ausstattung. Die monumentale dreischiffige Basilika der Liebfrauenkirche, in der Übergangszeit von der Romanik zur Gotik errichtet, war die Grabkirche der Grafen zu Schwarzburg und zählt heute zu den bedeutendsten sakralen Baudenkmälern Thüringens. Davor steht eines der ältesten Fachwerkhäuser Arnstadts, die Papiermühle. Sie war die Getreidemühle des Benediktinerklosters. Auf dem Ried, dem alten Handelsplatz der Stadt, finden sich der Riedturm aus dem 15. Jahrhunderts und der Jakobsturm mit einem Glockenspiel. Das „Haus Zum Großen Christopherus“ ist wahrscheinlich das älteste erhaltene Gebäude der Stadt; an seiner Fassade zeigt es das Bildnis des Schutzpatrons der Fuhrleute. Zwischen Ried und Markt befindet sich die Oberkirche, ein romanischer Bau mit einer reichen Ausstattung. Sie war die Klosterkirche des Franziskanerordens, der sich 1248 in Arnstadt niederließ.

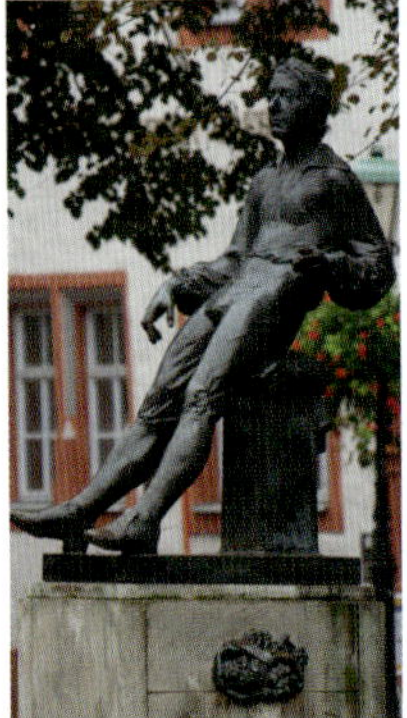

Der junge Bach auf dem Arnstädter Marktplatz

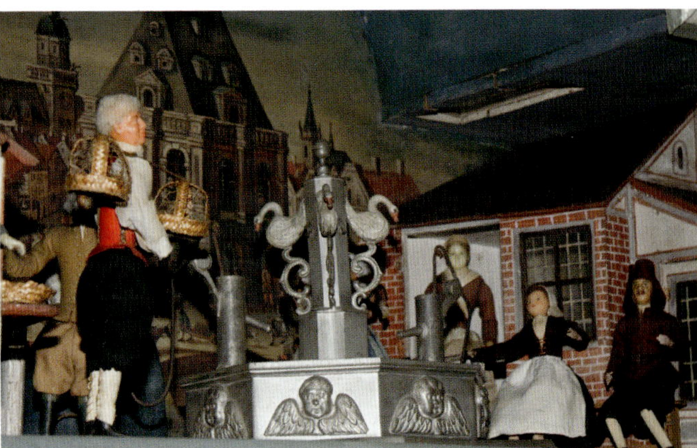

Die Puppensammlung „Mon plaisir“ in Arnstadt

Das Wahrzeichen der Stadt ist der Neideckturm, der ursprünglich zum Renaissanceschloss der Residenz gehörte. In unmittelbarer Nähe wurde 1729–1734 das Neue Palais als Witwensitz für Elisabeth Albertine, die Gemahlin Günther I. von Schwarzburg-Sondershausen, errichtet. Im heutigen Schlossmuseum ist eine von Arnstadts Attraktionen zu bewundern: die berühmte Puppensammlung „Mon plaisir". Zwischen 1697 und 1750 im Auftrag der Fürstin Auguste Dorothea von Schwarzburg-Arnstadt liebevoll angelegt, gibt diese größte Puppenstadt Europas mit 82 Stuben und 391 Figuren detailgetreu Einblick in die Wohn-, Lebens- und Arbeitsverhältnisse aller Schichten und Stände der Barockzeit. Diese Miniaturnachbildung des Lebens einer kleinen Residenzstadt ist ein einmaliges Kleinod der Kulturgeschichte. Elf wertvolle Brüsseler Renaissancegobelins, ostasiatische und Meißner Porzellane und Dorotheenthaler Fayencen zeigen weitere Kostbarkeiten aus verschiedenen Jahrhunderten. Das Theater im Schlossgarten entstand 1842 und wurde 1995 nach umfangreichen Restaurierungsarbeiten als Spielstätte wiedereröffnet. Im historischen Bahnbetriebswerk sind viele alte Dampfloks ein Magnet für Technikbegeisterte. Wanderfreunde können den Aussichtsturm der Alteburg zum Blick über die Stadt und als Ausgangspunkt reizvoller Routen nutzen: den Pilgerweg „Elisabeth-Walburga-Paulina" oder die Themenwanderung „Von Bach zu Goethe".

Schlossmuseum Arnstadt

Dornheim liegt ca. 3 km von Arnstadt entfernt in der lieblichen Landschaft des Ilmkreises und am Fuß des Thüringer Waldes. Der Ort wurde 779 erstmals erwähnt und gehört heute zur Verwaltungsgemeinschaft „Riechheimer Berg." Aber nicht nur Bach, die Kirche St. Bartholomäi und ein schönes Denkmal (2002) im Kirchhof erwecken Interesse. Das Heimatmuseum auf dem Gelände der Traukirche stellt auch Dornheims berühmtesten Sohn vor, den 1480 geborenen Johann Jäger – besser bekannt unter seinem latinisierten Namen Crotus Rubeanus. Der Humanist war ein Studienfreund Luthers und verfasste gemeinsam mit Ulrich von Hutten die Dunkelmännerbriefe. 1521 wurde er Rektor der Erfurter Universität. Am 26. Oktober 1813 fand in Dornheim unter einer Linde am Ortsausgang das Dreimonarchentreffen statt, an das eine liebevoll restaurierte Denkmalanlage erinnert. Der preußische König Friedrich Wilhelm III., der österreichische Kaiser Franz I. und der russische Zar Alexander I. planten hier wenige Tage nach der Völkerschlacht von Leipzig das weitere militärische Vorgehen gegen Napoleon. In ihrem Gefolge befanden sich Fürst Metternich und Wilhelm

Dornheim

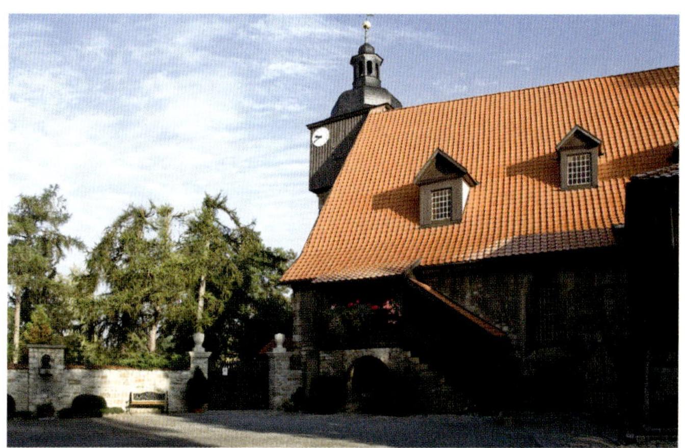

Johann Sebastian Bachs Traukirche in Dornheim

von Humboldt. Sicherlich wurden hier bereits die ersten Gedanken über den späteren Wiener Kongress ausgetauscht. Und so wurde das kleine Dornheim für einen Moment vom Atem des großen Weltgeschehens gestreift ...

Kirche Dornheim

Im 8. Jahrhundert besaß Dornheim bereits eine Holzkirche, und im 12. Jahrhundert erhielt der Ort seine Saalkirche. Der Turm und die Westwand sind erhalten geblieben, obwohl der romanische Bau mehrfach verändert und 1747 durch den Anbau von Sakristei und Beinhaus erweitert wurde. Die südliche Langhausseite bekam einen massiven Emporenaufgang. Das Turmobergeschoss wurde 1647 nach einem Brand erneuert und mit einer welschen Haube versehen. 1817 erfolgten der Abbruch der Sakristei und der Aufbau des Glockenturms an gleicher Stelle. 1857 sind Nord- und Ostwand erneuert worden. In den Jahren 1968–1985 wurde die Kirche gründlich instand gesetzt und mit der neuen imposanten Orgel auf der Westempore ausgestattet. Umfangreiche Sanierungsarbeiten erfolgten dann nochmals zwischen 1996 und 1999 auf Initiative des Freundeskreises der Traukirche.

Kommt der Besucher durch den Torbogen auf den Hof der Bachgedenkstätte, dann wird er vom freundlichen Anblick der Kirche überrascht. Das tief gezogene rote Dach, der malerische Emporenaufgang, der vorstehende Glockenturm und die Dachgauben wirken anheimelnd und strahlen einen angenehmen Reiz aus. In der Kirche machen der Kanzelaltar (1723/24) des schwarzburgischen Hofbildhauers Heinrich Christoph Meil mit den lebensgroßen Figuren von Christus mit der Weltkugel und Moses mit den Gesetzestafeln sowie das Kruzifix von 1430 großen Eindruck. Sehenswert sind auch die noch erhaltenen Teile zweier Flügelaltäre (um 1430 und 1500). Ihre wertvollen, reich vergoldeten Schnitzplastiken und Malereien stellen Heiligenfiguren und Mariä Verkündigung dar und stehen in einem auffälligen Kontrast zur überwiegend schlichten Kirchenausstattung.

Mühlberg

Mühlberg ist das Herz des Burgenlandes „Drei Gleichen“. Dieses reizvolle Landschaftsschutzgebiet besitzt viele Sehenswürdigkeiten und eine interessante Historie. Wie Arnstadt und Großmonra einer der ältesten Orte Thüringens, wird Mühlberg als „Mulenberge“ am 1. Mai 704 erstmals urkundlich erwähnt. 1242 erhielt es das Marktrecht; in den nachfolgenden Jahrhunderten wechselten die Besitzverhältnisse und sein Antlitz. Waidanbau und Waidmühlen waren Quellen des Wohlstandes. 1802 wurde Mühlberg preußisch und Teil des Regierungsbezirkes Erfurt; 1945 kam es zum Land Thüringen und zum Landkreis Gotha, und seit dem 1. Januar 2009 bildet es mit Grabsleben, Seebergen und Wandersleben die Gemeinde „Drei Gleichen“. Das Wahrzeichen des Ortes ist die Mühlburg mit den Überresten der Radegundis-Kapelle. Den historischen Ortskern prägen dicht gereihte Zwei-, Drei- und Vierseithöfe, von denen viele unter Denkmalschutz stehen. Der beschauliche Marktplatz ist von schönen Fachwerkhäusern, einem alten Laufbrunnen und dem Rathaus umgeben, und viele verträumte Gässchen und malerische Winkel laden zum Verweilen ein.

St. Lukaskirche Mühlberg

Die St. Lukaskirche bestimmt noch heute das Dorfbild. 726 wurde sie in einer Schenkungsurkunde erstmals erwähnt. Um 1300 erfolgte der Aufbau einer Wehranlage, die teilweise erhalten blieb und als Friedhof dient. 1680–1740 erfolgte der barocke Innenausbau der Kirche. Langwierige, aufwendige und mühevolle Restaurationsarbeiten zwischen 1972 und 1986 brachten nicht nur der Kanzel, dem Orgelgehäuse und der Tonne neuen Glanz, sie förderten auch außergewöhnliche Kunstschätze zutage: die Secco-Malereien an der Ostseite der Kirche. Diese originalen, überaus qualitätvollen Wandbilder mit Figuren und Ornamenten waren nach 1450 auf trockenem Putz gemalt worden. Mittelpunkt der Darstellungen ist das „Schweißtuch Christi“. Von seltener Schönheit ist auch der barocke Kirchenhimmel von 1704. Dieses Deckengemälde, das die biblische Botschaft bildhaft vermittelt, zeigt über der Orgel König David mit dem himmlischen Orchester, auf der Nordseite die Propheten des Alten Testamentes und auf der Südseite die Apostel. Übersät ist der gesamte Himmel von über 300 goldenen Sternen und von großen und kleinen Engeln. Eine wahre Pracht! Im Kirchturm erinnert seit 1987 die Gedächtniskapelle mit einem Meditationskreuz von Gert Weber (Gräfenhain) an Radegunde von Thüringen (518 – 587). Die Königstochter war hierzulande die erste Christin und wurde 531 als „Kriegsbeute" nach Frankreich entführt, wo sie noch heute als Volksheilige verehrt wird. Auf der Mühlburg wurde aus Anlass des 1.400. Todestages von Radegunde, die „Friede durch Versöhnung" gelebt hat, ein Gedenkstein aufgestellt. Jedes Jahr im August ist er Ziel der ökumenischen Prozession „Gemeinsamer Weg". Unweit der Kirche bietet das Naturdenkmal Mühlberger Spring eine weitere Sehenswürdigkeit, deren Alter auf wenigstens 7.000 Jahre geschätzt wird. Die kräftig sprudelnde Karstquelle fördert pro Minute etwa 2.000 Liter Wasser, durch die früher die Räder von sieben Mühlen angetrieben worden sind. Die Mühlentechnik der Gölitzensmühle (1528) ist noch gut erhalten. Diese Öl- und Graupenmühle ist die einzige ihrer Art in Thüringen und zeigt ein Stampf- und Presswerk aus dem 18. Jahrhundert.

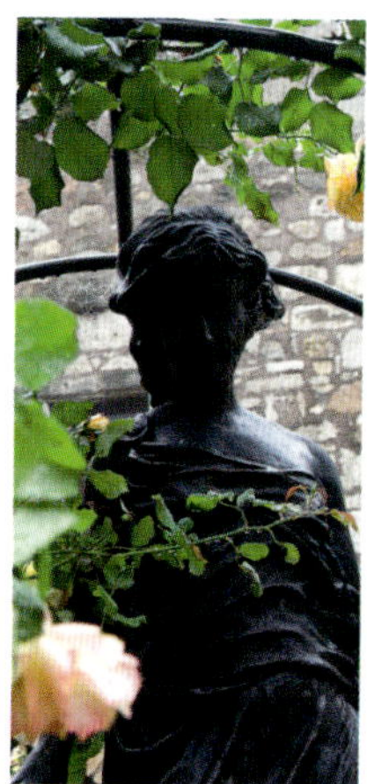

Auf der Veste Wachsenburg

Drei Gleichen

An den Nord- und Südhängen des „Drei-Gleichen-Gebietes" gehören Märzenbecher, Frühlingsadonisröschen und Kuhschelle zu einer Vielzahl geschützter Pflanzen. Und weithin sichtbar überragen die „Drei Gleichen" die sanfte Hügellandschaft: die Burgruine Gleichen, die dem Gebiet den Namen gab, die Ruine Mühlburg am östlichen Ortsrand von Mühlberg und die Veste Wachsenburg, die ehemals Sitz des berüchtigten Raubritters Apel von Vitzthum war und heute ein komfortables Hotel beherbergt. Viele Sagen und Geschichten ringen sich um dieses mittelalterliche Burgensemble, das sich vorzüglich als Ziel wie auch als Ausgangspunkt erlebnisreicher Reisewege darbietet. Am Nordrand von Mühlberg verläuft die Autobahn A 4 mit der Anschlussstelle Wandersleben – der schnellste Weg, um von hier in die herrlichen Regionen des Thüringer Waldes zu gelangen oder um Thüringen von Eisenach nach Altenburg zu durchqueren und dabei zahlreiche geschichtsträchtige Orte zu besuchen, wunderschöne Gegenden zu durchwandern und viele Orgelstätten zu erleben. Und die Landstraße von Arnstadt nach Gotha, an der Mühlberg liegt, ließe sich auch als „Straße der Orgeln" bereisen. Die Schröter-Orgel in Wandersleben wäre das am nächsten gelegene Ziel ...

Arnstadt/Dornheim

Informationen	Tourist-Information Arnstadt Markt 1 99310 Arnstadt Tel.: 03628 602049 Fax: 03628 661847 E-Mail: information@arnstadt.de
Sakrale Bauten	Johann-Sebastian-Bach-Kirche, Liebfrauenkirche, Oberkirche (Barfüßerkirche), Himmelfahrtskirche (alle Arnstadt), St. Bartholomäikirche (Traukirche von J. S. Bach, Dornheim), St. Lukaskirche (Mühlberg), St. Petrikirche (Günthersleben), St. Vitikirche (Wechmar)
Museen	Schlossmuseum mit Puppenausstellung „Mon plaisir", Bahnbetriebswerk (Eisenbahnmuseum), Kunsthalle (alle Arnstadt), Bach-Stammhaus Wechmar, Veit-Bach-Mühle Wechmar, Landhaus Studnitz Wechmar

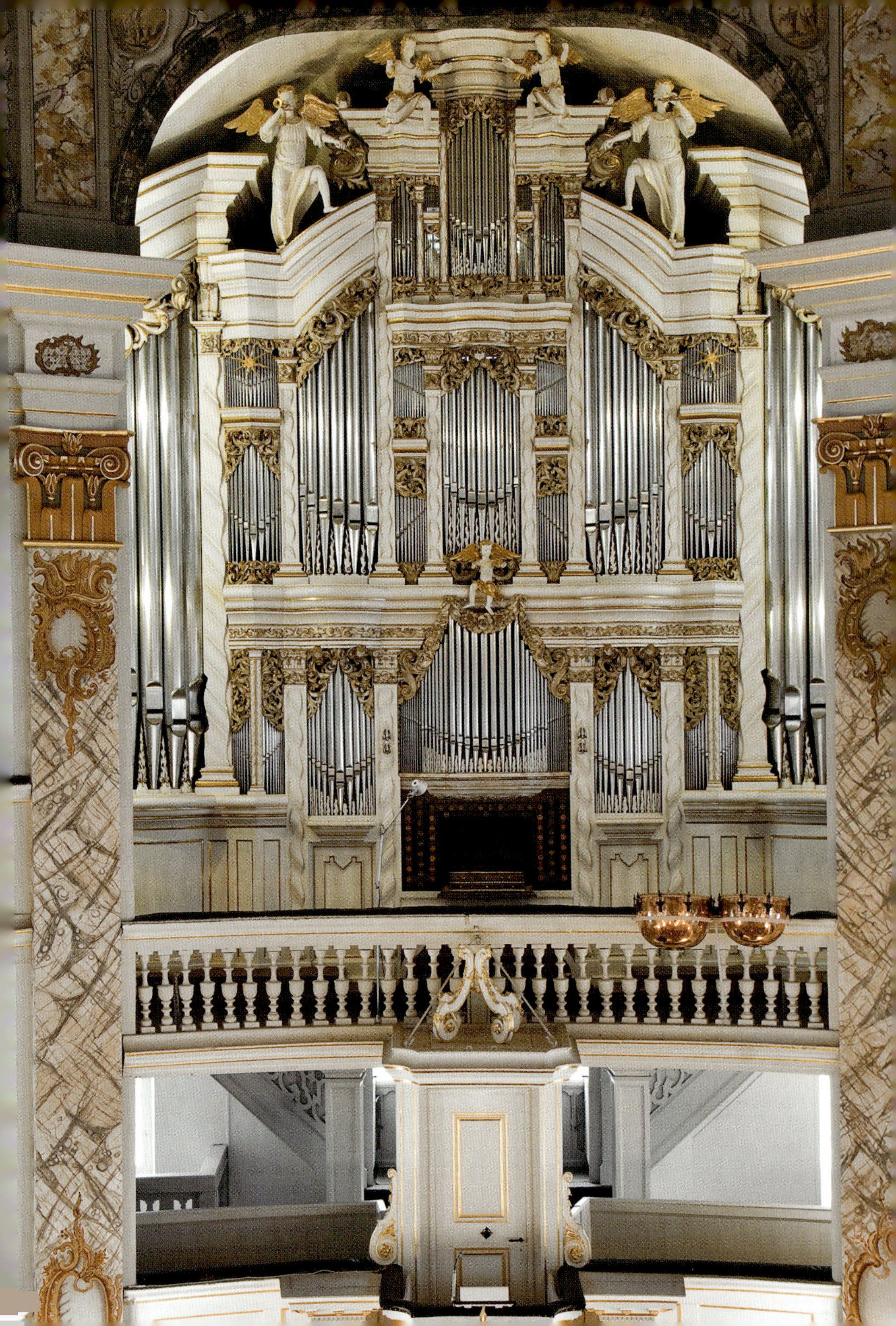

Die Trost-Orgel in der Stadtkirche „Zur Gotteshilfe“ in Waltershausen

Disposition > Seite 177

Orgelbauer:
Tobias Heinrich Gottfried Trost
Erbauungszeit:
1722 – 1741 (?)
Restaurierungen, Umbauten:
1853 – 1855, 1896, 1958/59, 1993 – 1998

Sie ist ein Instrument der Superlative und gilt als die größte, klangreichste und prächtigste unter Thüringens Orgeln. Als Nonplusultra spätbarocker Orgelbaukunst in Mitteldeutschland wurde sie gerühmt, ihr Schöpfer als bedeutendster Thüringer Meister zu Zeiten Bachs gepriesen und in einem Atemzug mit Silbermann gewürdigt. Und ihr kommt unter den heute noch existierenden Instrumenten dieses Tobias Heinrich Gottfried Trost – der Orgel in der Altenburger Schlosskirche als berühmtester, der Orgel in Großengottern als ältester und der von ihm erneuerten Donat-Orgel in der Schlosskapelle in Eisenberg als in vieler Hinsicht schönster – der Spitzenplatz zu. Trotz anderer Attribute. Denn sie ist auch Trosts „Unvollendete“. Ihr Bau war von Skandalen begleitet und brachte ihm den Ruf des „liederlichen Orgelmachers“ ein, den man „in arrest nehmen und an den galgen hängen“ sollte. Welch erstaunliche Gegensätze tun sich da auf! Doch bereits die Auftragsvergabe war symptomatisch. Und schon um den Kirchenneubau hatte es Streitigkeiten gegeben …

Anders als in den Residenzen Altenburg und Eisenberg oder in der Dorfgemeinde Großengottern war es in Waltershausen das Bürgertum, das mit einer neuen Kirche und einer zeitgemäßen Orgel gewachsenen Reichtum und Stolz demonstrieren wollte. Der am Markt gelegene Vorgängerbau aus dem 14. Jahrhundert, die Liebfrauenkirche, war den Waltershäusern bald „vil zu enge und zu geringe“ geworden. Modernisierungen und Erweiterungen der nunmehrigen Marienkirche um die Mitte des 15. und eine neue Orgel zu Beginn des 16. Jahrhundert boten keine befriedigende Lösung. Als dann die Stadt durch Handwerk und Handel zu Wohlstand kam, ergriffen einige einflussreiche Bürger und Geistliche die Initiative und stellten nachdrücklich in Gotha einen Antrag für ein größeres, repräsentatives Gotteshaus. Mit Erfolg – selbst wenn dem Bürgermeister eher an einem „Brau- oder Bierhaus“ gelegen und ein Teil der Bürgerschaft gegen die neue Kirche war. Am 8. November 1719 legte „Ihro Hochfürstl. Durchl., der Gnädigste Herr LandesVater Herr Hertzog Friedrich“ höchstselbst den Grundstein und demonstrierte so sein Engagement für den Neubau, das auch die Kostenübernahme für das Bauholz einschloss. Die Marienkirche wurde mit Ausnahme ihres Turmes abgerissen und die Orgel nach Schönstedt bei Langensalza verkauft. Für den Neubau einer großen, prunkvoll und herrlich ausgestalteten Rundkirche wurde der Entwurf des Herzoglich Sächsischen Bauintendanten General Wolf Christoph Zorn von Plobsheim ausgewählt; die Einweihung dieses imposanten spätbarocken Zentralbaus, „der größte und bedeutendste seiner Art in Thüringen“ (Martin Stade), fand am 24. November 1723 in Anwesenheit des Herzogpaares statt. Der Name „Zur Gotteshilfe“ ist Ausdruck protestantischer Frömmigkeit. Ebenso das dreigeschossige Kircheninnere und die typische vertikale Anordnung von Altar, Kanzel und Orgelempore als Einheit von Wortverkündigung, Himmelsmusik und Malerei. Für den Bau einer adäquaten Orgel war Trost allerdings nicht der Favorit. Er legte am 8. Februar 1722 den Entwurf für ein zweimanualiges Instrument mit Pedal und 35 Registern vor. Die Stadtväter hatten jedoch die

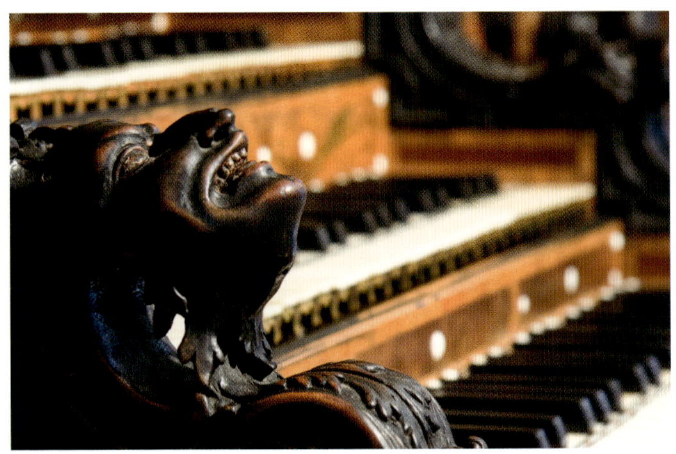

Klaviaturbacke

Orgelbauer Johann Matthäus Obermüller aus Meiningen und Johann Adam Bestel aus Herrenbreitungen bei Schmalkalden auserkoren, dem mächtigen Bau ein prächtiges Instrument zu liefern. Aber Trost, der seit 1718 in Altenburg, der Nebenresidenz des Herzogtums Sachsen-Gotha-Altenburg, um die Bestallung als „privilegierter Hof- und Landorgelbauer" stritt, bekam im Mai 1722 durch Entscheid des Gothaer Oberkonsistoriums und auf Fürsprache des Hoforganisten Johann Gottfried Golde den Auftrag und eine Zusage für 2.000 Reichstaler Kostenerstattung. Damit begann eine lange Geschichte – ebenso erfolgversprechend wie zermürbend ...

Nach zwei Jahre kam es zu einem neuen Kontrakt. Trost hatte, offenbar unter dem Eindruck seines Besuches in Freiberg und der mächtigen Silbermann-Orgel im dortigen Dom, den Entschluss für ein ebenso groß dimensioniertes Instrument gefasst. Bauliche Veränderungen und klangliche Erweiterungen wurden geplant, aber nur die Vox humana vertraglich vereinbart. Ob das dritte Manual und die zusätzlich gebauten Register noch Bestandteil des Kontraktes wurden oder ob Trost diese Zusätze auf eigene Kappe oder eventuell mit Unterstützung seiner Förderer vornahm, blieb bislang offen. Er richtete seine Werkstatt mit Schmelzofen und Gießlade im Obergeschoss des Rathauses ein und zog schließlich mit Materialien und der Familie nach Waltershausen. 1725 wurde der Rohbau des Orgelgehäuses abgeschlossen, 1726 das Zierwerk angebracht, und 1727 war die Arbeit soweit fortgeschritten, „daß im wesentlichen nur noch Pfeifenwerk zu machen ist". Dann folgen allerhand Probleme. 1728 hatte die Stadt Zahlungsschwierigkeiten, die Trosts Arbeit behinderten. 1729 wurde Trost nach Altenburg zurückbeordert, um aufgrund seines „Privilegs" dringende Aufträge zu erledigen. In den Jahren 1731 – 1735 stockte wegen Geldmangels, Streit und Verärgerung auf Seiten beider Kontrahenten der Orgelbau erneut. Trost weilte vermutlich 1735 zum letzten Mal in Waltershausen. Seine Orgel hinterließ er unvollendet, ihre Weihe erfolgte wahrscheinlich im Mai 1741. Wer sie nun tatsächlich und in welchem Umfang komplettiert hat (möglicherweise erst 1755), ist bis heute unklar. War ein anderer Meister am Werke? Verschiedene Namen werden in diesem Zusammenhang in den Akten genannt. Oder war Trost selbst noch einmal zugange? Gewiss ist lediglich, dass ihm der ganze Ruhm zuteil wurde – für eine Orgel von außerordentlicher Größe und seltener Klangpracht. Er, der kaum serien- und standardmäßig fertigte, sondern vielmehr seine Instrumente in detailversessener, kunstvoller Handwerksarbeit als prächtige Unikate mit besonderem Klang schuf, der den Wünschen seiner Auftraggeber und den Gegebenheiten der Räume folgte, nicht zuletzt aber die eigenen progressiven Ideen verwirklichte, war, sicherlich auch wegen seines Individualismus, ein weiteres Mal wirtschaftlich gescheitert. Anerkennung aber erhielt er reichlich: „Die Stadt hat die Materialien geschafft. Die Arbeit ist sehr schön, sonderlich die Rohrwerke", bewertete seinerzeit der bekannteste Orgelwissenschaftler Jacob Adlung das einzigartige Werk. Und das trägt schon alle Züge der Empfindsamkeit und des galanten Stils. Es weist alle typischen Merkmale des thüringischen Orgelbaus jener Zeit auf. Und es bringt Trosts ungewöhnliche Konzeption voll zum Tragen: Betonung der Grundtönigkeit und der Gravität, ein großer Fundus an labialen 8-Fuß-Stimmen in den Manualen, Transmissionsregister aus dem Hauptwerk ins Pedal, terzhaltige Mixturen, ausgefallene Registerbauarten wie Unda maris und Doppelflöte, aber auch die typisch bodenständigen Stimmen der Region wie Violonbass, Viola da Gamba, Flaute douce, Sesquialtera, Cymbelstern. Und Trost legte nicht nur auf den schönen neuen Klang Wert, sondern auch auf die äußere Gestalt seiner Orgel, was im prächtigen, weiß gehaltenen und goldgeschmückten Prospekt, der phantasievoll und faszinierend gestalteten Spielanlage und im Inneren unter anderem an den wundervoll ausgearbeiteten Holzpfeifen zum Ausdruck kommt. Ihre attraktive Schönheit und die sie bekrönenden Engelsfiguren harmonieren ideal mit dem figuren- und farbenreichen Deckenfresko und den anderen illusionistischen Architekturmalereien des Gothaer Hofmalers Johann Heinrich Ritter und mit der prachtvollen, mit Wappen und den Initialen von Friedrich II. und seiner Gattin Dorothee versehenen herzoglichen Loge.

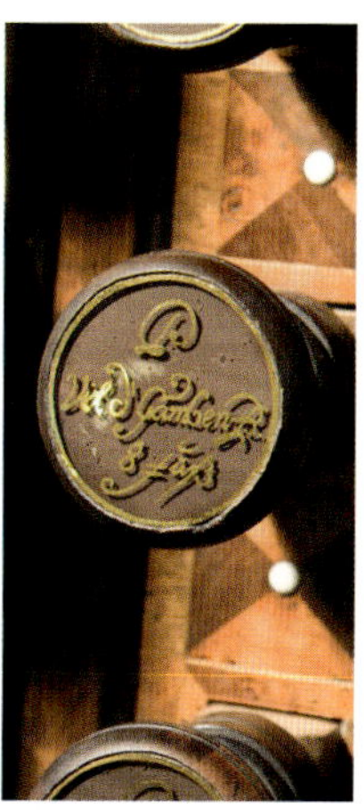

Registerknauf zum Viol d' Gamben-Baß 8'

Der Bedeutung der Trost-Orgel war man sich stets bewusst. Reparaturen, Veränderungen und Umbauten – etwa 1853 – 1855 durch Ernst Siegfried Hesse (Dachwig), 1896 durch Hugo Böhm (Gotha) oder 1958/59 durch Hermann Eule (Bautzen) – trugen dem Rechnung und erfolgten behutsam. Und ihre klangliche Disposition, die sie – wie ihre Schwester im fernen Altenburg – als ausgesprochene Bachorgel ausweist, ist seit ihrer Erbauung immer wieder Gegenstand in- und ausländischen Expertenlobs. Der Leipziger Organologe Paul Rubardt formulierte 1965 enthusiastisch: „Die Trost-Orgel ist in der Tat ein wundervolles Werk und überragt für mich an geordneter Obertönigkeit, an Schönheit der einzelnen Register, an Mischungsmöglichkeiten und im grandiosen Pleno doch sehr die mir bekannten Silbermannorgeln." 1993 – 1998 hat die Orgelbau Waltershausen GmbH das Instrument restauriert und mit der Wiederherstellung des Originalzustandes überzeugend ihre Meisterschaft bewiesen; die Abnahme erfolgte durch Torsten Sterzik. Und mit einer Festwoche wurden vom 23. bis 31. Mai 1998 die Orgelweihe und das 275-jährige Jubiläum der Stadtkirche gefeiert. Die Orgel mit ihren drei Manualen, 53 Registern und 2.806 Pfeifen konnte sich in neuem Glanz präsentieren. Ebenso der großartige, aufwendig renovierte Kirchenbau, in dem 1.200 Menschen der Predigt folgen und den Tönen lauschen können und dessen Grundriss und Bauausführung man gern als Vorläufer der 1726 – 1738 von George Bähr errichteten Dresdner Frauenkirche sieht.

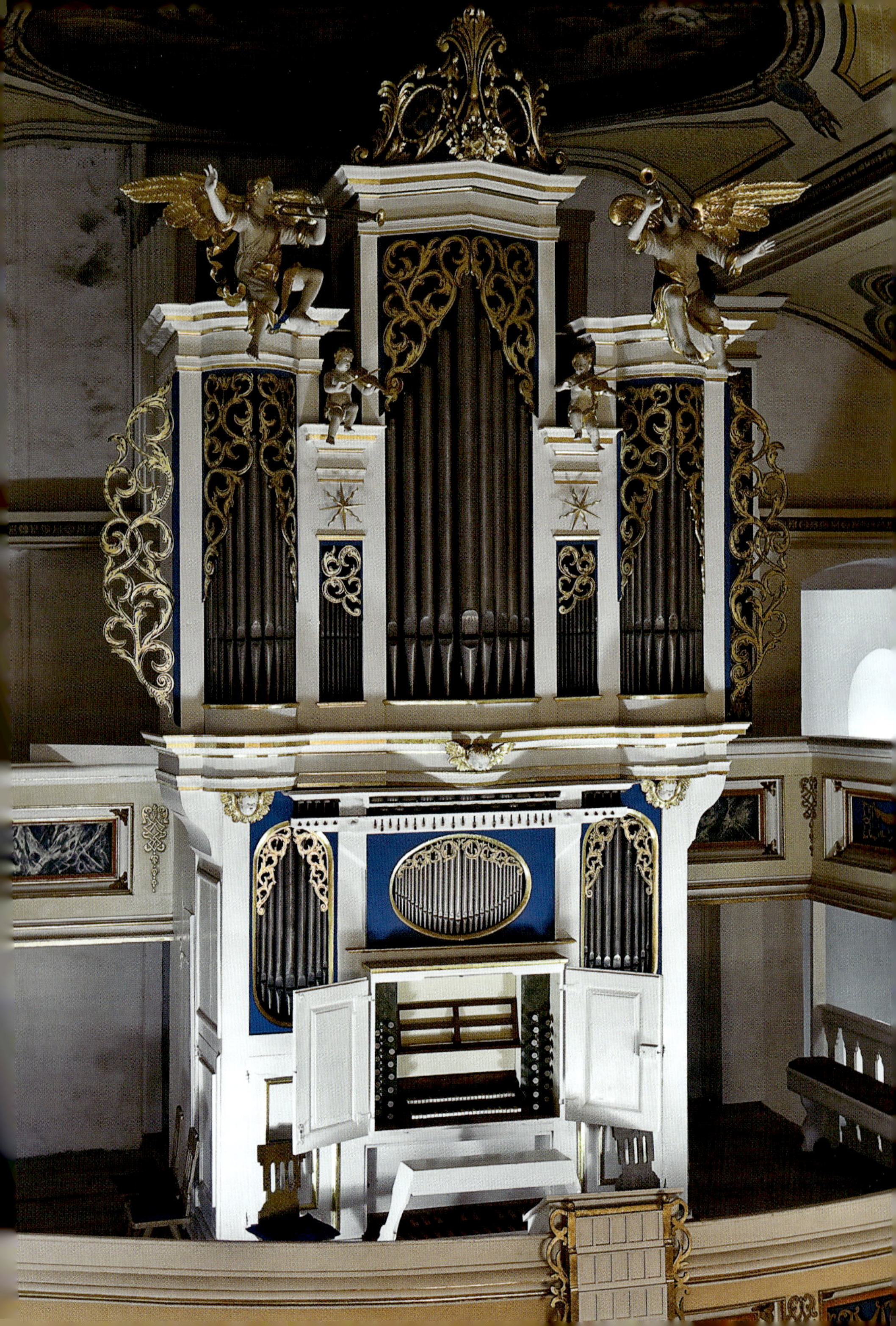

Die Thielemann-Orgel in der Dreifaltigkeitskirche zu Gräfenhain

Disposition > Seite 177

Orgelbauer:
Johann Christoph Thielemann
Erbauungszeit:
1728 – 1731
Restaurierungen, Umbauten:
1805/06, 1957, 1993 – 1996

Es sind nicht allein die großen und repräsentativen Gotteshäuser, die das Bild der Thüringer Kulturlandschaft bestimmen. Es sind vor allem die zahlreichen kleinen Dorfkirchen, „deren Türme mit ihren spitzen Helmen und geschweiften Hauben weit ins Land hineinschauen und die Silhouetten der Dörfer bestimmen. Allein der Landkreis Gotha verfügt über die stattliche Anzahl von 80 Kirchengebäuden mit einer Fülle von kostbaren Ausstattungsstücken." Was Sabine Ortmann als typisch für die Landschaft und die Kultur dieser Region beschreibt, das wird am jeweiligen Ort mitunter in einer geradezu atemberaubenden Einzigartigkeit deutlich: Die kleinen Kirchen präsentieren sich als großartige, ungemein faszinierende Gesamtkunstwerke, deren wundervolle Harmonie von Architektur, Malerei und Bildhauerkunst dem Betrachter unerwartete Eindrücke und ungeahnte Erlebnisse vermittelt.
Das hat sicherlich viel mit den aufgeklärten Herrschern des Herzogtums Sachsen-Gotha(-Altenburg) zu tun, die – wie Friedrich II. (1691 – 1732) – nicht nur die Schlossbaukunst förderten, sondern auch das Schul- und Kirchenwesen durch wichtige Neu- und Umbauten voranbrachten. Und es hat damit zu tun, dass viele dieser Arbeiten Künstlern des Hofes übertragen wurden. Das gilt auch für die Dreifaltigkeitskirche in Gräfenhain. Mit seiner reichen Ausstattung zählt das Gotteshaus zu den schönsten Dorfkirchen in Thüringen und liefert ein hervorragendes Beispiel für den protestantischen Barock. Und die restaurierte Orgel ist eines der prächtigsten und klangvollsten Instrumente der Bachzeit. Der junge Johann Sebastian Bach besuchte im nahe gelegenen Ohrdruf von 1695 bis 1700 das Lyceum und war ein Musterschüler; er erhielt von seinem Bruder Johann Christoph die Einweisung in „die ersten Principia auf dem Clavier", die das Orgelspiel einschloss, und entwickelte eine mächtige Leidenschaft für die Musik.
Die Orgel in der Dreifaltigkeitskirche stammt aus der Werkstatt von Johann Christoph Thielemann. 1728 – 1731 hat er sie für eine Summe von 520 Reichstalern erbaut, und 1735 erhielt er aufgrund seines vorzüglichen Könnens und seines hervorragenden Rufes das Privileg des „Gothaischen Hoforgelmachers". Geboren wurde Thielemann am 9. März 1682 in Wiegmar (vermutlich Wechmar); Orgeln gebaut hat er vier Jahrzehnte hindurch – die erste 1710 in Boilstädt und die letzte 1750 in Rehestedt, die sein Schüler und Geselle, der nachmalige „Arnstädter Hof-Orgelmacher" Johann Stephan Schmaltz (1715 – 1784), fertig gestellt hat. Obwohl er sich gegen manchen Konkurrenten durchzusetzen wusste, wurde Thielemann nicht wohlhabend; er geriet, nicht anders als seine Kollegen Tobias Heinrich Gottfried Trost und Nicolaus Schrickel, in große Not: 1754 musste er um Unterstützung wegen seiner „jetzigen großen Dürftigkeit" nachsuchen. Und schon im Jahr 1746 hatte sein Mitarbeiter Carl Christian Hofmann der herzoglichen Kammer versprochen, den „alten Hof-Orgelmacher Thielemann auf dessen noch übrige Lebenszeit unentgeltlich zu versehen". Die Lebenszeit war nach kurzer Krankheit am 4. August 1755 abgelaufen. Die Trauerfeier für Thielemann fand in der Schlosskirche auf Schloss

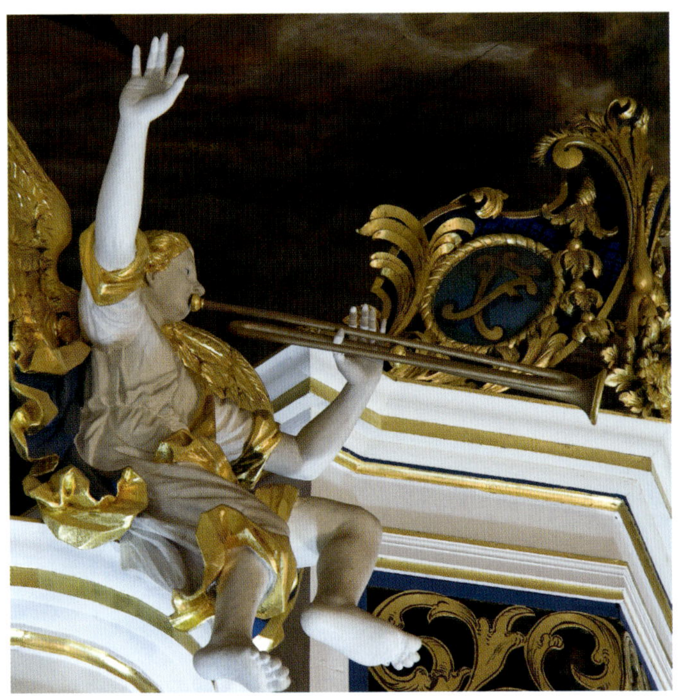

Trompetenengel am Prospekt der Orgel

Friedenstein statt. Immerhin. Und was sein Lebenswerk angeht: Nur von den Instrumenten in Grabsleben, Tenneberg und Wölfis sind Überreste vorhanden – Gräfenhain kann sich also der einzigen spielbaren und original erhaltenen Thielemann-Orgel rühmen. Mit zwei Manualen, Pedal und 20 Registern, Cymbelsternen, Glockenspiel und Tremulant bringt sich das Instrument kraftvoll und festlich gestimmt in den Gottesdienst ein und vermag darüber hinaus auch eine hervorragende und glänzende Rolle in der Figuralmusik auszuüben. Zu verdanken ist das der Orgelbau Waltershausen GmbH, die das klingende Kleinod an der Westseite der Kirche 1993 – 1996 restauriert hat. Reparaturen waren zuvor 1805/06 durch den Orgelbauer Georg Ratzmann und 1957 durch die Firma Heinze aus Stadtilm erfolgt. Veränderungen fanden aber nur in geringem Maße statt, wie der Vergleich mit den noch vorhandenen Bauplänen für andere Thielemann-Orgeln (ein Kontrakt für Gräfenhain war nicht auffindbar) und mit dem Instrument in Grabsleben ergab. Auch die Tatsache, dass der „Gothaische Hoforgelmacher" seine Dispositionen nicht grundsätzlich variiert hat, war für die Restaurierung hilfreich – die Werke in Gräfenhain und Wölfis (1737/38) sind nahezu identisch. So konzentrierte sich die Rekonstruktion auf nur wenige Register (darunter die charakteristische Trombetta 8'), auf die Registerschilder, die nach Thielemanns Angaben neu in Zinn graviert wurden, auf die Manualschiebekoppel, die Mechanik des Glockenspiels, einige Glocken und die Cymbelsterne. Damit vermochte es die Werkstatt aus Waltershausen, die seit 1991 für die Bewahrung des reichen Schatzes an historischen Orgeln in der Region arbeitet, auch der Thielemann-Orgel ihre originale Klangpracht zurückzugeben. Und zahlreichen Institutionen und Förderern sowie der kirchlichen und politischen Gemeinde Gräfenhain war es zu verdanken,

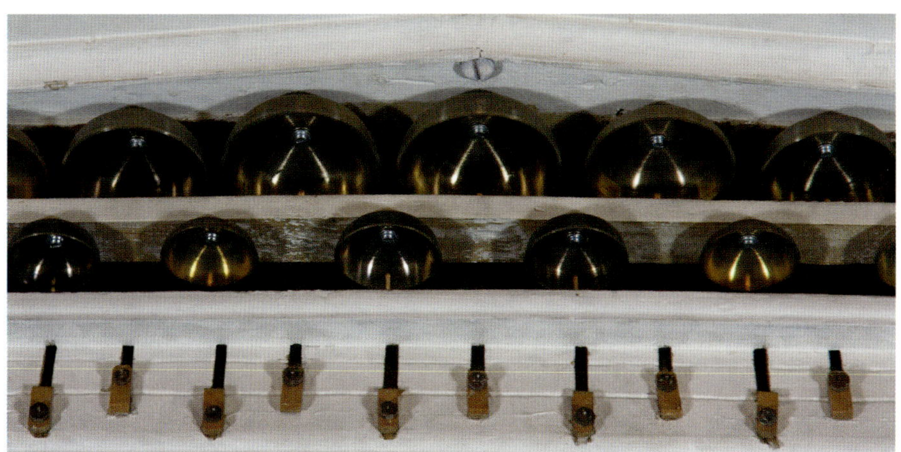

Glockenspiel

dass nach der Außensanierung und der Innenrestaurierung der Kirche auch die Mittel aufgebracht werden konnten, um die mittlerweile spürbaren technischen und klanglichen Mängel der Orgel zu beheben. Wiederum ist sie zu einem Magnet geworden: Ihre Singularität und Bedeutung erregt – wie zuvor schon während der siebziger und achtziger Jahre des 20. Jahrhunderts – die Aufmerksamkeit von Sachverständigen und Orgelfreunden aus aller Welt.

Doch das wunderbare Instrument ist nicht nur das alleinige Werk des Hoforgelmachers Johann Christoph Thielemann. Zwei bildende Künstler trugen dafür Sorge, dass es auch optisch einen attraktiven Eindruck macht und sich harmonisch in den großartigen barocken Kirchenraum einfügt. Den reich geschmückten Prospekt und das weiße, mit güldenem Zierrat versehene Gehäuse schufen der Gothaische Bildhauer Graff (1731) und der Gothaische Hofmaler Georg Conrad Dörffling (1744). In der Mitte verweisen – gleichsam als Bekrönung – zwei Wappenschilder mit dem sächsischen Rautenkranz und einem als Blattwerk geformten F auf den Förderer dieses Kirchenbaus: Herzog Friedrich II. von Sachsen-Gotha-Altenburg. Und an den Seiten bieten musizierende Engel – die oberen mit goldenen Flügeln und Instrumenten – einen faszinierenden Anblick.

Sehenswertes in Gotha und Umgebung

Waltershausen

Die landschaftlich schön gelegene Kleinstadt Waltershausen im Landkreis Gotha ist aufgrund günstiger Verkehrsanbindungen (A 4, B 88, Thüringer Waldbahn) ein ideales Tor zum Thüringer Wald und ein günstiger Ausgangsort zu vielen bedeutenden thüringischen Kulturstätten und Museen. Im Schutze der 1176 errichteten Burg Tenneberg, einem Sitz der Thüringer Landgrafen, besie-

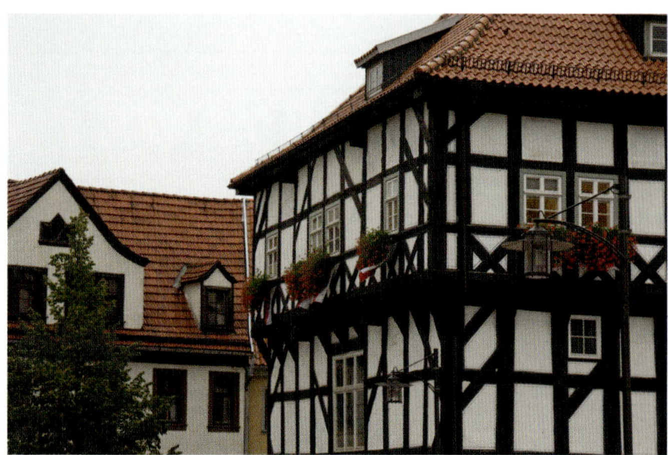

Fachwerkhaus am Marktplatz von Waltershausen

delt, 1209 bei der Regelung des Marktrechts durch Landgraf Hermann I. erstmals urkundlich erwähnt, ab 1410 mit Geleit- und Zollprivilegien ausgestattet und 1494 mit einer Stadtordnung versehen, wurde Waltershausen Ende des 15. Jahrhunderts kurfürstlich-sächsisches Hoheitsgebiet und gelangte aufgrund mehrerer Teilungen abwechselnd zu den Herzogtümern Sachsen-Coburg und Sachsen-Gotha. Herzog Ernst I., genannt der Fromme, wählte bis zur Fertigstellung seiner Gothaer Residenz Schloss Tenneberg als Herrschaftssitz. Neben althergebrachter Landwirtschaft, Weberei und Textilherstellung verschaffte die Herstellung von Pfeifen, Porzellan, Knöpfen und Webwaren der Stadt im 18. Jahrhundert Wohlstand, und die anspruchsvollen Puppenmanufakturen des 19. Jahrhunderts machten Waltershausen als Puppenstadt bekannt.

Schloss Tenneberg

Weithin sichtbar über der Stadt thront Schloss Tenneberg. Seit Ende des 14. Jahrhunderts mehrfach verändert und erweitert, erfuhr die von einem Graben umgebene Vierflügelanlage unter Herzog Friedrich II. von Sachsen-Gotha zwischen 1718 und 1722 einen umfangreichen Ausbau des Festsaals, der Schlosskapelle und des Treppenhauses. Heute sind hier im Heimatmuseum eine Puppenausstellung und Exponate zur Stadt- und Regionalgeschichte zu finden.

Stadtzentrum Waltershausens

Der rechteckige Marktplatz, das Zentrum von Waltershausen, wird von zwei außergewöhnlichen Bauten geprägt: Rathaus und Stadtkirche. Das Rathaus ist das älteste Rathaus im Fachwerkstil in Thüringen, wenn nicht gar in Mittel- und Ostdeutschland. 1441 erbaut, heute liebevoll restauriert, fasziniert es durch gotische Fachwerkkunst, zwei Bohlenstuben, den Ratssaal und ein imposantes Kellergewölbe. Und die evangelische Stadtkirche „Zur Gotteshilfe“ wird nicht nur durch ihre Trost-Orgel und mannigfaltige Konzertveranstaltungen wie die Waltershäuser Orgeltage zum Kunstort; sie ist selbst ein Kunstwerk. Drei Emporen werden von acht mächtigen Säulen gestützt. Die Deckengestaltung suggeriert dem Blick eine Kuppel und den offenen Himmel, in dem die Dreifaltigkeit und Engelsfiguren erscheinen. Und das Altarbild eines unbekannten Meisters sowie Malereien mit Allegorien für die Seligpreisungen der Bergpredigt, für christlichen Glauben und christliches Leben tragen gleichfalls zum herrlichen und tiefen Eindruck dieses Kirchenraumes bei. Sehenswürdigkeiten in der Altstadt sind viele historische Bauwerke: das Klaustor (1390), Teil der mittelalterlichen Stadtbefestigung; der Töpfersturm (1500), ein alter und wiederhergestellter Wachturm; die Kemenate (1576), die bis in 17. Jahrhundert den landgräflichen Burgleuten Unterkunft bot; das Herzogliche Zeughaus (1609) und das Alte Spital (1411). Der berühmte Theologe, Pädagoge und Philanthrop Christian Gotthilf Salzmann richtete 1784 im Ortsteil Schnepfenthal eine Erziehungsanstalt ein, in der er seine Ideen zur Beseitigung von Elend und zur Besserung und Vervollkommnung des Menschen durch Religion und Aufklärung in die Tat umgesetzt hat. Einer seiner fähigsten Mitarbeiter war Johann Christoph Friedrich Guts-Muths, der Wegbereiter des Turn- und Schulsports. Die Gedenkstätte und der Guts-Muths-Rennsteiglauf, der größte Landschaftslauf in Mitteleuropa, erinnern an ihn. Das Freizeitzentrum am Gleisdreieck mit seinen vielfältigen Sport- und Erholungsmöglichkeiten, dem beheizten Freibad und einer Eislauffläche in den Wintermonaten ist einzigartig in Thüringen.

Schnepfenthal

Verlässt der Tourist Waltershausen auf der A 4 in Richtung Hermsdorfer Kreuz, dann reihen sich ihm die touristischen Kulturstätten und Attraktionen wie eine Perlenschnur auf: das mittelalterliche Burgensemble „Drei Gleichen", die Landeshauptstadt Erfurt, die Klassikerstadt Weimar, die Glockenstadt Apolda, die Universitätsstadt Jena ... Schnell erreicht ist Gotha, die Kreisstadt. Mit Beginn des 12. Jahrhunderts mehrfach Residenz der Thüringer Landgrafen, dann die der Wettiner Markgrafen und 1640 – 1918 Machtzentrum des neu geschaffenen Herzogtums Sachsen-Gotha (-Altenburg) bzw. Sachsen-Coburg und Gotha, erlangte die Stadt aufgrund ihrer vorteilhaften Lage an wichtigen Handelswegen nicht nur frühzeitig wirtschaftliche Bedeutung, sondern wurde unter Herzog Friedrich II. (reg. 1691 – 1732) auch zu einem Ort der Künste und der Wissenschaften. Zu ihrem Ruhm trugen die Hofkapelle und die Diri-

Gotha

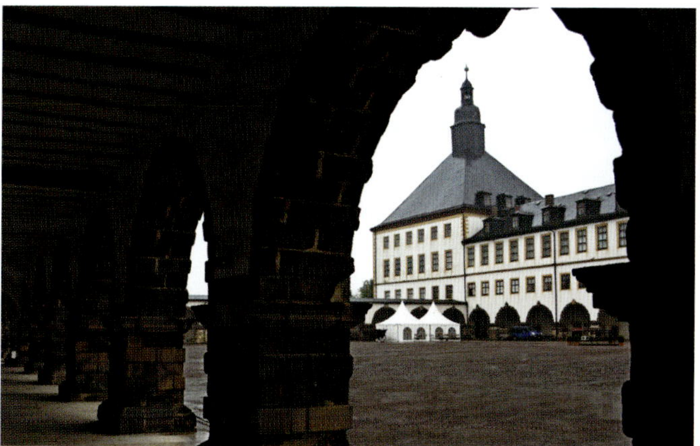

Blick über den Hof des Schlosses Friedenstein in Gotha zum Westturm

genten und Komponisten Georg Benda, Gottfried Heinrich Stölzel und Louis Spohr ebenso bei wie Conrad Ekhof, der 1775 auf Schloss Friedenstein das erste deutsche Theater gründete, oder die 1785 von Justus Perthes begründete Verlagsbuchhandlung, der die Geographisch-Kartographische Anstalt nachfolgte. 1820 wurde in Gotha die erste deutsche Versicherungsanstalt gegründet. 1875 vereinigten sich auf dem Gothaer Parteitag die Sozialdemokratische Arbeiterpartei Deutschlands und der Allgemeine Deutsche Arbeiterverein zur Sozialistischen Arbeiterpartei Deutschlands.

Schloss Friedenstein Gotha

Krone des städtebaulichen Ensembles ist das monumentale, weiträumige Schloss Friedenstein, das heute neben Staatsarchiv und Bibliothek das Schlossmuseum, das Museum für Regionalgeschichte und Volkskunde und das Museum der Natur mit einer einzigartigen Kunst- und naturkundlichen Sammlung beherbergt. Besonders zu erwähnen ist das Ekhof-Theater mit der originalen Bühnenmaschinerie aus dem 17. Jahrhundert. Die Stadt selbst bietet dem Besucher eine Vielzahl sakraler, weltlicher und Landschafts-Denkmäler, von denen hier nur die herrlichen Parkanlagen zu Füßen des Schlosses, der Hauptmarkt mit dem Renaissancerathaus und prächtig restaurierten Bürgerhäusern, die Wasserkunst, das Cranach-Haus und die spätgotische Margarethenkirche, Gothas älteste Pfarrkirche, Erwähnung finden sollen.

Thüringer Wald

Wer Thüringen entspannt und sportlich erleben will, macht sich von Gotha oder Waltershausen in die Urlaubs- und Wintersportparadiese des Thüringer Waldes auf. Erste Anlaufpunkte sind der Luftkurort Friedrichroda und das neugotische Schloss Reinhardsbrunn (heute Hotel) samt einer romantischen Teichlandschaft. Der Weg nach Tabarz, dem Kneipp-Kurort mit einem der modernsten Kur- und Familienbäder Thüringens (Endstation der Waldbahn zwi-

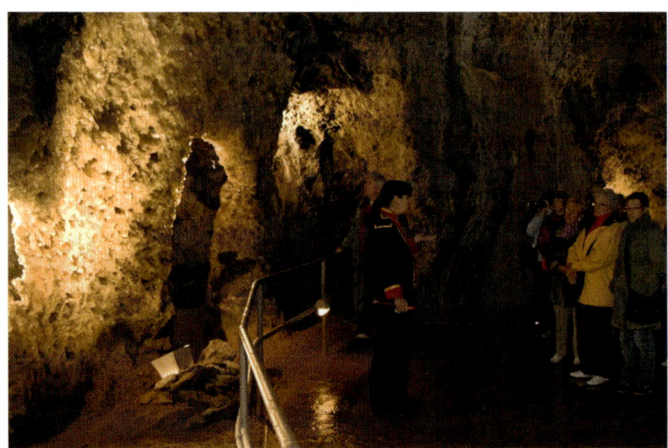

Marienglashöhle bei Friedrichroda

schen Gotha und Tabarz), führt an der Marienglashöhle vorbei (Bahnstation). Die Kristallgrotte und der Höhlensee verschaffen ihr den Ruf einer der größten und schönsten Höhlen Europas. Und was man vom Großen Inselsberg (916 m) an reizvollen Ausblicken in die herrliche Landschaft genießen kann, das lässt sich dann weiter auf dem fast 170 km langen Rennsteig, dem Kammweg zwischen Hörschel bei Eisenach und Blankenstein (Saale), und auf vielen Wanderrouten zu Fuß, mit dem Fahrrad oder auf Skiern erkunden.

Gräfenhain

Die Gemeinde Gräfenhain im Landkreis Gotha liegt in der reizvollen Gegend am Fuße des Thüringer Waldes. Im 11. oder 12. Jahrhundert als Rodungssiedlung entstanden, wurde sie 1230 erstmals urkundlich erwähnt und machte sich im 19. Jahrhundert durch Keramik- und Puppenherstellung einen Namen. Von den weltweit begehrten Porzellanpuppen gibt es heute nur noch wenige; einige ausgewählte sind im nahen Nauendorfer Dorfmuseum zu bewundern. Die Wohnstätten „Halbig-Turm" und „Die Villa", eine Straße und die 1869 gegründete Puppenfabrik erinnern an den Industriellen Carl Halbig und prägen – ebenso wie der weithin sichtbare quadratische Kirchturm mit seiner geschweiften Schieferhaube und der Wetterfahne – das Ortsbild.

Dreifaltigkeitskirche Gräfenhain

Das Gotteshaus wurde durch den späteren herzoglichen Oberbaumeister Johann Erhard Straßburger errichtet, wobei die Untergeschosse des Turmes der Vorgängerkirche von 1558 erhalten blieben. Bereits ein Jahr nach der Grundsteinlegung wurde es am 4. Juli 1728 geweiht. Herzog Friedrich II. war zugegen und ließ aus diesem Anlass eine Medaille prägen. Sie ist heute im Münzkabinett auf Schloss Friedenstein zu sehen. Die Bauarbeiten aber zogen sich bis 1748 hin. Schon durch ihre klaren architektonischen Formen und die schlichte Außengestaltung wirkt die breit gelagerte Saalkirche als ein Ort der Ruhe und Besinnung. Die Innenausstattung erfolgte 1745 durch den Arnstädter fürstlichen Hofmaler Gottfried Wunderlich. Sie ist überaus reich und kunstvoll; Brüstungen und Gestühl sind in einer lichten, heiteren Farbgebung gehalten. Diese künstlerische Gestaltung des ausgehenden Barock blieb bis um 1899 mehr oder weniger gut erhalten und wurde dann dem damaligen Zeitgeschmack entsprechend übermalt, so dass die einst fröhliche Farbfassung einer schlichten puritanischen Gestaltung weichen musste. Durch diesen missglückten Eingriff in die barocke architektonische Farbstimmung hatte das Rauminnere der Kirche seine ur-

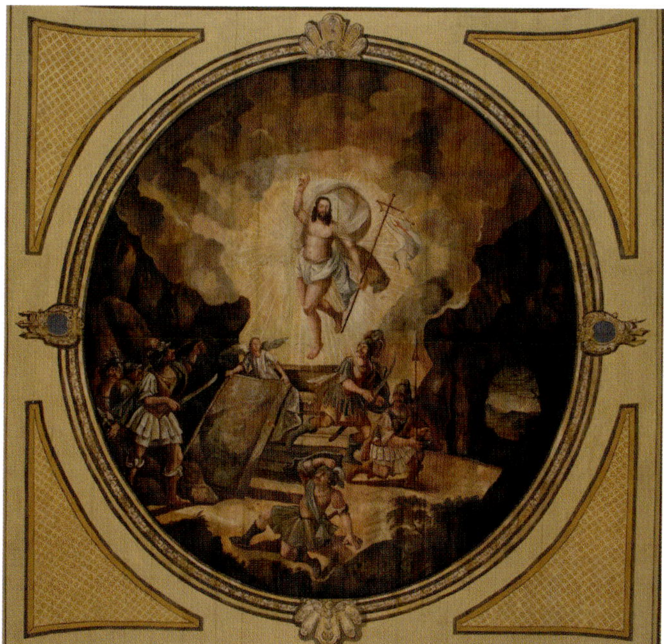

Deckengemälde „Die Auferstehung Christi" von Gottfried Wunderlich in der Kirche Gräfenhain

sprüngliche Wirkung verloren. Bei der von dem Gräfenhainer bildenden Künstler Gert Weber geleiteten Restaurierung wurden 1986 – 1991 alle Farbschichten des 19. Jahrhunderts wieder entfernt und die originale Ausmalung Wunderlichs wiederhergestellt. Die freigelegten und restaurierten Deckenbilder zeigen die Verklärung und die Auferstehung Christi. An den Längsseiten des Deckengewölbes befinden sich Brustbilder von Propheten (die so genannten „kleinen" Propheten des Alten Testaments) und der vier Apostel des Neuen Testaments, und die Brüstungsbilder an der zweigeschossigen Empore sind von stilisiertem Blattwerk und Bändern umgeben. Wunderlich schuf auch ein Ölgemälde Luthers und das freskoartige Wandbild mit Maria und Johannes dem Täufer über dem Kanzelaltar auf der Ostseite. Dieser in Thüringer Kirchen häufig zu findende, für den Protestantismus charakteristische Kanzelaltar stammt – wie der Orgelprospekt – von Georg Conrad Dörffling: eine handwerklich solide Arbeit, die durch die plastischen Figuren des Moses und des Johannes ihre künstlerische Note erhält und zum Blickfang im Chorbereich wird. Der kniende Taufengel stammt von 1729; an der Nordwand befindet sich ein Grabstein aus dem Jahr 1619 für einen Herrn Linde, der in Amtstracht dargestellt ist.

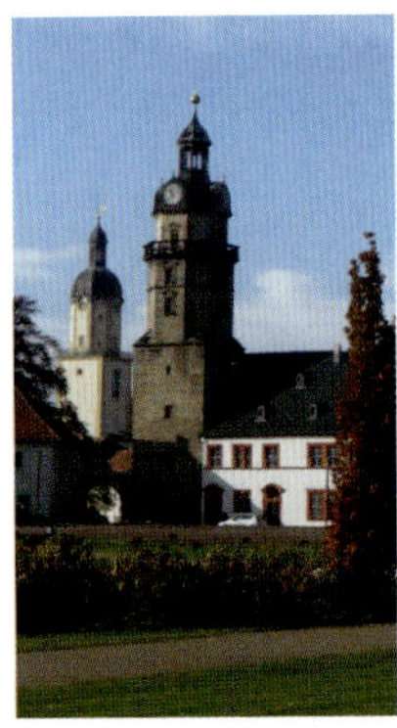

Schloss Ehrenstein in Ohrdruf mit Turm der Michaeliskirche im Hintergrund

Zu den Sehenswürdigkeiten der nahe gelegenen Kleinstadt Ohrdruf gehört der 1998/99 in alter Höhe wiedererrichtete Turm der St. Michaeliskirche, deren Schiff 1945 zerbombt wurde. Er ist das beherrschende Bauwerk der Stadt und ermöglicht als Aussichtsplattform einen wunderbaren Panoramablick auf den Thüringer Wald, auf das so genannte Kupferschloss Mühlburg, auf Schloss Friedenstein in Gotha und das Schloss Ehrenstein in Ohrdruf. Der untere Teil des Turmes blieb original aus der Bachzeit erhalten. Mitglieder der Ohrdrufer Bachfamilie waren über 100 Jahre hindurch die Organisten von St. Michaelis, so dass sich auch Ohrdruf stolz eine Bachstadt nennen darf. Zudem wirkte die Orgelbauerfamilie Ratzmann im 19. Jahrhundert über zwei Generationen hinweg in der Stadt. Das Renaissanceschloss Ehrenstein mit Rokokosaal, prächtigem Portal und mächtigem Turm, das Graf Georg von Gleichen 1550 – 1590 errichten ließ, hat eine wechselvolle Geschichte hinter sich. Erst durch großzügige Sanierungen konnte es in den letzten Jahren als historisches Denkmal und attraktives Schmuckstück wieder erstehen. Das Museum im Schloss zeigt Ausstellungen zur Orts- und Regionalgeschichte, zur Entwicklung der Ohrdrufer Spielwaren- und Porzellanindustrie, über Johann Sebastian Bach und die

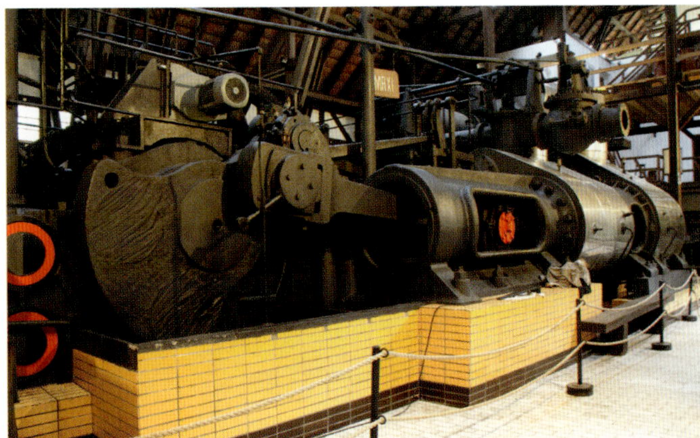

Die riesige Dampfmaschine im Tobiashammer Ohrdruf

Ohrdrufer Bachfamilie sowie die Orgelakte der St. Michaeliskirche. Ein bedeutendes technisches Denkmal, das 1983 als Schauanlage eingerichtet wurde, ist der Tobiashammer. Außer der funktionstüchtigen Hammerschmiede ist eine der größten Dampfmaschinen Europas mit einer Masse von 305 Tonnen und einer Leistung von 1.200 PS zu bestaunen, die 1985 in der Maxhütte Unterwellenborn stillgelegt und 1988 hier aufgestellt wurde. Ein weiteres technisches Denkmal ist die Alte Gerberei in der Löberstraße 2, gegenüber von Schloss Ehrenstein. Sie ist die älteste Gerberei in Ohrdruf, wo 1562 – 1660 bis zu 30 Gerbermeister tätig waren und 1911 noch drei Gerbereien existierten, und sie gibt reiche Einblicke in die Verfahren der Lederherstellung. Am Haus Nr. 14 sind alte Handwerkssymbole der Gerber zu sehen: zwei Schabeisen und der Scherdegen.

Ohrdruf

Waltersausen

Informationen	Stadtinformation Waltershausen Brauhausgasse 2 99880 Waltershausen Tel.: 03622 630113 Fax: 03622 63027113 E-Mail: stadtinfo@stadt-waltershausen.de
Sakrale Bauten	Stadtkirche „Zur Gotteshilfe“, Schlosskapelle Tenneberg, Dorfkirche Langenhain
Museen	Museum Schloss Tenneberg, Heimatmuseum mit Puppenmuseum, Schulmuseum Schnepfenthal

Gotha und Umgebung

Informationen	Tourist-Information Gotha/ Gothaer Land Hauptmarkt 33 99867 Gotha Tel.: 03621 510450 Fax: 03621 510459 E-Mail: tourist-info@gotha.de	Tourismusverband Thüringer Wald/ Gotha Land e.V. Puschkinallee 7 99867 Gotha Tel.: 03621 363111 Fax: 03621 363113 E-Mail: info@tourismus-thueringer-wald.de
Sakrale Bauten	St. Margarethenkirche, Augustinerkirche und -kloster, Friedrichskirche, Schlosskirche, Bonifatiuskirche, Kreuzkirche (alle Gotha), Candelaber Altenbergen, Klosterruine Georgenthal, Peter-und-Paul-Kirche Gräfentonna	
Museen	Museum Schloss Friedenstein, Museum der Natur, Museum für Regionalgeschichte und Volkskunde, Gothaer Haus der Versicherungsgeschichte (alle Gotha), Rittergut Ingersleben	

Ohrdruf und Umgebung

Informationen	Naturpark- und Touristinformation Suhler Straße 5c 99885 Ohrdruf Tel.: 03624 317949 Fax: 03624 317953 E-Mail: info-pavillon@ohrdruf.de
Sakrale Bauten	St. Trinitatiskirche, Michaelisturm (beide Ohrdruf), Herzog-Alfred-Gedächtniskirche Luisenthal, Dreifaltigkeitskirche Gräfenhain
Museen	Museum Schloss Ehrenstein, Technisches Museum Alte Gerberei, Tobiashammer, Mühlsteinhauermuseum Alte Mühle Crawinkel, Stutzhäuser Brauereimuseum Luisenthal

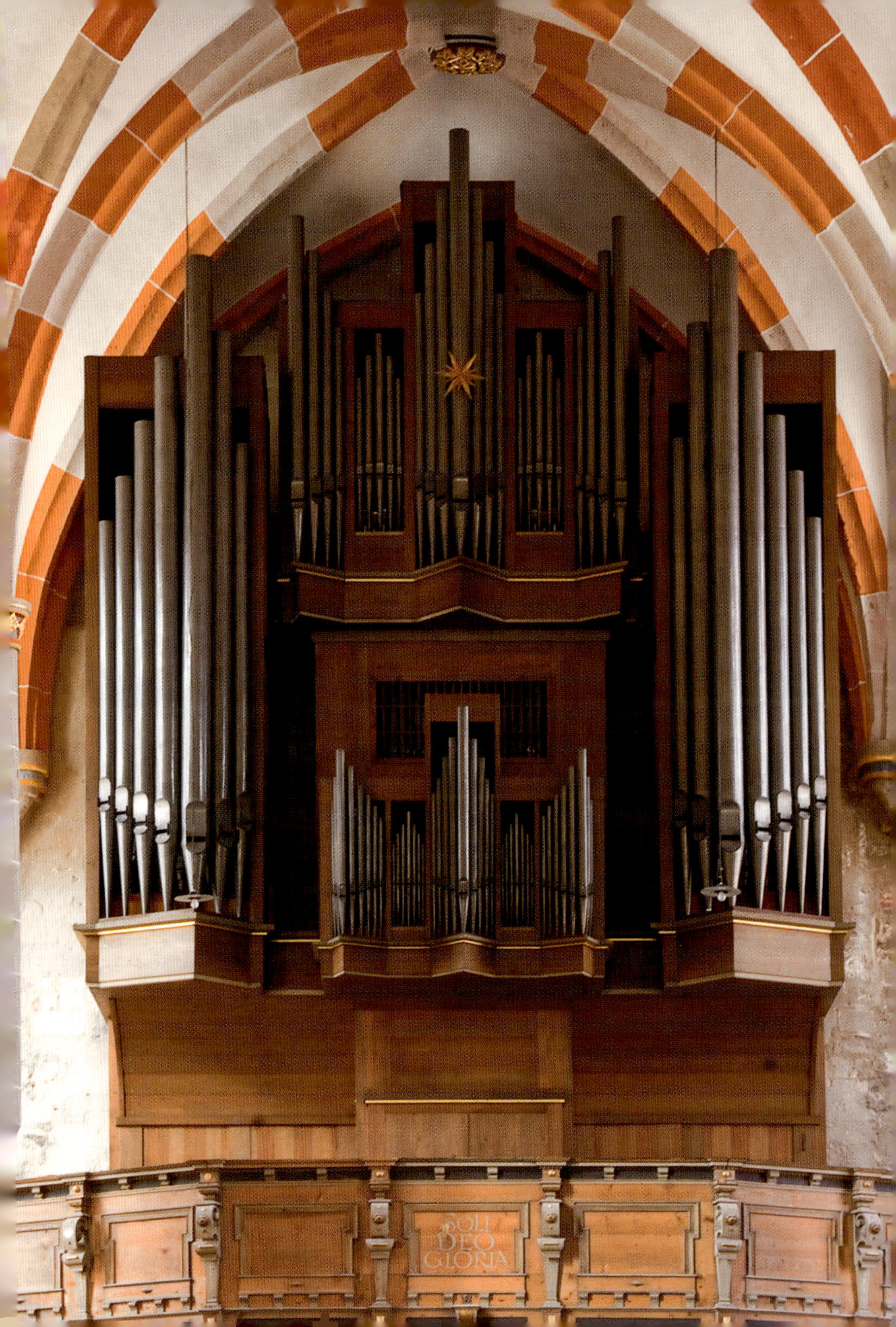
SOLI
DEO
GLORIA

Die Schuke-Orgel in der Kirche Divi Blasii zu Mühlhausen

Disposition > Seite 178

Orgelbauer:
Schuke Orgelbau
Erbauungszeit:
1956 – 1959
Restaurierungen, Umbauten:
1995, 2008

Es war – verglichen mit seinen anderen Lebens- und Schaffensstationen – ein Blitzbesuch, den Johann Sebastian Bach der Blasiikirche in Mühlhausen abgestattet hat. So schnell, wie er kam, so schnell war er wieder auf und davon. Ein Jahr nur hat es ihn auf seiner Organistenstelle gehalten. Aber der kurze Auftritt war so überzeugend, sein Wirken so folgenreich, dass das Instrument, wie jenes in Arnstadt auch, bald als Bachorgel gerühmt wurde. Und selbst als die „Mühlhäuser Bachorgel" nicht mehr existiert hat, brachte ihr Ruf Persönlichkeiten wie Albert Schweitzer und Heinz Sawade und die Orgelbaufirma Schuke zusammen, um das Bachsche Erbe an einem Ort lebendig zu halten, der für die Thüringer Orgeltradition in vielerlei Hinsicht von Bedeutung ist. Streng genommen absolut kein historisches Instrument mehr, brachte die neue Schuke-Orgel dennoch Bachs Intentionen, die er in musikalischer, klanglicher und technischer Hinsicht beispielgebend entwickelt hat, bestens zur Geltung.

Doch der Reihe nach: Am 24. April 1707, dem Ostersonntag, absolvierte Bach sein Probespiel in der Blasiikirche so erfolgreich, dass ihn der Kirchenrat unter Vorsitz von Bürgermeister Meckbach einstimmig zum Nachfolger des verstorbenen Organisten und Liederkomponisten Johann Georg Ahle wählte. Trotz der großen Notlage, in der sich die Stadt nach der Brandkatastrophe vom 30. Mai 1707 befand, wurden ihm bei seiner Bestallung am 15. Juni die geforderten 85 Gulden Gehalt und als Deputat Korn, Brennholz, Reisig und 3 Pfund Fische zugebilligt. Der Zweiundzwanzigjährige hatte sich also bereits einen Namen gemacht. Familiäre Beziehungen und die Fürsprache von Johann Friedrich Wender, dessen Arnstädter Orgel Bach 1703 geprüft und übernommen hatte, taten ein Übriges, die Wahl zu befördern. Bach konnte nun die Querelen, die ihm sein kühnes Orgelspiel und die Unbotmäßigkeiten in Arnstadt eingebracht hatten, hinter sich lassen. Die „Musicalische Societät", die Schulchöre der beiden Hauptkirchen und das Stadtpfeiferkorps versprachen ihm zudem Bedingungen, die seine musikalischen Ambitionen und Aktivitäten beflügelten. Und er sah sich in der Lage, am 17. Oktober 1707 in Dornheim bei Arnstadt seine Base Maria Barbara Bach zu heiraten.

Die Orgel freilich, die Bach in der Blasiikirche vorfand, war alt und verbraucht. 1563 hatte der Göttinger Orgelbauer Jost Pape das unspielbar gewordene Instrument für 150 Thaler durch ein neues ersetzt. 1687 – 1691 restaurierte Johann Friedrich Wender auf Drängen von Bachs Vorgänger für 470 Taler diese mittlerweile mangelhafte und mehrfach instand gesetzte Orgel, die schon 1604 ein Blitzschlag in Mitleidenschaft gezogen hatte. Den jungen Bach verpflichtete sein Anstellungsvertrag, das Werk in gutem Zustand zu halten und „die etwa befindlichen Mängel iedesmahl bestellten H. H. Vorstehern anzuzeigen und vor derer reparatur und music fleißig zu sorgen". Für Musik hat Bach schnell und fleißig gesorgt – unter anderem mit seiner berühmtesten Mühlhäuser Kantate „Gott ist mein König", die anlässlich der Ratswahl am 4. Februar 1708 in der Marienkirche uraufgeführt wurde. Der Erfolg war groß, das Opus wurde gedruckt. Das war außergewöhnlich für die Zeit und erstaunt umso mehr, da zuvor nicht genügend Geld für Tinte und Federn vorhanden war, um allen Ratsherren die

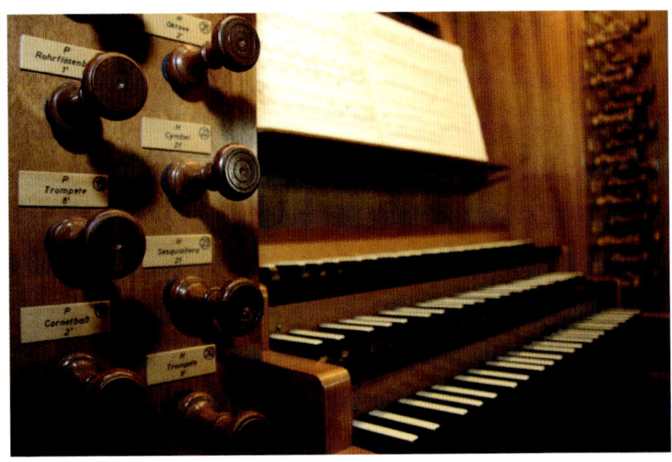

Spielanlage

Unterschrift auf Bachs Dienstvertrag zu ermöglichen. Und Bach hat auch für seine Orgel gesorgt: Er nutzte die Gunst der Stunde, legte dem Rat ein „Project zu den abzuhelfenden nöthigen Fehlern" vor und versah sein Gutachten mit einer „Disposition der neüen reparatur des Orgelwercks ad D: Blasii". Deren elf Punkte sind ein bedeutsames Dokument. Es hält kurz und präzise Bachs Vorstellungen vom Orgelbau fest und belegt das Klangideal, von dem Bach ausging und lebenslang nicht abwich und das zum Vorbild für die Thüringer Orgelkunst wurde: gravitätischer Klang; ausreichend Wind für das Spiel mit vollem Werk; genügend viele Grundstimmen, die mit Streicherstimmen und lieblichen Klangregistern gemischt werden können; Terzmixturen zur Belebung der Farbigkeit; zweimal das Register Sesquialtera für eine Solostimme. Das Glockenspiel war ausdrücklich von den „H. H. Vorstehern" gewünscht worden, die den Antrag am 21. Februar 1708 ohne Einspruch annahmen. Wender wurde der Umbau übertragen, Bach die Aufsicht. Johann Friedrich Wender – im Dezember 1655 in Dörna bei Mühlhausen geboren und dort am 13. Juni 1729 verstorben – machte sich mit seinen Instrumenten, die er in der Region und auch in Erfurt und Merseburg neu- oder umgebaut hat, einen geachteten Namen. „Unter vielen guten Meistern, sonderlich der Orgeln", galt er Johann Kuhnau, Bachs Vorgänger als Thomaskantor in Leipzig, eben so viel wie Silbermann. Und mit Bach war Wender schon in Arnstadt beim Bau der Orgel in der Bonifatiuskirche zusammengetroffen. Nun setzte er 1708/09 mit dem Umbau in Mühlhausen, für den er 250 Taler erhielt, dessen detailliertes Orgelkonzept um. Bach hat die Arbeit nicht bis zum Schluss überwacht, vielleicht aber das fertig gestellte Instrument am Reformationstag 1709 mit der womöglich eigens für diesen Anlass geschaffenen Fantasie „Ein feste Burg" eingeweiht. Doch da stand er schon fast anderthalb Jahre als Hoforganist und Kammermusiker in den Diensten der Weimarer Herzöge Wilhelm Ernst und Ernst August. Die hohen Lebenshaltungskosten für die junge Familie und das bessere Angebot aus Weimar, die keineswegs idealen Möglichkeiten zur Nutzung der Chöre und Musiker sowie der Theologenstreit zwischen den Geistlichen der Blasii- und der Marienkirche haben seinen Abgang aus Mühlhausen befördert. Das Bedauern war groß. Aber wie schon in Arnstadt blieb die Orgelmusik in der Hand der „Bache". Johann Friedrich Bach (1682 in Eisenach geboren und 1730 in Mühlhausen verstorben) wurde 1708 der Nachfolger. Und Johann Sebastian Bach ließ sich auch nach der

Orgelweihe des Öfteren in Mühlhausen sehen. Sein Sohn Bernhard wurde 1735 Organist an der Marienkirche. Und er selbst lieferte 1736 die Disposition für den Orgelneubau in diesem Gotteshaus, den ebenfalls Wender ausführte.
Die Wender-Orgel in der Blasiikirche versah über hundert Jahre ihren Dienst. Dann musste sie einem neuen Instrument weichen, das von Johann Friedrich Schulze, Orgelbauer in der fünften Generation, aus Milbitz bei Rudolstadt in den Jahren 1821–1823 errichtet wurde – einer Firma, die um 1850 zu den bedeutendsten in Europa zählen und ihre Instrumente weltweit exportieren sollte. 1922 war Altersschwäche wiederum der Grund, einen Abriss und Neubau zu erwägen. Wirtschaftskrise und Weltkrieg ließen aber nur provisorische Instandsetzungen zu. Dann kam die große Chance für Heinz Sawade, der 1948 das Organistenamt an der Blasiikirche übernahm. Er wollte „eine intensive Bachpflege in dieser schönen mittelalterlichen Stadt“ aufbauen, doch dieser großartigen Idee stand „die alte, völlig brüchige und vom Wurm zerfressene Schulze-Orgel“ im Wege. „An eine Rettung dieses Werkes war nicht mehr zu denken“, aber dank der Initiativen von Sawade, der viele Partner für sein Vorhaben gewinnen konnte, kam ein Neubau zustande. Entscheidend dafür war sicherlich das Votum von Albert Schweitzer, dem Urwalddoktor, Theologen und Bachforscher, dem der Erhalt der „Bachorgeln“ in Arnstadt und Mühlhausen am Herzen lag und der sich letzthin für die Blasiikirche engagierte: „Die Mühlhäuser Bachorgel mit ihrer merkwürdig genialen Disposition hat mich mein Leben lang verfolgt und interessiert.“ Den rührigen Organisten bestärkte er: „Interesse findet Ihr Unternehmen in der Welt nur, wenn Sie die Mühlhäuser Orgel so wiederaufbauen, wie sie nach der von Bach geleiteten Restauration war! Denn in dem Umbau-Plan [...] zeigt sich Bachs Auffassung der Orgel. Die Spielhilfen können natürlich zeitgemäß ausgestaltet werden. Aber die Disposition der Stimmen muß bleiben wie sie war [...] Die wird die Bachfreunde interessieren. Und für einen solchen Plan kann man dann werben.“ Diese Vorschläge fanden Gehör; die Orgel wurde mit drei Manualen und 42 Registern prinzipiell so gebaut, wie sie Bach 1707 entworfen hatte. Fünf zusätzliche Register sorgen aber dafür, dass auch neuere Orgelmusik gespielt werden kann. Das Werk wurde mit Schleifladen und mit mechanischer Traktur und Registratur versehen. Den Neubau führte die renommierte Potsdamer Orgelbaufirma Alexander Schuke 1956–1959 aus, und die Prospektgestaltung übernahm der Architekt Fritz Leweke. Er gab dem Pfeifenwerk ein „schwebendes“ Erscheinungsbild und platzierte die Spielanlage unter das Rückpositiv, um die „Personalunion von Kantor und Organist“ hervorzuheben. Schlank, mit würdevoller Schönheit und kühler Eleganz fügt sich die Orgel seitdem in den Spitzbogen ein. Ihre Weihe am 24. Mai 1959 leitete Heinz Sawade mit Bachs „Ein feste Burg“ ein – Referenz an den großen Vorgänger. Die neue Orgel im ebenfalls herrlich restaurierten Kirchenraum erregte viel Bewunderung und stand im Mittelpunkt des 36. Deutschen Bachfestes, das im Juni 1959 in Mühlhausen stattfand. Schweitzer – er hatte den Orgelklang auf Tonband hören können – gratulierte dem Orgelbauer aus der Ferne und bekundete auch dem Rat der Stadt und der Kirchgemeinde Mühlhausen seine Freude über ein Instrument, das der musikalischen Welt sehr viel bedeute. 1995 und 2008 hat es die Firma Schuke einer Generaldurchsicht und Sanierung unterzogen. 2009 konnte es sich erneut als ein besonderes Zeitzeugnis der Orgelbaukunst präsentieren: 300 Jahre seit der Einweihung der Bachorgel und 50 Jahre seit dem Orgelneubau waren vergangen. Das 84. Bachfest richtete die Neue Bachgesellschaft wiederum in Mühlhausen aus. Und ein Denkmal des Leipziger Bildhauers Klaus Friedrich Messerschmidt für den jungen Bach wurde neben dem Westportal der Kirche aufgestellt. Der kurzen Amtszeit ist ein langes Nachspiel beschieden.

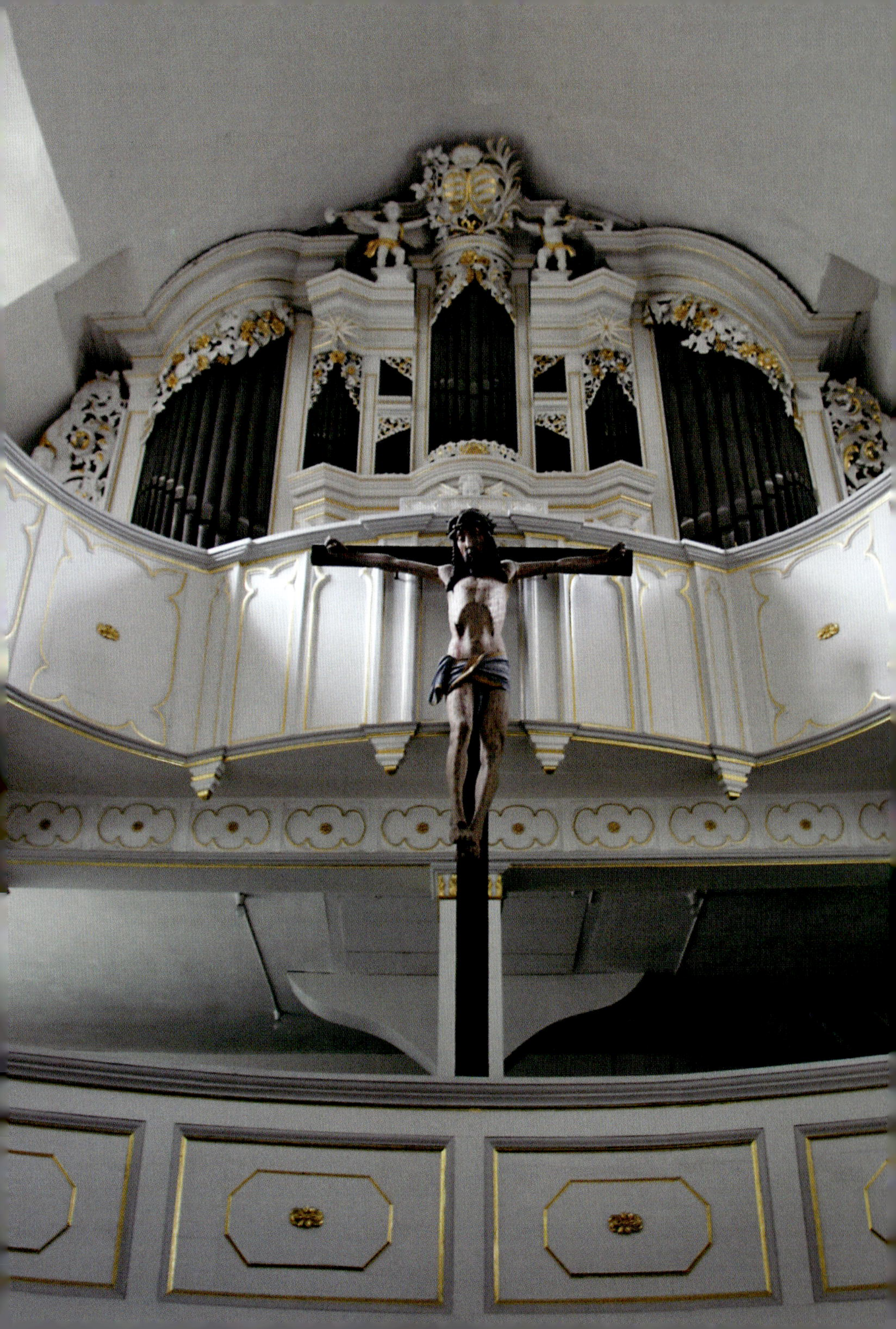

Die Trost-Orgel in der Kirche St. Walpurgis zu Großengottern

Auch kleine Gemeinden vollbringen große Taten. Ganz gleich, ob sie es ahnen oder nicht. Egal, ob sie Selbstbewusstsein zeigen, einem Nachbarort den Rang ablaufen oder ehrgeizig nach Höherem streben wollen. Wie adlige Herrschaften und prestigebewusste Bürger. Und wenn die Voraussetzungen günstig sind – etwa eine florierende Landwirtschaft und fleißige Mühlenbetriebe in einer fruchtbaren Gegend – und Umstände sich glücklich fügen, dann bleibt der außerordentliche Erfolg nicht aus, macht gar von sich reden. Wie im Fall der Orgel zu Großengottern: Ein Prachtobjekt und Aushängeschild für den Ort und die Kirchgemeinde. Ein Referenzprojekt für den jungen Tobias Heinrich Gottfried Trost. Sein Vater Johann Tobias Gottfried Trost (1651 – 1721) war wegen Fachkräftemangels aus dem „ausländischen" Halberstadt nach Langensalza geholt worden und hatte 1697 – 1701 die Orgel der Bergkirche erbaut. Dem Sohn vertraute man den Orgelneubau in Großengottern an. Ihm, der um 1680 wahrscheinlich in Halberstadt geboren wurde und seit 1704 in Tonna lebte, der seine Lehrzeit beim Vater absolviert und um 1711 die Meisterprüfung abgelegt hatte, bot sich damit die Gelegenheit, selbständig und in eigener Werkstatt das erste herausragende Instrument zu bauen. In seinem Schaffen markiert es einen Abschluss und einen Beginn. Erstmalig hat Trost seine individuellen, wegweisenden Ideen umsetzen können und jene baulichen und klanglichen Besonderheiten entwickelt, auf denen sein Nachruhm gründet und die ihn als bedeutendsten thüringischen Orgelbaumeister ausweisen. Auf musikalische wie auf optische Schönheit orientiert, fügte er bei seiner bislang größten und prächtigsten Orgel – ihr imposantes Plenum überrascht ebenso wie ihr vielfältiges Tonspektrum – spezielle klangschöne Registerbauarten, empfindsame und galante Flötenstimmen, terzhaltige Mixturen, kraftvolle Bässe und auch die im Thüringischen selten verwendeten technischen Ausrüstungen (Transmissionen) mit einem aufwendig gefertigten, figurenreichen und goldgeschmückten Prospekt zusammen. Ihren Platz in der Kirche nimmt die Orgel gegenüber von Kanzel und Altar hoch oben auf der zweiten Empore ein. Von hier aus kann sie vorzüglich ihrer Funktion nachkommen, „der Ehre Gottes und der ganzen Gemeinde zur Aufmunterung" zu dienen, wie es Trost 1714 in seiner Konzeption vorsah. Lutherischem Verständnis gemäß hat sie teil an der Liturgie, begleitet den Gemeindegesang und gibt zudem als majestätische Solistin und führende Partnerin in der Figuralmusik die Schönheit himmlischer Klänge wieder. „Das Werk soll den Meister ehren und Gott loben." Was Trost derart zwei Jahrzehnte später für die Altenburger Schlossorgel ankündigte, war also schon in Großengottern und danach in Waltershausen und Eisenberg eindrucksvoll und nachhaltig umgesetzt. Und bereits in der Mitte des 18. Jahrhunderts hat das berühmte Orgellexikon „Musica mechanica organoedi" von Jacob Adlung die Öffentlichkeit ausdrücklich auf dieses „wohlgerathene gravitätische Werk" aufmerksam gemacht.

Als Trost am 18. Dezember 1711 den ersten Dispositionsentwurf einreichte, waren Gemeinde und Kirchgemeinde willens und in der Lage, den Vorgängeror-

Disposition > Seite 178

Orgelbauer:
Tobias Heinrich Gottfried Trost
Erbauungszeit:
1712 – 1718
Restaurierungen, Umbauten:
1848/49, 1940 – 1947, 1996/97

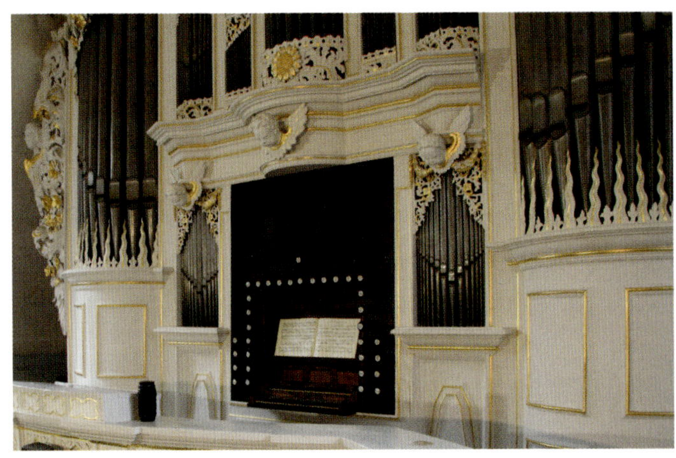

Spielanlage

geln von 1494 und 1592 einen Neubau folgen zu lassen. Trost, der 1710 – 1713 im nahen Döllstädt an einer Orgel arbeitete, erhielt am 3. März 1712 den Kontrakt für ein Instrument mit zwei Manualen, einem Pedal und 18 Registern. 500 Taler wurden dazu durch die Kirchenkasse, die politische Gemeinde und Spenden der Einwohner aufgebracht. 1714 reichte Trost zwei erweiterte Dispositionen mit jeweils 22 Registern ein. Er kam dabei nicht nur den Wünschen seiner Auftraggeber nach einem repräsentativen Prospekt entgegen, sondern „wollte unter allen Umständen seine Vorstellungen von einer vielseitig brauchbaren und optimal disponierten Orgel verwirklichen und eigene Neuerungen einbringen". (Gottfried Gille) Der Kontrakt vom 8. März 1715 bewilligte ihm zusätzlich 400 Taler. Dass solche Erweiterungen, Mehrkosten und Veränderungen im Bauablauf zu „Müßtrauen" seitens der Auftraggeber führte, zeichnet sich hier erstmals genauso ab wie Trosts kunstvolle und hochwertige Handwerksarbeit, mit der er die Konkurrenz überflügelte, aber immer wieder auch in Material-, Liefer- und Zahlungsschwierigkeiten geriet. Vermutlich zur Jahreswende 1716/17 war die Orgel fertig; ihre Abnahme erfolgte am 24. April 1718 durch den „Fürstl. Sächs. Gothaischen Cammer-Musicum und Hof-Organisten" Johann Gottfried Golde. Dass sie „Contract gemäß verfertigt sey" und „des Orgelmachers Fleiß und Geschicklichkeit sattsam erhellet", war indes keine Garantie für weitere Aufgaben im Bereich der Ämter Tonna und Langensalza. Ein neuer Wirkungskreis fand sich erst durch den Umzug nach Mockern und Altenburg, wo Trost 1723, nach fünfjährigem Privilegienstreit, zum Hoforgelbauer in dieser Nebenresidenz des Herzogtums Sachsen-Gotha-Altenburg ernannt wurde und 1759 verstarb. 1739 hatte Golde hier auch Trosts berühmte Altenburger Schlossorgel examiniert.

Verzierung an den Stirnkanten der Untertasten

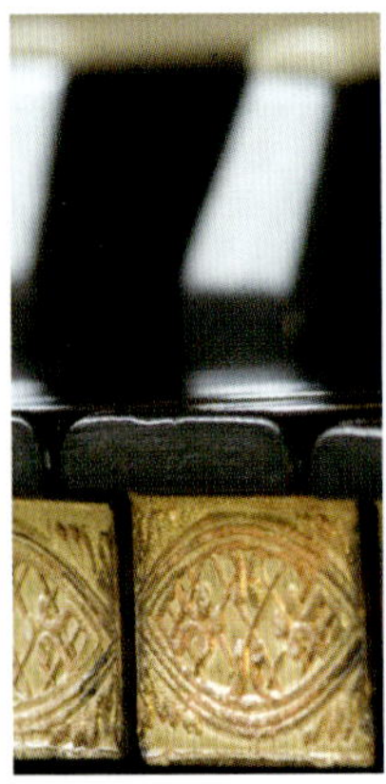

Trotz mancher Pläne, dem Brustwerk mehr Tonvolumen zu geben, war die Orgel in Großengottern nur wenigen Veränderungen ausgesetzt. Beim Umbau von 1848/49 integrierte Ernst Siegfried Hesse (Dachwig) einfühlsam eine neue Spieltraktur und neue Klaviaturen, Registerzüge, Koppelanlagen und Veränderungen der Disposition in das Trostsche Werk. Rudolf Kühn (Merseburg) erneuerte 1940 – 1947 Windladen und Kanäle, arbeitete das Pfeifenwerk auf, fügte den Klaviaturen das Cis hinzu und baute einen Stoßbalg und verschiedene Register ein. Auch ihm ging es darum, „jene feine Eigenart und jenen silbernen Glanz, wie man solches heutzutage nur noch selten findet", zu erhalten. 1995

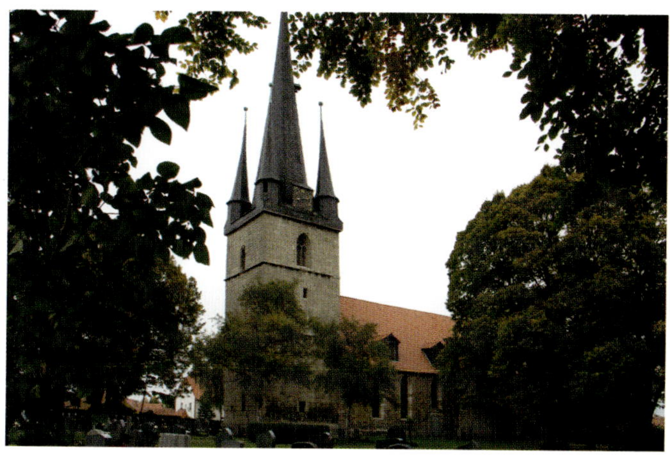

Kirche St. Walpurgis zu Großengottern

fand sich mit Felix Friedrich, Gottfried Gille, Hartmut Haupt, Reinhard Menger, Christoph Schulz und Georg Wilhelm Schulze ein Sachverständigengremium für die überfällige Restaurierung zusammen. Es bestätigte das Konzept des Hermann Eule Orgelbau Bautzen, der schon 1979 erste Untersuchungen vorgenommen hatte. Die aufwendigen Arbeiten von 1996/97 nahmen im technischen Bereich den Zustand von Trost/Hesse aus dem Jahr 1848/49 als Grundlage, stellten im klanglichen Bereich die originale Disposition von 1716 wieder her und erneuerten den Prospekt und das Gehäuse. So konnte sich die alte Trost-Orgel bei der Wiedereinweihung am 14. September 1997 in neuer Pracht und Klangschönheit präsentieren. Dank privater Spender, dank öffentlicher und kirchlicher Zuwendungen – wie schon bei ihrem Bau. Als ein Werk „von solcher Wichtigkeit, auch dergleichen in der Nähe nicht leicht zu finden", wie Trost es sah, lenkt es als eines seiner wenigen erhaltenen und daher umso berühmteren Instrumente den Blick auf einen Meister, der zu den bedeutendsten aus dem Umfeld von Johann Sebastian Bach gezählt wird. Bach hat nicht nur die Orgel in Altenburg hoch gelobt, er dürfte vielleicht auch die in Großengottern zur Kenntnis genommen oder gar besucht haben.

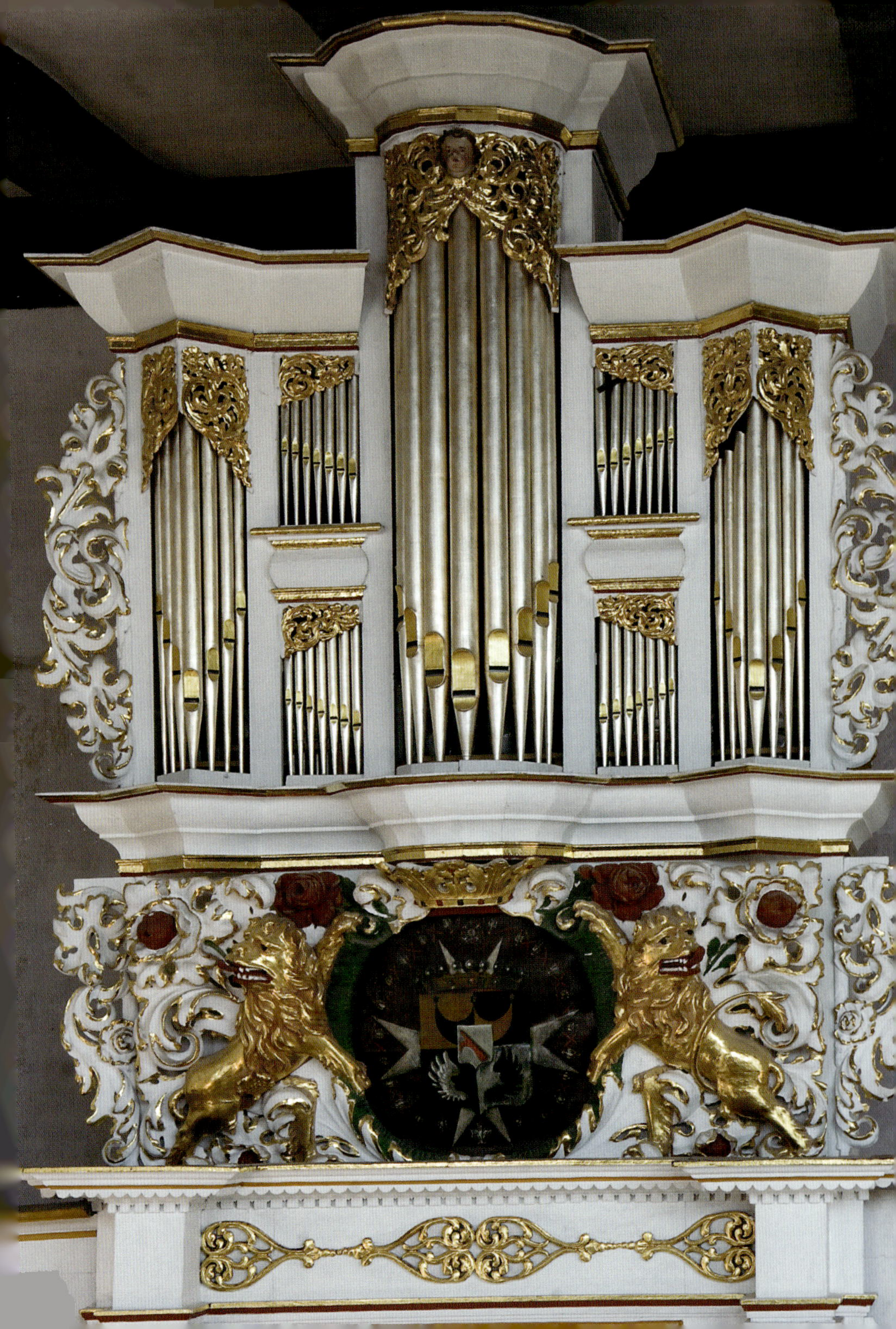

Die Orgel in der Kapelle auf Burg Bodenstein

Disposition > Seite 178

Orgelbauer:
unbekannt
Erbauungszeit:
ab 17. Jahrhundert
Restaurierungen,
Umbauten:
ca. 1950/60, 1994

Nahezu alles, was wir von der kleinen Orgel wissen, die über dem Hochaltar der Kapelle thront, verdanken wir dem Restaurator, der sie 1994 aufwendig instand gesetzt hat. Denn dieser Dresdner Orgelbaumeister Kristian Wegscheider hat das Instrument nicht nur genau untersucht und Vorschläge für den Neuaufbau unterbreitet. Er hat mit seiner Firma, die seit 1989 auf die Restaurierung und Rekonstruktion historischer Instrumente spezialisiert ist, auch nicht bloß das schmucke Äußere und die liebliche Klanglichkeit wiederhergestellt. Er hat zwangsläufig Nachforschungen zur Orgelgeschichte und Überlegungen zur Klangkonzeption anstellen müssen. Dafür hat er Einblick in Gutachten aus den Jahren 1984 und 1989 genommen, doch Orgelakten und Nachweise, wer wann diese Orgel gebaut hat, waren nicht aufzufinden.
Ihrer Bauart nach ist sie ein Instrument aus der ersten Hälfte des 18. Jahrhunderts. Ob sie für die Burgkapelle gebaut oder aus einer Kirche überführt wurde, ist nicht bekannt. Ihre ältesten Teile, die Pfeifen von Gedackt 8' und Spitzflöte 2', könnten aus dem 17. Jahrhundert stammen; ebenso das Gehäuse, das vermutlich zum Rückpositiv einer anderen Orgel gehört hat. Im 18. Jahrhundert sind dann die Windlade eingebaut, neue Prospektpfeifen angefertigt

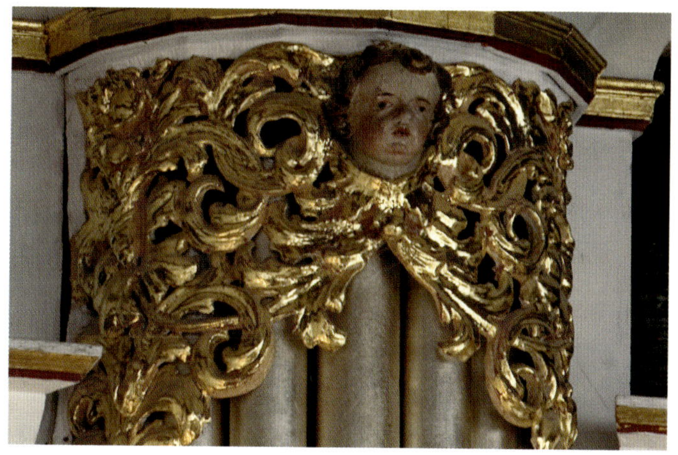

Schleierbrett mit Engelskopf im Mittelturm des Prospektes

und so vermutlich die „Originalgestalt" dieser kleinen Orgel mit ihren 5 Registern hergestellt worden. In der ersten Hälfte des 19. Jahrhunderts kamen das Pedal und eine neue Windversorgung und Anfang des 20. Jahrhunderts ein Subbass 16' hinzu; in den 1950er oder 1960er Jahren erfolgten noch weitere Veränderungen und Ergänzungen im Pfeifenwerk.
Dann stellte sich 1993 die Frage: Wie sollte man diese Orgel restaurieren? Sollte ihr originaler Zustand wiederhergestellt werden? Sollte man besser

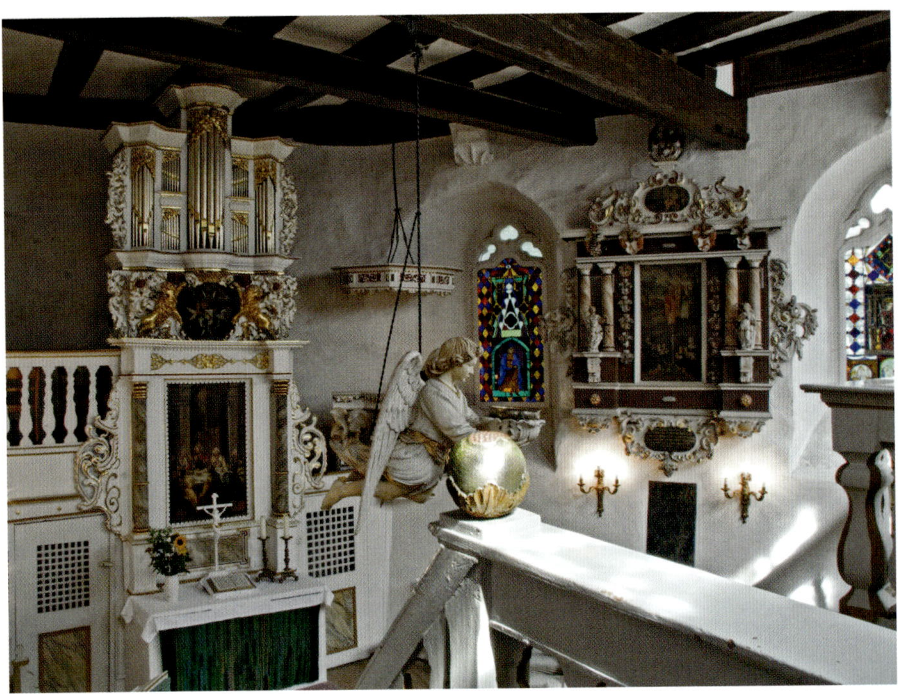

Kircheninnenraum mit Blick auf Altar und Orgel

die im Laufe der Zeit neu gewonnenen Funktions-, Klang- und Nutzungsmöglichkeiten erhalten? Oder ließ sich ein Kompromiss finden, der denkmalpflegerischen und organologischen Aspekten ebenso genügte wie aufführungspraktischen Erwägungen? Eine Entscheidung fiel am 13. Januar 1994: „Die Orgel wird auf den ‚originalen' Zustand des 18. Jahrhunderts gebracht. Zusätzlich soll der Subbass 16' in einer veränderten Aufstellung hinter der Orgel als einziges Pedalregister auf einer neuen Windlade untergebracht werden. Die Orgel erhält eine sogenannte feste Pedalkoppel, nur der Subbass ist abschaltbar. Damit der Fußbodenaufbau, der die bisherige Pedaltraktur verdeckte, entfallen kann, soll eine Pedalklaviatur mit zweiarmigen Hebeln gebaut werden. Die Orgel behält ihren hohen Stimmton. Die Disposition wird entsprechend den Befunden der Windlade und des Gehäuses ergänzt. Das stark beschädigte Untergehäuse, das vermutlich nicht original ist, wird in einer schmaleren Form ersetzt. Die Windanlage wird außerhalb der Kapelle oder unter der Orgelempore aufgestellt. Die Fassung des Gehäuses wird durch eine regionale Restaurierungsfirma überprüft, gereinigt, ergänzt und teilweise erneuert." (K. Wegscheider)

Als dann die Orgel abgebaut wurde und die Arbeiten begannen, stellte sich heraus, „daß das Untergehäuse und die Windlade mit Wellenbrett und Registeranlage aus derselben Zeit stammen (aus der Zeit, als die jetzigen Prospektpfeifen in die Orgel kamen) und daß die Bälge eindeutig im Untergehäuse untergebracht waren. So war es nicht gerechtfertigt, dieses Untergehäuse durch ein schmaleres zu ersetzen. Um das rekonstruierte Untergehäuse nicht wieder zu zersägen, konnte keine Pedalklaviatur eingebaut werden, das eine Pedalregister mußte entfallen.

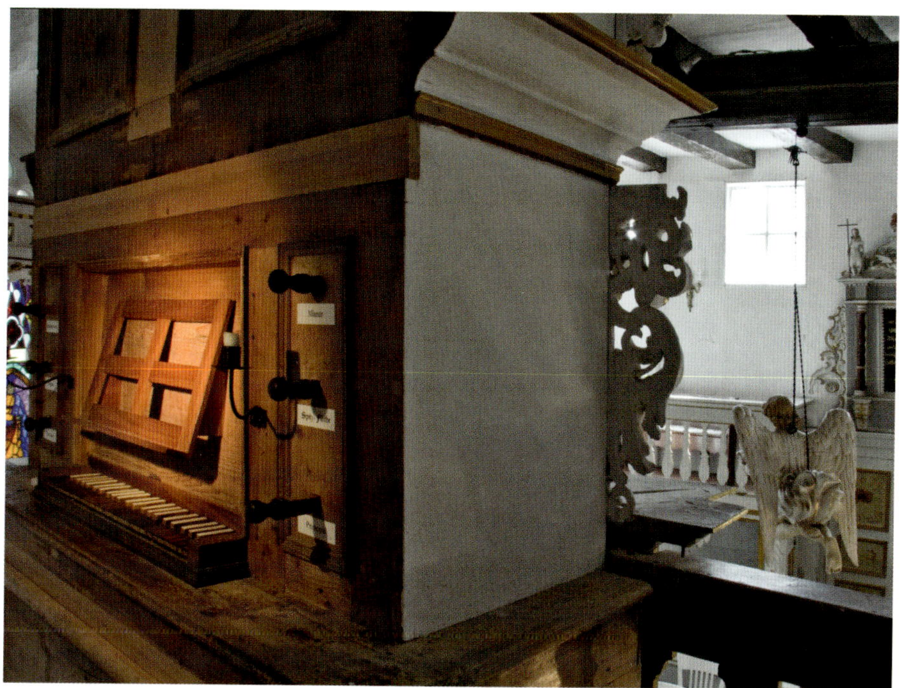

Spielanlage

Das neue Konzept sah nun vor, daß ein neuer Balg gebaut wird, der zusammen mit einem neuen Elektroventilator im Untergehäuse untergebracht wird." Die Restaurierungs- und Rekonstruktionsarbeiten ließen keinen Teil der Orgel außer Acht: weder die Manualklaviaturen noch die Trakturen noch die Windlade. Auch das Gehäuse wurde fachmännisch ergänzt und fein hergerichtet.

Doch der Zustand des originalen Pfeifenwerkes war so schlecht, Nagestellen von Mardern und Ratten, offene Lötnähte, Einrisse und Beulen hatten zu solchen Schäden geführt, dass eine Restaurierung aussichtslos schien. Mit viel Geduld, Einfühlungsvermögen und Kompetenz wurde aber dieses Unterfangen ebenfalls bewältigt. Die Prospektpfeifen bekamen eine neue Versilberung und Vergoldung, und damit hatte die Burgkapelle ihr schönes und einzigartiges Zierstück zurück, das bei den Bodensteiner Schlosskonzerten ebenso zu bewundern ist wie bei den vielen Veranstaltungen, Begegnungen und Begehungen, die die 900 Jahre alte Burg im Ohmgebirge des nördlichen Eichsfelds zum geistigen Zentrum und zu einem attraktiven Reiseziel in dieser Gegend machen.

Sehenswertes im Eichsfeld und in Mühlhausen und Umgebung

Mühlhausen

Mühlhausen ist die Kreisstadt des Unstrut-Hainich-Kreises. Sie liegt im Nordwesten Thüringens zwischen dem Nationalpark Hainich und dem Oberen Eichsfeld an der Unstrut. Die einstige Freie Reichs- und Hansestadt wurde 967 erstmals urkundlich als „mulinhusen" erwähnt, war Pfalz der deutschen Könige und erkämpfte sich 1256 die städtische Selbstverwaltung. Nach Erfurt war sie im Mittelalter die mächtigste Stadt im Thüringer Raum.

Der Beiname „Thomas-Müntzer-Stadt" (bis 1991) erinnerte an den Geistlichen, Gelehrten und Prediger, der 1524 nach Mühlhausen zog und den Ort zu einem Zentrum des Bauernkrieges machte. „Die Macht soll gegeben werden dem gemeinen Volk", forderte der Mitinitiator des „Ewigen Rates" und Führer der Aufständischen Mitteldeutschlands. Nach deren Niederlage am 15. Mai 1525 bei Frankenhausen wurde Müntzer vor den Mauern Mühlhausens enthauptet. Wirtschaftliche Bedeutung erlangte die Stadt zuerst durch Handel, Tuchmacherei, Wollweberei und Mühlenbetriebe – daher das Mühleisen im Stadtwappen. Das mittelalterliche Stadtbild, das heute unter Denkmalschutz steht, wird von den Türmen der Kirchen (einst 16) und der Stadtmauer (einst 38) beherrscht.

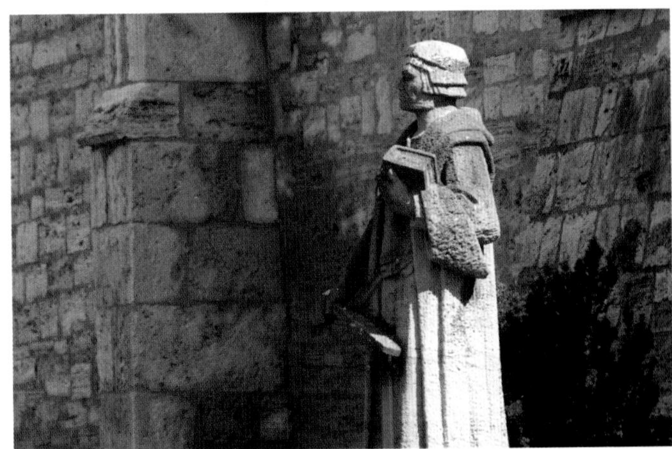

Statue von Thomas Müntzer vor dem Frauentor in Mühlhausen

Als traditionsreiche Musikstadt kann sich Mühlhausen nicht nur auf die „Bache" und spätere Bachfeste, sondern auch auf das Wirken von Joachim von Burck (1546 – 1610) und das seines hier geborenen Schülers Johannes Eccard (1563 – 1611), auf Kontakte zu Michael Praetorius (1571 – 1621) und Heinrich Schütz (1585 – 1672), auf Namen wie die des Mühlhäuser Superintendenten und Liedschöpfers Ludwig Helmbold (1532 – 1598) und des Organisten Johann Rudolf Ahle (1625 – 1673) berufen. Ahles Sohn Johann Georg (1651 – 1706), gleichfalls Organist, wurde „wegen seiner raren und anmuthigen Art in der Musik" 1680 durch Kaiser Leopold I. mit der Dichterkrone geehrt. Die Liedkomponisten Adolph (1807 – 1878) und Ernst Methfessel (1811 – 1886) wurden in der Stadt geboren. Die Mühlhäuser Kirmes, Deutschlands größte Stadtkirmes, gibt es seit 1877.

Sakralbauten Mühlhausens

Divi Blasii, Hauptkirche der Unterstadt, wurde vom Deutschen Orden ab 1276 anstelle eines romanischen Vorgängerbaus neu errichtet. Die dreischiffige gotische Hallenkirche mit Kreuzrippengewölbe und Rundpfeilern, mit der aufwendig gestalteten Schaufassade und dem Wimpergerportal an der Nordseite sowie der Maßwerkrosette im Nordquerhaus und den 42 m hohen Türmen der Westseite zeigt Einflüsse nordfranzösischer Kathedralen. Die älteste der drei Glocken, die Sonntagsglocke im Südturm, stammt aus dem Jahr 1281. Über dem Westportal zeigt ein Tympanon die Kreuzigung Christi. Die Chorfenster stammen aus den Jahren 1335 – 1362. Sie zeigen Szenen der Kindheit und der Passion Christi, Bilder der klugen und der törichten Jungfrauen, Maria und Johannes den Täufer sowie den Heiligen Blasius, den Namenspatron der Kirche. Im Inneren finden sich am Hochaltar Darstellungen des Marienlebens und Heiligenfiguren, eine steinerne Kanzel (um 1500), ein achteckiger Taufstein (um 1600), ein Luther-Standbild (1903), das Porträt von Ludwig Helmbold und viele Grabdenkmäler mit figürlichen Abbildungen oder ornamentalem Schmuck. Die Blasiikirche ist seit der Säkularisierung der Marienkirche die zentrale Kirche des Kirchspiels Mühlhausen und Veranstaltungsort für Konzerte und Ausstellungen. Nach dem Erfurter Dom ist die fünfschiffige Hallenkirche St. Marien Thüringens größte Kirche; ihr 87 m aufragender Turm mit seinem Kupferhelm ist der höchste Kirchturm Thüringens und der markanteste Blickpunkt der Stadtsilhouette. In diesem geschichtsträchtigen, innen wie außen schmuckvollen Gotteshaus, das Fialen, Figuren und Plastiken, einen spätgotischen Flügelaltar und ein großes Triumphkreuz zeigt, hielt Thomas Müntzer seine Predigten. 1891 wurde eine Sauer-Orgel eingebaut. Seit 1975 Thomas-Müntzer-Gedenkstätte, unterbreitet der vorwiegend museal genutzte Bau den Besuchern als Architektur- und Geschichtsdenkmal und als Raum für Ausstellungen, Konzerte und Kunstereignisse vielfältige und attraktive Angebote.

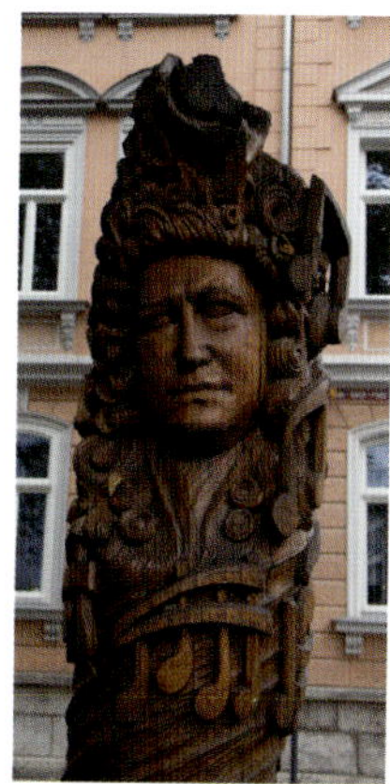

Das „alte" Bachdenkmal des Waliser Holzbildhauers Ed Harrison in Mühlhausen, hier noch an der Nordwestseite der Divi-Blasii-Kirche, heute in der Grünanlage am Lindenbühl

Museen Mühlhausens

Am Kornmarkt zeigt die ehemalige Kirche des Barfüßerklosters, die 1975 als Bauernkriegsmuseum eingerichtet wurde, seit 2003 eine multimedial gestaltete Dauerausstellung. Auch der schöne Raum der kleinsten mittelalterlichen Pfarrkirche, der Allerheiligenkirche am unteren Steinweg, wird seit der Restaurierung (1985 – 1989) museal und für Sonderausstellungen zeitgenössischer Kunst genutzt. Vor der Kirche steht die Bronzeplastik Heinrich Pfeiffers, eines Gefährten Müntzers. Wenige Schritte von der Kornmarktkirche entfernt befindet sich das Rathaus (1310). Durch Erweiterungen zu Zeiten von Gotik, Renaissance und Barock und mit dem Venezianischen Brunnen (1746) entstand ein einzigartiges Bauensemble inmitten der Altstadt. Kernstück ist das gotische Hauptgebäude mit der Ratsstube, wo sich der „Ewige Rat" konstituiert hat, und dem großen Holztonnengewölbe des Ratssaales. Im Südflügel ist das Reichsstädtische Archiv untergebracht. Das Museum am Lindenbühl, ehemals das spätklassizistische Gymnasium, widmet sich mit seinen informationsreichen Dauer- und Sonderausstellungen der Ur- und Frühgeschichte und der Geologie in der Region sowie der Stadt-, Kultur- und Kunstgeschichte Mühlhausens. Im Fernmeldemuseum können technisch intakte Fernsprech- und Fernmeldeeinrichtungen betrachtet und die Entwicklung des Fernmeldewesens in Nordthüringen von der Entstehung bis zur Gegenwart verfolgt werden; 1861 war Mühlhausen an das Telegrafennetz angeschlossen worden. Das Brunnenhaus Popperode, 1614 als Einfassung jener Quelle erbaut, die Mühlhausen mit Wasser versorgt hat, ist Ort eines der schönsten Feste der Stadt. Das Brunnenfest im Juni feiern die Kinder der Grundschule mit Liedern, Tänzen und Blumen und danken der Quelle für ihr ewiges Sprudeln.

Weitere Sehenswürdigkeiten Mühlhausens sind die Annenkapelle im Haus der Kirche (Kristanplatz 1), einst der Deutschordenshof der Unterstadt, unweit von Divi Blasii gelegen; die dreigeschossige Brotlaube neben der Ma-

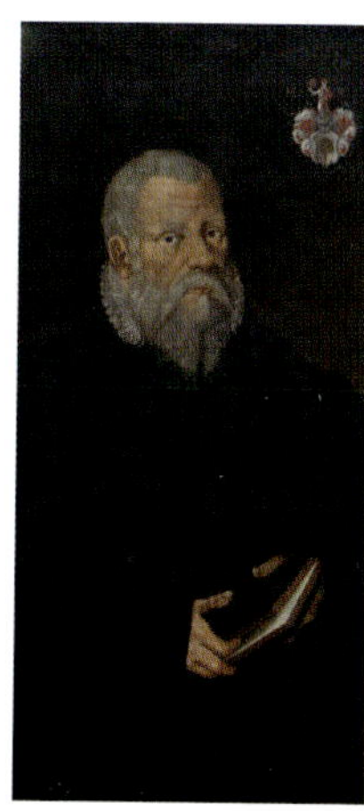

Ludwig Helmbold, Ölbild im Chor der Divi-Blasii-Kirche in Mühlhausen

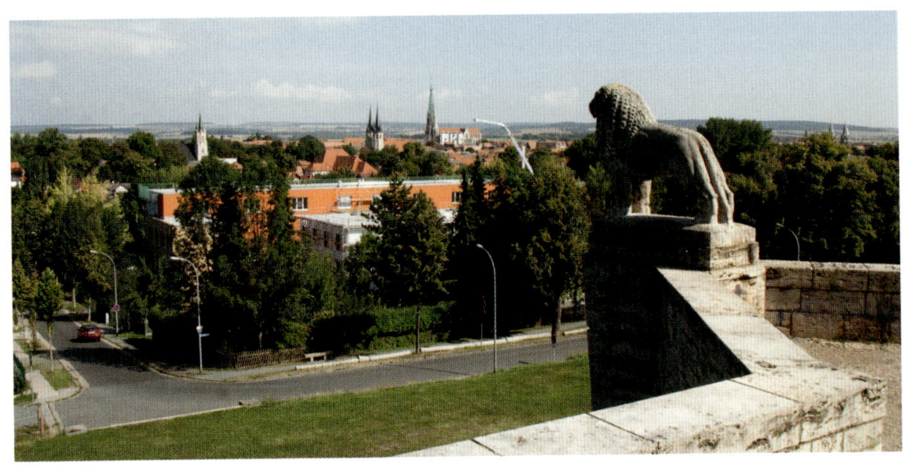

Blick über Mühlhausen vom Löwendenkmal am Stadtberg

rienkirche, die an der Stelle eines mittelalterlichen Zunfthauses steht, und viele Bürgerhäuser. Zu ihnen zählen der Bürenhof und das Alte Backhaus bei der Blasiikirche sowie in der Umgegend von St. Marien das alte Posthaus von Thurn und Taxis in der Holzstraße, das Wohnhaus von Thomas Müntzer (Bei der Marienkirche 9) und ein Bürgerhaus mit klassizistischen Umbauten (Bei der Marienkirche 6). In der Umgebung der Allerheiligenkirche sind die ehemaligen Brauhäuser am Steinweg von Interesse.

Stadtbefestigung Mühlhausens

Mühlhausens mittelalterlicher Stadtmauerring aus dem 13. Jahrhundert liefert einen imponierenden Eindruck von der Wehrhaftigkeit und Bedeutung der Stadt. Bemerkenswerte, heute noch erhaltene und museal genutzte Zeugnisse sind das Äußere und das Innere Frauentor, der Wehrgang auf der Mauer, die Straße Hinter der Mauer und der Teil am Lindenbühl. Der größte Turm, der Rabenturm, vor dem das Thomas-Müntzer-Denkmal (1956) steht, ermöglicht einen herrlichen Rundblick über die Stadt und ihre Umgebung. Und der 600 Jahre alte Mühlhäuser Landgraben, eine Schutzwehr vor feindlichen Angriffen, präsentiert sich heute als Bodendenkmal mit einer Länge von ca. 25 km.

Ergänzend genannt werden sollen zwei Söhne der Stadt, die Mühlhausen zu internationaler Reputation verholfen haben: der Naturforscher Wilhelm Gottlieb Tilesius von Tilenau (1769 – 1857), der von Kronstadt aus an der ersten russischen Weltumseglung teilnahm, und John August Roebling (1806 – 1869), der Konstrukteur der Brooklyn Bridge in New York.

Großengottern

Großengottern, zu Trosts Zeiten kursächsisches Territorium, heute dem Unstrut-Hainich-Kreis im Freistaat Thüringen zugehörig, 811 erstmals erwähnt und 1268 urkundlich auch Bischofsgottern benannt, ist vermutlich in Verbindung mit einer mittelalterlichen Burg entstanden. Landwirtschaft, Getreide-, Öl- und Waidmühlen, Handwerk, Braupriveleg und Marktrecht haben dem Ort zu einigem Reichtum verholfen.

Sakralbauten Großengotterns

Und die stattlichen Kirchen – St. Martini im Unterdorf und St. Walpurgis im Oberdorf – weisen auf ein Kirchspiel mit zwei eigenständigen Gemeinden im Ort hin. Auffällige Wahrzeichen sind die hohen und schlanken Schiefertürme, die jeweils von vier Begleitspitzen umstellt sind. Der spätgotische Bau der Walpurgiskirche stammt von 1494; Umbauten erfolgten im 18. und Mitte des 19. Jahrhunderts, Restaurierungen 1952 und 1993 – 1995. Vom reichen Interieur aus dem späten Mittelalter ist einiges erhalten geblieben. Zwar wurde einer der beiden wertvollen Schreinaltäre, ein Marienaltar, Ende der 1970er Jahre einer katholischen Gemeinde in Erfurt verkauft. Doch der Jakobusaltar aus dem 15. Jahrhundert wurde 1999 wieder aufgestellt und erhielt seinen Platz im Turmraum, der seither Jakobuskapelle genannt wird. Sehenswert sind außerdem ein romanischer Taufstein, das Altarkruzifix aus dem 16. Jahrhundert, die farbigen Chorfenster mit biblischen Motiven (1908), der Grabstein eines Ritters von Großengottern (1554) am nördlichen Außenportal und das fachwerkgeschmückte Torhaus. Und als größte Kostbarkeit die Trost-Orgel im holztonnengewölbten Raum mit seiner dreiseitigen und zweigeschossigen Empore. Die Orgel der romanischen Martinikirche hat Johann Michael Hesse II aus Dachwig um 1840 erbaut. Weitere Sehenswürdigkeiten im Ort sind die Kapelle St. Andreas, ein gotisches Sühnekreuz (Kreuzstraße/Ecke Bergstraße) und schöne alte Fachwerkhäuser, unter ihnen die „Custodia" (1580), die Küsterei. Auch das Landmaschinenmuseum in der Schlossstraße ist von Interesse.

Unstrut-Hainich-Kreis

Der Unstrut-Hainich-Kreis lädt zu Reisen jeglicher Art ein. Der Hainich (seit 1997 Nationalpark) ist das größte zusammenhängende Laubwaldgebiet Europas. Seltene Tier- und Pflanzenarten und eine Wipfelwanderung auf dem mittlerweile 546 m langen und 25 m hohen Baumkronenpfad an der Thiemsburg bei Bad Langensalza bieten Naturfreunden ebenso attraktive Ziele wie die idyllischen Auen und das romantische Tal am Flusslauf der Unstrut. In der Vogtei – den Orten Oberdorla, Niederdorla und Langula – sind altes dörfliches Brauchtum, Sagen, Mundart und Trachten sehr lebendig geblieben. Und das Bauernkriegsspektakel und die Stadtkirmes in Mühlhausen, das Mittelalterstadtfest in Bad Langensalza, Brunnenfeste in Mühlhausen, Bad Langensalza und Bad Tennstedt, das Kohleschlagen in Schlotheim, die Schlosskonzerte in Seebach sind besondere kulturelle Höhepunkte in dieser Region, die jährlich von vielen tausend Besuchern wahrgenommen werden.

Niederdorla

Bei Niederdorla, dem Geburtsort des Komponisten Matthias Weckmann (1616), befindet sich der geografische Mittelpunkt Deutschlands: Eine Steinplatte markiert ihn bei 51° 10' nördlicher Breite und 10° 27' östlicher Länge. Und in Niederdorla macht die Ausstellung „Opfermoor" mit sensationellen Ausgrabungsarbeiten und -gegenständen einer Kultstätte aus dem 6. Jahr-

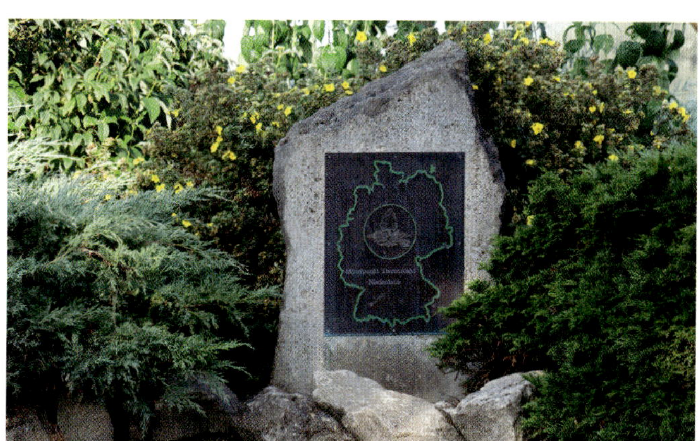

Der geografische Mittelpunkt Deutschlands bei Niederdorla

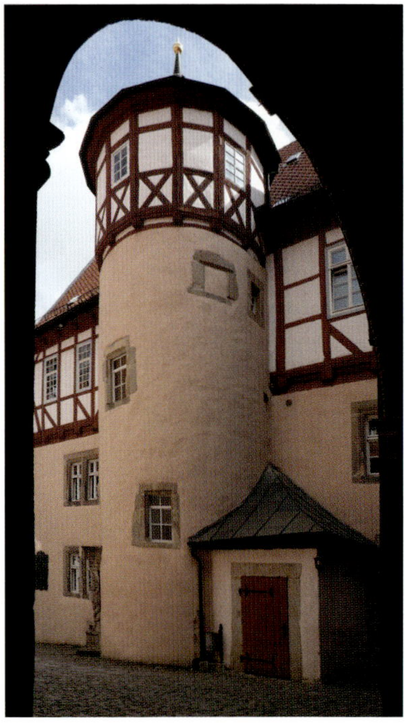

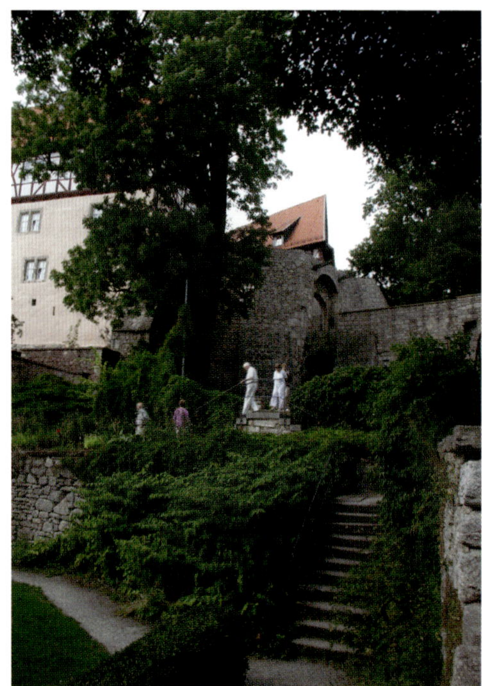

Burg Bodenstein

hundert v. Chr. bekannt, die 1957 im Ried südwestlich von Mühlhausen entdeckt wurde.

Burg Bodenstein

Im Harzvorland, unweit der Eichsfeldstädte Leinefelde-Worbis, Dingelstädt und Duderstadt, hoch über dem Dörfchen Wintzingerode und umgeben von dichten Laubwäldern ragt die Burg Bodenstein weithin sichtbar in die reizvolle Landschaft. Die Höhenburg, die im 10. Jahrhundert vermutlich als Reichsburg genutzt wurde, dann verschiedenen Herren zufiel und im Bauernkrieg und im Dreißjgjährigen Krieg Zerstörungen hinnehmen musste, kam 1648 endgültig in den Besitz der Familie von Wintzingerode. Im Laufe der Zeit hat sich diese mittelalterliche Wehranlage zum repräsentativen Bergschloss entwickelt.

Heute ist Bodenstein, eine der besterhaltenen Burgen des Eichsfeldes, eine Evangelische Familien- und Erholungsstätte und steht Besuchern auch als Museum offen – eine evangelische Enklave im katholischen Eichsfeld, in der zur Reformationszeit die ersten protestantischen Gottesdienste stattfanden. Über die steinerne Schlossbrücke, die dicken Eichenbohlen der Zugbrücke und durch das rundbogige Burgtor gelangt man vom Osten her auf den Burghof. Der Blick fällt auf den Treppenturm und das Portal, den Mittelflügel und die hölzerne Galerie aus dem 19. Jahrhundert und auf das Fachwerk des Kapellenflügels mit der Sonnenuhr und umfasst sogleich mehrere Jahrhunderte Baugeschichte. Diese setzt sich auch im Inneren der Burg fort. Die Empfangshalle war Teil des mittelalterlichen Palas. Der Alte Speisesaal im Erdgeschoss mit seiner neobarocken Stuckdecke, den Wappen und einem Porzellankachelofen wurde zu Beginn des 20. Jahrhunderts von Graf Hans und Gräfin Gisela von Wintzingerode errichtet. Die Burgstube mit dem barocken Stuckkamin, früher der Salon, trägt den Namen der Gräfin Gisela von Wintzingerode, die als Mitglied der Bekennenden Kirche während des Dritten Reiches Widerstand leistete. Aus den neugotischen Fenstern im einstigen Türmchenzimmer kann man einen herrlichen Panoramablick genießen. Im frühbarocken Festsaal, den eine mit Vögeln und Blumen versehene Stuckdecke und die Wappen der Erbauer Heinrich Jobst und Anna Susanna von Wintzingerode zieren, finden die Bodensteiner Schlosskonzerte und andere exquisite Veranstaltungen statt. Und der alte Weinkeller und das finstere Verlies mit ihren ausgetretenen Steintreppen üben einen besonderen Reiz aus. Auch der Schlosspark, der Rosengarten und der Terrassengarten tragen zum einzigartigen Ambiente der Burg Bodenstein bei.

Burgkapelle Bodenstein

Die 1648 – 1668 erbaute und von ländlichem Barock geprägte Kapelle wurde wie die Orgel im Jahr 1994 restauriert. Und wie die Orgel ist sie ein Kleinod der Burg. Wertvoll und schön. Der Altaraufsatz ist mit Rankendekor geschmückt, das Altarbild zeigt das Letzte Abendmahl, und zwischen Altar und dem darüber stehenden Orgelprospekt befinden sich das Wappen der Familie von Wintzingerode und ein Komturkreuz des Johanniterordens. Die Kanzel ist mit einem Baldachin überdacht, und am Kanzelkorb sind die vier Evangelisten dargestellt. In der Herrschaftsloge, einem separaten und über eine Stiege aus der Kapelle zu erreichenden Raum, befinden sich Wandteppiche mit antiken Szenen und Fenster mit herrlichen Glasmalereien. Das wertvollste von ihnen stammt aus der zweiten Hälfte des 14. Jahrhunderts und zeigt die heilige Katharina. An der Nordostwand ist ein prächtiges Epitaph für Heinrich Jobst von Wintzingerode und über dem Eingang das Epitaph für Adolph von Wintzingerode angebracht. Sehr beeindruckend ist der schwebende Taufengel (1910).

Eichsfeld

Die Familie Wintzingerode wurde erstmals 1209 im Zusammenhang mit dem edelfreien Bertoldus de Wincigeroth urkundlich erwähnt. Sie wählte das Dorf zum Stammsitz und erwarb im Laufe des Spätmittelalters erheblichen Grundbesitz im Eichsfeld. Heute ist Wintzingerode Ortsteil der Stadt Leinefelde-Worbis im Landkreis Eichsfeld, der im äußersten Nordwesten Thüringens liegt. Der Ort, der Burgberg und das Ohmgebirge sind ein genaues Spiegelbild dieser alten, bäuerlich geprägten Kulturlandschaft im Herzen Deutschlands. Hügel und Berge, Wiesen und Wälder, Felsen und Täler, Flüsse, kleine Seen und die mancherorts noch unberührte Natur bestimmen das Bild der schönen und vielfältigen Gegend. Ein Wanderparadies! Und die anheimelnden Dörfer und reizenden kleinen Städte, die würdigen Burgen und alten Klöster sind nicht selten Zeugnisse bedeutsamer historischer Ereignisse. Das Untereichsfeld mit der fruchtbaren Goldenen Mark bei Duderstadt wird durch die Flüsse Leine und Wipper von der klimatisch raueren Hochfläche des Obereichsfelds getrennt.

Heiligenstadt

Jahrhunderte hindurch gehörte das katholische Eichsfeld zum Kurfürstentum Mainz, dessen Statthalter in Heiligenstadt residierten. Das 1000-jährige Heiligenstadt liegt malerisch im Tal der Leine zu Füßen des Ibergs und der Höhenzüge des Dün. Die Stadt, auch heute noch ein politisches und kulturelles Zentrum, ist mit großen Namen verbunden: Um 1460 wurde der berühmte Bildschnitzer Tilman Riemenschneider hier geboren, 1515 predigte Martin Luther in Heiligenstadt, 1825 ließ sich Heinrich Heine taufen, und Theodor Storm war 1856 – 1864 Kreisrichter und verfasste in dieser Zeit Novellen, Märchen und Gedichte. Das Literaturmuseum im kurmainzischen Freihaus (1436) erinnert an Storms dichterisches Wirken. Jedes Jahr ist Heiligenstadt Ort einer großen

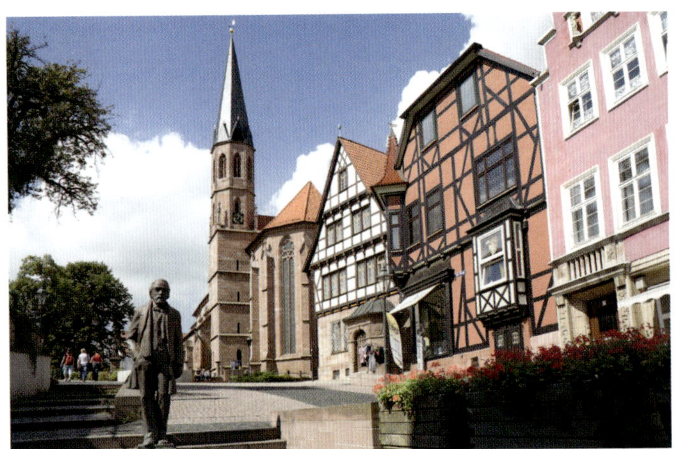

Theodor Storm vor dem Literaturmuseum im kurmainzischen Freihaus

Leidensprozession am Palmsonntag. Auf dem Altstädter Kirchplatz erhebt sich die Katholische Pfarrkirche St. Marien, eine imposante dreischiffige gotische Hallenkirche mit zwei Westtürmen. Sie wurde zwischen 1300 und 1740 erbaut. Im Inneren sind die wundertätige Madonna von Elende (vor 1414), Reste spätgotischer Malerei (1506), Fresken (Beginn 16. Jahrhundert) u.a. mit Heiligenfiguren und das Altartriptychon (1512) von Hans Raphon zu sehen. Die Orgel (Gebrüder Späth, Fulda, 1941, Umbau Gerhard Kühn, Merseburg, 1969) kann man jeden Mittwoch ab 17 Uhr in einem kleinen Konzert hören; an den Septembersonntagen und dem ersten Sonntag im Oktober findet der „Orgelherbst" statt, zu dem auch internationale Organisten musizieren. Die Annenkapelle wurde Mitte des 14. Jahrhunderts auf dem Kirchhof von St. Marien als Friedhofs- oder Taufkapelle erbaut. Im stattlichen Gebäude des ehemaligen Jesuitenkollegs (1740) ist das Eichsfelder Heimatmuseum untergebracht. Seit 1929 Kneippbad und seit 1950 Heilbad, ist Heiligenstadt auch ein beliebter Kurort, dessen moderne Eichsfeld-Therme ein besonderer Besuchermagnet ist. In der Umgebung von Heiligenstadt bietet der mächtige Sandsteinfelsen der Teufelskanzel einen überwältigenden Ausblick. Ebenfalls südwestlich von Heiligenstadt befindet sich das Hessisch-Thüringische Grenzmuseum „Schifflersgrund", das die Geschichte der deutschen Teilung nacherlebbar darstellt.

Dingelstädt

Zu den besuchenswerten Orten im Umkreis von Heiligenstadt zählen Dingelstädt und Worbis. In Dingelstädt stehen viele kleine Fachwerkhäuser und die kleine Kirche „Maria im Busch" (1688). Die ehemalige Klosterkirche (1889/90) auf dem Kerbschen Berg ist alljährlich am dritten Sonntag im Juli das Ziel einer Wallfahrt; der 1752 geweihte Kreuzweg führt um den Berg herum. Von Dingelstädt aus gelangt man auch ins romantische Tal der oberen Unstrut.

Worbis

In Worbis sind zahlreiche restaurierte Wohnhäuser aus dem 16. – 18. Jahrhundert zu bewundern, ebenso die frühbarocke Klosterkirche St. Antonius (1667) mit ihrem sehenswerten Interieur.

Duderstadt

Duderstadt, wie Heiligenstadt über 1000 Jahre alt, macht mit über 550 Fachwerkhäusern, den reich ausgestatteten Kirchen und mit Resten der Stadtbefestigung im mittelalterlichen Stadtkern großen Eindruck. Das dreitürmige Rathaus (13. – 18. Jahrhundert) ist eines der schönsten Renaissancegebäude

Deutschlands, und die ganz in der Nähe stehende Probsteikirche St. Cyriakus, deren Bau im 13. Jahrhundert im frühgotischen Stil begann, besitzt eine kostbare Ausstattung. In einem Barockhaus (1767) hinter der Kirche befindet sich das Heimatmuseum, das einen Überblick über das Eichsfeld und seine Geschichte, seine alte Kultur und sein lebendig gebliebenes Brauchtum gibt. Und auch bei Duderstadt findet sich ein attraktives touristisches Ziel: der Seeburger See, das „Auge des Eichsfelds".

Information	Tourist Information Ratsstraße 20 99974 Mühlhausen Tel.: 03601 404770 Fax: 03601 4047711 E-Mail: service@touristinfo-muehlhausen.de	Mühlhausen
Sakrale Bauten	Divi-Blasii-Kirche, St. Marienkirche, Allerheiligenkirche, Kilianikirche, St. Georgikirche, St. Petrikirche, St. Martinikirche, St. Nikolaikirche, St. Josefkirche, St. Jakobikirche, St. Annenkapelle, St. Bonifatiuskirche	
Museen	Museum am Lindenbühl, Bauernkriegsmuseum, Historische Wehranlage, Synagoge, Rathaus mit Reichsstädtischem Archiv, Fernmeldemuseum, Feuerwehrmuseum (alle Mühlhausen), Opfermoor Vogtei	
Information	Touristinformation Bei der Marktkirche 11 99947 Bad Langensalza Tel.: 03603 834424 Fax: 03603 834421 E-Mail: touristinfo@badlangensalza.de	Bad Langensalza
Sakrale Bauten	Marktkirche St. Bonifacii, Gottesackerkirche, St. Marienkirche (alle Bad Langensalza), St. Walpurgiskirche, St. Martini (beide Großengottern)	
Museen	Stadtmuseum im Augustinerkloster, Rosenmuseum	
Information	Tourist-Information Marktplatz 15 37308 Heilbad Heiligenstadt Tel.: 03606 677141 Fax: 03606 677140 E-Mail: touristinfo@heilbad-heiligenstadt.de	Heiligenstadt
Sakrale Bauten	Neustädter Kirche St. Aegidien, Altstädter Kirche St. Marien, St. Annen-Kapelle, Bergkirche St. Martin, Redemptoristenkloster mit St.-Gerhard-Kirche, St. Nikolaus-Kirche (Klauskirche), Kloster der Schwestern der Hl. Maria Magdalena Postel	
Museen	Eichsfelder Heimatmuseum, Literaturmuseum Theodor Storm, Museumsbahnhof Heiligenstadt (Ost)	
Information	HVE Eichsfeld Touristik e.V. Gülden Creutz Rossmarkt 3 37339 Leinefelde-Worbis Tel.: 036074 621650 Fax: 036074 6216519 E-Mail: info@eichsfeld.de	Eichsfeld
Sakrale Bauten	Kapelle Burg Bodenstein, Klosterkirche St. Antonius Worbis, St. Cyriakuskirche Duderstadt, „Eichsfelder Dom" St. Alban Effelder, Sakralbauten auf dem Hülfensberg, Kloster Volkenroda, Kirche „Maria im Busch" Dingelstädt	
Museen	Museum Burg Bodenstein, Kanonenbahnmuseum Lengenfeld unterm Stein, Hessisch-Thüringisches Grenzmuseum „Schifflersgrund", Heimatmuseum Duderstadt, Europäisches Brotmuseum Ebergötzen	

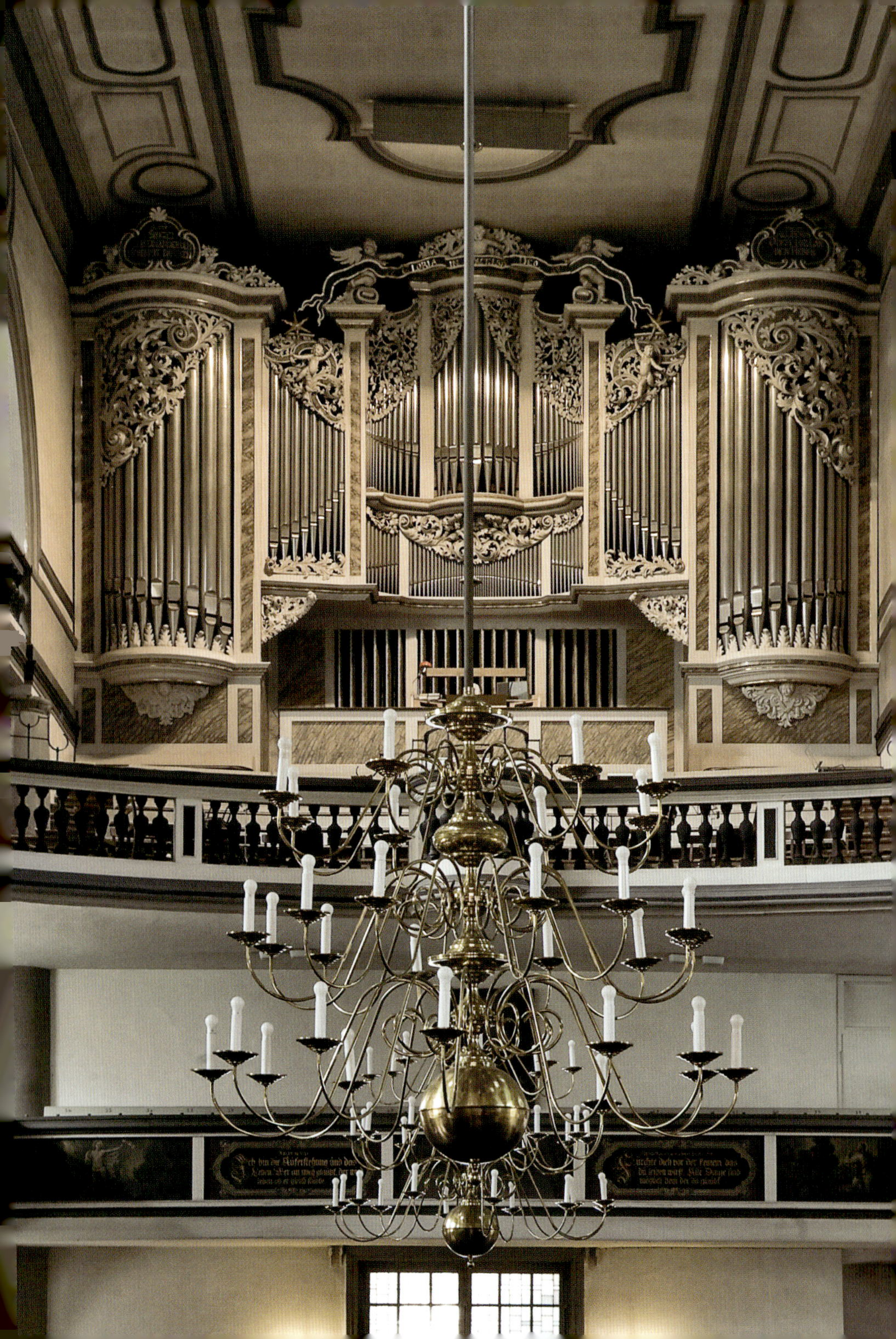

Die Schuke-Orgel in der St. Georgenkirche zu Eisenach

Disposition > Seite 179

Orgelbauer:
VEB Potsdamer Schuke Orgelbau
Erbauungszeit:
1982

Als der dreiundzwanzigjährige Johann Christoph Bach 1665 aus Arnstadt nach Eisenach kam, um Organist an der Hofkirche St. Georg zu werden, da war er sicherlich glücklich, doch kaum zufrieden. Er übernahm ein Amt, das nun für 132 Jahre eine Domäne der Thüringer Bache werden sollte und das er selbst fast vier Jahrzehnte ausgeübt hat. Bald musste er feststellen, dass „das anitzo befindliche Alte Werck auff 3 bis 4 mal verbeßert, und zusammen geflicktes Wesen ist, darinnen kein Bestand zu hoffen".
Georg Schauenberg hatte es im Jahre 1576 errichtet und dafür Teile der Orgel aus der nahegelegenen Franziskanerkirche verwendet. Erste Reparaturen fielen 1621 an (Hans Scheffer aus Eschwege). 1630 war eine „Renovation" notwendig (Andreas Weiß aus Meiningen). Und 1660 hat „der Orgelmacher [Jost Schäfer] aus Langensalza" etliche Register „corrigiret". Danach nahm Bach die Sache selbst energisch in die Hand und ertrotzte eine Reparatur des Oberwerkes, die der Eisenacher Orgelbauer Christoph Knott 1669 vornahm. Viel hat sie nicht bewirkt. Und Besserung durchzusetzen dauerte! Lange stritt der neue Organist dafür. Rastlos und voller kühner Ideen. Er fertigte 1678 eine Mängelliste an, setzte beim Herzog die regelmäßige Wartung und 1685 eine umfangreiche Instandsetzung der Orgel durch. Knott hat sie gemeinsam mit den Langensalzaer Orgelbauern Tobias und Jost Schäfer (Schäffer) ausgeführt: 26 Stimmen wurden wieder in die richtige „Harmonie und Concordans" gebracht. Doch damit war auch nur wenig gewonnen ... Christoph Knott starb im Mai 1690. Bach musste sich auf die Suche nach einem anderen Orgelbauer begeben. Im März des folgenden Jahres beherbergte er 11 Tage lang einen „Ohrdrufschen Orgelbauer". Und wurde fündig: Georg Christoph Stertzing, der 1660 in Ohrdruf geboren wurde und 1717 in Eisenach starb, trat Knotts Nachfolge an. Am 22. April 1691 bekam er vom Rat der Stadt die Anweisung, „über die drey Orgelwercke zu St. Georgen, St. Nicolai und St. Anna gute aufsicht zu haben, und was nicht viel Zeit und Mühe erfordert und an den Orgelwercken hangen bleibt ohne entgelt zu raparieren". Und die Orgel zu St. Georg soll er vor Festtagen und „ansonsten wann es von Nöthen alle 6 Wochen" stimmen. Dass Stertzing bei ihrem Gebrauch auch anwesend sein musste, um Schäden sofort beheben zu können (dafür erhielt er jährlich 10 Reichstaler), war kein gutes Zeichen. Der Organist und der Orgelbauer kümmerten sich deshalb unermüdlich darum, die schlimme Situation zu ändern, doch auch in den nächsten Jahren tat sich nichts. Bach legte zwei Dispositionen vor: eine kleinere, wie „das Orgellwerck in der Haupt Kirchen allhier aufs leichteste könnte gemacht werden". Und veranschlagte: „ohne die Cost, Zinn und Bley, dörffte sichs belauffen uff 950 Rtlr." Der zweite Entwurf „wie das Orgellwerck auffs beste könnte gemacht werden" plante 1.500 Reichstaler ein. Nach wie vor ging er von einer Reparatur aus. Selbst dann noch, als die Dinge 1696 in Fluss kamen und die Arbeiten im Sommer 1697 begannen. Erst beim Vertragsabschluss am 30. Dezember 1697 wurde anders entschieden: Weil „die nach und nach an handt genommene Reparaturen vergeblich zu seyn scheinen",

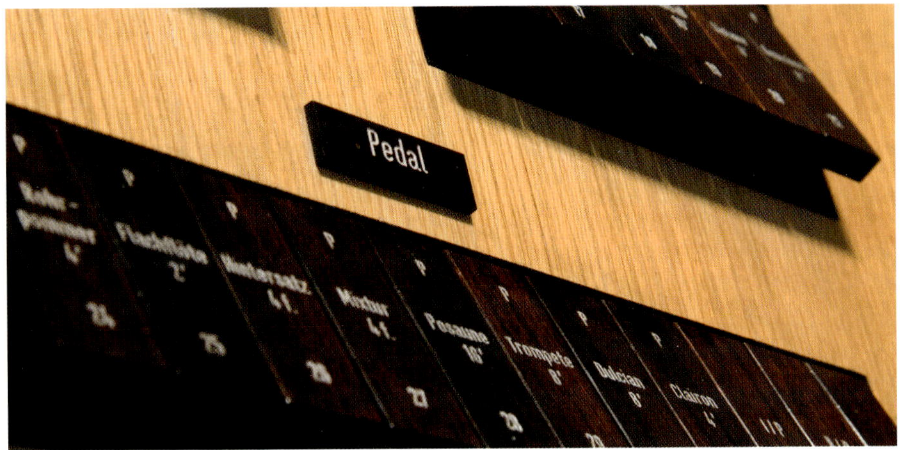

Detail der Registrieranlage

soll „eine gäntzliche Veränderung vorgenommen und ein Neues Werck an die Stelle gebracht“ werden. Stertzing solle es nach Bachs Disposition gut, tüchtig und untadelhaft verfertigen. Der Orgelmacher, der Superintendent Johann Christoph Zerbst und zwei Ratsherren unterzeichneten den Vertrag. Den Stadt-Organisten Bach aber überraschte das alles völlig. Doch noch am selben Tag begann er, Verbesserungen zu notieren und die Disposition für den Orgelmacher „ins reine [zu] bringen“. Bach bekam seine Chance und machte sich ans Werk – nicht aus Eigennutz, wie er betont, sondern weil er es gut mit der Kirche, der Stadt und der Orgel meint. Dem Instrument, so plante er, solle es an nichts fehlen, der Ausbau aber nur in dem Maße geschehen, wie Geld zur Verfügung steht: ein work in progress also. „Uff solche Weise bekommen wir, mit Gottes hülffe ein zumal der Disposition halber schönes Orgellwerck, dessen Eisenach weit und breit, zumahl bey Orgell- und Music-Verständigen ruhm und Ehre haben, hingegen aber in den benachbarten Orten dergleichen nicht zu finden seyn wird.“

Am 12. Januar 1698 legte Johann Christoph Bach die „Disposition des in Arbeit habenden Orgellwercks allhier“ vor, die er später noch erweiterte. 53 Stimmen, vier Manuale, Pedal und Extras wie Tremulant, Vogel Geschrey und Zimbeln sollte es haben. Stertzing unterschrieb sie und begann den Bau seines größten Instrumentes. Dringende Arbeiten wurden sofort erledigt, und die Gemeinde brauchte nur kurze Zeit auf ihre Orgel zu verzichten. Schon am 2. Juli 1698 erklang das neue Instrument zum ersten Mal. Es besaß vorerst nur wenige Stimmen. Aber der Organist wird froh und stolz gewesen sein. Konnte er doch endlich erleben, dass seine Bemühungen Früchte trugen und wie das langersehnte leistungsfähige Instrument Gestalt annahm. Der Zeitpunkt der Vollendung aber stand in den Sternen. Bach musste sich weiter gedulden. Und Stertzing war gezwungen, sich seinen Lebensunterhalt außerhalb zu verdienen. Zwar hatte ihn die Stadt 1701 nach Magdeburg entsandt, damit er die Werke des bedeutenden norddeutschen Orgelbauers Arp Schnitger (1648 – 1713) studieren konnte, und sie zahlte ihm ab 1701 auch ein festes Gehalt. Dennoch baute er erst 1710 in Eisenach eine neue Orgel – die der Kreuzkirche.

In der Georgenkirche ging es weiterhin nur schleppend voran. Bach konnte zwar im November 1701 melden, dass „das neue Orgellwerck immer mehr zur

Vollkommenheit" gelangt. Er benutzte das unvollständige Instrument auch. Die Fertigstellung aber erlebte er nicht mehr. Johann Christoph Bach starb am 31. März 1703. Als Komponist von Orgel- und Chormusik hatte er sich einen Namen gemacht. Berühmt aber wurde er als Organist, dem das Werden und Gedeihen der Stertzing-Orgel zum Lebensinhalt wurde. Seinen Neffen Johann Sebastian Bach, der am 23. März 1685 in St. Georg getauft wurde, der hier bei Gottesdiensten im Chor sang und der ab 1695 in Ohrdruf heranwuchs, hat er sicherlich mit dem neuen, zukunftsweisenden Klangspektrum der Orgel vertraut gemacht. Ihre dunklen Timbres und terzhaltigen Mixturen, das gravitätische Bassfundament und Register, die sich durch Klangfarbe und Klangstärke unterscheiden, sowie ein ungewöhnlich großer Tonumfang, der das Cis einbezieht und eine wohltemperierte Stimmung verlangt, gaben dem Thüringer Orgelbau eine neue Richtung. Und die Orgelwerke Johann Sebastian Bachs sind spürbar davon geprägt worden. Als wären sie eigens für diese Orgel der Bache komponiert, an der dann Johann Bernhard Bach am 16. Juli 1703 das Organistenamt übernahm ...

Die Orgel wurde am 22. Juni 1707 eingeweiht; sie konnte endlich ihren Klangreichtum mit vier Manualen, Pedal und 58 Stimmen (und einem zusätzlichen Manual für einen zweiten Spieler) präsentieren. Der Gothaer Kapellmeister Christian Friedrich Witt fand „keinen eintzigen Haupt Defect", hielt aber einige „Defecta, so bey dem Orgelexamine gefunden worden" schriftlich fest. Dann vergingen noch 12 Jahre, bis Friedrich Frank den ansehnlichen, wertvollen Prospekt zustande brachte, der noch heute auf der zweiten Westempore zu bewundern ist. Stertzings Instrument aber musste nach klanglichen Verbesserungen durch Johann Friedrich Wender (1725) und Johann Ernst Bach (1755) und mehreren Reparaturen seinen Platz räumen. 1840 errichtete Johann Michael Holland aus Schmiedefeld eine Orgel mit 40 Stimmen – seine größte! Im Zuge der Bach-Renaissance und aufgrund wachsender Wünsche nach einer Konzertorgel baute die Firma Jehmlich aus Dresden 1911 eine Orgel mit 77 Stimmen, auf der auch Max Reger gespielt hat. Und 1982 fertigte der VEB Potsdamer Schuke Orgelbau ein neues Instrument an. Der Prospekt von 1719 hatte die Zeiten überdauert und wurde beibehalten, so dass der schöne Anblick des Originals und das neobarock aufgehellte, moderne „symphonische" Klangbild eine herrliche Synthese ergeben. Die reichen musikalischen Traditionen der Georgenkirche sind aber nicht nur mit den „Bachen" verbunden. Von ihr gingen auch die starken Impulse des Eisenacher Hofkapellmeisters Georg Philipp Telemann für die Entwicklung der evangelischen Kirchenkantate aus. Und mit der Gründung des Bachchores im Jahre 1925 durch Rudolf Mauersberger, den späteren Dresdner Kreuzkantor, erhielt die Orgel einen starken und prominenten Verbündeten für eine – bis in die Gegenwart – höchst lebendige und vielseitige Musikpflege.

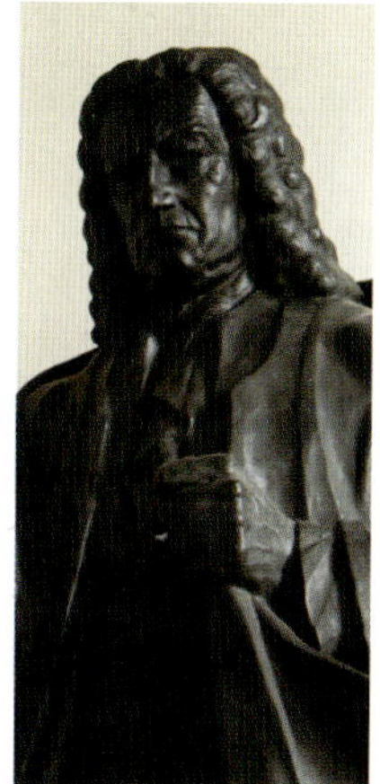

Bach-Denkmal

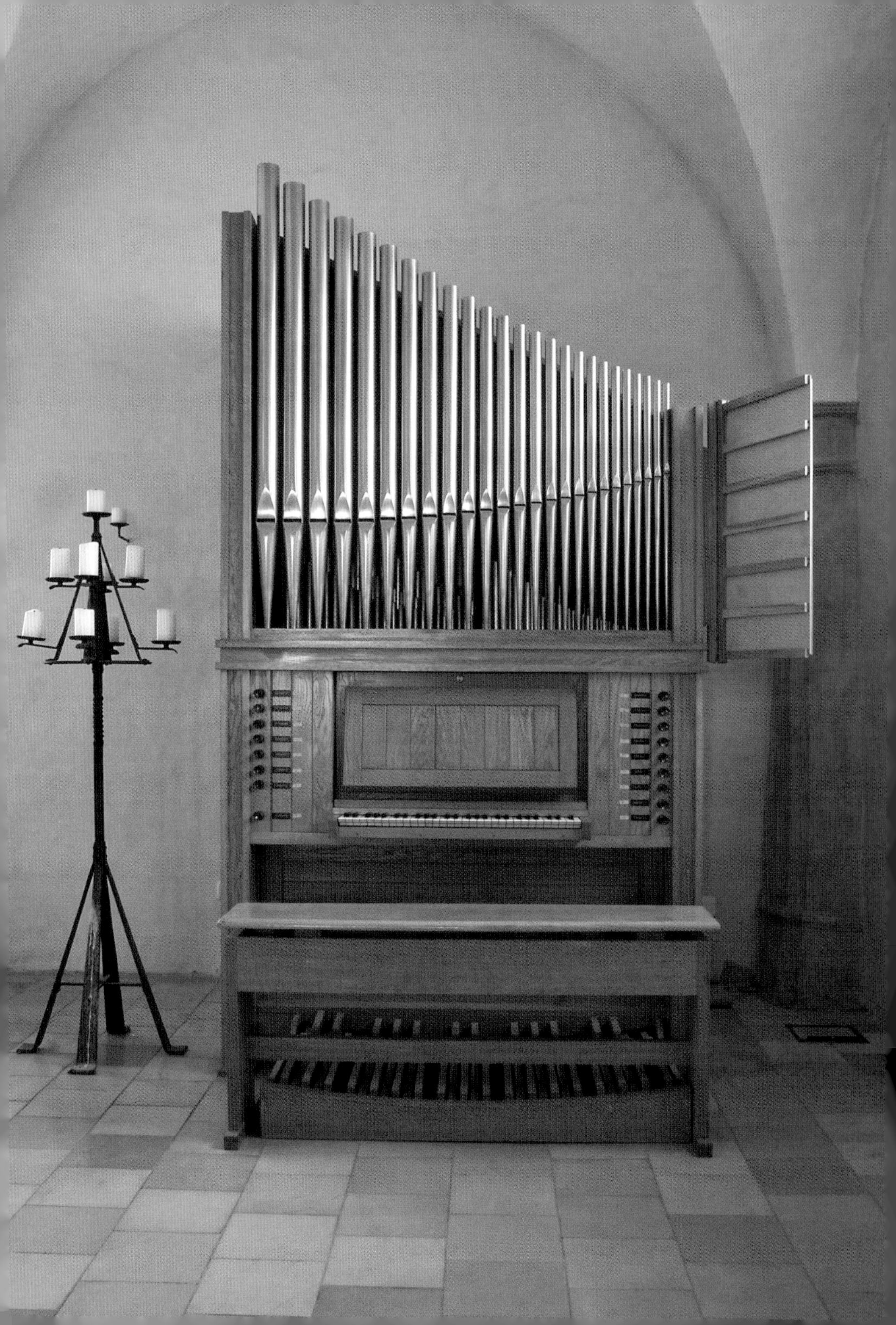

Die Jehmlich-Orgel auf der Wartburg zu Eisenach

Disposition > Seite 179

Orgelbauer:
VEB Orgelbau Dresden
Erbauungszeit:
1982/83

Der Ort ist überaus geschichtsträchtig. Der Raum ist alt und ehrwürdig. Und die Orgel ist schlicht. Aber auch sie hat eine Geschichte, kann von Veränderungen erzählen und hat – musikalisch – Anteil daran, dass die Kapelle im Palas der Wartburg eine Pilgerstätte wurde ... Wann die Orgelgeschichte genau begann, ist nicht bekannt. Fest steht nur, dass die Jehmlich-Orgel, die heute ihren Platz auf der Wartburg einnimmt, mehrere Vorgängerinnen hatte.
Herzog Johann Ernst von Sachsen-Eisenach ließ die 1317/18 erbaute und mit Apostelbildern geschmückte Kapelle zwischen 1623 und 1628 im frühbarocken Stil um- und als protestantischen Kirchenraum ausgestalten. Am 9. Juli 1628 wurde sie eingeweiht, und eine Beschreibung von 1630 erwähnte denn auch neben Kanzel und Altar ein Orgelpositiv. Inventurlisten zufolge wurde es 1679 zu Reparaturzwecken zerlegt, danach wieder aufgebaut und zwanzig Jahre später endgültig abgebrochen. Es war nicht mehr zu verwenden. Dass es mit zwei Bälgen und Bleigewichten ausgerüstet war, ist belegt.
Informationen über die Existenz einer Orgel im 18. und in der ersten Hälfte des 19. Jahrhunderts gibt es bislang nicht. Im Zuge der umfassenden Restaurierung der Wartburg unter Großherzog Carl Alexander wurde die Kapelle völlig neu hergerichtet und 1855 eingeweiht. Aus diesem Anlass hielt auch eine einmanualige Orgel Einzug. Sie hatte etwa 100 Jahre Bestand, musste jedoch zweimal gründlich überarbeitet werden: 1899 führte der renommierte Hoforgelbauer Wilhelm Sauer aus Frankfurt/Oder einen Neuaufbau durch, der ein Manual und vier Register besaß. Das alte Gehäuse war wiederverwendet worden. 1927 nahm die gleiche Firma eine Erweiterung und klangliche Verbesserungen vor. Im Jahr 1953 wurde dann eine zweimanualige Orgel aus der Werkstatt des Weimarer Orgelbaumeisters Gerhard Kirchner angeschafft. Und die jetzige Orgel stellte der VEB Orgelbau Dresden (heute Jehmlich Orgelbau Dresden) 1982/83 auf und passte sie dabei dem Gewölbe klanglich und gestaltungsmäßig an. Ihre Einweihung erfolgte am 22. September 1983. Seit 1985 finden jährlich drei Konzerte mit namhaften Organisten, Sängern und Instrumentalisten statt. Die Betreuung von Konzertprogramm und Orgel liegt in den Händen des Jenaer Organisten und Orgelsachverständigen Hartmut Haupt.

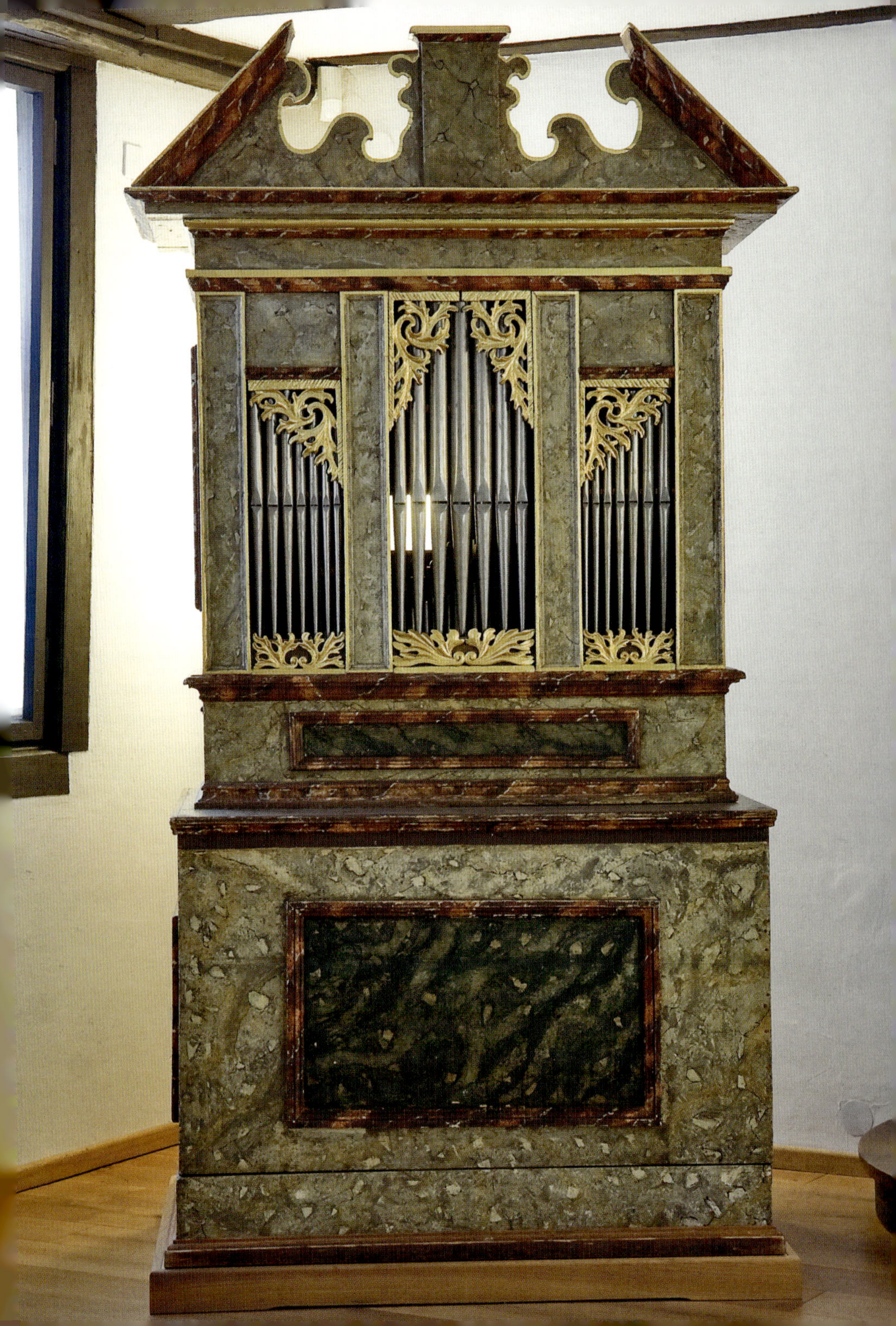

Das Orgelpositiv von Eberhardt Antony Heinrich im Bachhaus zu Eisenach

Disposition > Seite 179

Orgelbauer:
Eberhardt Antony Heinrich
Erbauungszeit:
1722
Restaurierungen, Umbauten:
1974/75, 1994/95

Der Name des Erbauers und das Datum der Herstellung kamen zufällig ans Licht, als bei der Restaurierung eine Bleistiftnotiz unter der gelben Leimfarbe des Prospektpfeifenstockes sichtbar wurde: „Eberhardt A. Heinrich, Bürger und Orgel Macher zu Heinborg anno 1722". Nachforschungen zufolge war Eberhardt Antony Heinrich ein österreichischer Orgelbauer, der zu Beginn des 18. Jahrhunderts im Burgenland und in Neusiedel am See arbeitete und 1727 starb.

Das Instrument entstand im niederösterreichischen Hainburg/Donau. Wie das kleine Werk, das 45 Tasten und 233 Pfeifen besitzt, nach Thüringen kam, ist nicht bekannt. 1941 erwarb Georg Prinz von Sachsen-Meiningen und Herzog zu Sachsen die Hausorgel für die Kapelle der Veste Heldburg. 1951 wurde sie der Stadt Eisenach übergeben, im Rokokosaal des Thüringer Museums aufgestellt und 1974/75 von Wolfgang Wenke restauriert. Die schlechten klimatischen Bedingungen in diesem Saal haben dem kostbaren Instrument in der Folgezeit große Schäden zugefügt. 1991 kam es als Leihgabe des Thüringer Museums ins Bachhaus, in dessen Musikinstrumentensaal es gemäß der „Gütlichen Einigung" zwischen dem Treuhänder des Herzoglichen Hauses

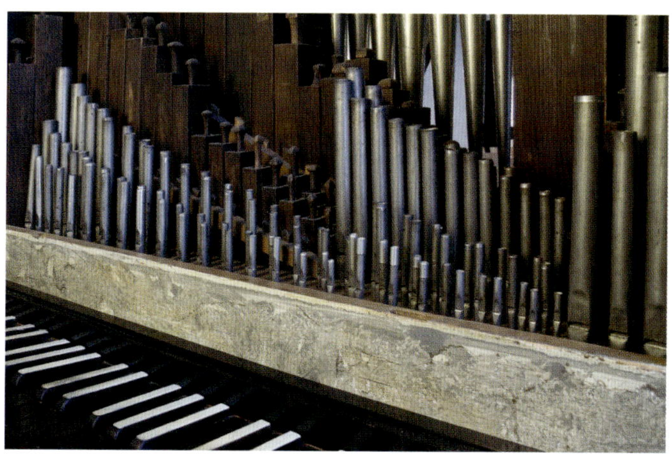

Rückwärtige Spielanlage

Sachsen-Meiningen und der Stadt Eisenach im Jahr 1999 als Dauerleihgabe verblieben ist. Eine neuerliche Restaurierung haben Gerald Woehl und Monika May aus Marburg 1994/95 vorgenommen. Das Orgelpositiv ist zweiteilig. Im unteren Teil befindet sich die Windanlage, im oberen Teil das Pfeifenwerk und (auf der Rückseite) die Spielanlage, von der aus der Blick zu den Mitspielern durch ein Fenster möglich ist. Die Schauseite zeigt den Prospekt mit den Principalpfeifen 2'.

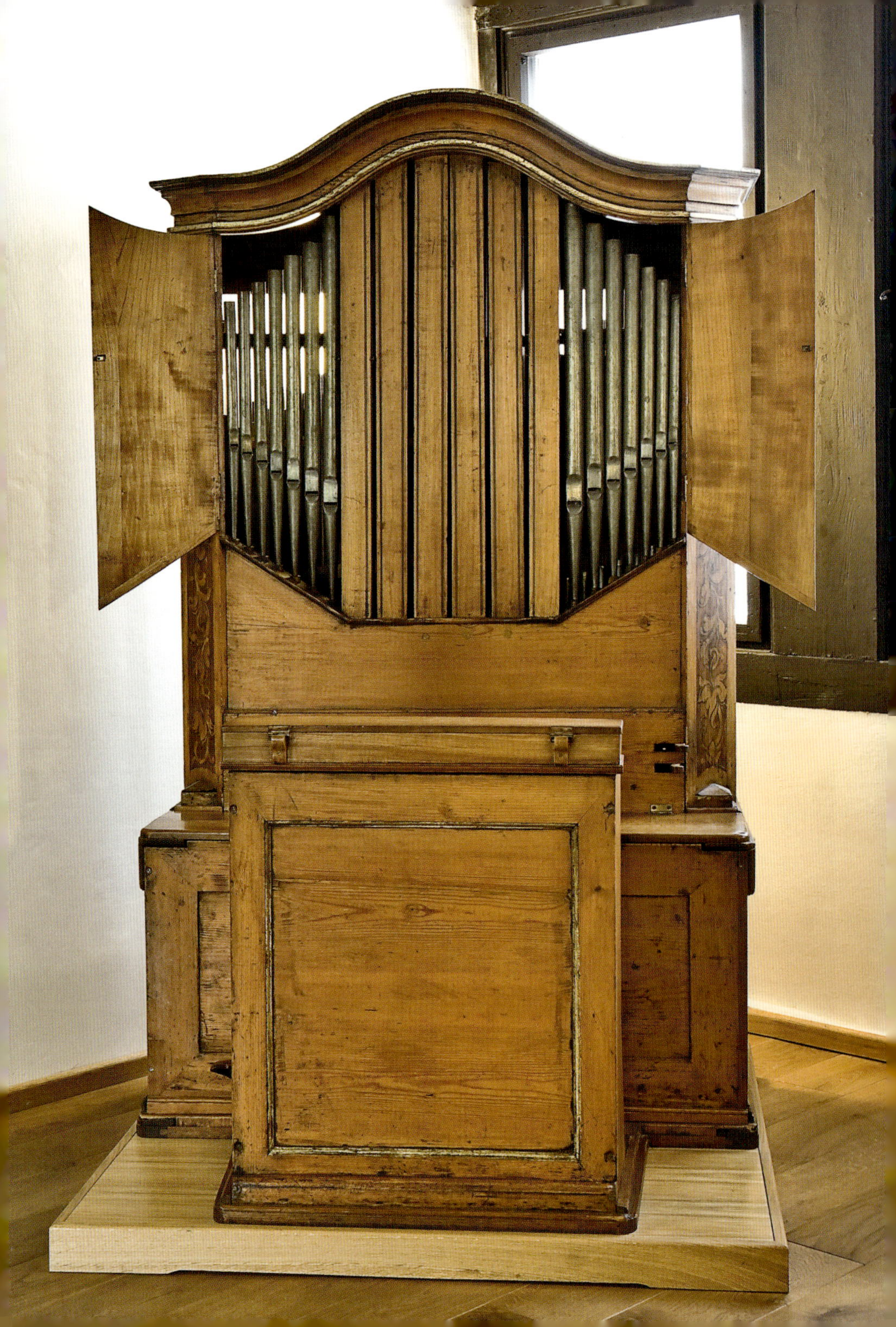

Das Orgelpositiv von 1750 im Bachhaus zu Eisenach

Disposition > Seite 180

Orgelbauer:
unbekannt
Erbauungszeit:
ca. 1750
Restaurierungen, Umbauten:
1813, 1907, 1972, 1996

Das meiste liegt im Dunkeln, und der Rest lässt sich vermuten: Der Erbauer des Orgelpositives ist unbekannt.

Als frühestes Entstehungsdatum wird das Jahr 1750 geschätzt. Die Balganlage und die Registermechanik ähneln der Toggenburger Hausorgel und die aufgebänkten Prospektpfeifen der Emmentaler Hausorgel – zwei Instrumenten, die noch heute in der Schweiz existieren. Auch der Einfluss von Johann Konrad Speisegger (1699 – 1781), eines namhaften Orgelbauers aus Schaffhausen, ist anzunehmen.

Sicher jedenfalls ist, dass das Instrument 1910 als Stiftung des Stuttgarter Hofkapellmeisters und Musikwissenschaftlers Aloys Obrist ins Bachhaus kam. Seine Familie stammte aus der Schweiz. 1901 – 1907 war Obrist Kustos des Liszt-Museums in Weimar. Und 1910 verstarb er am 29. Juni in Stuttgart.

An diesem Instrument gibt eine Signatur Auskunft, dass „Melchior Grobi ob Cappel/Im Bergle; der Gemeind/Ebnet Ano 1813" Arbeiten ausgeführt hat: Es musste generalüberholt werden, weil ein Großteil der Pfeifen durch Holzwürmer beschädigt war. 1907 nahm der Weimarer Orgelbaumeister Friedrich Wilhelm Böttcher eine Reparatur vor, und 1972 wurde das Positiv umfassend

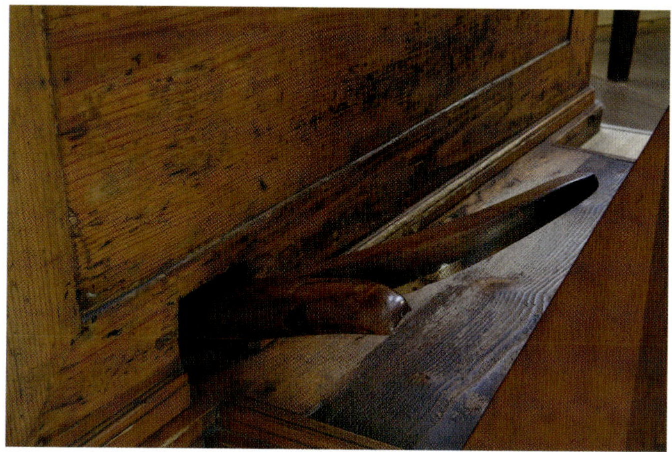

Trittvorrichtung zur Balganlage

restauriert, wobei die Intonation von 1813 erhalten blieb. 1996 wurde auch dieses Orgelpositiv von Gerald Woehl restauriert. Die Klaviatur steht separat vor dem schlichten Schrankgehäuse, das durch zwei Flügeltüren verschlossen werden kann. Tasten und Ventile sind mittels Stechern, Winkelhebeln und Abstrakten verbunden. Und von der Sitzbank aus kann der Organist selbst die Bälge treten und seine Musizierpartner gut im Auge behalten ...

Sehenswertes in Eisenach und Umgebung

Eisenach

Die kreisfreie Stadt Eisenach ist das Zentrum Westthüringens. Wartburg, Luther, Bach und Automobile sind ihre Wahrzeichen. Und sie wird, im Tal der Hörsel liegend, von einer schönen und sagenumwobenen Landschaft geschmückt. Im Süden und im Südwesten steigt der Thüringer Wald steil auf Höhen bis über 400 m an. Zwischen Hoher Sonne und dem Stadtgebiet liegen die Drachenschlucht und die Landgrafenschlucht und in den Bergen die Felsenhöhle „Das verfluchte Jungfernloch", das Burschenschaftsdenkmal und die Wartburg, die seit 1999 zum Weltkulturerbe der UNESCO zählt. Östlich von Eisenach befinden sich das Hörseltal und die Hörselberge, die der Sage nach die Heimat der Frau Holle und das Reich von Frau Venus und Tannhäuser sein sollen. Nördlich der Stadt erstreckt sich eine ausgedehnte Hochfläche bis an den Rand des Hainich. Und westlich, an der Thüringer Pforte bei Hörschel, wo die Hörsel in die Werra mündet, beginnt der Rennsteig. Der berühmteste Wanderweg Deutschlands schlängelt sich auf einer Länge von fast 170 km über den Kamm des Thüringer Waldes bis nach Blankenstein an der oberen Saale.
Der Name Eisenach fand erstmals 1150 im Zusammenhang mit der Beerdigung des Ritters Berthold de Isenacha Erwähnung. Ende des 12. Jahrhunderts wurde die Wartburg Hauptresidenz der Landgrafen von Thüringen und damit zu einem der prächtigsten Fürstenhöfe des Mittelalters. In ihrem Schutz entwickelte sich die Stadt zum wirtschaftlichen, politischen und geistigen Zentrum Thüringens. Nach dem thüringisch-hessischen Erbfolgekrieg fiel Eisenach 1264 an die Wettiner. 1406 verlor die Stadt ihre Bedeutung als landgräfliche Residenz und die Burg die Hofhaltung und die langgräfliche Verwaltung. Die Folge waren Gebietsverluste und wirtschaftlicher Niedergang. 1485 kam Eisenach unter die Herrschaft der Ernestiner. 1596 verlegte Herzog Johann Ernst von Sachsen-Eisenach seine Residenz von Marksuhl nach Eisenach. Und 1741 wurde Eisenach Teil des Herzogtums Sachsen-Weimar und erlebte als Kulturstadt eine neue Blütezeit, die in der Architektur zum Ausdruck kam und in den Zirkeln der Julie von Bechtolsheim einen Niederschlag fand. Am Jakobsplan trafen sich die angesehensten Geister der Zeit: Dichter, Philosophen, Damen von Adel und die Familie des Herzogs, Musiker und Militärs und sogar der Vizepräsident der Vereinigten Staaten von Amerika. Auf Einladung des

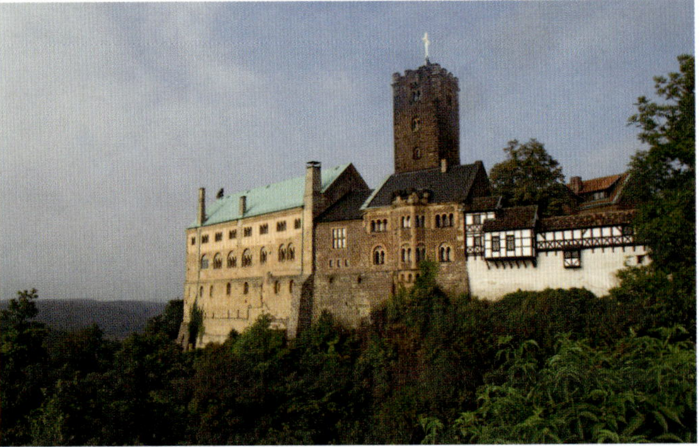

Blick auf die Wartburg

Herzogs Carl August von Sachsen-Weimar-Eisenach besuchte Johann Wolfgang von Goethe 1777 erstmals die Wartburg. Vom 7. bis 9. August 1869 fand im Gasthaus Goldener Löwe (heute Gedenkstätte) mit August Bebel und Karl Liebknecht der Gründungsparteitag der Sozialdemokratischen Arbeiterpartei Deutschlands statt, auf dem das Eisenacher Programm beschlossen wurde.

Wartburg

Die Wartburg auf dem 410 m hohen Wartberg ist eine der berühmtesten Burgen Deutschlands. Der Sage nach soll sie 1067 von Graf Ludwig dem Springer gegründet worden sein. Der glanzvolle Hof des Landgrafen Hermann von Thüringen war ein Hort des Minnesanges und der Dichtkunst. 1206 soll hier der legendäre Sängerkrieg auf der Wartburg stattgefunden haben, der Richard Wagner zu seinem „Tannhäuser" (1845) inspirierte. 1211 kam die vierjährige ungarische Königstochter Elisabeth als künftige Braut des Thüringer Landgrafen auf die Burg. Sie lebte hier bis 1227 und wurde 1235, vier Jahre nach ihrem Tod, wegen ihres Glaubenseifers und ihrer Wohltätigkeit heilig gesprochen. Franz Liszt hat ihr mit seiner „Legende von der Heiligen Elisabeth" (1862) musikalisch ein Denkmal gesetzt. 1521/22 versteckte sich der in Worms mit der Reichsacht belegte Reformator Martin Luther als Junker Jörg auf der Wartburg und übersetzte hier das Neue Testament in die deutsche Sprache. Und im Oktober 1817 trafen sich 500 Studenten und Professoren zum ersten Wartburgfest und verabschiedeten ein Manifest zur deutschen Einheit. Der Dialog zwischen Staat und Kirche in der DDR begann 1964 mit einem Wartburggespräch zwischen dem Staatsratsvorsitzenden Walter Ulbricht und Landesbischof Moritz Mitzenheim.

Ihr heutiges Aussehen erhielt die Wartburg vor allem durch die umfassenden Restaurierungs- und Rekonstruktionsarbeiten zwischen 1838 und 1890 und seit 1952. Zugang zur Burg gewähren eine Zugbrücke und das Torhaus. Die schmale Vorburg mit Ritterhaus, Fachwerkbauten und Wehrgängen aus dem 14. und 15. Jahrhundert wird durch eine Mitte des 19. Jahrhunderts in historistischem Stil errichtete Gebäudegruppe von der Hofburg getrennt. Der Palas, ein spätromanischer Repräsentativ- und Wohnbau der Landgrafen, und der Südturm, von dem man eine großartige Aussicht über die Stadt und die Landschaft hat, gehören zum ältesten Teil der Burganlage. Im Erdgeschoss des Palas befinden sich Rittersaal, Speisesaal und die Elisabethkemenate, in der farbenprächtige Mosaike Szenen aus dem Leben der heiligen Elisabeth zeigen. In der Elisabethgalerie im ersten Obergeschoss hat Moritz von Schwind sechs Fresken aufgetragen, und für den Sängersaal hat der spätromantische Maler ein imposantes Monumentalfresko geschaffen. Der Festsaal im zweiten Obergeschoss erstreckt sich über die gesamte Länge und Breite des Palas. Der prunkvolle Raum, der dem „Märchenkönig" Ludwig II. für den Sängersaal auf Schloss Neuschwanstein als Vorbild diente, ist einer der schönsten Säle Deutschlands und bietet hochkarätigen Konzerten und vielen gesellschaftlichen Ereignissen einen festlichen Rahmen. Die Lutherstube ist als schlichtes Obdach erhalten geblieben. Und in den Museumsräumen der Neuen Kemenate und der Dirnitz werden wertvolle Kunstgegenstände gezeigt, die mit Namen wie Lucas Cranach, Tilman Riemenschneider und Albrecht Dürer verbunden sind.

Der heilige Georg tötet den Drachen, Brunnenfigur auf dem Eisenacher Markt vor dem Turm der Georgenkirche

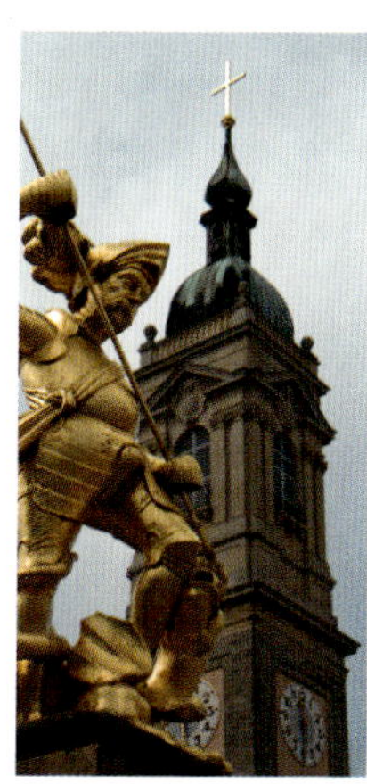

Um den Eisenacher Marktplatz gruppieren sich das Rathaus (1632) und das barocke Stadtschloss (1742) mit dem Thüringer Museum, der Marktbrunnen mit dem heiligen Georg, dem Schutzpatron der Stadt, und die Pfarrkirche St. Georg. Das wichtigste sakrale Bauwerk Eisenachs wurde 1169 erstmals urkundlich erwähnt. Nach 1515 wurde das Äußere der Hallenkirche mehrfach baulich verändert. 1676 erhielt sie eine reichverzierte Kanzel. 1719 war die 1707

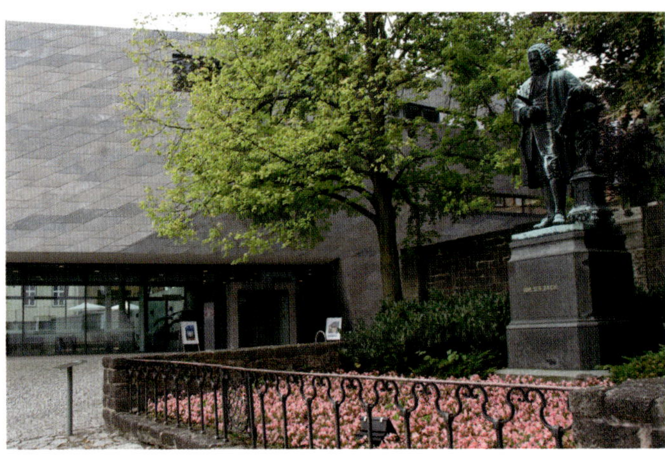

Das Bachdenkmal vor dem Anbau am Bachhaus

St. Georgenkirche Eisenach

geweihte Stertzing-Orgel endgültig fertig gestellt. Zwischen 1899 und 1902 bekam sie erstmals einen Turm. 1978 renoviert, kann die Kirche seither ihre historisch gewachsene Farben- und Formenvielfalt zeigen. Bedeutung erhielt das Gotteshaus als Traukirche von Landgraf Ludwig IV. und Elisabeth (1221), als Taufkirche von Johann Sebastian Bach (1685) und als Bischofskirche der Evangelisch-Lutherischen Landeskirche Thüringens (1921 – 2008). Zum Zentrum der Reformation wurde Eisenach durch Martin Luther. Als Lateinschüler bewohnte er 1498 – 1501 das heutige Lutherhaus am Lutherplatz, eines der ältesten Fachwerkgebäude der Stadt und seit 1956 Gedenkstätte. Und am 2. Mai 1521 hat er noch in der Georgenkirche gepredigt, bevor er am nächsten Tage Unterschlupf auf der Wartburg fand. In der Kirche sind viele Grabsteine, Epitaphe und Gedenktafeln der Thüringer Landgrafen aufgestellt.

Bachhaus Eisenach

Das Bachhaus am Frauenplan gilt fälschlicherweise als Geburtshaus von Johann Sebastian Bach (21. März 1685). 1907 wurde in diesem über 600 Jahre alten Bürgerhaus das weltweit erste Bach-Museum eröffnet. Es erhielt 2007 einen spektakulären Anbau, so dass nun im historischen Ambiente und mit modernen Medien alte Musikinstrumente vorgestellt, lebendige Eindrücke vom Leben und Wirken der Bach-Familie vermittelt und schöne Hörerlebnisse geboten werden können. Seit dem 10. Dezember 2009 besitzt das Bachhaus auch ein Orgelpositiv aus Thüringen. Um 1650 gebaut, diente es als Kirchenorgel in Kleinschwabhausen und in der Weimarer Zuchthauskirche (1816). 1873 kam es als Hausorgel in Privatbesitz (Weimar, Berlin) und wurde später nach Süddeutschland verkauft. Am 28. November 2009 in Traunstein bei Salzburg ersteigert, ist diese Barockorgel das ideale Ausstellungsstück aus der Bachzeit.

Theater Eisenach

Eisenachs klassizistischer Theaterbau, den der Leipziger Architekt Karl Weichardt entworfen hat, wurde am 1. Januar 1879 eingeweiht. Er ist ein Geschenk des Bankiers und Fabrikanten Julius von Eichel-Streiber an die Bürger Eisenachs. 1952 wurde das Haus Landestheater. Es erhielt ein eigenes Drei-Sparten-Ensemble, und die Landeskapelle Eisenach wurde angegliedert. Nach der Fusion mit dem Theater Rudolstadt (1995 – 2003) und der Zusammenarbeit mit dem Südthüringischen Staatstheater Meiningen erfolgte am 1. Januar 2009 die Überführung in die „Kulturstiftung Meiningen-Eisenach“. In der Villa von Fritz Reuter, in der eine Ausstellung an das Leben und Werk des niederdeutschen Dichters (1810 – 1874) erinnert, wird auch eine Sammlung zu

Richard Wagner gezeigt – die umfangreichste nach Bayreuth! Eine Kuriosität ist das Schmale Haus am Johannisplatz, das wohl schmalste bewohnte und über 250 Jahre alte Fachwerkhaus Deutschlands. Andere Sehenswürdigkeiten sind die dreischiffige Basilika der Nikolaikirche aus dem Jahre 1180 und das Nikolaitor, das als einziges von fünf Stadtmauertoren erhalten geblieben ist; das Industriedenkmal Alte Mälzerei, das durch den voll funktionsfähigen Maschinenpark der Malzkaffee-Fabrik, eine Theaterspielstätte und das Internationale Jazz-Archiv sein einzigartiges Flair erhält, sowie die Automobilausstellung auf dem Gelände des früheren Automobilwerkes Eisenach mit attraktiven Wartburg- und BMW-Oldtimern. Eisenach weiß auch Feste zu feiern. Früher wetteiferten auf der Burg die Minnesänger, und in der Stadt vergnügten sich die Bürger an Mysterien- und Moralitätenspielen. Heutzutage findet jedes Jahr zu Lätare („Freue dich!"), dem Wochenende vor dem vierten Fastensonntag, der „Sommergewinn" statt, Deutschlands größtes Frühlingsfest. Höhepunkt ist der Festumzug, den das traditionelle Streitgespräch zwischen Frau Sunna und Herrn Winter beschließt. „Luther – Das Fest" wird ab 2009 anlässlich der Luther-Dekade 2008 – 2017 wieder jährlich im Monat August aufgeführt. Das große Mittelalterspektakel in der Innenstadt vereint ein spannendes Luther-Schauspiel mit dem bunten Festumzug in historischen Kostümen.

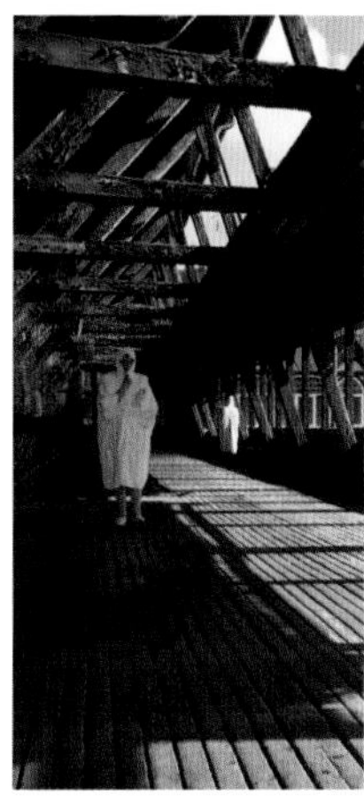

Das Gradierwerk in Bad Salzungen

Im Naturschutzgebiet „Wartburg – Hohe Sonne" südlich von Eisenach befindet sich die Drachenschlucht. Die einzigartige Klamm ist ein beliebtes Wanderziel und ein Lebensraum für zahlreiche Tier- und Pflanzenarten.

Bad Salzungen

Weiter südlich, zwischen Thüringer Wald und Rhön, im weiten Tal der Werra, liegt die Kur- und Kreisstadt Bad Salzungen. Sie ist seit 2009 staatlich anerkanntes Sole-Heilbad. Das um 1900 im Jugendstil errichtete Gradierwerk (Ostwand 1796/97; 1901 Westwand sowie Mittelbau im hennebergischen Fachwerkstil) erlangte nicht nur durch seine Architektur, sondern auch durch ein umfassendes Therapieangebot Einmaligkeit unter den Bädern in Deutschland und Europa.

Bad Liebenstein

Bad Liebenstein ist Thüringens ältestes Heilbad. Sehenswert sind die klassizistischen Kuranlagen – Kurhaus, Wandelhalle und Kurtheater – mit dem Brunnentempel (1816) sowie das 1895 im fränkisch-hennebergischen Fachwerkstil erbaute Postgebäude. Von der Ruine der im 13. Jahrhundert errichteten Burg Liebenstein lässt sich weit ins Werratal und zu den Bergen der Rhön blicken.

Eisenach und Umgebung

Information	Eisenach-Wartburgregion Touristik GmbH Markt 24 99817 Eisenach Tel.: 03691 79230 Fax: 03691 792320 E-Mail: info@eisenach.info
Sakrale Bauten	Predigerkirche, Georgenkirche, Nikolaikirche, Annenkirche, Eliakapelle, Clemenskapelle, Kapelle im Palas der Wartburg, Katholische Kirche St. Elisabeth, Kreuzkirche
Museen	Wartburg, Bachhaus, Lutherhaus, Thüringer Museum im Stadtschloss, Automobilausstellung, Reuter-Wagner-Museum, Alte Mälzerei, Gedenkstätte „Goldener Löwe"

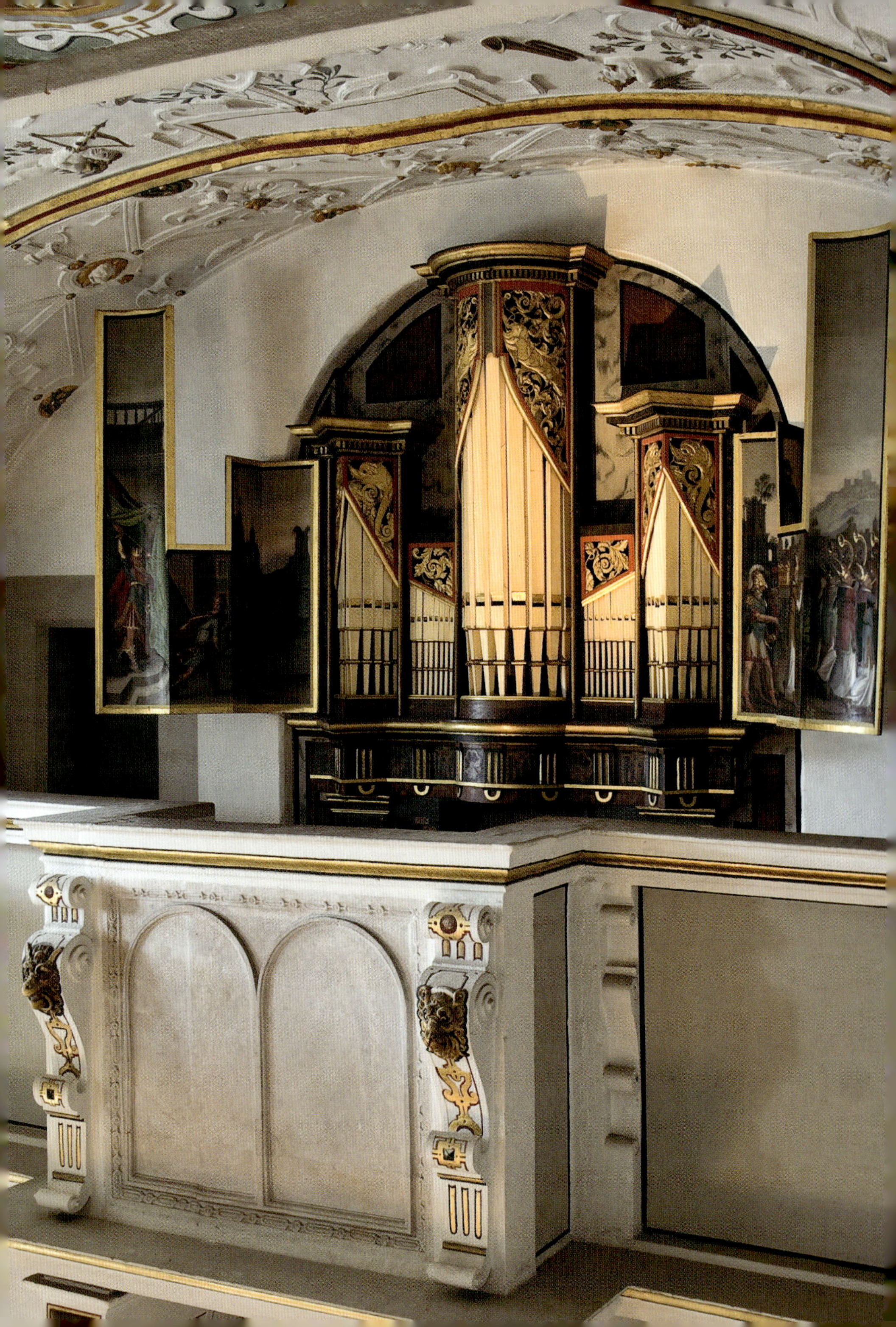

Die Meyer-Orgel auf Schloss Wilhelmsburg in Schmalkalden

Disposition > Seite 180

Orgelbauer:
Daniel Meyer
Erbauungszeit:
1587 – 1589
Restaurierungen, Umbauten:
1606, 1737, 1769, Mitte des 19. Jahrhunderts, um 1900, 1971 – 1976

Groß ist sie nicht, aber extravagant! Als Orgel, die ausschließlich Holzpfeifen besitzt, ist sie eine Rarität. Als Meyer-Orgel ist sie die einzige, die von ihrem Erbauer noch Kunde gibt. In Thüringen ist sie die älteste erhaltene und noch spielbare Orgel. Und sie ist ein fürstliches Instrument: Ein Herrscher hat sie in Auftrag gegeben. Er hat die Disposition bestimmt und ihre Klang-Seele geformt. Und er hat sie selbst gespielt. Majestätische Ausmaße besitzt die Orgel nicht. Doch ihre Form und ihr Aussehen sind edel und prächtig.

Und ihren Platz in der großzügigen und großartigen Raumarchitektur der Schlosskapelle nimmt sie ganz selbstverständlich ein: Als prächtiger Blickfang auf der Westseite, in Augenhöhe der Fürstenloge. Als Krönung eines kostbar hergerichteten Ensembles von Altar, Taufbecken und Kanzel. Eine solche vertikale Anordnung ist hier erstmals zu finden. Sie gilt als typischer Ausdruck des protestantischen Liturgieverständnisses und wurde vielen Kirchenräumen in Thüringen zum Vorbild. Die Orgel beweist ihre Einzigartigkeit aber noch mit manch anderem außergewöhnlichen Detail: Alle Pfeifen sind aus Holz gefertigt, wobei die Prospektpfeifen durch ihren Elfenbein- und Goldbelag und das sie bekrönende reiche Schnitzwerk besonders zur Geltung kommen. Und die vergoldeten und bemalten Türen, mit denen sich die „Hölzerne Orgel“ verschließen lässt, tragen erst recht zum auffallend schmucken und kostbaren Aussehen des Instrumentes bei – ein Kleinod in der Art der Schnitzaltäre des 16. Jahrhunderts. Außen sind – in feiner Entsprechung zur Stuckdecke der Kapelle – musizierende Frauengestalten, Engel und Instrumente zu sehen. Und innen sind der Zug der Bundeslade und die Bedrohung Davids durch Saul abgebildet. Ihre klanglichen Besonderheiten erhält die Orgel durch die beiden Regalstimmen, die sehr hoch liegende Cymbel, einen Tremulanten und vor allem durch den „Vogelschrey“. Dieses Register, dem zwei in ein Gefäß mit Wasser getauchte Pfeifen humoristische und allegorisierende Spielereien erlauben, weist darauf hin, dass die Orgel nicht nur sakralen Zwecken diente, sondern auch als Konzertinstrument Verwendung fand. Als eine der bedeutendsten historischen Orgeln in Deutschland stellt sie ihrem Erbauer ein hervorragendes Zeugnis aus – und ohne sie wäre Daniel Meyer vergessen. Sie ist das einzige seiner Werke, das man noch als Augenweide und Ohrenschmaus erleben kann.

Auch von Daniel Meyers Leben weiß man nur wenig. Sein Geburtsdatum ist nicht bekannt. Vermutlich zwischen 1545 und 1550 ist er in Göttingen zur Welt gekommen. Gelernt hat er offenbar in der Fremde, denn sein Name taucht erst 1571/72 im Stadtregister auf. Und ab 1574 ist seine Tätigkeit als Orgelbauer erwiesen. Meyer muss sich durch seine Kunstfertigkeit recht schnell einen guten und weitreichenden Ruf verschafft haben: Wie sonst wäre es zu erklären, dass ihn der musikliebende und kunstverständige Landgraf Wilhelm IV. von Hessen-Kassel mit dem Bau von vier Orgeln in Kassel beauftragte und ihm auch die Errichtung des Instrumentes auf Schloss Wilhelmsburg in Schmalkalden übertrug? Zu diesem prunkvollen Renaissancebau, der als Sommerresi-

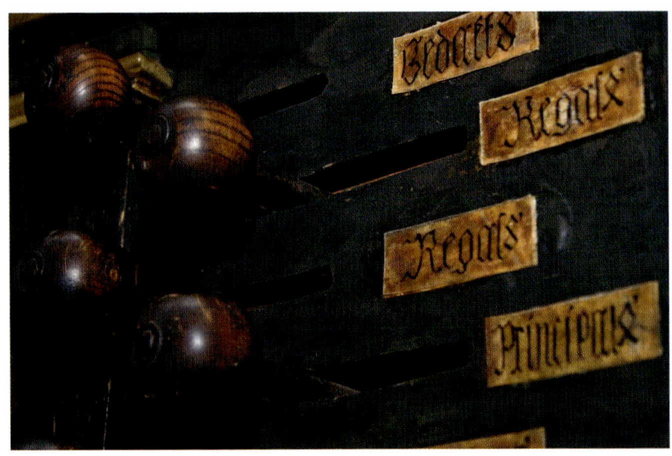

Registerzüge

denz und Jagdschloss gedacht war, und der nicht weniger prächtigen Schlosskirche sollte sich auch eine Orgel von exklusivem Rang gesellen – im Vertrag vom 22. Dezember 1586 erteilt Bauherr Wilhelm IV. dem Orgelbauer Daniel Meyer genaue Anweisungen für „ein Orgelwerk in ihrer f. g. neu schloscappel zu Wilhelmsburgk vber Schmalkalden“ und legt dabei, auch unter Hinweis auf „unser wergk zu Rottenburg“, in sieben Punkten die Details für ihren ausgefallenen Klang und ihre attraktive Erscheinung fest. „Bestendigst und vleissigt“ soll Meyer arbeiten, „das er von dato ann vber einn jahr kann liffernn vndt setzen [...] vnndt herr landtgraff Wilhelm zu Heßen geben drey hundert thaler“.
Zwei Jahre benötigte Meyer für den Bau der Orgel; 1589 fanden die Arbeiten ihren Abschluss. Unter den Händen von Wilhelm IV. erklang das Instrument erstmals am 23. Mai 1590 anlässlich der Weihe der Schlosskirche und zur Einweihung des Schlosses. Mit 252 Pfeifen, sechs klingenden Registern und einem Manual war es zwar klein gehalten. Die Mischung von vier Labial- und zwei Zungenregistern ließ jedoch sehr reichhaltige, originelle und bewusst altertümliche Klangwirkungen zu; sie brachte sowohl südlich-italienische wie auch niederländisch-norddeutsche Farben hervor. Ob das im Vertrag angeführte und als Spezialität von Meyers Orgelbau geltende „gutt jnstrument von Duppelseitenn, das mit dem prinzipall vndt großen regall vnisonum haben“ soll und „einen herrlichen und lieblichen resonantz giebt“, tatsächlich an die Orgel angebaut wurde, ist nicht bekannt. Spuren und Hinweise auf dieses Doppelinstrument – ein „Claviorganum“ mit Cembalo, „Harff und lawte“ – fehlen. Die Orgel ließ sich aber auf jeden Fall für Kammermusik nutzen. Auch Moritz Landgraf von Hessen, der Sohn von Wilhelm IV., hat sie gespielt und eigene Stücke aufgeführt. Und er hat Daniel Meyer 1595 – zwei Jahre vor dessen Tod – zum Hoforgelmacher ernannt und damit ein Werk gewürdigt, das noch Jahrhunderte später Eindruck machen sollte.
Doch der Meyer-Orgel blieben Schicksalsschläge nicht erspart – Umbauten schadeten ihrer originalen Substanz erheblich. 1606 fügte Georg Weisland, der Nachfolger Daniel Meyers, das neue Register Grobgedackt hinzu, setzte 26 Pfeifen aus Blei ins Register Cymbel ein, erneuerte Blasebälge und Teile der Windleitung und stimmte die Orgel auf „Zimmerton“ um. Von einem „Instrument mit doppelten Saiten“ war schon zu diesem Zeitpunkt keine Rede mehr. 1737 baute Johann Caspar Beck aus Herrenbreitungen für 80 Taler eine

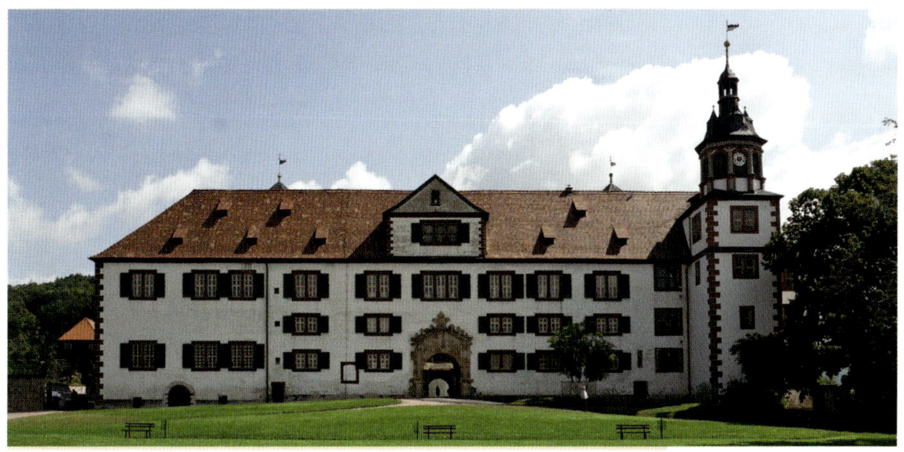

Schloss Wilhelmsburg

neue Pedalschleiflade und vier Pedalregister (!) ein und veränderte das Register Cymbel in Sesquialtera. 1769 erfolgten Reinigungs- und Instandsetzungsarbeiten, in der Mitte des 19. Jahrhunderts Umbauten und Reparaturen, und um 1900 zog die abermalige Veränderung der Disposition eine erhebliche Minimierung der Register nach sich. Als 1966/67 die Schlosskapelle aufwendig restauriert wurde, stand auch die Rückführung der Orgel auf ihren Originalzustand von 1589 an. Diese schwierige und langwierige Aufgabe löste die Orgelbaufirma von Wilhelm Rühle (1906 – 1993) aus Moritzburg. Seit 1947 hatte sie sich überregional einen guten Ruf verschafft und konnte demzufolge in den Jahren 1971 – 1976 bei der Wiederherstellung der nahezu unkenntlich gewordenen Klangsubstanz große Erfahrung, handwerkliche Meisterschaft und künstlerisches Gespür einbringen. Grundlagen für diese beispielhafte Leistung lieferten Forschungen von Ulrich Dähnert, der Bauvertrag von 1586 und das Vorbild eines ähnlichen, noch intakten historischen Orgelwerkes von Esaias Compenius auf Schloss Frederiksburg bei Kopenhagen aus dem Jahre 1612. Originale Teile, darunter das Gehäuse mit der Schauseite, die Manualklaviatur sowie das komplette Pfeifenwerk von Gedacktflöte 8' und Prinzipal 4', wurden beibehalten. Später hinzugefügte Register, Manualerweiterungen und das gesamte Pedalwerk wurden ausgesondert. Nicht mehr vorhandene Register, Teile von Traktur und Windversorgung, Tremulant und Vogelschrey sowie der Verschluss der Gehäusehinterseite mussten neu angefertigt und für die Regalstimme 2' die Lage 8' gewählt werden. Am Ende war die Disposition nahezu originalgetreu wiederhergestellt. Durch eine geglückte Synthese von gesanglich-milden und metallisch-herben Elementen ist der Klangcharakter der Orgel hervorragend auf die Wiedergabe von Werken des 16. und 17. Jahrhunderts zugeschnitten. Italiener wie Girolamo Frescobaldi, Niederländer wie Jan Pieterszoon Sweelinck oder deutsche Meister wie Samuel Scheidt sind an diesem edlen Instrument bestens platziert.

Sehenswertes in Schmalkalden und Umgebung

Schmalkalden

Schmalkalden liegt ca. 9 km vom Rennsteig entfernt am Südwesthang des Thüringer Waldes. Wälder, Bergwiesen und der Zusammenfluss von Stille und Schmalkalde im Tal prägen die anmutige Landschaft. Erwähnt wurde der Ort, einer der ältesten in Thüringen, erstmals 874 als Villa Smalacalta. Ab 1360 war die Stadt im Doppelbesitz der Henneberger Grafen und der Landgrafen von Hessen; seit 1583 herrschten die hessischen Landgrafen allein. Der Schmalkaldische Bund (1530), das Schutzbündnis der protestantischen Stände gegen den katholischen Kaiser Karl V., der Schmalkaldische Krieg (1546/47), in dem der Bund unterlag, und Luthers Schmalkaldische Artikel (1537), die 1580 zur Bekenntnisschrift der evangelischen Kirche wurden, rückten die Stadt in den Mittelpunkt europäischer Politik. Und die „Schmalkalder Artikel" waren Eisenwaren und Werkzeuge, die exportiert und schon 1397 auf der Frankfurter Messe verkauft wurden – Bergbau und Metallverarbeitung begründeten seit Mitte des 14. Jahrhunderts den Reichtum der Stadt und prägen zusammen mit dem Maschinenbau auch heute das Wirtschaftsleben. Seit 2004 trägt Schmalkalden offiziell den Titel Hochschulstadt. Schmalkaldens Kleinod ist die denkmalgeschützte Altstadt. Gepflegte Fachwerkbauten aus dem 14. bis 18. Jahrhundert bieten nicht nur einen schönen Anblick, sondern bezeugen auch den einstigen Wohlstand. Das spätgotische Rathaus mit seinen auffälligen Staffelgiebeln ist das älteste Gebäude am Altmarkt. 1419 trat hier der Stadtrat erstmals zusammen, und über dem Ratskeller befindet sich der ehemalige Sitzungssaal des Schmalkaldischen Bundes. Überragt wird der Marktplatz von den Türmen der Stadtkirche St. Georg. Die spätgotische Hallenkirche, die zu den schönsten in Thüringen zählt, wurde 1437 – 1509 erbaut. Auffällig sind ihre unterschiedlichen Türme und der spitze Dachreiter mit Stadtuhr, Jungfrau, Sensenmann und der Inschrift „Memento mori!" sowie die Sonnenuhr und die reich verzierten Chorfenster. Im Innenraum beeindrucken viele Glasmalereien und die Schuster-Orgel mit ihren 3 Manualen, 39 Registern und 2.800 Pfeifen. Die Lutherstube über der Sakristei zeigt wertvolle sakrale Kunst und erinnert an Luthers Predigten zur bedeutendsten Tagung des Schmalkaldischen Bundes 1537. Im Südwestturm befindet sich in 50 m Höhe die Türmerstube. Auch der Lutherplatz, der ehemalige Töpfermarkt, ist von Fachwerkgebäuden umsäumt, darunter das um 1520 erbaute Lutherhaus, in dem der Reformator 1537 wohnte. Die Salzbrücke,

Stadtkirche St. Georg Schmalkalden

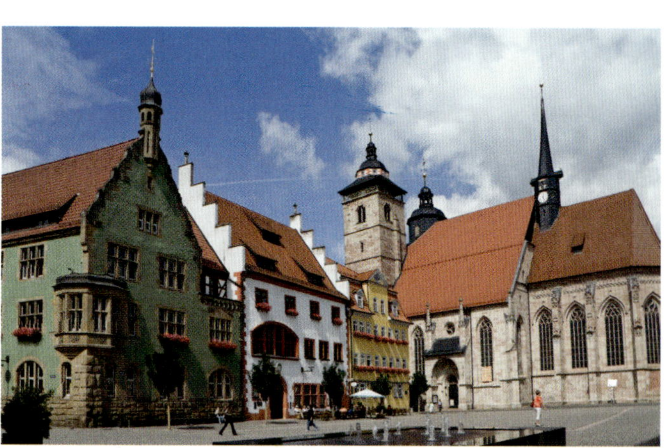

Altmarkt von Schmalkalden

die Steingasse mit der Rosenapotheke, die Weidebrunner Gasse mit dem Liebaugschen Haus und der Großen Kemenate und das Pfaffenviertel mit der Heiliggrabesbehausung weisen ebenfalls prächtige Fachwerk- und Bürgerhäuser und historisch wertvolle Bauten auf. Der imposante Hessenhof am Neumarkt wurde 1203 als landgräfliche Vogtei errichtet. In der Trinkstube im Keller befinden sich Wandmalereien mit Szenen aus dem Epos „Iwein" von Hartmann von Aue. Besichtigt werden kann dieses zweitälteste Zeugnis profaner Wandmalerei in Deutschland als Kopie im Schlossmuseum.

Schloss Wilhelmsburg Schmalkalden

Das über der Stadt thronende, weithin sichtbare Schloss Wilhelmsburg ist Schmalkaldens Wahrzeichen und zählt zu den bedeutendsten Denkmälern deutscher Renaissance-Baukunst. Hessens Landgraf Wilhelm IV., der selbst an den Bauentwürfen mitgewirkt hat, ließ es 1585 – 1590 von mehr als 150 Kasseler Steinmetzen und Bildhauern unter Leitung des Hofbildhauers Wilhelm Vernuken errichten. Der Weiße Saal und der Bankettsaal, großzügig und repräsentativ angelegt mit Kassettendecken, Stuckaturen und Wandbemalungen, lassen die Atmosphäre höfischer Feste erahnen und bieten auch dem Auge einen prächtigen Anblick. Die Schlosskapelle mit der Meyer-Orgel gewinnt durch die schöne Harmonie von Architektur und dekorativer Ausgestaltung ihr einzigartiges Flair. Pfeiler, Arkaden, die zweigeschossigen Emporen und zahlreiche Stuckarbeiten tragen zum überwältigenden Raumeindruck bei; Apostel, Evangelisten und farbig gefasste allegorische Figuren, Putten und florale Motive setzen attraktive Blickpunkte. Der kronenartige Schlussstein trägt die Inschrift W[ilhelm] L[andgraf] Z[u Hessen] ANNO DOMINI 1588. Im Schlossmuseum informieren Ausstellungen über die Ereignisse der Reformation in Europa und über höfische Kultur und Lebensweise. Im Sommerhalbjahr erwarten den Besucher Sommerfilmnächte, Theateraufführungen, Open-Air-Konzerte oder die internationale Konzertreihe an der Holzpfeifenorgel. Im Dezember öffnet der mittelalterliche Weihnachtsmarkt seine Tore.

Technische Denkmale

In Schmalkaldens Stadtteil Weidebrunn ist die Neue Hütte mit einem Hochofen auf Holzkohlebasis aus dem Jahre 1835 zu besichtigen. In Asbach, 2 km östlich von Schmalkalden, gewährt das Besucherbergwerk „Finstertal" Einblicke in den Erzbergbau, wie er seit dem Mittelalter hier betrieben wurde. Der Besucher hat so die einzigartige Gelegenheit, den gesamten Prozess der Gewinnung und Verarbeitung von Eisenerz bis zum fertigen Endprodukt zu verfolgen.

Umgebung von Schmalkalden

Wanderfreunde finden auf dem 17 km langen Martin-Luther-Weg nach Tambach-Dietharz viele Sehenswürdigkeiten, Radwanderer gelangen über den 23 km langen Mommelstein-Radwanderweg auf der ehemaligen Bahnstrecke Schmalkalden-Brotterode zu den Fernwanderwegen Rennsteig und Werratal. Und wer 12 km nördlich von Schmalkalden den aus mehreren Bergarbeiterdörfern zusammengewachsenen Ort Trusetal besucht, erlebt mit dem 58 m hohen, künstlich angelegten Trusetaler Wasserfall noch eine besondere Attraktion.

Schmalkalden

Informationen	Tourist-Information Auer Gasse 6 – 8 98574 Schmalkalden Tel.: 03683 6097580 Fax: 03683 60975821 E-Mail: info@schmalkalden.de
Sakrale Bauten	Stadtkirche St. Georg, Schlosskirche Schloss Wilhelmsburg
Museen	Museum Schloss Wilhelmsburg, Hochofen-Museum „Neue Hütte", Hammerschmiede Asbach, Besucherbergwerk „Finstertal", Erlebnisbahnhof Schmalkalden, Kunsthaus am Markt

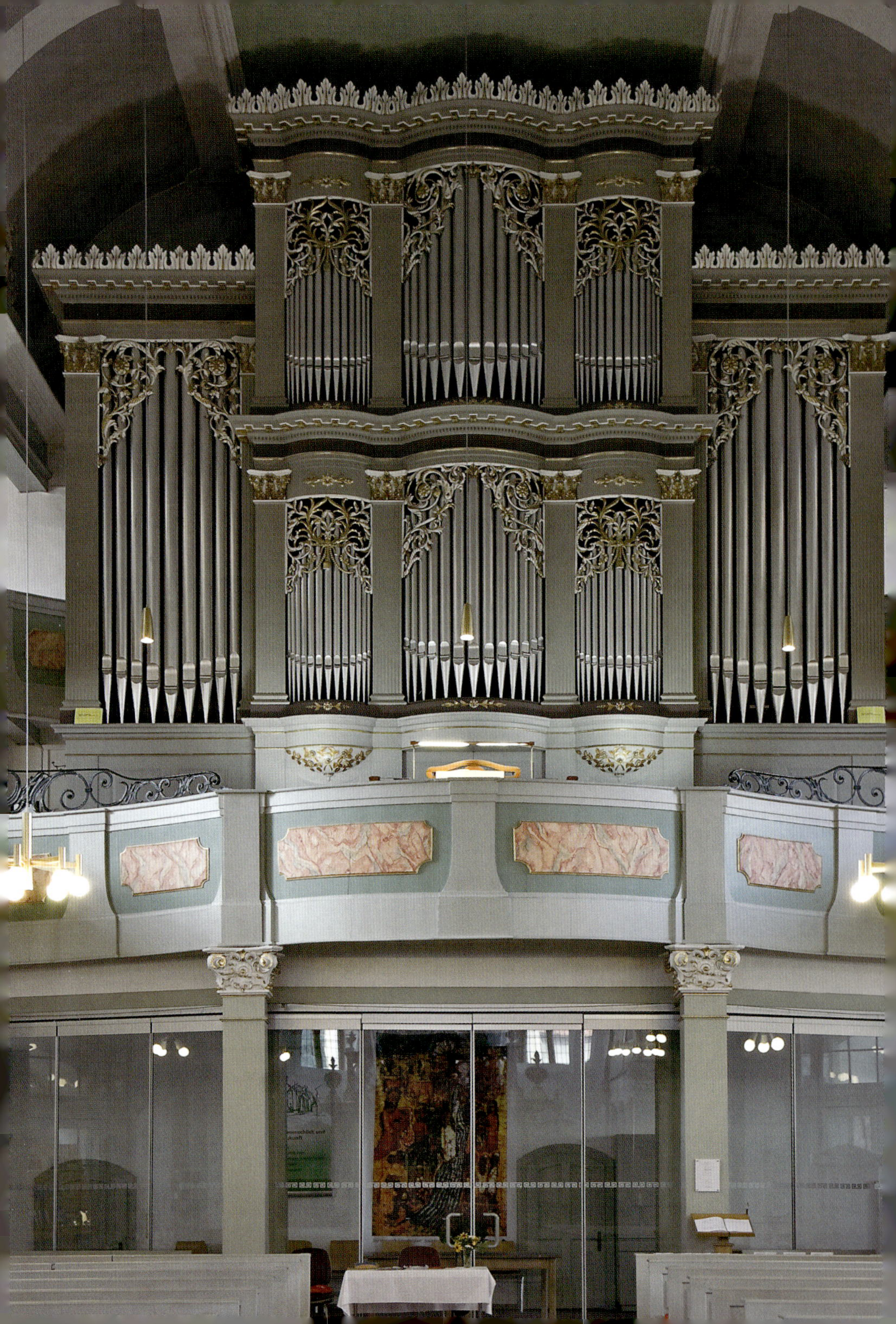

Die Walcker-Orgel in der St. Jakobuskirche zu Ilmenau

Disposition > Seite 180

Orgelbauer:
E. F. Walcker &Cie.
Erbauungszeit:
1910/11
Restaurierungen, Umbauten:
ca. 1930, 1950er Jahre, 1961/62, 1992/93

„Es hat bisher kein Glückstern über unseren Orgeln gestanden; nur eine von ihnen ist über 100 Jahre alt geworden. Im ganzen haben bisher in der Kirche zu St. Jacob sechs Orgeln gestanden, so daß also die jetzt erbaute die heilige Siebenzahl trägt." Mit zwei Sätzen hält die Festschrift zur Einweihung der Walcker-Orgel 1911 zweieinhalb Jahrhunderte Orgelgeschichte fest. Eine tragische Geschichte! Die ersten beiden Orgeln verbrannten 1603 und 1624. Fürstin Sophia, die Gemahlin des letzten Henneberger Fürsten Poppo XVIII., hatte sie dem „Städtlein", ihrem Leibgut, und der Kirche St. Jakobus, in der sie begraben werden wollte, gestiftet.

Die Kirche war dank fürstlicher Güte im Jahre 1625 wieder aufgebaut. Und die Bürger ließen sich trotz „Pressuren" des Dreißigjährigen Krieges und „ander Trangsal" nicht abhalten, „auf Kosten der Kommun" eine dritte Orgel zu bestellen. Sie hat „im Jahre 1636 bei dem Gottesdienst zu spielen angefangen; der Verfertiger derselben ist aus Eisenach gewesen, und hat Christoph Weiße geheißen". 400 Gulden hat sie gekostet und war nach 50 Jahren baufällig. Johannes Mohr aus Erfurt sollte die Mängel beheben. Doch der Orgelbauer tat sich an Bier und Karpfen gütlich und arbeitete schlecht; die Kirche „behielt die Defekta in ihrem köstlichen Orgelwerke". Die Reparaturen erledigte dann ein anderer Meister, und dessen Arbeit hatte am längsten Bestand – bis 1751. Aber schon 1750 nahm der Stadtrat Verhandlungen mit dem Orgelmacher Justin Ehrenfried Gerhard aus Lindig bei Kahla auf, „ein neu tüchtig Orgelwerk mit dreyßig folglich benannten Registern, zwey Claviren und Pedal zu liefern". Der Vertrag vom 9. September 1750 legte die Details fest. Die Orgel sollte, trotz schlechter Finanzlage, ein Prachtstück und der schönen Kirche ebenbürtig werden. Der Erfurter Instrumentenmacher Jonas Fischer fertigte ein Glockenspiel mit 27 Glocken aus gutem Metall für 38 Taler an. Und „das Gehäuse mit Schnitzwerk, Instrumenten und Zierrathen, weiß gestrichen, gemalet, mit feinem Dukatengolde auf polliment-Glantz vergüldet, sollte der Bildhauer J. W. Paßold zu Neustadt a. d. Orla für 90 Taler bis Johanni 1752 liefern". Die Kosten beliefen sich auf 2.000 Taler, zu denen „Ihro Hochfürstl. Durchl. Herr Hertzog Ernst August p.m. bey deroselben einstmahl. Hierseyn" 100 Taler beizusteuern versprach. Die Aufstellung der Orgel begann am 12. Oktober 1751 und sollte Mitte Januar 1752 beendet sein. Der Bildhauer aber bat für seine Schnitzarbeiten um Aufschub bis Weihnachten. So blieb es nur bei der Vorfreude! Der große Brand vom 3. November 1752 legte auch das heiß ersehnte und tüchtig erstrebte vierte Instrument in Schutt und Asche. Dann schenkte Anna Amalia, die „Regentin und Obervormünderin" aus dem Herzoglichen Haus Braunschweig und Lüneburg und vermählt gewesene Herzogin zu Sachsen-Weimar und Eisenach, Ilmenau 1761 eine neue Kirche und 1763 das Orgelwerk dazu. Diese fünfte Orgel mit 19 Registern, zwei Manualen und Pedal hat der Eisenacher Hoforgelmacher Sebastian Seitz „mit seinem Sohne aufgerichtet und gesetzet" und dafür „neunhundert Thaler in schlechtem Gelde [...] bezahlt bekommen". Das kleine Werk, weder neu noch sonderlich kraft- und glanzvoll, genügte dem anwachsenden Kirchenbesuch

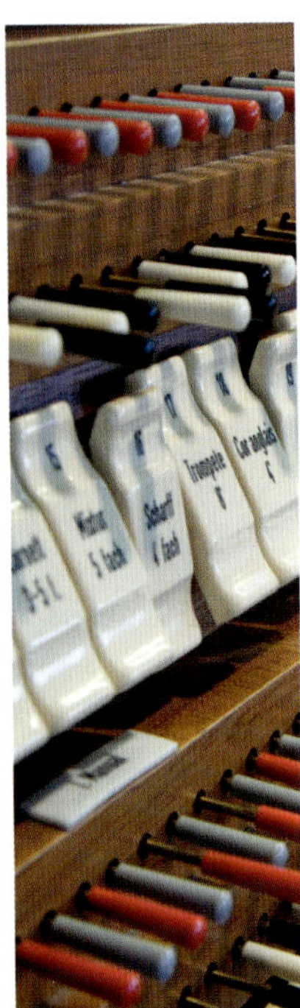

Detail der Registrieranlage

immer weniger. 1824 wurde ein Neubau oder zumindest eine Ausbesserung beantragt, aber die erforderlichen 400 Taler fehlten. 1826 reparierte der Orgelbauer Johann Michael Holland aus Schmiedefeld das Instrument notdürftig für 88 Taler, und 1857 brach es der Orgelbauer Nicolaus Schrickel ganz ab. Aber schon beim hundertjährigen Gedenken an den großen Brand hatte Bürgermeister Christian Hertze 1852 zur Errichtung einer neuen Orgel aufgerufen. Viele Beratungen und Geldsammlungen folgten, dann wurde der Orgelbauer Schrickel aus Eilenburg ausgewählt. Er hatte mit 2.530 Talern das günstigste Angebot vorgelegt, stammte aus dem Nachbardorf Unterpörlitz und wollte sich in Ilmenau beweisen. Seine Disposition, im Bauvertrag vom 2. Februar 1856 festgehalten, umfasste 34 Register, zwei Manuale und Pedal; ein drittes Manual mit drei Registern wurde zusätzlich in ein Schränkchen eingefügt. „Das ausgezeichnet schöne, dem Kirchenbaustil angepaßte Gehäuße, das auch der neuen Walckerorgel als Mantel dient, wurde von dem Ilmenauer Tischlermeister Friedrich Fleischhack in schönster Weise hergestellt und reichlich, weit über die Kontraktforderung hinaus, vergoldet." Die Aufstellung der Orgel begann im Juni 1857 und dauerte acht Monate; ihre Abnahme erfolgte am 3. Februar 1858 durch den Merseburger Musikdirektor Engel. Er schätzte Anlage und Bau als solide, die Intonation als musterhaft und die Flötencharaktere als mannigfaltig und herzgewinnend ein. Am 7. Februar 1858 fand die öffentliche Übergabe und feierliche Weihe statt: Die Freude, der Jubel und die Menschenmenge in der Kirche waren riesig, als die Geweihte das Lied „Lobet den Herrn" intonierte. Es gab ein Festessen. Alle Kirchenglocken läuteten. Ein Festzug führte durch die Stadt. Doch im Jahr darauf war es vorbei mit der frohen Stimmung. Missklänge traten auf: pfeifende Töne, störende Geräusche, schwache oder gar unbrauchbare Stimmen. Schrickel vermochte sie nicht abzustellen. Er war krank. Und er litt Not, weil er die Kosten für die Orgel in Ilmenau zu niedrig veranschlagt hatte. Am 7. Mai 1911 gab die sechste Orgel mit Bachs Fantasie in G-Dur ihr Dasein auf. Fünf Jahre zuvor war der Beschluss für einen Neubau gefallen. Aber wieder stand die Geldfrage, und die Baupflicht fiel der Kirchgemeinde zu. Die war arm! „Aber Ilmenau ist stattlich geworden seit jenen trüben Zeiten." Kaufleute, Fabrikanten, Handwerker, Beamte und Bürger, außerdem viele Familienstiftungen und Kirchenkonzerte halfen, die Mittel für diese siebte Orgel aufzubringen. Das Gehäuse von 1857 blieb seiner soliden Ausführung und schönen Form wegen erhalten. Und dank der Überlegungen des Organisten Edwin Schmuck zur Disposition und Gestaltung der Orgel konnte innerhalb kurzer Zeit ein Kostenvoranschlag von der Ludwigsburger Orgelbaufirma E. F. Walcker & Cie. eingeholt werden. Schmuck hatte 1908 und 1910 auf „Orgelreisen" Erfahrungen an neuen großen Instrumenten gesammelt und dabei sein Augenmerk auf jene Walcker-Orgeln gelegt, die in den letzten Jahren entstanden waren. In persönlichen Verhandlungen mit dem Firmenchef Oscar Walcker wurde die Orgel am 6. Dezember 1910 in Auftrag gegeben. Sie ist das Opus 1.609 und besitzt drei Manuale, Pedal, 65 Stimmen und 4.958 Pfeifen. Ausgewählt hatte man die Firma aus Ludwigsburg, weil man „das Beste [...] was die heutige weitfortgeschrittene Orgelbautechnik zu leisten vermag und was in künstlerischer Hinsicht zu wünschen ist" erwarten konnte. Epochale Neuerungen wie Kegellade, Rollschweller oder elektropneumatische Traktur gingen von Walcker aus oder wurden vehement aufgenommen und praktiziert, so dass die Firma weltweit Renommee erlangte. 1820 hatte Eberhard Friedrich Walcker in Ludwigsburg ein kleines Geschäft gegründet und als Opus 1 eine kleine Orgel gebaut. Aufmerksamkeit fand er mit der Orgel in der Garnisonskirche zu Stuttgart, den durchschlagenden Erfolg bescherte ihm die Orgel in der Paulskirche zu Frankfurt am Main. Um 1910 hatte die Firma 200

Mitarbeiter und einige der größten und viel bewunderten Orgelwerke jener Zeit gebaut: im Münster zu Ulm, im Dom zu Riga, in der Konzerthalle zu Boston, im Stephansdom zu Wien, im Leipziger Gewandhaus.
In der Nähe besaßen Weimars Hoftheater und Stadtkirche und die Predigerkirche zu Erfurt seit Jahren Walcker-Orgeln. Nun hoffte Ilmenau „auf ein herrliches Werk, in dem sich Wissenschaft und Kunst zu harmonischem Bunde die Hand reichen". Am 9. Mai 1911 begann der Aufbau. Mit drei großen Eisenbahnwagenladungen wurde die bereits in Ludwigsburg fertiggestellte Orgel nach Ilmenau gebracht und in nur sechs Wochen montiert – eine Meisterleistung des hochqualifizierten Personals. Zu den Verbesserungen zählten der seitlich auf der Empore freistehende moderne Spieltisch mit elektrischer Traktur und ein zweiter kleinerer mit pneumatischem Anschluss am ursprünglichen Platz vor dem Orgelgehäuse. Mittels Spielhilfen und Neuerungen der französischen Bauweise ließ sich das Instrument leichter gebrauchen und klanglich vielfältiger nutzen. Die Stimmen wurden den Manualen völlig anderes zugeordnet – nicht mehr dem Stärkegrad, sondern der Klangfarbe nach, wodurch jedes Manual seinen eigenen Charakter erhielt: das erste als Hauptmanual; das zweite mit zarten Begleitstimmen besetzt; das dritte, mit zahlreichem Rohrwerk bestückt, als Schwellmanual. Aber die Neuerungen hatten ihren Preis: Die Orgel kostete 25.500 Mark. Abgenommen wurde sie am 23. und 24. Juni 1911 durch den Orgelrevisor des Großherzogtums und Weimarer Stadtorganisten Hugo Hartung. Die Weihe erfolgte am 25. Juni mit einem Festgottesdienst und nachmittags in einem Orgelkonzert. Doch bald ereilte auch diese siebte Orgel das Missgeschick: 1917 wurden die Zinnpfeifen des Prospekts zu Kriegszwecken demontiert. Etwa 1930 setzte die Firma Walcker neue Pfeifen aus Zink ein und führte Arbeiten zur Nachintonation durch. Zwischen 1950 und 1959 baute die Firma Laubs (Erfurt) bei Reparaturen an Verschleißteilen einige Register um. 1961/62 lieferte die Firma Sauer (Frankfurt/Oder) einen neuen Spieltisch, in dem Teile des alten Verwendung fanden. Im Abnahmebericht vom 22. Mai 1962 gratuliert Johannes-Ernst Köhler (Weimar) der Kirche und den Orgelbauern zu dieser ausgezeichneten Orgel. Nach zehn Jahren stellte sich heraus, dass „sämtliche Taschen, Kegel und Relaisbälgchen dringend erneuert werden müssen". Geld und Orgelbaukapazitäten für eine Generalreparatur waren aber nicht zu beschaffen, obwohl sie immer wieder angemahnt wurde – zuletzt durch den VEB Potsdamer Schuke Orgelbau, der 1986 auf die Denkmalwürdigkeit der Orgel hinwies. Doch das Siechtum ging weiter, bis sich im April 1991 der Ilmenauer Orgelverein gründete und mit Nachdruck für den Erhalt des Instrumentes wirkte. Am 4. Dezember 1991 wurde mit der Orgelwerkstatt Christian Scheffler aus Sieversdorf ein Vertrag über die Restaurierung abgeschlossen. In Absprache mit dem Kirchenmusiker Steffen Rieche, unter Einbeziehung der Sachverständigen Gottfried Preller, Torsten Sterzik und Hartmut Haupt und durch das Schuke-Gutachten bestärkt, erstellte Christian Scheffler eine Konzeption. Seine Firma hatte sich schon bei der Restaurierung von Walcker- und Sauer-Orgeln in Mecklenburg, in Riga und in der Leipziger Thomaskirche hervorgetan und erledigte die Arbeiten in St. Jakobus zwischen Februar 1992 und Ende November 1993: Bau eines neuen Spieltisches mit moderner Elektrik, Neuverkabelung der Orgel, Ersatz fehlender oder veränderter Register nach originalem Vorbild, Rückführung der Disposition auf den Ursprungszustand, farbliche Erneuerung des Gehäuses. Danach war die Walcker-Orgel wiedergeboren und demonstrierte in voller Pracht ihre einzigartige Synthese von Hochromantik, Orgelreform und französischer Orgelbaukunst. Mit 59 Registern, drei Manualen und Pedal ist sie die größte romantische Orgel Thüringens.

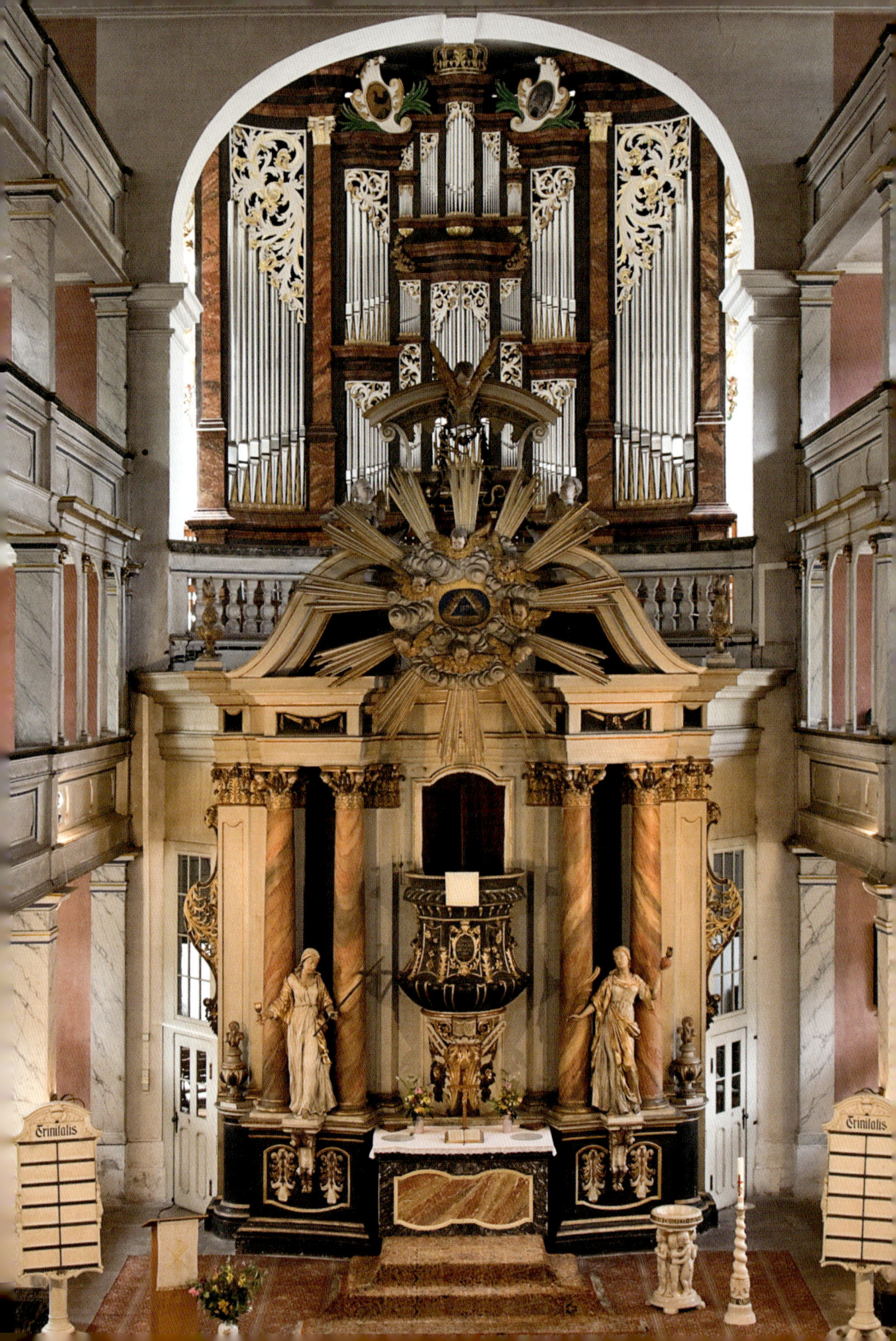
Trinitatis
Trinitatis

Die Köhler-Orgel in der Kreuzkirche zu Suhl

Disposition > Seite 181

Orgelbauer:
Eilert Köhler
Erbauungszeit:
1738 - 1740
Restaurierungen, Umbauten:
1999 - 2007

„Ich Eilertus Köhler, gebührtig aus der statt und Budjadinger Landt aus der Graffschafft Oldenburg und Delmnhorst, der Ohrt, alwo ich gebohren bin heißt Buhrhave. Hab durch Gottes Fühgung dieses orgel=Werck, Anno 1738. den 4ten April angenomen und von grund auf angelehgt, id Anno 1740. den 26. Sebtem; durch Gottes Gnade verfertiget, und auch sogleich wieder zu Hause gereist." Viel mehr weiß man nicht über diesen Orgelbauer aus Norddeutschland, der nach Thüringen kam und hier eine der schönsten Barockorgeln hinterließ, an deren Herrlichkeiten – ihrem Schmuck, ihrer Form, ihrem Klang – man sich noch heute oder besser: heute wieder erfreuen kann.
Seine „Visitenkarte" – geschrieben „auf dem Rathause a Suhla" – hat er in der Pedal-Windlade seiner Orgel angebracht. Und teilte mit, dass er „das meiste selber gemacht" und nur einen Gesellen namens Gothfried Knaut aus Buttelstedt zur Seite gehabt habe und dass er unverheiratet, weil noch ziemlich jung gewesen sei. Es ist ein Puzzlespiel, sich ein Bild von Eilert Köhler und seinem Wirken zu machen. Er wurde um das Jahr 1710 in Burhave geboren und hat, aus der norddeutschen Orgeltradition stammend, sicherlich Einflüsse durch die Orgelbauschule von Arp Schnitger (1648 - 1713) erfahren. Klaus-Michael Schreiber, Restaurator in der Firma Alexander Schuke Potsdam Orgelbau, nennt 2007 in seinem akribischen Arbeitsbericht Anzeichen dafür, wie die Wanderjahre Köhlers verlaufen sein könnten: Der Bau der sieben Zungenregister verweist auf die norddeutsche Herkunft. Das in jener Zeit neu entwickelte Register „Quinta 12 Fuß" dürfte Köhler in Magdeburg kennengelernt haben, denn der Orgelbauer Christoph Treutmann d. Ä. (um 1673 - 1757) hatte dort bei der Modernisierung der Schnitger-Orgel von St. Johannis im Pedal Subbass 16' durch die Quinte 12' ersetzt. Und natürlich hat Köhler auch Anregungen aus der überaus reichen Orgelbaulandschaft Thüringens aufgenommen. „Es gelingt ihm, den qualitativ hochwertigen Orgelbau aus dem Norden mit der klanglich breiten 8'-Basis der Thüringer Orgeln zu kombinieren." Über die Entstehung der Orgel in der Kreuzkirche aber ist nichts bekannt. Man weiß weder, wie Köhler nach Suhl kam, noch wer ihm den Auftrag erteilt und welchen Preis er verlangt hat. Fest steht nur, dass das Gotteshaus am Steinweg als zweite Pfarrkirche in Suhls Innenstadt errichtet werden musste, weil die Marienkirche für die 5.000 Einwohner zu klein geworden war. Der Bau der Kreuzkirche wurde 1720 beschlossen, der Grundstein 1731 gelegt und die Kirche am 20. September 1739 eingeweiht. Damit waren die finanziellen Mittel der Stadt erschöpft. Für die Orgel musste Geld gesammelt werden. Köhler baute 1738 - 1740 ein acht Meter hohes Instrument mit zwei Manualen, Pedal und 39 Registern, das auf der Westseite hinter dem Kanzelaltar seinen Platz fand. Mit großem Fleiß und handwerklichem Geschick erledigte er alle Holz- und Metallarbeiten: Die Orgelpfeifen hat er vor Ort in der Kirche selbst gegossen und den Prospekt mit eleganten Arabesken-Schnitzereien verziert. Nach der Fertigstellung ging er in seine Heimat zurück. Vermutlich zog er im Frühjahr 1741 nach Oldenburg, wo ihm König Christian VI. von Dänemark am

10. April 1741 das „Privilegium“ als Orgelbauer für die Grafschaften Oldenburg und Delmenhorst erteilte. Am 22. Juli 1749 heiratete er Margarete Sophia Haase, die Tochter des Organisten in Stuckhausen, und im Frühjahr 1751 ist Eilert Köhler gestorben – Ort und Datum sind unbekannt.

Aus seiner Werkstatt sind lediglich der Prospekt der Orgel in Tettens und das Pedalwerk der zweimanualigen Schnitger-Orgel in Dedesdorf erhalten geblieben. Und als einziges Instrument sein Meisterstück in der Kreuzkirche. Dessen weitere Existenz blieb weitgehend im Dunkeln. Auf alle Fälle muss sich die Qualitätsarbeit Köhlers über 150 Jahre hinweg bewährt haben, denn Vorschläge zu Reparaturen und klanglichen Veränderungen, für die der königliche Seminarlehrer und Orgelrevisor Carl Wiesniewski die Disposition mitteilte, gab es wohl erstmals im März 1890. Vielleicht war aber auch kein Geld dafür vorhanden! 1917 wurden die Zinnpfeifen der Prospektregister zu Kriegszwecken entnommen. Ihr Ersatz durch Zinkpfeifen im Jahre 1928 dürfte ebenfalls Veränderungen in der Disposition nach sich gezogen haben. Und der Zahn der Zeit nagte am Instrument. Um die Orgel spielfähig zu erhalten, führte die Firma Alexander Schuke 1991 eine Notreparatur durch, die für die nächsten acht Jahre vorhalten musste. Dann folgten 1999 – 2007 grundlegende Restaurierungsarbeiten, die mit enormen Herausforderungen verbunden waren. Die notwendigen finanziellen Mittel waren aufzubringen. Und die Findigkeit, das Engagement und das Können der renommierten Potsdamer Firma waren gefragt: Die Orgelbauer mussten in ihrer Werkstatt und im Kirchenraum wahre Wunder vollbringen, um die Eilert-Köhler-Orgel neu erstehen zu lassen. Mit geradezu kriminalistischem Spürsinn wurden Fakten gesucht, ausgewertet und Rückschlüsse gezogen. Der Zufall kam zu Hilfe: Ein Brief wurde gefunden, in dem der Medailleur, Steinschneider und passionierte Orgelspieler Johann

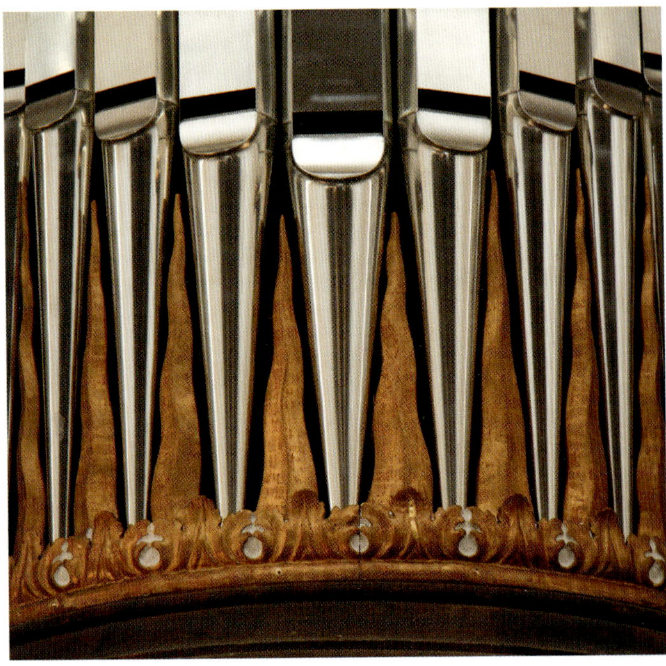

Prospektpfeifen

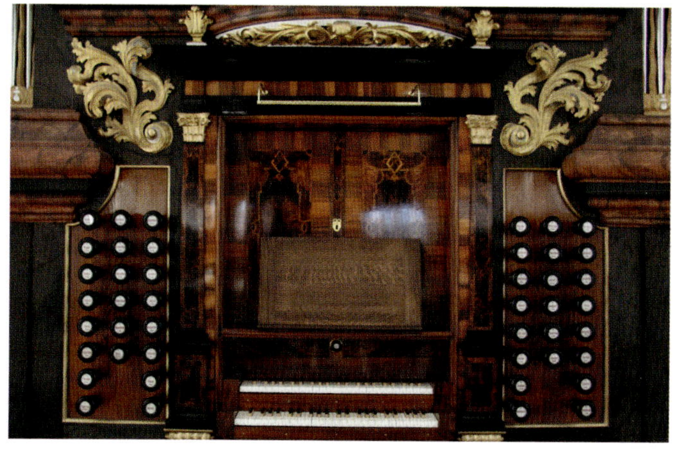

Originale Spielanlage

Veit Döll (1750–1835) aus Suhl dem Erfurter Diakon Gerlach am 21. Februar 1792 eine Beschreibung der Disposition gab (15 Register für das Oberwerk, 15 Register für das Hauptwerk und 9 für das Pedal). Daraus ließ sich erkennen, welche Veränderungen im Bestand und in der Aufstellung der Pfeifen seither erfolgt sein mussten. Und die noch vorhandenen originalen Holzpfeifen sowie Vergleiche mit den Zungenregistern der Orgel in Dedesdorf erlaubten Rückschlüsse für die Mensurierung neuer Pfeifen. Wiederhergestellt wurde die Mixtur 6-fach. Und die Rekonstruktion des Subbasses 16' aus Metall folgte Vorbildern des nord- wie des süddeutschen Orgelbaus. Enormen Aufwand erforderten die Instandsetzung der sechs Windladen, die Verbesserung der Windversorgung und die Rekonstruktion der Balganlage. Auch die anderen Arbeiten waren von erheblichem Ausmaß: Neue Registerknöpfe wurden nach Thüringer Vorbild entwickelt; die Manualklaviaturen wurden unter Zuhilfenahme des Oldenburger Zollmaßes ebenso wie die bauzeitlich erhaltene Pedalklaviatur und der originale Spieltisch restauriert und wieder eingebaut. Der Prospekt erhielt seine Schönheit zurück. Und das alte Pfeifenwerk ergab zusammen mit den rekonstruierten Registern ein gutes Klanggefüge.
Die Orgelweihe wurde im Juli 2007 mit einer Festwoche begangen. Viel Orgelprominenz war angereist, um die „alte Königin in ihrer neuen Schönheit" zu bestaunen und ihr zu huldigen. Die herrlichen Grundstimmen, die dunklen Farben und feinen Mischungen, der volle, in vielen Details typische thüringische Klang der 39 Register und 2.200 Pfeifen riefen Begeisterung hervor. Als „wahrer Schatz, den Suhl hier hat" wurden die Orgel und ihr innovativer Erbauer gewürdigt – gemeinsam mit jenen, die das Wunder vollbracht haben, solche Großartigkeit neu erstehen zu lassen. Und wieder ist eine Inschrift zu finden: An der Stirnseite der Orgel nennt eine Tafel jene Stifter, die die kostenaufwendige Restaurierung unterstützt haben. Auch viele Institutionen waren beteiligt. Und der seit 1996 wirkende Orgelbauförderverein sowie 477 Einzelspender trugen mit über 188.000 € ebenfalls dazu bei, dass das einzigartige Instrument erneut seinen Part im Musikleben Suhls und bei Internationalen Orgelkursen und Orgelwettbewerben spielen kann.

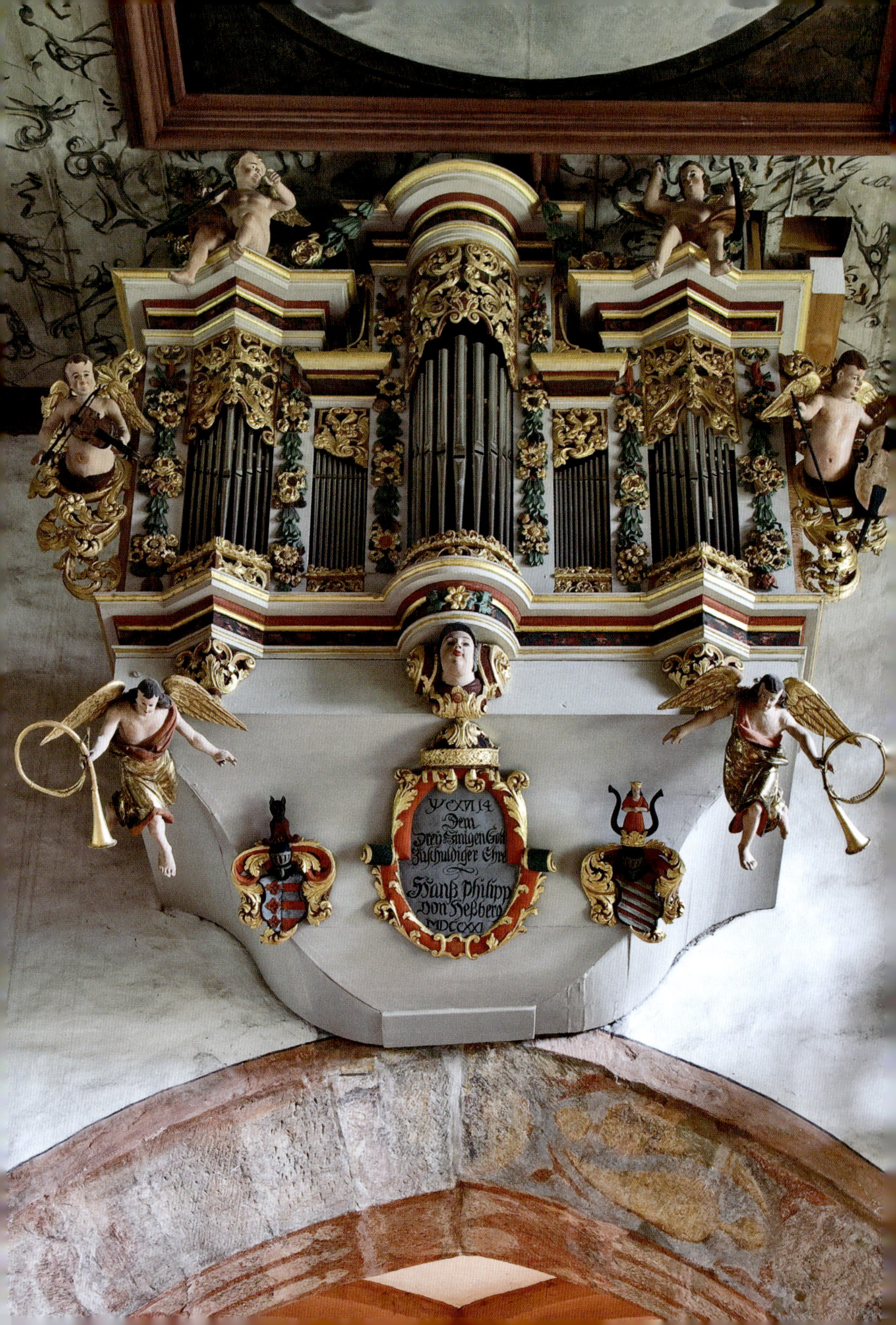
Dem
Drey Einigen Got
Zuschuldiger Ehr
Hanß Philipp
von Heßberg
MDCXXI

Die Schippel-Seeber-Orgel in der Kilian-Kirche zu Bedheim

Disposition > Seite 181

Orgelbauer:
Caspar Schippel/Nikolaus Seeber
Erbauungszeit:
1711/1721
Restaurierungen, Umbauten:
1737, 1773, 1827/28, 1856 – 1858, 1956/57, 1976, 1994 – 1996

Die kleine Barockkirche im südthüringischen Bedheim behauptet sich gut in großer Gesellschaft. Wie der Dom zu Worms, die Kathedrale in Strasbourg, das Herforder Münster, die St. Marien-Kirche in Lemgo oder das portugiesische Coimbra nennt auch sie eine Schwalbennestorgel ihr Eigen. Hier wie da weist dieser poetische Name auf ein Kleinod hin – ganz gleich, ob es schlicht gearbeitet oder kunstvoll gefertigt ist.

Die Schwalbennestorgel in Bedheim lässt jedoch alle Rivalinnen hinter sich; sie schafft es gar, diese weltweit zu übertrumpfen. Als Teil eines einzigartigen Ensembles: Zwei Orgeln ziehen den Blick auf sich – die eine auf der Empore der Westseite und die andere über dem Chorbogen auf der Ostseite des Kirchenschiffes. Und das Ohr verblüffen sie mit stereophonen Klängen, die – ganz und gar authentisch – schon 1721 modern waren. Nicht ohne Stolz weist denn auch die erste Beschreibung der Orgeln 1752 ausführlich auf die Besonderheiten hin: „Diese Kirche hat in dem gantzen Fürstenthum das zuvor, daß in derselben zwo gangbare Orgeln anzutreffen sind, die von einem Organisten gespielet werden. Die eine Orgel stehet auf dem Sing=Chor, bestehet aus 11 Registern und 3 Zügen, und ist 1711 von Caspar Schippeln dem damals Sachsen=Hildburghäuser privilegirten Orgelmacher aufgesetzt worden. Die andere Orgel hängt an den Schwibbogen der Kirche, welche der Hochwohlgebohrene Herr Johann [Hans] Philipp von Heßberg, auf Bedheim, dermaliger Kirchenpatron von anno 1710 an zu Bedheim, in die Kirche gestifftet, und dem Sachsen=Römhildischen Hof= und Stadt=Organisten und Orgelmacher 1720 für 104 Rthlr. ohne Bretter, Eisen, Zimmermanns= und Bildhauer=Arbeit veraccordiret. Darauf ist sie 1721 mit 3 Thürmen und 2 Feldern aufgesetzet worden. Sie bestehet aus 7 Registern, die Abstrakten gehen über den Kirchboden, und das Manual steht unter dem Manual der Orgel auf dem Sing=Chor, an welchen auch die Züge von den Registern stehen.“ Damit ist so gut wie alles gesagt. Nur der Erbauer der Schwalbennestorgel wird nicht genannt. Er heißt Nikolaus Seeber. Ob bereits vor dem Kirchenneubau 1696 – 1699 eine Orgel existiert hat und, wenn ja, aus welcher Werkstatt sie stammte, weiß man nicht. Und Bauunterlagen für die beiden Orgeln gibt es keine. Aber zwei Wappen an der Hauptorgel weisen auf die Stifter hin: auf Heinrich Sigmund von Pflug (er wurde 1698 von der Schlosserbin, der Witwe Martha Maria von Heßberg, geheiratet) und auf die Familie von Heßberg. Die Schwalbennestorgel hat Hans Philipp von Heßberg gestiftet, der Stiefsohn des Herrn von Pflug. Vielleicht als „Konkurrentin“ zur Hauptorgel ... Und aus dem Kirchenbuch ist zu erfahren: Dem Schlossherren und Kirchenpatron Hans Philipp von Heßberg waren in den Jahren 1713 – 1720 sechs Kinder verstorben. Sechs musizierende Engel, die das Instrument schmücken, deuten sinnbildhaft auf dieses traurige Ereignis hin, das den Anlass für den Bau der Orgel gab. Und die Inschrift am Prospekt liefert wohl eine weitere Begründung: Psalm 116, 14: Ich will meine Gelübde dem Herrn bezahlen vor all seinem Volk. Dem Drey Einigen Gott zu schuldiger Ehre. 1721.

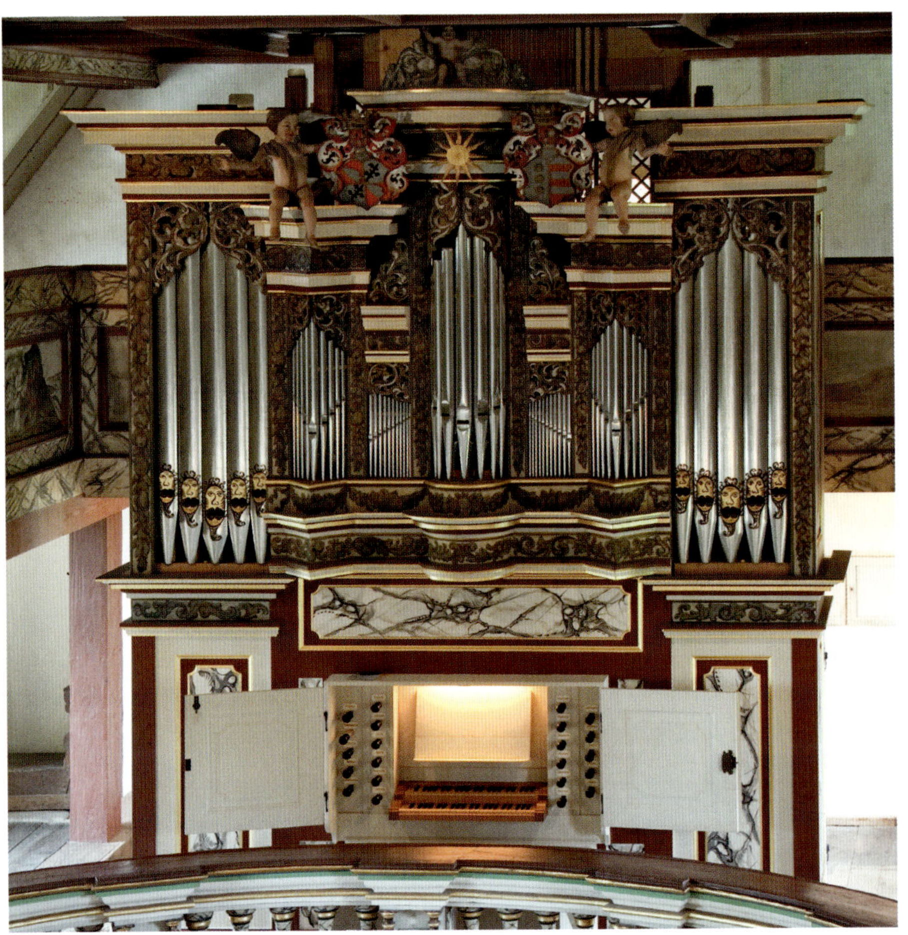

Schippel-Seeber-Orgel, Hauptorgel

Die Errichtung der Schwalbennestorgel brachte den ersten Umbau jenes Instrumentes mit sich, das Caspar Schippel 1711 „aufgesetzt" hat: der Hauptorgel. Schippel zählte, wie Seeber, zu den Orgelbau-Koryphäen in diesen sächsischen Ableger-Residenzen. Er wurde 1648 geboren und lebte mit seiner Familie in Hildburghausen, wo er 1722 starb. Seine einzige noch erhaltene Orgel in Pfersdorf (1716) diente 1994 – 1996 der Rekonstruktion in Bedheim als Modell. Nikolaus Seeber kam 1680 in Haina zur Welt und starb 1739 in Römhild. Er war Hofmusiker, Kantor und Lehrer, komponierte Kirchenkantaten und hat 56 Orgeln in den Regionen um Würzburg, Bamberg, Hildburghausen, Schleusingen, Römhild und Fulda aufgestellt. Sein Schwalbennestpositiv wird vom unteren Manual der Hauptorgel aus gespielt. Die beiden Instrumente sind durch 48 dünne Holzleisten, die so genannten Abstrakte, und 7 Registerzüge miteinander verbunden, die vom Spieltisch der Hauptorgel 20 m weit über den Dachboden der Kirche geführt werden. Die Hauptorgel wird mit ihrem oberen Manual zum Klingen gebracht. Ein Organist kann also beide Orgeln einzeln oder durch Kopplung gemeinsam spielen.

Dieses Wunder an kühnen Visionen und ideenreichem Handwerk hatte nicht lange Bestand. Reparaturen fielen schon 1737 an. 1773 hat Johann Adam Kleinschmidt die Instrumente instandgesetzt und gestimmt; sie sollten „künftig zu Pfingsten visitiert und durchgesehen" werden. Jahrzehntelang nicht gewartet, mussten sie 1827/28 erneut in Ordnung gebracht werden. Und die Ausbesserungen in den Jahren 1856 - 1858 kamen einem Umbau gleich: Der Orgelbauer Michael Schmidt aus Schmiedefeld am Rennsteig rückte den Instrumenten wenig rücksichtsvoll auf den Leib und verging sich an ihrer Seele. Das Pedal der Hauptorgel hat er auf 6 Register erweitert und das Instrument derartig verbreitert, dass es den ganzen Raum zwischen den Emporen einnahm. Und die Schwalbennestorgel disponierte er als Fernwerk und zerstörte „in seiner romantischen Klangauffassung [...] das harmonische Gleichgewicht der sich gegenüberstehenden Orgeln". (A. Schuke)

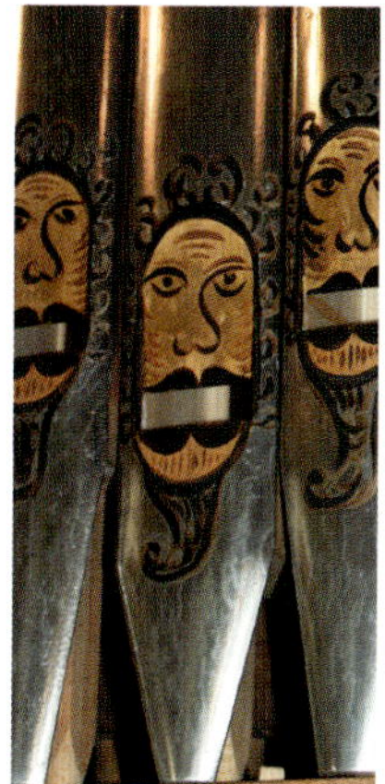

Prospektpfeifen der Hauptorgel

Erst hundert Jahre später konnten Zerstörungen beseitigt (unter anderem hatten Konfirmanden die kleine Orgel beim Läuten ausgeraubt und die Abstrakten zum Drachenbau verwendet) und seit langem geplante Reparaturen ausgeführt werden: Der Weimarer Orgelbaumeister Gerhard Kirchner setzte 1956/57 die Hauptorgel instand und Gustav Kühn aus Schleusingen die Schwalbennestorgel. Die neuerliche Erweiterung auf 22 Register brachte ein neobarockes Klangbild mit sich. 1976 wurde die Disposition durch den Gothaer Orgelbaumeister Hans Helfenbein noch stärker verändert: Er baute in die Hauptorgel die Register Posaune 16' und Trompete 8' ein; sie waren von der Evangelischen Landeskirche Württemberg gespendet worden, der Patenkirche der Thüringer Evangelisch-Lutherischen Kirche. Und 1994 gab das Engagement von Orgelfreunden aus Württemberg den Anstoß zur Rekonstruktion der Orgeln. Jetzt ließ sich verwirklichen, was Bedheims Gemeinde seit langem ins Auge gefasst und weswegen sie schon einmal im Jahr 1976 Kontakt zum VEB Potsdamer Schuke Orgelbau aufgenommen hatte: die Rückführung der Instrumente auf die ursprüngliche Konzeption von 1711/21. Die Orgeln wurden abgebaut und in der Potsdamer Werkstatt von Alexander Schuke originalgetreu hergerichtet. 14 Register hatten teils vollständig, teils als Einzelpfeifen überlebt. Und vier Register ließen sich nach dem Vorbild der Pfersdorfer Schippel-Orgel und der Seeber-Orgel in Haina erneuern. Im Sommer 1996 wurden die rekonstruierten Orgeln wieder in der Kilian-Kirche aufgestellt und die neuen Prospektteile durch die Restauratoren Rolf und Antje Möller farblich hergerichtet. Und anlässlich des 225. Geburtstages der Schwalbennestorgel nahm Landesbischof Roland Hoffmann die Weihe vor. Seit diesem 22. September 1996 und der folgenden Festwoche beweisen die Orgeln wieder ihren außergewöhnlichen Rang und erwecken mit ihren Klängen Freude und Begeisterung. Jedes Jahr in den Sommermonaten locken Konzerte für zwei Orgeln (und andere Instrumente) namhafte Musiker aus dem In- und Ausland und zahlreiche Besucher an. Beim Thüringer Orgelsommer und bei den Südthüringer Tagen für Alte Musik spielen die Orgeln immer wieder eine wichtige Rolle. Und Jubiläen sind ohne sie nicht denkbar: 280 Jahre Schwalbennestorgel (2001); 50 Jahre Bedheimer Kirchenchor (2005); 325. Geburtstag von Nikolaus Seeber (2005).

Sehenswertes im Thüringer Wald

Ilmenau

Die Goethe- und Universitätsstadt Ilmenau liegt im Ilmtal am Nordrand des Thüringer Waldes und 40 km südlich der Landeshauptstadt Erfurt. „Du anmutig Tal! Du immergrüner Hain!", hat Goethe die liebliche Gegend gepriesen. Und Ilmenau hat er am 3. September 1783 ein Gedicht gewidmet: „Ich sehe hier, wie man nach langer Reise/im Vaterland sich wiederkennt, / Ein ruhig Volk in stillem Fleiße/Benutzen, was Natur an Gaben ihm gegönnt."
Ilmenau wurde 1302 erstmals eindeutig urkundlich erwähnt und 1341 als „stat" bezeichnet. Es gehörte anfangs zur Grafschaft Käfernburg, ab 1343 den Grafen von Henneberg, wurde 1583 sächsisch und kam 1661 zu Sachsen-Weimar. Seit 1920 thüringisch, gehört Ilmenau seit 1994 zum Ilmkreis. Bergbau, Porzellan- und Glasindustrie und Maschinenbau waren und sind wichtige Wirtschaftszweige. Oftmals wurde die Stadt vom Unheil heimgesucht: „Es war, als hätte das Unglück seine Heimstätte in Ilmenau aufgeschlagen: Wasser hatte 1739 das Bergwerk ersäuft, Flammen 1752 die Stadt hinweggefegt, Kriegsnöte 1756 die Bewohner noch mehr bedrängt." Erst in der Gründerzeit und mit der Eröffnung des Thüringischen Technikums im Jahre 1894 erlangte Ilmenau wirtschaftliche Bedeutung. Auch als Ausflugs- und Urlaubsziel der „Weimarer Prominenz" und als Kurbad (1830 – 1914) machte es sich einen Namen. Und Goethes Wirken ist noch vielerorts gegenwärtig.
Das Rathaus, das 1768 – 1786 nach Plänen des Weimarer Hofbaumeisters Gottfried Heinrich Krohne wieder aufgebaut wurde und das noch das Portal und den Erker des vorherigen Renaissancebaus besitzt, war ab 1691 zugleich Sitz des Bergamtes und damit Wirkungsstätte von Goethe als Geheimer Bergrat. Gleichfalls am Marktplatz befindet sich das spätbarocke Amtshaus (1756). Ehemals Residenz der Herzöge von Weimar und Sitz des von ihnen eingesetzten Verwalters, beherbergt es heute die Ilmenau-Information und das GoetheStadtMuseum, das Goethe als Dichter, Beamten und Naturforscher präsentiert. Vor dem Amtshaus wurde 1996 ein Goethedenkmal aufgestellt; daneben befindet sich der Hennebrunnen, der alte Hauptbrunnen der Stadt.

Jakobuskirche Ilmenau

Die mehrfach abgebrannte Stadtkirche St. Jakobus, die durch die Gunst Anna Amalias und aufgrund der Planung Krohnes 1760/61 zügig neu errichtet werden konnte, ist mit ihrem massiven Bau und dem 65 m hohen Turm (1770) Ilmenaus größte Kirche. 1990 – 2006 wurde sie innen und außen umfassend saniert. Ihr Innenraum ist durch zweigeschossige Emporen und unterschiedliche Baustile geprägt, besitzt aber, Geldnöten geschuldet, wenig barocken Prunk. Dennoch wirkt der Kanzelalter mit seinem filigranen Aufsatz und reichen Rocailleschmuck als Blickfang und attraktives Gegenüber der prächtigen Walcker-Orgel.

Stadtzentrum Ilmenaus

Der Platz am Apothekerbrunnen südlich des Kirchplatzes, der „Mittelpunkt der Stadt", wird durch markante Gebäude bestimmt: die Stadtapotheke, die älteste Apotheke Ilmenaus; die Buchhandlung Grimm in altem Handelshaus mit klassizistischen Figuren an der Fassade; das Hotel „Sächsischer Hof", ein Prachtbau aus der Zeit des Historismus und 1610 – 1867 Posthalterei der Grafen von Thurn und Taxis; das klassizistische „Verlagshaus G. Reiter & Erben", in dem bis 1945 die Tageszeitung „Die Henne" ihren Sitz hatte und heute Allianz-Versicherung und Commerzbank residieren. Moderne architektonische Sehenswürdigkeiten sind das Kaufhaus (Hoffmannstraße 7) in Stahlbetonskelettbauweise der 1920er Jahre; ein aus kubischen Formen entwickeltes Einfamilienhaus im Bauhausstil (Naumannstraße 9) und der Campus der Universität, dessen Glas- und Stahl-Neubauten aus dem Jahr 2000 imponieren. Die Technische Hochschule wurde 1992 in eine Technische Uni-

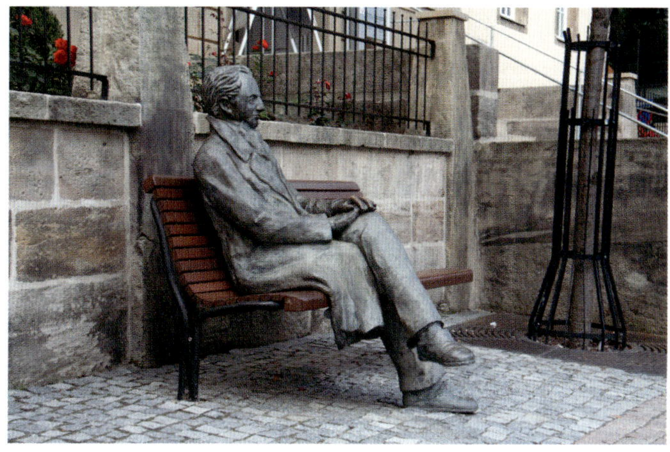

Goethedenkmal in Ilmenau

versität umgewandelt. Mit über 6000 Studenten ist sie nach der Jenaer Friedrich-Schiller-Universität die zweitgrößte in Thüringen. Das Zechenhaus (1730) außerhalb des Zentrums ist das älteste erhaltene Gebäude in der Altstadt und war als Sitz der Bergverwaltung auch ein Ort, wo Goethe gewirkt hat. Aus Ilmenaus Zeit als Luftkurort im 19. Jahrhundert stammen der Alte Kurpark und der Lessingpark. 1938 wurde der große Stadtpark hinter der Festhalle angelegt. Eine landschaftliche Besonderheit ist das große Teichgebiet im Osten von Ilmenau – ein Naherholungsort und Teil des Ilmenauer Naturlehrpfades. Im Jagdhaus Gabelbach südlich der Stadt sind forst- und naturwissenschaftliche Exponate aus der Goethe-Zeit und dem späten 19. Jahrhundert zu sehen. Das Goethehäuschen auf dem Kickelhahn war des Dichters Refugium. Hier hat er sich am 6. September 1780 mit seinem allbekannten „Über allen Gipfeln/ Ist Ruh" in der Bretterwand verewigt. Ilmenau ist auch der Treffpunkt dreier Touristenwege – der Klassikerstraße, die alle Goethe- und Schillerstätten in Thüringen verbindet; der Spielzeugstraße, die auf ihrem Weg von Waltershausen nach Nürnberg an wichtige Orte der Spielzeugherstellung führt, und der Thüringer Porzellanstraße.

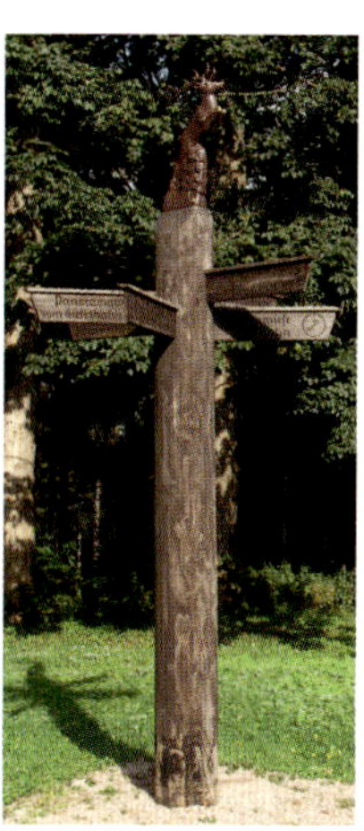

Wege um den Kickelhahn

Kloster Paulinzella

Ein lohnendes touristisches Ziel ist das Kloster Paulinzella, 20 km östlich von Ilmenau. Die romanische Säulenbasilika (1224) bezeugt den Einfluss der Hirsauer Schule aus dem Nordschwarzwald, der sich auch anderorts in Thüringen zeigt (Thalbürgel).

Suhl

Die kreisfreie Stadt Suhl, landschaftlich schön am Südwestrand des Thüringer Waldes im Tal der Lauter und Hasel gelegen und von 650 bis 983 m hohen Bergen umgeben, ist das Zentrum Südthüringens. Ihr Stadtrand grenzt direkt an den Rennsteig. 1318 wird Suhl, im Besitz der Grafen von Henneberg, erstmals urkundlich erwähnt. 1527 erhielt die Bergbausiedlung Stadtrecht, und seit 2005 verweist ihr Name „Waffenstadt" auf die jahrhundertealte Tradition der Waffenherstellung. 1535 wurde der Erzbergbau zur Grundlage der Entwicklung von Rohrschmiede- und Büchsenmacherhandwerk. Später kamen Leineweberei, Handel, Glasindustrie und Porzellanmanufakturen hinzu und vor dem Ersten Weltkrieg die Produktion von Fahrrädern und Kraftfahrzeugen. Zu DDR-Zeiten wurden in der Bezirksstadt Motorräder und Motorroller gebaut und – wie heute noch – die weltweit begehrten Jagd- und Sportwaffen gefertigt.

Der Wiederaufbau nach den großen Bränden von 1509, 1590 und 1753, Umgestaltungen zur Zeit der DDR und die modernen Bauten der 1990er Jahre schufen ein architektonisches Ensemble, in dem sich auf wenig Raum höchst verschiedene historische Epochen und Baustile präsentieren. Auf dem Marktplatz steht ein Brunnen mit dem Suhler Waffenschmied (1903), dem Wahrzeichen der Stadt. Das zweigeschossige Rathaus an der Ecke zum Steinweg wurde nach mehrfacher Zerstörung 1812 – 1817 neu erbaut und 1913 neobarock umgestaltet. An seiner Fassade erinnert der Spruch „Im grünen Wald die rote Stadt, die ein zerschossen Rathaus hat" an den Kapp-Putsch von 1920. Die Hauptkirche St. Marien auf dem Kirchberg oberhalb des Marktes wurde 1487 – 1491 als spätgotischer Bau errichtet und vier Jahre nach dem großen Brand von 1753 im Rokokostil wieder aufgebaut. Die Westseite des rechteckigen Kirchenschiffes zeigt mit Portal und Dreiecksgiebel als Schaufassade in Richtung Steinweg. Den Innenraum schmücken Pilaster, Wandmalereien und Figuren von Engeln, Moses und Johannes dem Täufer. Die hinter dem Kanzelaltar erhöht im Chor stehende Orgel hat der Schmiedefelder Meister Johann Michael Wagner 1760 – 1762 erbaut und mit einem reich gestalteten Rokokoprospekt versehen.

Marienkirche Suhl

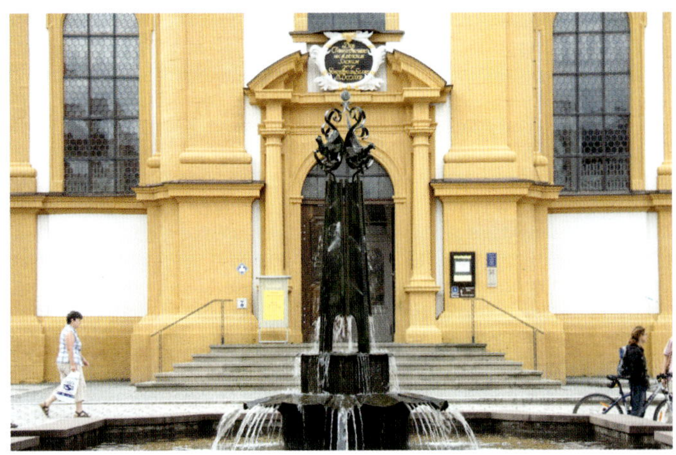

Suhl, Brunnen vor der Kreuzkirche

Kreuzkirche Suhl

Mit der 1739 geweihten Kreuzkirche am südlichen Ende des Steinwegs haben sich der unterfränkische Maurermeister Michael Schmidt, der Zimmermann Johann Sebastian Gerbig und der Bildhauer Johann Christian Reinhardt ein Denkmal gesetzt. Ostturm und Hauptfassade bilden den attraktiven Blickfang – das gesamte Äußere ist 2005 – 2008 mit großem Aufwand originalgetreu restauriert worden. Die Turmfahne zeigt den polnischen Adler: Das Henneberger Land, zur Bauzeit kursächsisch, wurde von August dem Starken regiert, der zugleich König von Polen war. Ins Auge fällt auch die farbige Gestaltung von Wappen und Kartusche. Das Fantasie-Wappen symbolisiert den Landesherrn – leicht karikierend, weil er sich geweigert hatte, den 1731 begonnenen Kirchenbau zu unterstützen. Und die lateinische Inschrift weist darauf hin, dass die Kreuzkirche allein von Volk und Senat und mit Gottes Hilfe errichtet worden ist. Im Westchor bietet die Dreieinigkeit von Altar, Kanzel und Orgel einen stattlichen Anblick und unterstreicht den Charakter des Saalbaus als protestantische Predigtkirche. Beiderseits des Altars stellen Figuren mit Kreuz und Kelch den Glauben und mit Herz und Palmzweig die Liebe dar. Ein besonderes

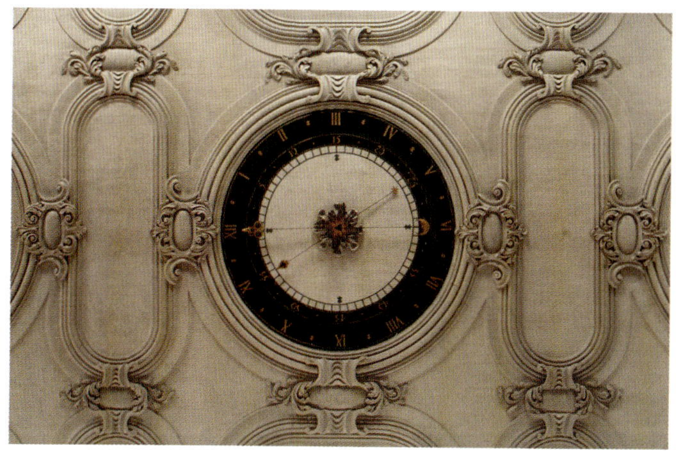

Kreuzkirche Suhl, Deckenuhr

Merkmal des barocken Baustils ist die Stuckdecke im dreigeschossigen Emporenraum zwischen Westchor und Ostturm, die 2001 saniert wurde. Bewundernswert ist auch die imposante Deckenuhr, die an die Vergänglichkeit des Lebens gemahnt. Die Kirchenglocken hat Johann Friedrich Ulrich aus Apolda 1763 gegossen.

Stadtzentrum Suhls

Sehenswürdigkeiten in der Fußgängerzone sind Fachwerkbauten aus dem 18. und 19. Jahrhundert und kulturhistorisch interessante Bürgerhäuser wie das Rokokohaus (Steinweg 26), das Haus des Gewehrfabrikanten Spangenberg (Steinweg 31) sowie die ehemalige Stadtvilla und heutige Mohrenapotheke (Steinweg 10). Ihre prächtige und wertvolle Innenausstattung mit Treppen, Türen, Wandschränken, Öfen und Möbeln zeigt großbürgerliche Wohnkultur zu Ende des 19. Jahrhunderts. Nicht weit vom Steinweg entfernt befindet sich das Congress Centrum Suhl (CCS). Seit 1995 schafft die rekonstruierte Stadthalle als eines der modernsten Kongresszentren Deutschlands für bis zu 5000 Besucher attraktive Kultur- und Gastronomieangebote. Das Verwaltungsgebäude in der Rimbachstraße zeigt die Glas-Stahl-Beton-Bauweise der ausgehenden 1950er Jahre, auch das ehemalige Kulturhaus am Platz der Deutschen Einheit stammt aus dieser Zeit. Das Kaufhaus am Markt/Ecke Pfarrstraße ist ein Architekturdenkmal der 1920er Jahre. Im Malzhaus, einem 1663 am Herrenteich erbauten schönen Fachwerkgebäude im hennebergisch-fränkischen Stil, befindet sich das Waffenmuseum. 2008 wurde es nach zweijähriger Rekonstruktion wiedereröffnet. Einzigartig in Europa sind die Darstellung von 500 Jahren Geschichte der Suhler Waffenproduktion und der Technik von Handfeuerwaffen sowie die Einblicke in die Arbeitswelt der Büchsenmacher und Laufschmiede.

Musikstadt Suhl

Suhl ist auch eine musikalische Stadt. Die weitverzweigte Bach-Familie hat hier über Generationen hinweg gewirkt. Johann Bernhard weihte 1713 die erneuerte Orgel der Marienkirche ein, und Johann Sebastian war 1723 als Taufpate zugegen. Johann Friedrich Fasch, Komponist, Organist und Zeitgenosse von Bach, erhielt in Suhl seine musikalische Ausbildung. Der Lehrer und Liedkomponist Ernst Anschütz („Es klappert die Mühle am rauschenden Bach"; „Fuchs, du hast die Gans gestohlen") wurde 1780 hier geboren. Im 17. Jahrhundert siedelten sich Orgelbauer wie Caspar Lehrmann (Kaspar Lochmann) und Johann Heinrich Mann an. Und Herbert Roth (1926 – 1983), der „Vater der Volksmusik" und Komponist des „Rennsteigliedes", wird im Fremdenverkehrsbüro in Suhl-Vesser mit einer Ausstellung geehrt.

Das Fahrzeugmuseum im CCS dokumentiert den Suhler Fahrzeugbau mit legendären Oldtimer-Glanzstücken wie dem BMW-Rennwagen, der „Simson Supra" und dem Motorroller „Schwalbe". Auf dem denkmalgeschützten Marktplatz im Stadtteil Heinrichs ist eines der schönsten Fachwerkgebäude Thüringens zu bewundern: das alte Rathaus von 1657. Und am nördlichen Stadtrand informiert die Schillingsschmiede über die Arbeit von 13 Generationen Schmiedehandwerkern.

Zella-Mehlis

Auch die alte, mit Wasserkraft betriebene Gesenkschmiede Lubenbach bei Zella-Mehlis lädt zum Besuch ein. In dieser 7 km von Suhl entfernten Stadt sind die barocke Stadtkirche Zella St. Blasii, das Heimatmuseum und der gewaltige Fachwerkbau des Bürgerhauses von Interesse. Eine Attraktion ist das Meeresmuseum mit Hunderten von Meerestieren – darunter auch Haie. Oberhof, 10 km nördlich von Suhl, ist als Urlaubs- und Wintersportort bekannt. Die ersten Sprungschanzen entstanden 1906 und 1925; nach dem Zweiten Weltkrieg wurde der Ort zum Wintersportzentrum der DDR ausgebaut. Im 12 ha großen Rennsteiggarten bei Oberhof finden sich unzählige Pflanzenarten aus den verschiedensten Hochgebirgen der Erde. Beliebte Ausflugziele in Oberhofs Umgebung sind die Lütschetalsperre und die Ohratalsperre.

Oberhof

Bedheim

Bedheim, ca. 8 km von der Kreisstadt Hildburghausen entfernt, liegt malerisch am Südwesthang des Hahnritz, der Wasserscheide zwischen Werra und Main. 1169 wurde das Dorf erstmals urkundlich erwähnt, 1321 der erste Pfarrer. Die Herren von Bedheim, die 1232 – 1339 teils unter sächsischer, teils unter würzburgischer Hoheit auf der Burg und dem Rittergut residierten, hatten 1260 – 1290 den Ostteil der Kirche mit Chor, Sakristei und Turm errichten lassen. 1439 – 1775 waren die Herren von Heßberg Schlossbesitzer und Kirchenpatrone. Sie schufen mit dem Neubau des barocken Kirchenschiffes (1696/99) und mit dem Umbau der alten Wasserburg zur dreiflügligen Schlossanlage Gebäude, die heute den alten Ortskern als beachtenswerte Denkmäler und lebendige Kunststätten prägen. Von 1775 bis 1778 war Prinz Joseph von Sachsen-Hildburghausen Schlossherr. Ein Jahr später erwarb Conrad Friedlieb Rühle von Lilienstern Schloss und Kirchenpatronat. 12 Angehörige seiner Familie wurden bis 1817 in Gräbern unter den großen Sandsteinplatten beigesetzt; zuvor hatten Mitglieder der Familie Heßberg im Altarraum ihre letzte Ruhestätte gefunden. Bedheim ist seit März 1993 Ortsteil der Gemeinde Gleichamberg. Die Kilian-Kirche bekam ihren Namen 1965 von Pfarrer Eberhard Altenfelder. Er hatte erfahren, dass im erzbischöflichen Ordinariatsarchiv Bamberg eine Urkunde aus dem Jahre 1332 gefunden wurde, aus der hervorgeht, dass das Gotteshaus zu Bedheim dem Frankenapostel Kilian geweiht war. Die Ausstattung der Kirche ist sehenswert. Gerahmte Ölbilder (aus der Werkstatt der Familie Tischbein) mit den vier Evangelisten schmücken die Decke. Bemalungen an der Nordempore symbolisieren die Mutter Kirche und den Geist Gottes und zeigen Sinnbilder christlicher Tugenden und Szenen aus dem Neuen Testament. An der Südempore sind Szenen aus dem Alten Testament dargestellt, und der Patronatsstand ist mit den Adelswappen bemalt. In der Nordostecke des Raumes stehen Bildnisgrabsteine der Familie von Heßberg. Die reichen Schnitzereien an der Kanzel (1699) haben Blätter mit Blumen und Früchten als Motive; am Deckengebälk sind Engelsköpfe zu sehen. Reich verziert und vergoldet, mit Ornamenten, Wappen, Baldachin und musizierenden Engeln zeigt

Kilian-Kirche Bedheim

sich die Schwalbennestorgel in deutlichem Kontrast zur Hauptorgel, deren Wappen und Schnitzereien schlicht gehalten sind. Im Zuge der Innenrestaurierung wurde 1968 – 1972 die Originalbemalung des Kirchenraumes und der beiden Orgeln durch die Restauratoren Erhard Naumann aus Halle und Walter, Manfred und Rolf Möller aus Rohr und Dillstedt bei Suhl wieder hergestellt. Der weithin sichtbare Kirchturm wurde 1728 um ein Stockwerk und drei mit Schiefer gedeckte Zwiebeln auf 37 m erhöht und 1991 außen renoviert.

Schloss Bedheim

Auf dem Südhang oberhalb des Ortes zeigen sich Kirche, Pfarrgut, Mühle und Schloss als seltenes Bespiel eines vollständig erhaltenen barocken Gutsensembles. Das Schloss wurde 1169 erstmals erwähnt. Der Hauptbau stammt aus dem Jahr 1588. Später wurde er durch das Portal des Nordflügels mit dem Liliensternschen Wappen (1788), das Vorzimmer und den Festsaal im 1. Obergeschoss (1790) mit Stuckdekor, Marmorkamin und herrlichen Ausblicken in die offene Hügellandschaft sowie durch den Ostflügel mit Treppenturm und großer Toreinfahrt erweitert. Wandtische, Porzellane und Trinkgläser gehörten zur wertvollen Innenausstattung. Der Schlossgarten, die Gebäude des ehemaligen Rittergutes im unteren und oberen Schlosshof, die Gärtnerei mit dem Philippsgarten und der Seegarten mit Brunnenstube, Mühlenteich und Mühlrad geben interessante Einblicke in den Wirtschaftsteil der Schlossanlage. Seit Anfang der 1990er Jahre bemühen sich die Deutsche Stiftung Denkmalschutz und der Förderverein Schloss Bedheim darum, das Schloss vor dem Verfall zu retten und es schrittweise zu einem attraktiven Ort für Arbeit und Erholung, für Weiterbildung und Festlichkeiten auszubauen.

Hildburghausen

Die Kreisstadt Hildburghausen nimmt das Markenzeichen als Residenz- und Buchstadt für sich in Anspruch. Als Buchstadt erlangte sie durch den Verleger Joseph Meyer Bedeutung. Meyers Bibliographisches Institut kam 1828 von Gotha nach Hildburghausen und zog 1874 nach Leipzig um. Im Stadtmuseum sind alle berühmten Markenprodukte ausgestellt: die Miniatur- und die Gro-

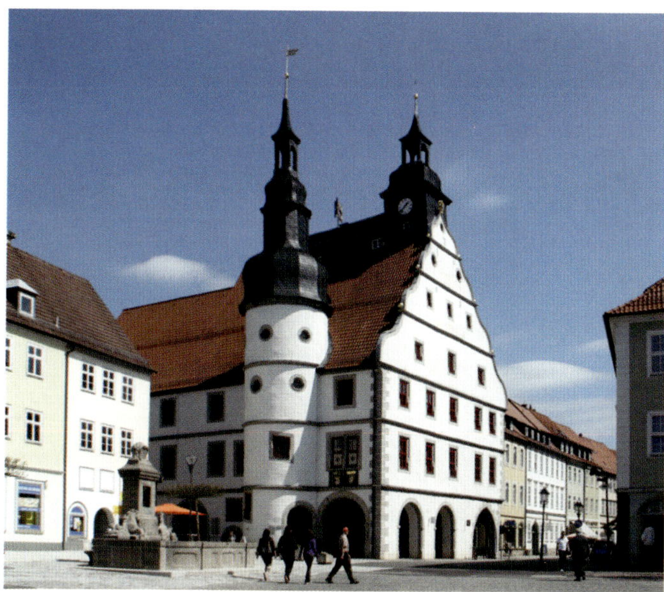

Markt, Hildburghausen

schenbibliothek, die ersten deutschen Klassikerausgaben im Taschenbuchverlag und das 52-bändige Konversationslexikon, das aufgrund seiner unglaublichen Wissensfülle als „Wunder Meyer" gepriesen wurde. Auch „Brehms Tierleben", von Meyers Sohn Hermann noch in Hildburghausen verlegt, zählt zu den Exponaten. Residenzstadt des Fürstentums Sachsen-Hildburghausen war Hildburghausen von 1680 bis 1826. Das Schloss wurde 1685 – 1695 errichtet (im Zweiten Weltkrieg zerstört), 1700 kam der schöne, als Barockgarten angelegte und von einem künstlichen Kanal umgebene Schlosspark hinzu. 1721 folgte das Ball- und Festhaus, das 1755 zum Theater umgebaut und 1794 offiziell als Hoftheater geführt wurde. Auch die erste Schauspielschule (1765) und das erste Kindertheater Deutschlands (1805) wurden hier gegründet. Das 2008 nach mehrjähriger Sanierung wiedereröffnete Haus gilt als ältestes bespieltes Theater Deutschlands. Der Marktplatz wird durch das Renaissancerathaus, barocke Bürgerhäuser im „Zopfstil" und den Georgbrunnen geprägt. Und zur Attraktion ist mittlerweile das Theresienfest geworden, das größte Volksfest Südthüringens, zu dem jährlich viele Tausend Besucher strömen. Mit dem Münchener Oktoberfest hat es nicht nur den Zeitpunkt gemeinsam: Bayerns späterer König Ludwig I. nahm am 12. Oktober 1810 Prinzessin Therese von Sachsen-Hildburghausen zur Frau – und das war der Anlass, das größte Volksfest der Welt fortan auf der Theresienwiese in München zu feiern.

Landkreis Hildburghausen

Der Landkreis Hildburghausen erstreckt sich von den Höhen des Thüringer Waldes über die Erhebungen der Gleichberge mit dem Grabfeld hinunter ins Werratal und in die ausgedehnten Wiesen des Heldburger Unterlandes. Viele gut erschlossene Wanderwege führen durch diese reizvolle Bilderbuch-Landschaft mit ihren großen Wäldern und engen Tälern, lieblichen Wiesen und munteren Bächen, in der das Biosphärenreservat Vessertal mit vielen seltenen Pflanzen- und Tierarten und der Naturpark Thüringer Wald das besondere Erlebnis einer weitestgehend unberührten Natur bieten. Zu Entdeckungen laden aber auch hübsche Fachwerkdörfer und verträumte Städtchen, altehrwürdige Schlösser, Burgen und Kirchen und viele Museen ein. Das Naturtheater Steinbach-Langenbach mit seinen 3.000 Plätzen und einem vielfältigen Repertoire, die Rennsteigwarte Masserberg und die Talsperre Schönbrunn, die Veste Heldburg und die Stiftskirche in Römhild, das Hennebergische Museum im

Klosteranlage Veßra

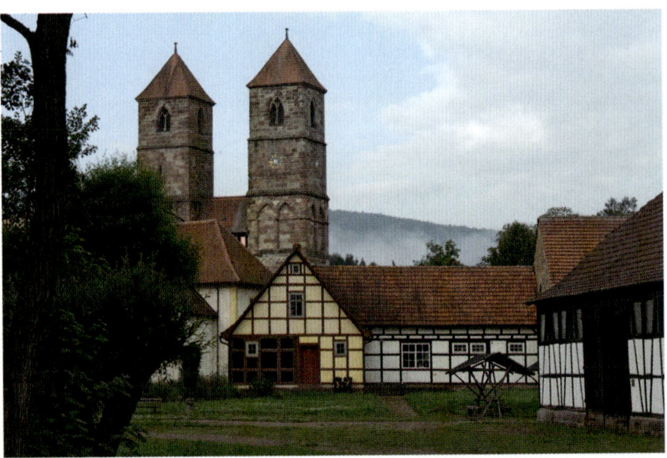

Kloster Veßra und die Altstadt von Schleusingen mit dem Renaissanceschloss Bertholdsburg zählen zu diesen reichen kulturhistorischen Schätzen – wie das Dörfchen Bedheim, die Kilian-Kirche und die Schwalbennestorgel.

Information	Fremdenverkehrsamt Ilmenau-Information Am Markt 1 (im Amtshaus) 98693 Ilmenau Tel.: 03677 600300 Fax: 03677 600330 E-Mail: stadtinfo@ilmenau.de	Ilmenau
Sakrale Bauten	Stadtkirche St. Jakobus, Bergmannskapelle, Kreuzkirche, Dorfkirche Ilmenau-Roda	
Museen	Goethe Stadt Museum, Jagdhaus Gabelbach, Spielzeugmuseum, Goethehäuschen auf dem Kickelhahn, Heimatstube Manebach	
Information	Tourist Information Suhl Touristik und Congress GmbH Friedrich-König-Straße 7 98527 Suhl Tel.: 03681 788405 Fax: 03681 788242 E-Mail: touristinformation@suhl-ccs.de	Suhl
Sakrale Bauten	Kreuzkirche, Kirche St. Marien, Kirche St. Ulrich Suhl-Heinrichs, Ottilienkapelle, Kreuzkapelle	
Museen	Waffenmuseum, Fahrzeugmuseum, Schul- und Volkssternwarte mit Planetarium	
Information	Touristinformation Hildburghausen Markt 25 (Historisches Rathaus) 98646 Hildburghausen Tel.: 03685 40583 Fax: 03685 405840 E-Mail: tourist-info@hildburghausen.de Landratsamt Hildburghausen, Amt für Schulverwaltung und Kreisentwicklung Wiesenstraße 18 98646 Hildburghausen Tel.: 03685 445451 Fax: 03685 445501 E-Mail: poststelle@lrahbn.thueringen.de	Landkreis Hildburghausen
Sakrale Bauten	Christuskirche, Apostelkirche, Katholische Kirche St. Leopold (alle Hildburghausen), Kiliankirche Bedheim, Katharinenkirche Bad Colberg, Wehrkirche Eichenberg, Dreifaltigkeitskirche Eisfeld, Achteckkirche Gießübel, Kirche „Unserer lieben Frauen" Heldburg, Kloster Veßra, Wehrkirche Rieth, Stiftskirche Römhild, Johanniskirche Schleusingen, Bartholomäuskirche Themar, ehemaliges Prämonstratenserinnenkloster Trostadt	
Museen	Stadtmuseum Hildburghausen, Trützschler's Milch- und Reklamemuseum Hildburghausen, Museum „Otto Ludwig" Eisfeld, Naturhistorisches Museum Schloss Bertholdsburg Schleusingen, Hennebergisches Museum Kloster Veßra, Museum Schloss Glücksburg Römhild, Steinsburgmuseum Römhild, Gewürzmuseum Schönbrunn, Zweiländermuseum Rodachtal, Schlossbrauerei Schwarzbach	

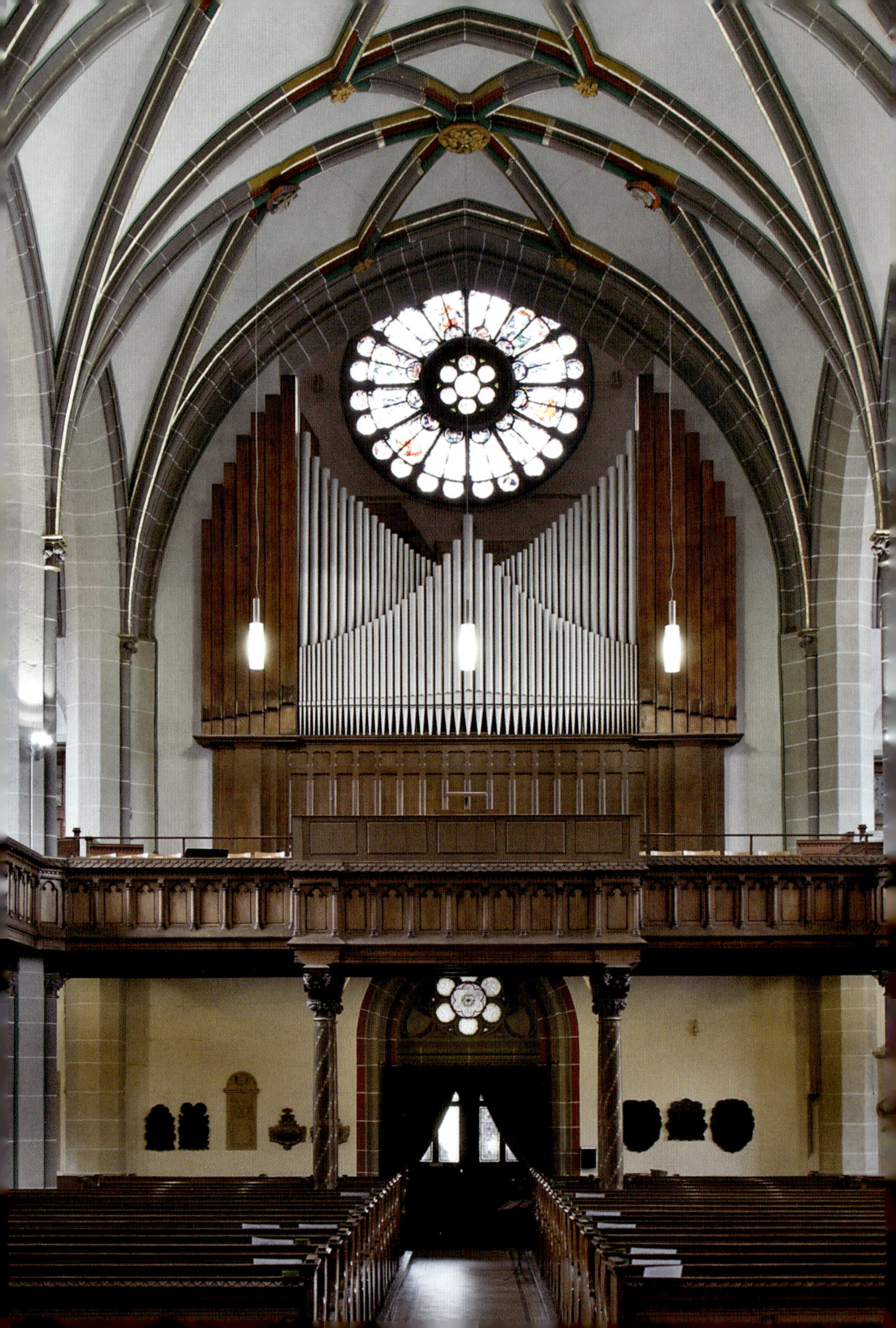

Die Walcker-Orgel („Reger-Orgel") in der Stadtkirche zu Meiningen

Disposition > Seite 182

Orgelbauer:
E. F. Walcker & Cie.
Erbauungszeit:
1932
Restaurierungen, Umbauten:
1939, 1949, 1990 – 1994

„Wenn der Krieg vorbei ist, hacken wir das Scheusal zusammen ..." Eine Liebeserklärung war es nicht, mit der Max Reger vor fast 100 Jahren die Orgel in der Stadtkirche St. Marien bedachte. Ein Instrument, auf dem er in seiner Meininger Zeit des Öfteren musiziert und auch Neues ausprobiert hat. Er war dem Ruf des „Theaterherzogs" Georg II. von Sachsen-Meiningen gefolgt und kam 1911 in die südthüringische Residenz, um die Leitung der berühmten Hofkapelle zu übernehmen. Für ihn ging damit sicherlich ein Wunsch in Erfüllung, denn Reger hatte in Leipzig verkündet: „Es gibt nur ein Orchester, das ich haben möchte: Meiningen."

Nun war er Nachfolger des Brahms-Förderers Hans von Bülow und des jungen Richard Strauss, dirigierte am 12. Dezember 1911 das erste Konzert und sorgte fortan als Orchesterleiter und mit eigenen Orchesterwerken für Furore. Das gewaltige Arbeitspensum hielt ihn freilich nicht davon ab, seinem „Hauptinstrument" treu zu blieben und Orgelmusik zu spielen und zu komponieren. Aber die Orgel genügte seinen Wünschen nicht! Und „seine" Orgel blieb eine Vision: Er entwickelte Ideen, wie sie klingen sollte und was sie leisten müsste. Die Reger-Orgel aber hat er nicht mehr erlebt. Er musste weiterhin mit ihrer Vorgängerin auskommen ...

Sie war die Nummer vier in der mittlerweile 465-jährigen Orgelgeschichte. 1882 hatte der Kirchenvorstand beschlossen, „eine neue Orgel anzuschaffen und in Verbindung damit auch dem Kircheninneren eine Aufbesserung zuteil werden zu lassen". Den Auftrag erhielt die Würzburger Orgelbauwerkstatt Martin Schlimbach & Sohn am 16. Juli 1885. Das Instrument konnte jedoch nicht, wie vorgesehen, im Juli des folgenden Jahres aufgestellt werden. Der Umbau der Kirche brachte Hindernisse und Nachteile mit sich. Für die Orgel und den Sängerchor musste eine zweite Empore zwischen die Westtürme eingefügt werden, und die Rosette wurde auf Kosten des Orgelschaubildes freigelegt und das Pfeifenwerk samt Prospekt wie ein Schwalbennest in den neugotischen Rahmen gezwängt. Ein künstlerischer Missgriff, dem das reich verzierte Barockgehäuse der vorherigen Orgel zum Opfer fiel. Und der Standort unter dem Abschlussbogen des Kirchenschiffes war keine gute Wahl. Die Orgel konnte ihren Klang kaum voll entfalten; Schäden durch Witterungseinflüsse blieben nicht aus. „Das große Rad der Nürnberger Lorenzer Kirche mag ... als Vorbild gedient haben, doch hat die Orgel dort eine glücklichere Lösung gefunden." (Oberbaurat Eduard Fritze) Am 23. September 1889 wurde die Orgel gemeinsam mit der Kirche eingeweiht. Sie besaß 38 Stimmen, zwei Manuale und Pedal, hatte Kegelladen mit mechanischer Traktur und kostete 12.310,92 Mark. Konzipiert war sie als Orchesterorgel: Ihr Farbspektrum und ihre Dynamik sollten dem romantischen Klangbild entsprechen. Sie hatte die Skala von pppp bis ffff, die für Regers Orgelmusik erforderlich war, zur Verfügung. Und sie wird ihm auch einige Dienste bei der Komposition von Opus 127 – Introduktion, Passacaglia und Fuge e-Moll – geleistet haben, selbst wenn sie für die Wiedergabe nicht ausgereicht hat. Denn dieses an Fantasie, Klang und Dauer überbordende Werk war ein Auftrag zur Einweihung der Breslauer Jahrhunderthalle und für die damals größte Orgel der Welt. Bei der Uraufführung am 24. September 1913 saß Regers Freund, der Leipziger Thomasorganist Karl Straube, am Instrument. Doch trotz solcher Klanggewalt betonte Reger immer wieder: „Man macht mir oft den Vorwurf, dass ich absichtlich so schwer schreibe; gegen diesen Vorwurf habe ich nur eine Antwort, dass keine Note zuviel darin steht." In der Tat zeigen Werke der Meininger Zeit wie Neun Stücke für Orgel op. 129 (1913) oder Dreißig kleine Choralvorspiele op. 135a (1914) eine deutlich lichtere Struktur, die von Regers neu gewonnenen Erfahrungen mit dem Orchester herrührt. Aber für die asketische Linearität dieses „zweiten Bach" bot Schlimbachs Orgel auch wenig Hilfe. Ihr fehlten die Errungenschaften des modernen Orgelbaus wie freie Kombinationen und Crescendowalze. Vielleicht wurde sie altersschwach. Jedenfalls gab Straube 1923 bei der Freiberger Tagung für deutsche Orgelkunst den Hinweis, dass „gerade in der Zeit, in der [Reger] für die Orgel komponierte ... unser ganzer Orgelbau am weitesten von dem Ideal einer künstlerisch wertvollen Orgel entfernt [war] ... Regers Orgelmusik gehört ... ihren Formen nach zur orgelgemäßen Orgelmusik der Frescobaldi, Buxtehude, Bach; das heißt aber, daß sie mit der Orchesterorgel von 1910 ihrem Wesen nach nicht zusammengehört." Auf die neue Orgelbewegung konnte Max Reger nicht mehr reagieren; erst die Orgel, die 1932 in der Stadtkirche gebaut wurde, trug seinen Vorstellungen Rechnung. Reger verließ Meiningen im Jahr 1914. Der Rastlose war erschöpft, krank und überdies von der Notwendigkeit einer Trennung überzeugt: „Solche kleine Städte – noch dazu ‚Hof' und solches Überwiegen des Militärs in gesellschaftlicher Beziehung sind der Ruin des Künstlers!" In Jena fand er 1915 ein neues Heim und zu seinem „freien, jenaischen Stil". 1916 starb Reger. Er war, wie Straube, 1873 geboren worden.

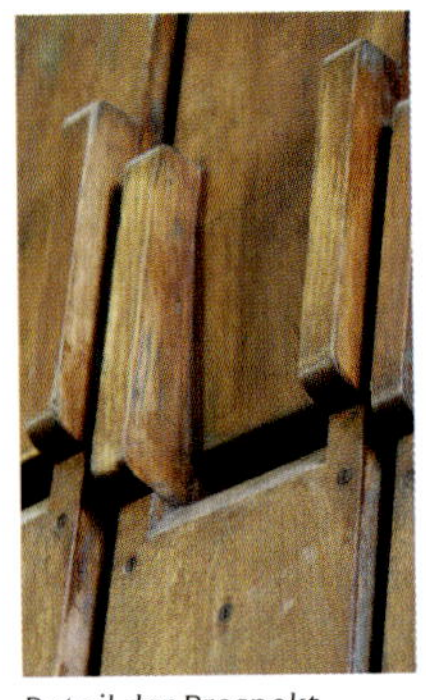
Detail der Prospektpfeifen

Dass Meiningen 1932 eine fünfte Orgel bekam, war dann das Verdienst des Stadtorganisten August König. Er hatte sich jahrelang mit den Zielen der neuen Orgelbewegung vertraut gemacht und Baupläne, Kostenanschläge und Geld besorgt. 1929/30 kamen die Angebote der Orgelbauer Ernst Kühn (Schleusingen), Gebrüder Jehmlich (Dresden), Steinmeyer & Co. (Oettingen) und Walcker & Cie. (Ludwigsburg). Die Anzahl der Stimmen lag zwischen 48 und 55, die Höhe der Kosten zwischen 23.902 und 39.770 Reichsmark – viel Geld in dieser Krisenzeit. Erst als die Materialpreise und dann die Lohnkosten erheblich sanken, sah sich die Kirchgemeinde 1931 in der Lage, eine Erweiterung und klangliche Umgestaltung der vorhandenen Orgel zu bezahlen. Den Zuschlag bekam die Firma E. F. Walcker & Cie., die 20 Jahre zuvor die Orgel in der St. Jakobus-Kirche zu Ilmenau neu gebaut hatte. Die Meininger Orgel wurde abgetragen und in die Walcker-Werkstatt nach Ludwigsburg verfrachtet. Das alte Pfeifenmaterial wurde, soweit verwendbar, umgeändert und, falls erforderlich, mit neuen Stimmen ergänzt. Die Windladen erhielten das moderne elektropneumatische Kegelladensystem. Ein drittes Manual samt elektropneumatischer Taschenlade kam hinzu – das von Reger gewünschte Schwellwerk! – und ein neuer elektrischer Spieltisch. Und der Tonfang von Manualen (C bis c^4) und Pedal (C bis f^1) wurde erweitert. Enorm war der Aufwand für die Verlegung des Orgelstandortes in der Kirche: Abbruch der Chor- und Orgelempore und Aufstellung des Instrumentes auf der ersten Empore; geringe Veränderungen am Prospekt und am unschönen neugotischen Gehäuse der Vorgänger-Orgel. Am 27. Januar 1932 wurden 20.820 RM als Bausumme vereinbart, auf die Walcker am 3. Mai noch einen Extrarabatt in Aussicht stellte. Die Orgelweihe erfolgte am 16. Oktober 1932; die Prüfung nahm Erhard Mauersberger, der Kirchenmusikwart der Thüringer evangelischen Kirche und spätere Leipziger Thomaskantor, vier Tage später vor.

In seinem Gutachten gratuliert er der Gemeinde zu einer Orgel, die „größten Anforderungen gerecht werden dürfte" und betont: „Die Gesamtdisposition des Werkes, die ganz den heutigen Bestrebungen im Orgelbau entspricht, bietet den Organisten eine ungeheuere Fülle der Verschiedenartigkeit von Klangmischungen." Das Instrument besaß drei Manuale, Pedal und 51 Stimmen. „Durch die Beibehaltung des größten Teils der Stimmen aus der romantischen Orgel unter Hinzufügung typischer Barockregister sowie eines dritten Manuales als ‚Barockwerk' war eine Art Kompromiß- oder Universalorgel entstanden, auf der man die Orgelliteratur aller Stilepochen, angefangen von den Alten Meistern über die Romantik bis zur Moderne spielen konnte." (Albrecht Dietl) Mit einem solchen Klangbild rekapitulierte die neue Orgel gleichsam die eigene Geschichte und die damit verbundenen Traditionen von Orgelbau und Orgelspiel: die erste Orgel, die 1546 im Zuge der Reformation aus dem alten Franziskanerkloster für den Gottesdienst in der Pfarrkirche „zu unsrer lieben Frauen" übernommen wurde; die frühbarocke Orgel von Martin Sömmering (Erfurt), die 1596 aufgrund gewachsenen Wohlstandes eigens für die Kirche gebaut werden konnte; die Barockorgel, die Heinrich Wedemann (Sondershausen) 1685 errichtet hat und die etwa 200 Jahre ihren Dienst versah; Schlimbachs romantische Orchesterorgel von 1889 und schließlich die von den Grundsätzen der neuen Orgelbewegung bestimmte und von Regers Geist beseelte Universalorgel von 1932. 1939 hat die Firma Walcker Änderungen in der Disposition und eine Vermehrung von Chören vorgenommen, um dem vollen Werk mehr Leuchtkraft und Tragfähigkeit zu geben. Beim Bombenangriff am 23. Februar 1945 wurde die Kirche schwer beschädigt. Erst nach drei Jahren konnte sie wiederhergestellt werden, währenddessen die Orgel allen Witterungseinflüssen ausgesetzt war und die Mängel zunahmen. Die Firma Walcker konnte diese aber nicht mehr beheben, Währungsreform und Zonengrenze verhinderten es. Im April 1949 begann die Firma Sauer (Frankfurt/Oder) umfangreiche Arbeiten nach Plänen aus dem Jahr 1940. Änderungen in der Disposition brachten dem Klang mehr Intensität, Frische und Lebendigkeit. Die Orgelempore wurde erweitert, das Orgelwerk vorgerückt und der Spieltisch nach vorn in die Mitte gesetzt. Der neue Prospekt war schlicht und modern gestaltet und fügte sich hervorragend in das architektonische Bild des Kirchenraumes ein. Geleitet wurde der Um- und Wiederaufbau vom Weimarer Orgelbaumeister Gerhard Kirchner. Die Kirche bekam ein Instrument zurück, das allen liturgischen und konzertanten Aufgaben wieder genügte.

Doch das blieb nicht so. Die beträchtlichen Kriegsschäden wirkten nach, der Verfall ließ sich nicht aufhalten. Erst 1990 konnten die dringlich gewordenen Reparaturarbeiten von innovativen Spezialwerkstätten in Angriff genommen und ausgeführt werden. Die Orgelbaufirmen Hey (Urspringen/Rhön) und Laukhuff (Weikersheim) und die Süddeutsche Orgelpfeifenfabrik Killinger (Freiberg/Neckar) vermochten die Orgel so meisterlich instand zu setzen, dass sie seit der Wiedereinweihung am 6. Mai 1994 ein zweites Mal, und nun als Reger-Orgel benannt, „den größten Anforderungen" gerecht werden kann. Als Erster hat das an diesem Tag der namhafte Nürnberger Organist Werner Jacob im Rahmen der Meininger Landeskirchenmusiktage demonstriert. Viele Institutionen, Sponsoren und Benefizkonzerte halfen mit, die Kosten von 800.000 DM zu decken und eine reiche Tradition lebendig zu halten. Die Stadtkirche und die Orgel, die mit ihrem Namen Reger ehrt, blieben ein bedeutendes Musikzentrum – nicht nur beim „Meininger Orgelsommer". Bach, Brahms und Reger sind Säulenheilige, Puccini ist schon mal ein unerwarteter Gast und Jazz und Weltmusik sorgen für das außergewöhnliche Flair. Die Meininger Kantorei, Kammerchor, Kinderchor, Gospelchor und Posaunenchor tragen zum Erfolg dieser Konzerte bei.

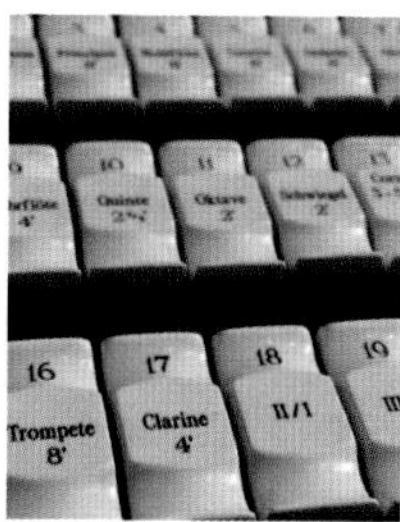

Detail der Registrieranlage

Sehenswertes in der Rhön

Meiningen

Meiningen ist eine kleine Stadt mit südlichem Flair und einem sprechenden Antlitz. Attraktive Bauwerke und ausgedehnte Parkanlagen, erhabene Denkmäler und ehrwürdige Museen, idyllische Brunnen und eine historische Altstadt mit schön hergerichteten Fachwerkbauten und Bürgerhäusern sowie die begrünten Villenviertel bieten dem Betrachter nicht nur herrliche Anblicke. Sie erzählen ihm auch von der Historie der Stadt, die sich heute Theaterstadt nennt und einst Residenz und Musenhof war. Und sie erzählen viel über Persönlichkeiten, die hier gelebt, geherrscht und geschaffen haben: der kunstsinnige Herzog Georg II. von Sachsen-Meiningen, die Dichter Schiller und Bechstein, die Komponisten Brahms und Reger, der Dirigent Hans von Bülow. Auch heute besitzt die Stadt ein vitales und vielseitiges Kulturleben mit traditionsreichen Festen und modernen Events. Und sie strahlt zusammen mit der schönen Landschaft eine wundervolle Harmonie von Kunst und Natur aus: Meiningen liegt im Werratal zwischen dem Thüringer Wald und Rhön und ist von waldreichen Hügeln, Bergen und Tälern umgeben.

Das südthüringische Meiningen, seit 1994 Kreisstadt des Landkreises Schmalkalden-Meiningen, wurde erstmals 982 als „Meininga" in einer Schenkungsurkunde des Kaisers Otto II. an die Peterskirche zu Aschaffenburg erwähnt. Es erhielt 1344 Stadtrecht und blieb bis 1542 eine würzburgische Enklave im Stammgebiet der Grafen von Henneberg. Leinen- und Barchentweberei verschaffte der Stadt bis zum Dreißigjährigen Krieg enormen Wohlstand. Nach einem Machtwechsel kam sie 1542 – 1583 in hennebergischen Besitz, danach an das Haus Wettin und wurde 1680 – 1918 Residenzstadt des Herzogtums Sachsen-Meiningen.

Schloss Elisabethenburg Meiningen

Die Herzöge ließen 1682 – 1692 das Schloss Elisabethenburg als Herrschaftssitz errichten, den Herzog Georg II. (1866 – 1914) zu einem der bedeutendsten Musenhöfe Deutschlands entwickelte. Die großzügig angelegten und prachtvoll ausgestalteten Schlossräume sind heute der Hauptsitz der Meininger Museen. Sie lohnen ebenso den Besuch wie die wertvollen Sammlungen von Kunsthandwerk, Bildern und Plastiken aus acht Jahrhunderten; dazu kommen zahlreiche Sonderausstellungen. Nach der Restaurierung aus Anlass des 1000-jährigen Stadtjubiläums wurde die alte Schlosskirche im Südflügel 1982 als Konzertsaal „Johannes Brahms" eröffnet. Das

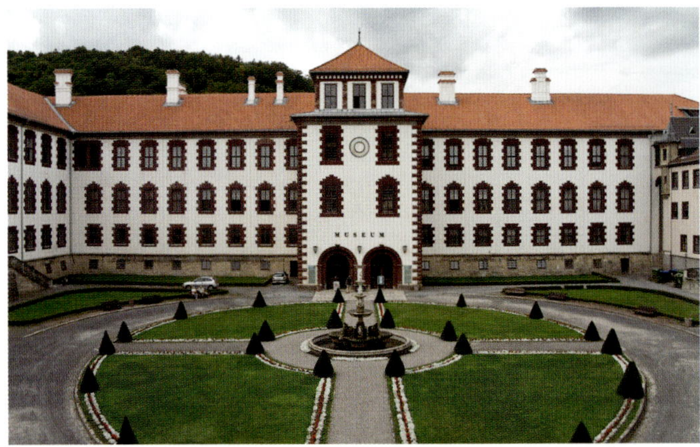

Meiningen, Schloss Elisabethenburg

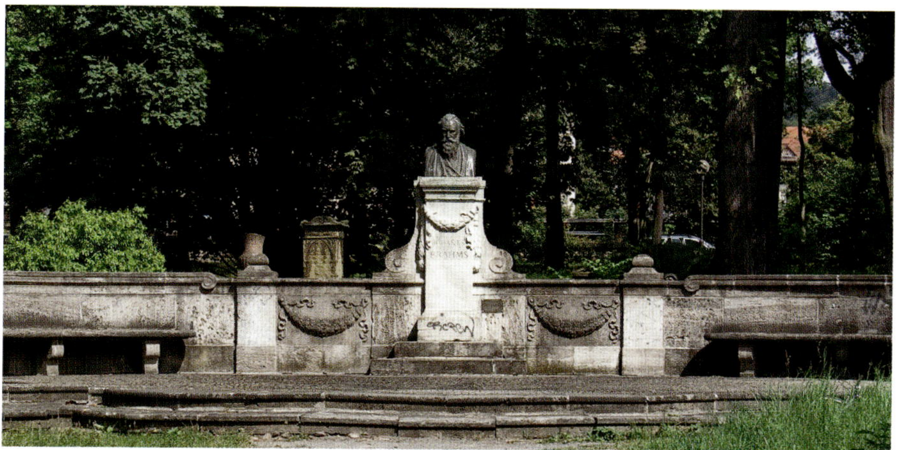

Meiningen, Englischer Garten, Brahms-Denkmal

Theatermuseum in der ehemaligen herzoglichen Reithalle am Schlossplatz entführt in die „Zauberwelt der Kulisse". Die 275 erhaltenen Dekorationsteile sind spektakuläre Zeugnisse jener zukunftweisenden Theaterreform, mit der Georg II. im 19. Jahrhundert das Regie-Theater und die illusionistischen Bühnenbilder der Meininger Musterinszenierungen initiiert hat. Dem Englischen Garten verleihen alter Baumbestand, das Max-Reger-Denkmal, Brunnendenkmäler für Bechstein und Brahms, Gedenksteine, künstliche Ruinen und – inmitten eines Teiches – das Grabmal von Herzog Karl ein romantisches Ambiente. An seiner Westseite steht das Theater. Der beeindruckende neoklassizistische Bau entstand 1909 anstelle des im Vorjahr abgebrannten Hoftheaters. Von 1874 bis 1890 reisten die „Meininger" mit Bühnenbildern, Requisiten und Kostümen zwischen London, Moskau und Kiew durch 39 europäische Städte und zeigten ihre berühmten Musteraufführungen. Als Südthüringisches Staatstheater außerordentlich profiliert und leistungsstark, ist das Mehrspartenhaus seit Januar 2009 mit dem Landestheater Eisenach in der „Kulturstiftung Meiningen-Eisenach" verbunden. Die Hofkapelle, die 1690 von Herzog Bernhard I. gegründet wurde und zu deren ersten Leitern Georg Caspar Schürmann und Johann Ludwig Bach zählten, erlangte durch das Engagement des Dirigenten Hans von Bülow ab 1880 ebenfalls einen hervorragenden Ruf in Europa. Gastspiele in Berlin, Leipzig oder Wien brachten größte Erfolge. 1885 spielte sie die Uraufführung der 4. Sinfonie von Johannes Brahms, der mit dem Herzog eng befreundet war.

Theater Meiningen

Die Kirche auf dem Markplatz – „Unser lieben Frauen" oder „Marienkirche" oder einfach nur Stadtkirche genannt und 1680 – 1692 auch als Hofkirche genutzt – ist etwa 1000 Jahre alt und musste die Hälfte dieser Zeit ohne Orgel auskommen. Der frühe romanische Bau wurde wieder und wieder auf- und umgebaut. Um 1153 bekam er einen Turm, in der Mitte des 15. Jahrhunderts sein kunstvolles gotisches Chorgewölbe, und die umfangreichen Restaurierungsarbeiten 1884/85 durch den Oberbau- und Regierungsrat Otto Hoppe glichen einem Neubau. Dabei erhielten beide Türme die gleiche Höhe und einen größeren Abstand voneinander. Das monochrome steinfarbene Kirchenschiff und die Ausstattung sind neugotisch und von hoher Qualität. Der Altar und die hohen Kirchenfenster, die der Berliner Künstler Gerhard Olbrich nach Szenen der Offenbarung des Johannes gestaltet hat, stammen aus dem Jahr 1961; das Kreuz

Stadtkirche Meiningen

(um 1500) kommt aus der Schule von Veit Stoß. Mit der „Steinernen Madonna" aus dem 14. Jahrhundert besitzt das Gotteshaus einen besonderen Schatz. Sie war ein Geschenk von Kaiser Ludwig und Bischof Otto II. aus Würzburg und stand bis 1938 unter einem Baldachin an der Außenfassade des Südturmes. Der linke der zwei bronzenen Türklopfer an den Innentüren des Haupteinganges ist ein Originalfundstück aus dem romanischen Vorgängerbau und zeigt einen Löwenkopf. Im Südturm hängen fünf Glocken, deren älteste aus der Zeit um 1300 stammt. Über das Treppentürmchen, das 1594 am Nordturm angefügt wurde, kann man einmal wöchentlich während des Sommerhalbjahres in die Türmerwohnung und auf den Turmumgang gelangen und die schöne Aussicht auf die Stadt, ins Werratal und auf die umliegenden Berge genießen.

Stadtzentrum Meiningens

Im freundlich gestalteten, mediterran wirkenden Stadtzentrum finden sich unter ansehnlichen Bürgerhäusern und Fachwerkbauten auch interessante Relikte der Vergangenheit: das Steinerne Haus (Anton-Ulrich-Str. 43), eines der ältesten Gebäude aus dem 14. Jahrhundert; das 1596 erbaute Büchnersche Hinterhaus (Georgstraße 20), das den großen Brand von 1874 überlebte; das Baumbachhaus (Burggasse 22), das Wohnhaus des Dichters Rudolf Baumbach („Hoch auf dem gelben Wagen"), in dem ein Literaturmuseum mit originalen Möbeln und Dokumenten über das Wirken von Ludwig Bechstein, Jean Paul und Friedrich Schiller in Meiningen Auskunft gibt. Ein Magnet für Liebhaber von Malerei und Plastik, von Grafik und Fotografie, von Installation und Performance ist die galerie ada. Opulente Expositionen zeigen Ausstellungsstücke der klassischen Moderne, der deutschen und internationalen Gegenwartskunst sowie des regionalen Schaffens, oft flankiert durch attraktive Begleitprogramme. Die Meininger wissen auch zu feiern. Das Hütesfest im Juli stellt mit großem Trubel eine berühmte Leibspeise in den Mittelpunkt, die Thüringer Klöße, deren Rezept ein Geschenk von Frau Holle sein soll. Der „Güldene Herbst", das Festival für Alte Musik, lässt Thüringens reiche Musiktradition an historischen Orten und in außergewöhnlicher Umgebung erlebnisvoll aufleben. Das Thüringer Märchen- und Sagenfest in der zweiten Hälfte des Jahres hat einen guten Grund, große und kleine Zuhörer in Meiningen zu begeistern, denn der Märchen- und Sagensammler Ludwig Bechstein (1801–1860) gehörte zu den berühmtesten Bürgern, und der nach ihm benannte Thüringer Märchen- und Sagenpreis wird auf Schloss Landsberg verliehen. Aber auch Technikfreunde finden ihre Erlebnisse! Jährlich am ersten Wochenende im September pilgern Tausende Fans zu den Meininger Dampfloktagen, wo sie die legendären schnaufenden Dampfrösser besichtigen können. Im Thüringer Zweiradmuseum können die Besucher alle zu DDR-Zeiten gefertigten Zweiradmodelle bewundern. Eine EMW aus dem Jahre 1947 ist das älteste Motorrad; das jüngste ist eine Simson Schikra von 2000.

Umgebung von Meiningen

Viele Wanderwege in und um Meiningen führen zu historischen Orten, interessantem Brauchtum und in eine herrliche Natur. Die Stadt ist an zwei überregionale Wanderwege angebunden, den Kelten-Erlebnisweg und den Werra-Burgensteig. Zur Erkundung der unmittelbaren Umgebung empfiehlt sich der Rundweg und Premiumwanderweg „Der Meininger". Im Dörfchen Bauerbach befindet sich das Schiller-Museum – ein Haus, in dem der geflohene Karlsschüler und „Räuber"-Dichter 1782/83 Zuflucht fand. Römhild ist durch die Marienkirche, den Töpferhof und das Steinsburg-Museum mit Funden aus dem größten archäologischen Bodendenkmal Thüringens sehenswert, einer keltischen Burg aus dem 6. Jahrhundert v. Chr. In Walldorf zwischen Thüringer Wald und Rhön sind die Märchen- und Schauhöhle als größte von Menschenhand geschaffene Höhle Europas sowie eine gut erhaltene Kirchenburg aus dem

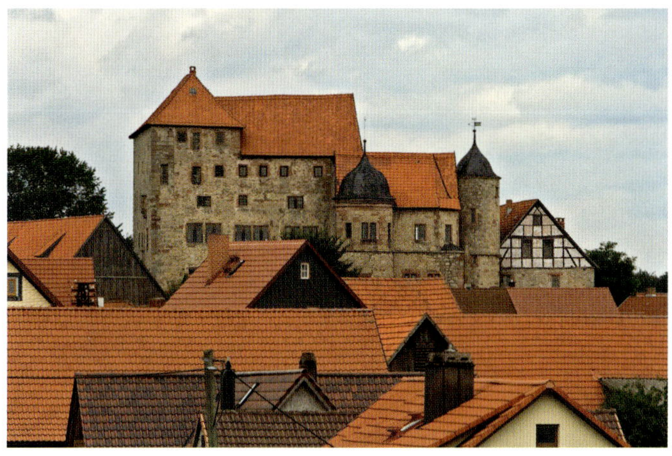

Johanniterburg in Kühndorf

15. Jahrhundert von Interesse. Die Stadt Wasungen ist durch ihre jahrhundertealten Karnevalsbräuche bekannt und besitzt mit Stadtkirche, spätgotischem Rathaus und vielen Bürger- und Adelshäusern beeindruckende Architekturdenkmäler. In Kühndorf führt ein Rundgang durch die einzige im deutschen Sprachraum erhalten gebliebene Johanniterburg, die um 1315 vom Johanniterorden erbaut wurde. Die Heimatstube Schwarza in einer Wasserburg aus dem 13. Jahrhundert zeigt alte Trachten, Möbel, Hausrat und Werkzeuge. Und alle diese Wege sind ohne die einzigartigen Naturerlebnisse, die die Rhön zu bieten hat, undenkbar: Urwüchsige Basaltkuppen, einsame Hochflächen und dunkle Hochmoore, helle Bäche, ausgedehnte Wälder und beschauliche Täler markieren diese überaus faszinierende Landschaft.

Meiningen und Umgebung

Informationen	Tourist-Information Ernestinerstraße 2 98617 Meiningen Tel.: 03693 44650 Fax: 03693 446544 E-Mail: tourist.info@meiningen.de Landratsamt Schmalkalden-Meiningen Fachdienst Kreisentwicklung – SB Tourismus Obertshäuser Platz 1 98617 Meiningen Tel.: 03693 485391 Fax: 03693 485399 E-Mail: m.buettner@lra-sm.thueringen.de
Sakrale Bauten	Stadtkirche „Unserer lieben Frauen" (Marienkirche), Katholische Kirche „Unsere liebe Frau", Schlosskirche Elisabethenburg, Herzogliche Gruftkapelle, Kirche zum Heiligen Kreuz (alle Meiningen), Dorfkirche Meiningen-Helba, Dorfkirche Meiningen-Welkershausen, Dorfkirche Meiningen-Dreißigacker, Wehrkirche Walldorf, Wehrkirche Herpf, Klosterkirche St. Michael Rohr
Museen	Meininger Museen Schloss Elisabethenburg, Literaturmuseum „Baumbachhaus", Theatermuseum „Zauberwelt der Kulisse", Goetz-Höhle, Zweiradmuseum MZM, galerie ada, Kunsthaus (alle Meiningen), Schiller-Museum Bauerbach, Johanniterburg Kühndorf, Metallhandwerksmuseum Steinbach-Hallenberg, Kunststation Oepfershausen

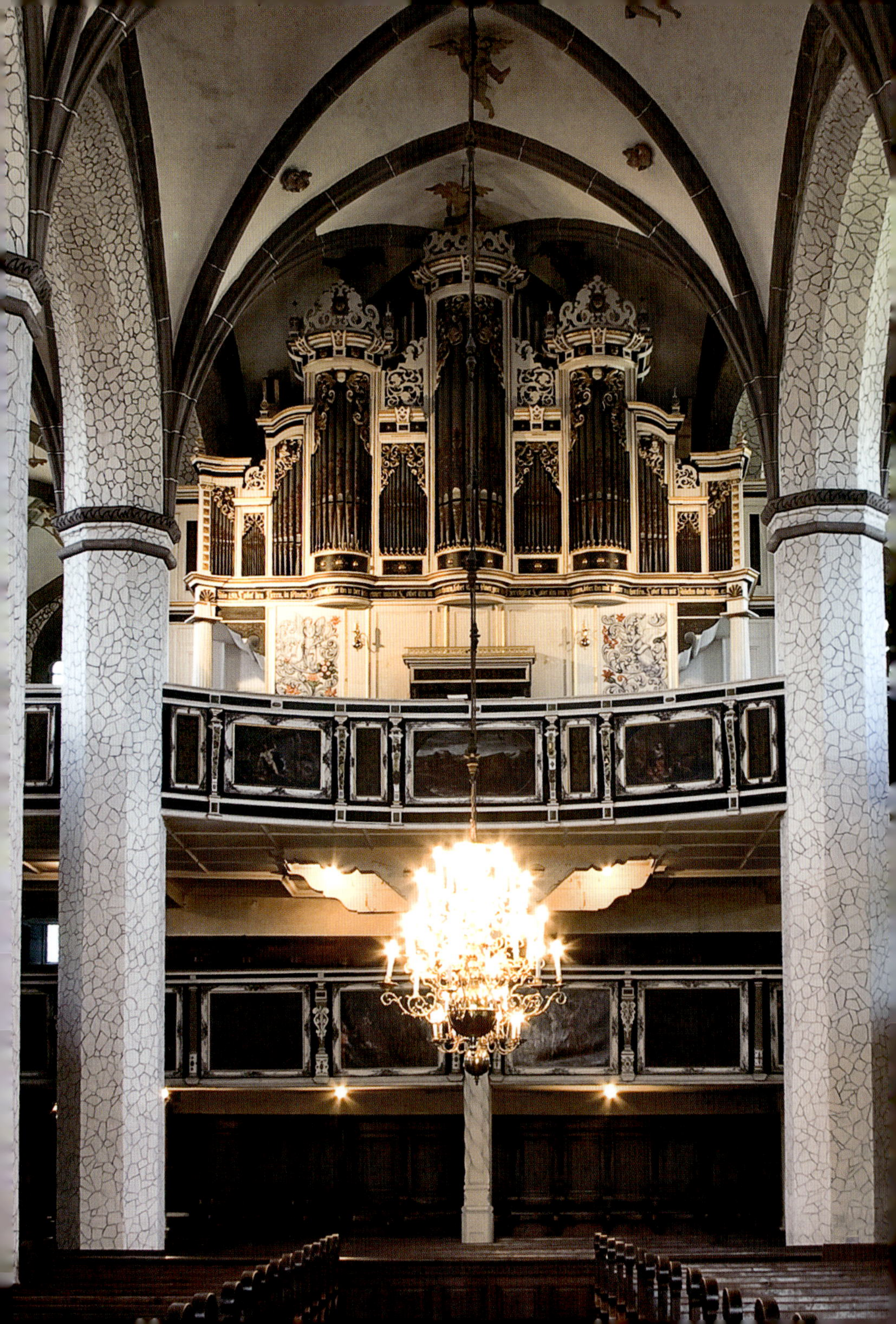

Die Ladegast-Orgel in der Stadtkirche St. Andreas zu Rudolstadt

Disposition > Seite 183

Orgelbauer:
Friedrich Ladegast
Erbauungszeit:
1882
Restaurierungen, Umbauten:
1915, 1949, 1969, 1979, 2003 – 2005

Orgeln verdanken ihre Existenz nicht nur der handwerklichen Kunst und dem musikalischen Sinn ihrer Erbauer; ihr Schicksal und ihr Charakter sind oft genug auch dem Wandel der Zeiten und Moden unterworfen. So widerfuhr Friedrich Ladegast mit seinem Instrument in Rudolstadt das, was er anderen erspart hat: Es war Anpassungen, Modernisierungen und Veränderungen ausgesetzt, die sich letztlich als wenig glücklich erwiesen, auch wenn dabei – ungewollt – ein Kapitel deutscher Orgelbaugeschichte und Orgelästhetik zustande kam.

Am 15. März 1636 wurde die dreischiffige Hallenkirche, die unter Graf Ludwig Günther I. von Schwarzburg-Rudolstadt gründlich erneuert worden war, eingeweiht. Von Juni bis September stellte der Orgelmacher Adam Dietrich ein Instrument auf, dessen prächtiges Aussehen bestens mit der reichen Ausstattung der Kirche harmonierte, dessen Anlage und Qualität aber immer öfter zu Beanstandungen führten und Reparaturen notwendig machten. 1647 befiel überdies eine Mäuseplage das Instrument. Und der Organist Michael Schambach verweigerte 1702 und 1716 den Dienst, weil er keine „geraden Gliedmaßen" behalten könne. Doch erst als sich 1866 ein wirtschaftlicher Aufschwung in Rudolstadt anbahnte, die Einwohnerzahl deutlich zunahm und die Kirchgemeinde absehbar über die erforderlichen finanziellen Mittel verfügen konnte, wurden Gutachten und Offerten für einen Orgelneubau eingeholt. Der Gipfel der Unzumutbarkeit war erreicht, der Klang nicht mehr zeitgemäß! Bewerber gab es mehrere; den Zuschlag erhielt Friedrich Ladegast aus Weißenfels. Sein Angebot war das teuerste: Auf 10.575 Mark bezifferte sich der Kostenvoranschlag vom 21. April 1879. Aber offensichtlich wollte die Kirchgemeinde mit Außergewöhnlichem glänzen und technische Debakel ausschließen, indem sie ein exklusives Instrument bei Deutschlands angesehenstem Orgelbauer erwarb. Mehr als 125 Orgeln gingen aus dessen Weißenfelser Werkstätten in alle Welt, und Rudolstadt war – neben Ronneburg (1879), Altenburg (Bartholomäikirche, 1881) und Ehrenhain bei Altenburg (1886) – einer der wenigen Orte in Thüringen, der sich einer Ladegast-Orgel rühmen konnte.

Indem Ladegast sein auf drei Manuale ausgelegtes Instrument im prächtigen Barockgehäuse der zweimanualigen Vorgängerorgel untergebracht hat, blieb deren schönes Äußeres bewahrt und ist noch heute zu bewundern. Ähnlich war er schon im Merseburger Dom (1855) und in der Schlosskirche zu Wittenberg (1867) verfahren. Auch seine Praxis, im Arbeitsprozess die geplante Disposition zu erweitern – in Rudolstadt wurde das Register Trompete 8' hinzugefügt –, besaß Methode. Und bereits bei seiner ersten Orgel in Geusa (1849) hatte er alles daran gesetzt, seine technischen Vorstellungen und klanglichen Visionen optimal zu realisieren – so besessen und konsequent, wie das auch Tobias Heinrich Gottfried Trost tat, dessen berühmte Altenburger Schlossorgel (1739) Ladegast 1881/82 umgebaut und nach französischer Art „modernisiert" hat. Auch seine eigenen Orgeln folgten bis zuletzt der frühromantischen Klangästhetik, wie das die Disposition des Rudolstädter Instrumentes mit seinen drei Manualen und 33 Stimmen belegt. Bei der Abnahme am 25. August 1882 urteilte Prof. Hermann Langer aus Leipzig: „Die Stimmen der drei Manuale sind durch wohlbedachte Mensuren und meisterliche Intonation charakteristisch aufeinander gehalten, so daß dieselben in nicht zu erschöpfender Abwechslung immer aufs neue reizvoll wirken können [...] Die Wahl gediegenen Materials, künstlerischer Blicke und ernste Solidität haben ein Kunstwerk ins Leben gerufen, das so recht bestimmt ist, zum Preise des Erhabenen seine tausend Stimmen erklingen zu laßen! Somit lobt es auch seinen Meister!"

Der Meister war beim Bau dieses Instrumentes neue Wege gegangen: Neben den bevorzugten Schleifladen für das Pedal verwendete er für die Manuale moderne Kegelladen, obwohl er ihnen skeptisch gegenüberstand. Mit einem gemischten Windladensystem, wie es Ladegast dann zunehmend favorisiert hat, gehorchte er seiner Prämisse: „Ich wende faktisch alle Systeme an, mitunter in einer Orgel verschiedene, jedes da, wo es mir passend erscheint." Da war er noch der Größte! Er hatte Instrumente der Superlative errichtet, die mit ihren bislang einmaligen Dispositionen, mit der Fülle, der Vielfalt und der Pracht ihres Klanges, mit Standorten bis hin nach Posen (Poznan), Reval (Tallinn), Moskau und Wien den Orgelbau revolutionierten und die Orgellandschaft beherrschten. Die Liebe zur Musik, die Freude am Handwerk und das Vorbild Silbermanns haben den Tischlersohn, der am 31. August 1818 in Hochhermsdorf bei Geringswalde (Sachsen) geboren wurde, auf seinen Weg gebracht. Angefangen hat er klein. Der Start war mühsam. Aber als Ladegast zum Zuge kam, hinterließ er überall Bedeutendes: im Merseburger Dom die damals größte Orgel Deutschlands, in der Leipziger Nikolaikirche die größte Orgel Sachsens (1862), in der Köthener St. Jacobskirche (1872) die größte Orgel Sachsen-Anhalts. Und im Dom zu Schwerin hat Ladegast nach dreijähriger Bauzeit 1871 mit einem Instrument für 11.000 Taler, mit vier Manualen und 84 Stimmen, mit allen technischen Neuerungen der Zeit und dem erstmaligen Einbau eines pneumatischen Crescendo unübersehbar Zeichen in der Geschichte des deutschen Orgelbaus gesetzt und sich internationales Renommée verschafft. Der Herzog von Mecklenburg-Schwerin ehrte seine Leistung mit dem Verdienstkreuz in Gold, dem Hausorden der Wendischen Krone. Anregungen hatte sich Ladegast für dieses Werk auch in Paris geholt. Das Instrument in Merseburg fand die Bewunderung Franz Liszts, der sich hier zu großen Orgelstücken inspirieren ließ ...

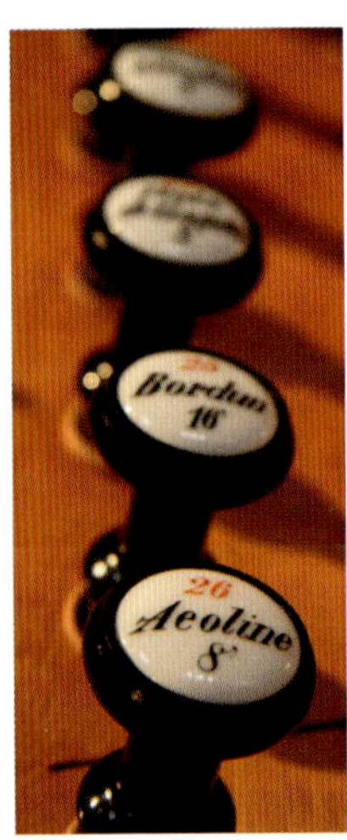

Registerzüge

Zwei Jahre nach Rudolstadt aber wendete sich das Blatt. Die Firmen Walcker und Sauer wurden zu Konkurrenten Ladegasts bei den großen Aufträgen für Leipzig. Sie waren mittlerweile – mit der Röhrenpneumatik – moderner. Und Ladegasts Klangästhetik wirkte angesichts des neuen spätromantischen Klangstils veraltet. Als er am 30. Juni 1905 starb, führte sein Sohn Oskar bereits acht Jahre die Firma, in der eine große Zahl Orgelbauer gelernt und gearbeitet hatte. Doch Orgeln wurden nicht mehr lange gebaut. Die Werkstatt geriet in Vergessenheit, der Ruhm verblasste ...

Der Orgel in der Kirche St. Andreas widerfuhr dies alles im Kleinen. 1906 erwuchs ihr in der Orgel der neu gebauten Lutherkirche, der zweiten Stadtkirche Rudolstadts, eine Rivalin, die dem Bedürfnis nach modernen orchestralen Klängen nachkam. Deshalb entschloss sich der Sohn 1915 zu einem Umbau, bei dem die Registertraktur pneumatisiert und der Einbau von Spielhilfen wie Walze und fünf festen Kombinationen zwischen pp und ff ermöglicht wurde, was auch dem Pedalwerk zugute kam. 1949 schlug das Pendel dann in die entgegengesetzte Richtung: Wurde zuvor verändert, was an barocke Traditionen anschloss, so insistierte die Orgelbewegung der 1920er Jahre und nach dem Zweiten Weltkrieg auf ein neobarockes Klangbild. Der Orgelbauer Lothar Heinze (Stadtilm), dessen Vater Schüler von Ladegast gewesen war, nahm 1949

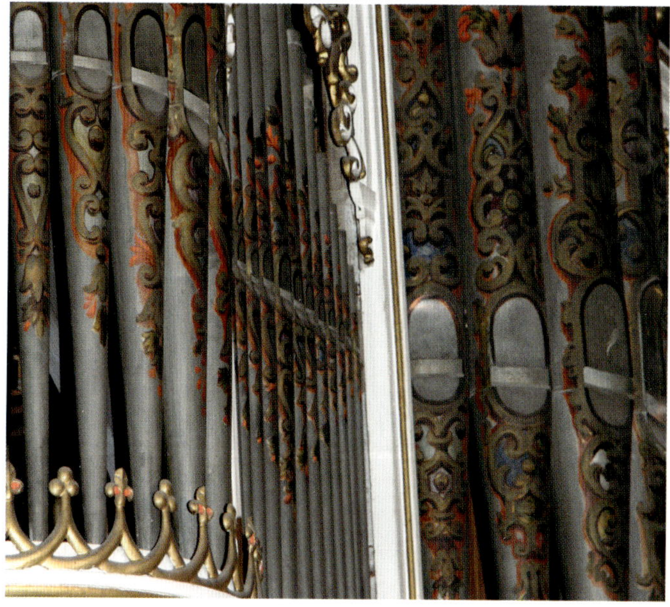

Prospektdetail

eine radikale Umdisponierung vor, die das Wesen des Instruments entstellt hat. 1969 wurde im Rahmen der umfassenden Renovierung der Kirche und einer grundlegenden Reinigung der Orgel und 1979 bei der Veränderung des Registers Trompete 4' zu Trompete 8' durch die Firma Giesecke wiederholt in die Disposition eingegriffen. Während der 1980er und 1990er Jahre wuchs dann der Wille, die Orgel auf ihren Originalzustand zurückzuführen, zumal technische Probleme und Schimmelbefall ohnehin eine Sanierung nahelegten. 2002 gründete sich ein Verein, der die Orgel ins öffentliche Bewusstsein bringen und die Restaurierung des Instrumentes finanziell unterstützen wollte. Im Jahr darauf stellte sich der Hermann Eule Orgelbau Bautzen dieser Aufgabe. Klanglich wurde der Urzustand von 1882 wiederhergestellt. Umfangreiche Arbeiten am Pfeifenbestand, bei der Instandsetzung des Spieltisches und beim Einbau von Registerzügen, Spielhilfen und einer Barker-Servoeinrichtung waren dazu ebenso vonnöten wie die Reorganisation der ursprünglichen Disposition, die akribische Intonation jedes Einzeltones und die Einstimmung auf die Tonhöhe von 439,86 Hz mit gleichstufiger Stimmung. Die Einweihung am 11. September 2005 gab dem Kirchenraum die „neue" alte Klangpracht der Orgel und damit seine musikalische Seele wieder. Albert Schweitzer, der 1958 an den Merseburger Domorganisten geschrieben hatte, behielt Recht: „Ich halte Friedrich Ladegast für den bedeutendsten Orgelbauer nach Silbermann, dessen Tradition er fortsetzt. Sowohl in technischer wie auch in klanglicher Hinsicht sind seine Schöpfungen in gewisser Hinsicht einzigartig. Ich selbst war ergriffen von der Spielart und Tonschönheit der Ladegast-Orgeln, die ich unter die Finger bekam und habe Organisten, die ihre Ladegast-Orgeln umbauen und modernisieren wollte, von dieser Sünde abgeraten."

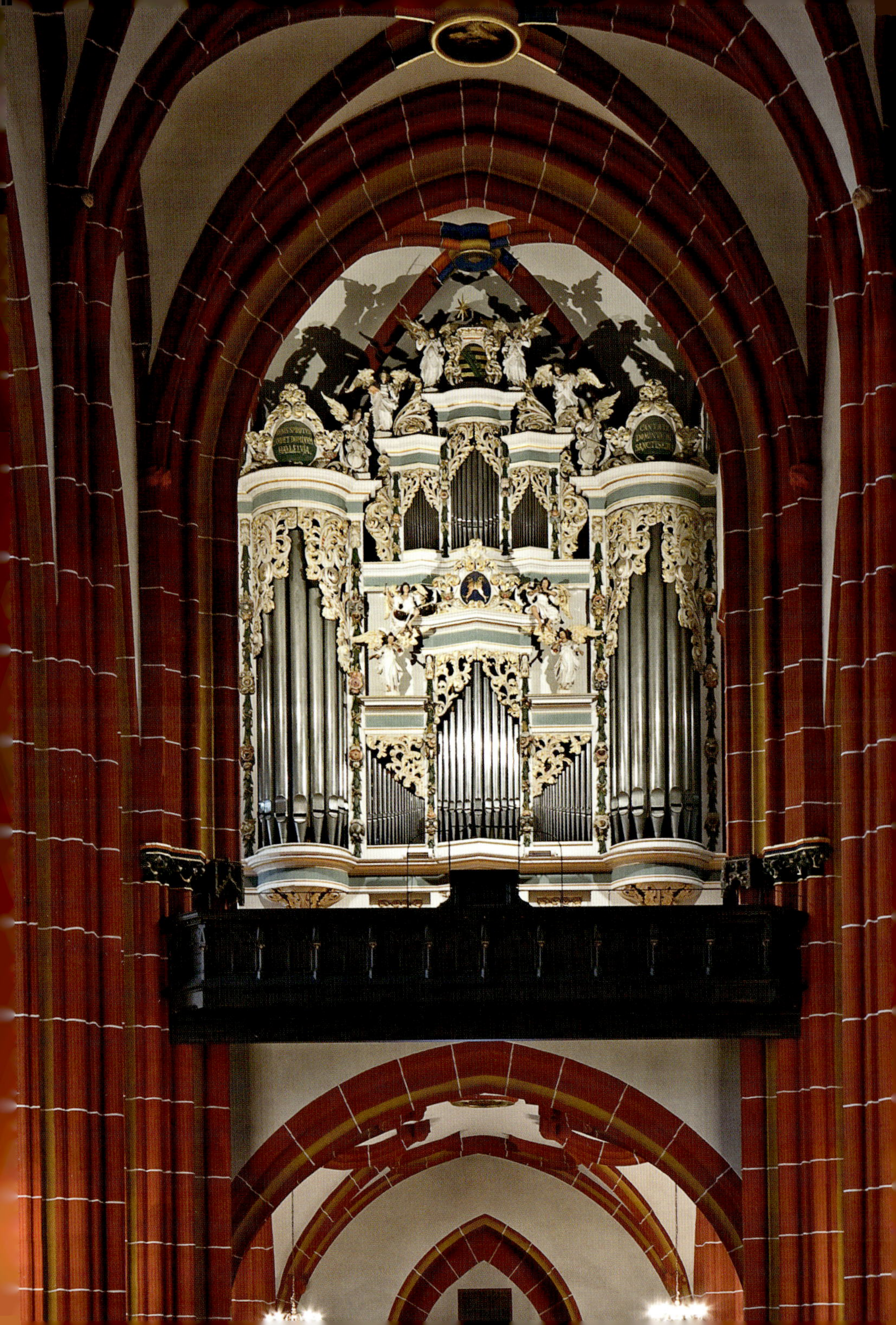

Die Sauer-Orgel in der Johanneskirche zu Saalfeld

Disposition > Seite 183

Orgelbauer:
Wilhelm Sauer
Erbauungszeit:
1893/94
Restaurierungen, Umbauten:
ca. 1930, 1993 – 1996

Hell wie eine Lichtgestalt erscheint sie auf der Westempore. Magisch zieht ihre vollendete Formschönheit das Auge an und lenkt den Blick auf kostbare Details: blendend weiß der Prospekt und das Gehäuse, golden die Schleier, glänzend die Pfeifen und grün der Sims; musizierende Engel als kunstvolle Verzierungen und im Mittelfeld des Oberwerkes ein erhalten gebliebener Zimbelstern und das Saalfelder Stadtwappen. Das Wappen hat seinen Sinn. Denn wir haben nicht nur das Opus 624 (von über 1100) des „Preußischen Hoforgelbauers" Wilhelm Sauer vor uns, dessen berühmteste Instrumente im Berliner Dom (1903), in der Leipziger Thomaskirche (1908) und in der Stadthalle Görlitz (1910) stehen, der in allen Regionen Deutschlands und in vielen europäischen Ländern, in Südamerika und Asien gearbeitet hat und der 1913 in der Breslauer Jahrhunderthalle die damals größte Orgel der Welt errichtete. Sondern es ist auch ein Instrument, das Zeugnis von der großartigen Kunst Saalfelder Meister in heutigen wie in vergangenen Zeiten ablegt.

1709 war der Orgelbauer Johann Georg Fincke (um 1680 – 1749) nach Saalfeld gezogen, um ein Instrument in der Stadtkirche St. Johannes zu errichten. Johann Nikolaus Bach hat es 1714 abgenommen. Ab 1720 war der privilegierte Orgelbaumeister Fincke vielerorts in Thüringen tätig und anerkannt; seine Orgeln in Gera (Johanniskirche und Salvatorkirche) hat kein Geringerer als Johann Sebastian Bach geprüft und aufgrund ihrer technischen und klanglichen Besonderheiten positiv bewertet. Und dass Wilhelm Sauer dann für seinen Neubau in Saalfeld den schönen Barock-Prospekt und die Prospektpfeifen übernahm, beweist seinen Respekt vor den erstklassigen Leistungen Finckes und des Saalfelder Hofmalers und Holzschnitzers Johann Georg Ziegenspeck. Am 28. März 1893 hat Sauer den „Kosten-Anschlag über Material und Ausführung der Orgel nach vorstehender Disposition" aufgestellt. Im Vertrag vom 14. August „zwischen dem Kirchenvorstand zu Saalfeld an der Saale und dem Orgelbaumeister Sauer zu Frankfurt/Oder" finden sich die Summe von 15.000 Mark und ein Abschlusstermin. Doch der vereinbarte 1. Dezember 1893 wurde nicht eingehalten: Bauarbeiten im Kirchenraum bewirkten eine Verzögerung. Auch bei der Disposition kam es zu Veränderungen. Kirchenmusikdirektor Wilhelm Köhler, der die Orgel dann am 15. August 1894 abnahm und der offenbar sehr kollegial mit dem Orgelbauer zusammengearbeitet hat, berichtete: „Herr Sauer hat also nicht nur statt 2 Registeranlagen deren drei hergestellt, sondern das nicht vorgesehene Pfeifenwerk für diese Register auch sofort neu eingesetzt. Außerdem hat er noch 11 andere Stimmen, die er vertragsmäßig aus der alten Orgel hätte verwenden können, völlig neu hergestellt, um die Gesamtwirkung des Werkes durch zu viele alte Register nicht zu beeinträchtigen. Ferner hat er auf meinen Wunsch das Pedal um 3 Töne bis zum f' erweitert [...] Alle diese Mehrleistungen will Herr Sauer als Geschenk an die Kirchgemeinde betrachten." Über die Einweihung teilt er mit: „Von einer eingehenden Prüfung der einzelnen Teile konnte ich umso mehr absehen, als ich durch wochenlange tägliche Beobachtungen mich von der Vorzüglichkeit aller Arbeiten über-

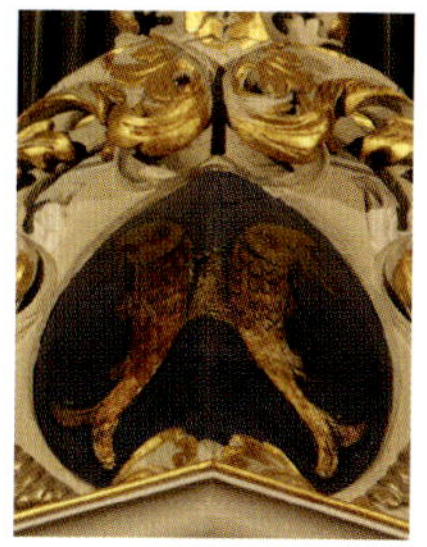

Saalfelder Stadtwappen im Orgelprospekt

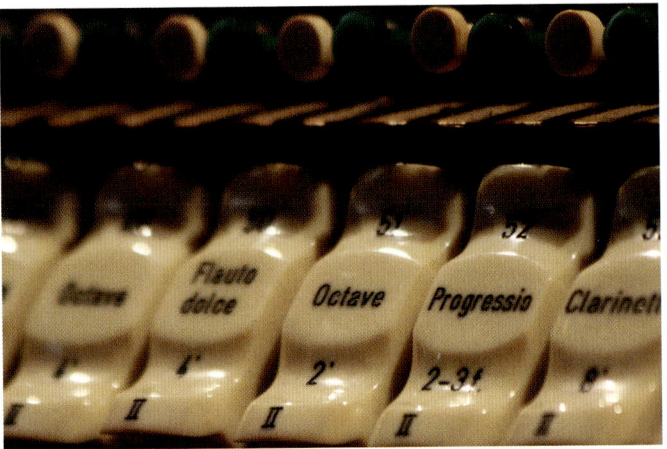

Detail der Registrieranlage

zeugt hatte. Dagegen verweilte man nun umso länger und mit Vergnügen bei der Vorführung der einzelnen Stimmen und des vollen Werkes. Es war ein ungewohnter musikal. Genuß für die zahlreich erschienen Zuhörer, denn nicht nur den Organisten (es beteiligten sich die Herren Hoforganist Keitel aus Rudolstadt, Kantor Wilh. Koehler aus Hamburg, Stadtorganist Wachsmut aus Rudolstadt und der Unterzeichnete), sondern auch allen anwesenden Zuhörern konnte man die Freude am herrlichen Werk an den Gesichtern ablesen." Und am Ende urteilt er, „daß die Orgel ein in allen Teilen gelungenes, in ihrer Ausstattung und Wirkung sowohl im Einzelnen wie auch im Ganzen aber ein Kunstwerk ersten Ranges ist, mit welchem sich kaum eine Orgel in Thüringen, deren ich viele kenne, messen kann".

Mit 48 Registern, verteilt auf drei Manuale und Pedal, entsprach das Instrument dem romantischen Klangideal der Zeit. Und in technischer Hinsicht war es eines der ersten, bei dem Sauer sein Traktursystem geändert und die Umstellung von mechanisch angesteuerten Kegelladen zur Pneumatik begonnen hat: Großorgeln in Domen, Kirchen und Konzertsälen erforderten eine solche effektivere Lösung. Die entscheidenden Impulse für seine Innovationen hatte er von Paul Walcker erhalten, der 1892 in die Firma eingetreten war und sie 1910 übernahm.

Wilhelm Sauer war 1831 in Schönbeck bei Friedland im Großherzogtum Mecklenburg-Strelitz geboren worden und starb 1916 in Frankfurt/Oder. Das Studium an der Berliner Bauakademie brach er ab und ging beim Vater in die Lehre. Seine weitere Ausbildung erhielt er dann u.a. von Walcker in Ludwigsburg. 1857 gründete er den eigenen Betrieb; zwei Jahre später war er auf Erfolgskurs. Seine Arbeiten brachten ihm viel Anerkennung und hohe Ehrungen ein. Sauer revanchierte sich dafür mit Stiftungen und kostenlosen Zusatzleistungen – wie das in Saalfeld der Fall war ...

Hier hat seine Firma bis 1927 regelmäßig Pflege- und Stimmarbeiten ausgeführt. Sie hat aber offensichtlich auch um 1930 in die Disposition eingegriffen, hat Veränderungen zugunsten der neuen Orgelbewegung und eines neobarocken, aufgehellten Klangideals vorgenommen und charakteristische Register wie Streicher und Zungen entfernt. Nach dem Zweiten Weltkrieg wurden durch den Weimarer Orgelbaumeister Gerhard Kirchner neue Sauer-Pfeifen in den Prospekt des Oberwerks eingesetzt (die alten waren, weil nicht-klin-

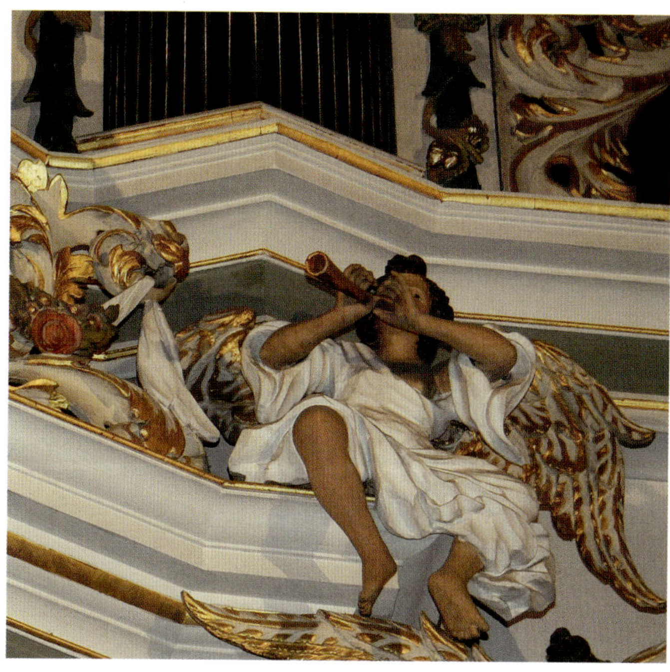

Prospektdetail

gend, dem Ersten Weltkrieg zum Opfer gefallen) und durch eine Sonderlade zum Klingen gebracht; ansonsten fanden nur die nötigsten Wartungs- und Instandsetzungsarbeiten statt. 1993 hat dann der Gemeindekirchenrat den Entschluss zur Restaurierung der Sauer-Orgel gefasst. Die Firma Rösel & Hercher Orgelbau aus Saalfeld bekam den Auftrag und die Chance, „das wundervolle romantische Werk wieder in seine funktionelle Tätigkeit und vor allem in seine klangliche Einheit zurückzuführen". (A. Rösel)
Mit großem Engagement, meisterlichem Können und deutlichem Respekt vor den Leistungen der Vorgänger hat sie diese komplexe und ehrenvolle Aufgabe gelöst, die neben Reparaturen und Erneuerungen auch die Rückführung von 50 auf 49 Register mit einem Stimmton von 443 Hz bei 17 °C einschloss. In enger Abstimmung mit dem Landesamt für Denkmalpflege und den Sachverständigen Hartmut Haupt, Stefan Feig und KMD Wolfram Otto kam eine Synthese zustande, die den historischen Wert der Sauer-Orgel von 1894 bewahrt, Möglichkeiten zur Interpretation barocker Musik aber nicht ausschließt. Bei der Orgelweihe am 28. September 1996 hat der Budapester Organist István Ella diese variantenreiche Klang- und Farbenpracht in aller Schönheit neu unter Beweis gestellt. Seither dient das Instrument wieder als vielstimmiger Partner in den Gottesdiensten und als attraktiver Mittelpunkt der traditionsreichen Saalfelder Kirchenmusik.

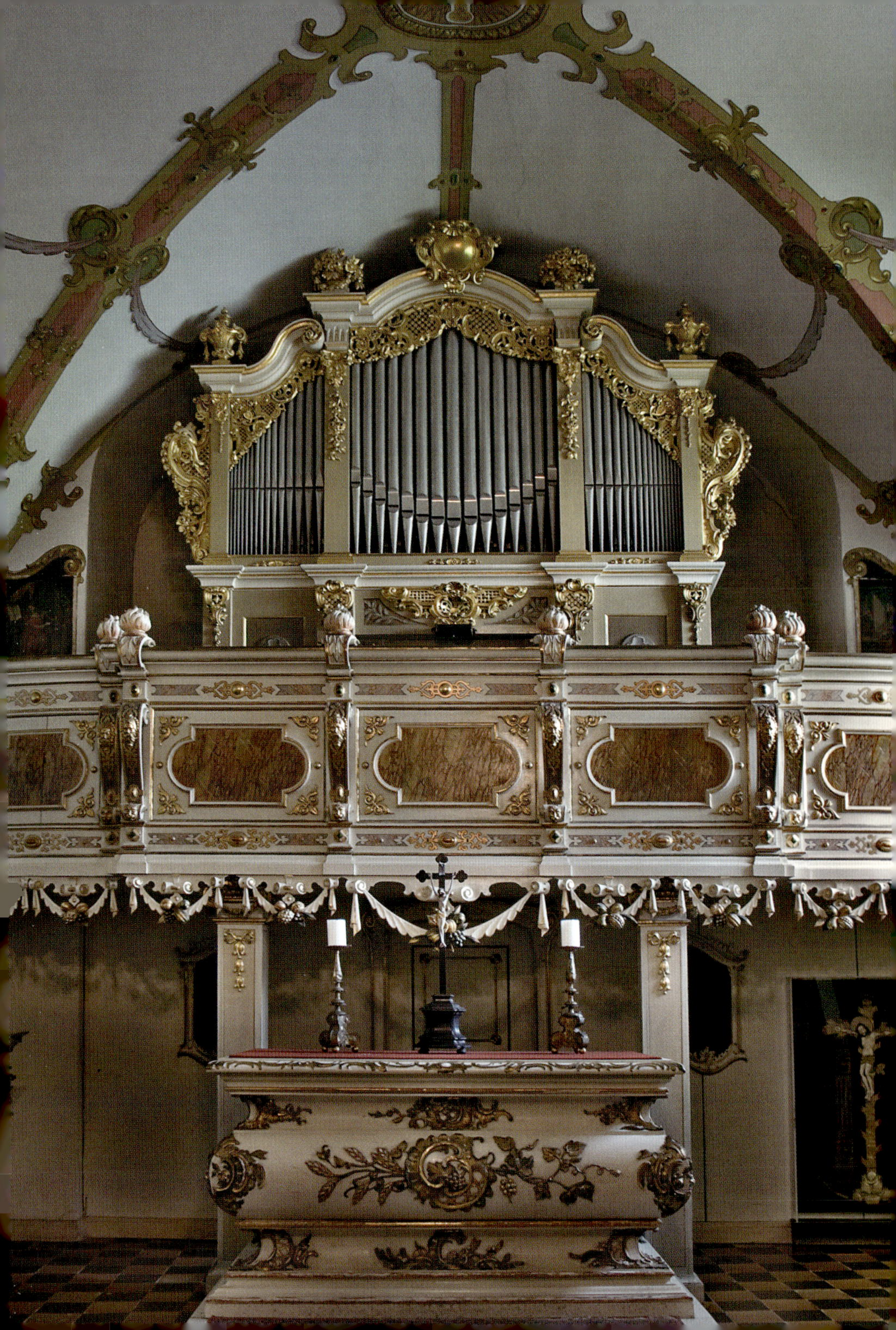

Die Silbermann-Orgel in der Kapelle auf Schloss Burgk

Disposition > Seite 184

Orgelbauer:
Gottfried Silbermann
Erbauungszeit:
1742 – 1743
Restaurierungen, Umbauten:
1860 – 1863, 1939, 1971, 1982, 1993/94, 2007

Die kleine, feine, kräftig tönende Orgel in der Kapelle von Schloss Burgk ist eine der wenigen, die Gottfried Silbermann außerhalb seines Wirkungsbereiches als „Hoff- und Land-Orgelbauer" des „Königs in Pohlen, Herzog zu Sachßen und Churfürst" Friedrich August I. errichtet hat. In Thüringen waren es nur Greiz und Fraureuth im Reußenland und Ponitz im Herzogtum Sachsen-Gotha-Altenburg, die diese Ehre noch für sich in Anspruch nehmen konnten.
Als Silbermann am 30. Juni 1723 auf seine nachdrückliche Bitte von August dem Starken das „sächsische Privileg" erhielt, war er vierzig Jahre alt. Nach der Lehre bei seinem Bruder war er aus dem Elsass nach Frauenstein zurückgekehrt, hatte hier 1710/11 erstmals selbständig ein Instrument gebaut und in Freiberg eine Werkstatt eingerichtet. Er hatte einen guten Ruf erlangt und wies verlockende Angebote aus der Fremde ab. In den vier Jahrzehnten bis zu seinem Ableben brachte es der Meister zu großem Ruhm, zog mit Schülern wie Zacharias Hildebrandt, Johann Georg Schön, Adam Gottfried Oehme oder Joachim Wagner bedeutende Nachfolger heran und schuf die Grundlagen für eine großartige Orgelbautradition.
In jener Zeit gehörte die kleine Gemeinde Burgk zur Grafschaft Reuß ältere Linie, Haus Untergreiz. Heinrich III., der 1733 Landesherr wurde und zeitweilig auf Schloss Burgk residierte, war – anders als die streng pietistischen Reußen in Ebersdorf und Köstritz – neuen religiösen und kirchenmusikalischen Bestrebungen gegenüber durchaus aufgeschlossen. Ihm gelang es, Silbermann 1735 – 1743 zum Bau dreier Orgeln in sein Herrschaftsgebiet zu holen. Und er brachte auch privat Geld auf: für den Bau „seiner" Schlossorgel ebenso wie für die Verpflichtungen der Gemeinde und des Konsistoriums in Greiz, Silbermann zu entlohnen und für die Qualität der Baumaterialien zu sorgen. Auch baulichen Veränderungen in der Schlosskapelle, die Silbermann plante, um das unbrauchbar gewordene Orgelpositiv von Caspar Kerll aus dem Jahre 1639 zu ersetzen, stimmte Heinrich III. zu. Ein Hochaltar musste weichen, eine starke Mauer für die Anlage der Balgkammer durchbrochen und die Ostempore vergrößert werden ...
Der Tross war groß, mit dem Silbermann am 6. Dezember 1742 auf Schloss Burgk eintraf, wo er die barocke Pracht der Schlosskapelle mit seiner Orgel um ein weiteres Kleinod bereichern sollte. Fünf „stark beladene Wagen und Karren" voller Werkzeug und Material hatte er dabei; sein Gefolge bestand aus dem jungen Vetter Johann George Silbermann, zwei Orgel-Machern und zwei Tischler-Gesellen und einer Köchin „wegen der selbst zu haltenden Menage". Bis zum 2. Dezember hatte der Meister in Fraureuth gearbeitet. Als er vier Tage später auf der Burg eintraf, wurde er noch gar nicht erwartet! Doch Quartier gab es sofort: Silbermann bekam die neue Eckstube zur Wohnung, seine Leute logierten in der Lakaienstube und das Tafelgemach wurde als Werkstatt eingerichtet. „Von dieser Zeit an ist an der Orgel biß in die 18te Woche gearbeitet, und endlich in der Woche vor Ostern gäntzlich zu Stande gebracht worden." Und weiter erfahren wir aus dem Bericht von Rudolph Au-

gust Heinrich Geldern, dem Gräflichen Amtsverwalter zu Burgk: „Da man denn bekennen muß, daß die angebrachten Register überaus wohl intoniret, die zwar einen scharffen doch annehmlichen Klang von sich höhren laßen, wie denn auch das äußere Gebäude, absonderlich wegen des saubern und niedlichen Schnitzwergks, sehr wohl in die Augen fället. Als nun alles an derselben, wie auch die Mahlerey fertig, so wurde der erste heilige Oster Tag, als der 14te April, 1743. zur Einweyhung angesetzet, zu welcher zwar der gnädigste Landes Herr ebenfals zu kommen beschloßen hatten, von einer Unpäßlichkeit aber wieder Vermuthen davon abgehalten wurden."

Über die Orgelprüfung wird wenig mitgeteilt. Sie schien „zu Erspahrung vergebl. Unkosten nicht nöthig zu seyn". Einen „frembden" Examinator leistete man sich jedenfalls nicht, wohl im Vertrauen auf Silbermanns Meisterehre und weil man – wie schon in der Greizer Stadtkirche, für die er ebenfalls ein „gantz neües und schönes Orgel-Wergk verfertigt" hat – der Meinung war, dass er seine Orgeln überall ohne Mängel geliefert und niemand etwas auszusetzen hatte. Über die Orgelweihe berichtet Geldern: „An besagten ersten Feyertag war nun der Stadtschreiber und Organiste von Greitz Donati verordnet, die Orgel zu übernehmen, und das erste mahl bey Gottesdienst zu spiehlen. Dieses geschahe auch und war an diesen Tag eine ziemliche Menge Volcks von andern Orten, um solche mit anzuhören, dazu gekommen. Der H. Hofprediger Jäneke gedachte [...] der neüen Orgel, wie alle Music, also auch diese zur Ehre Gottes angewendet werden müste, und könte man die Wunderwergke Gottes auch hierinnen preißen, daß er denen Menschen so viel Weißheit und Verstand verliehen, solche künstliche Wergke zu Stand zu bringen." Weltliches Lob widerfuhr dem Meister und seiner Kunst durch viele Lobgedichte. Und bei gutem Wein und Bier wurde eine üppige „Orgel Mahlzeit" im Tafelgemach gefeiert, zu der auch der Neffe geladen ward, indes die „Leüte des Herrn Silbermann in einen andern Zimmer ebenfalls mit Wein gespeißet" wurden. Das wurde so „die zwey folgenden Tage continuieret. Biß Mittwochß endlich der Aufbruch geschahe; da der H. Silbermann und sein Vetter nebst H. Donati und der Köchin in einer Kutzsche früh um 8. Uhr wegfuhren, die 2. Wagen und 3. Karren aber mit der völligen Bagage um 11. Uhr nachfolgeten, und die Burgk gäntzlich räumeten, nachdem dem H. Silbermann vorhero alles was er gefordert, ohne Abzug völlig bezahlet worden." Ende einer Dienstfahrt. Sie dauerte 133 Tage, brachte ihm alles in allem die stattliche Summe von 1040 Reichstalern ein und hat nicht wenig zu seinem Ruhm beigetragen.

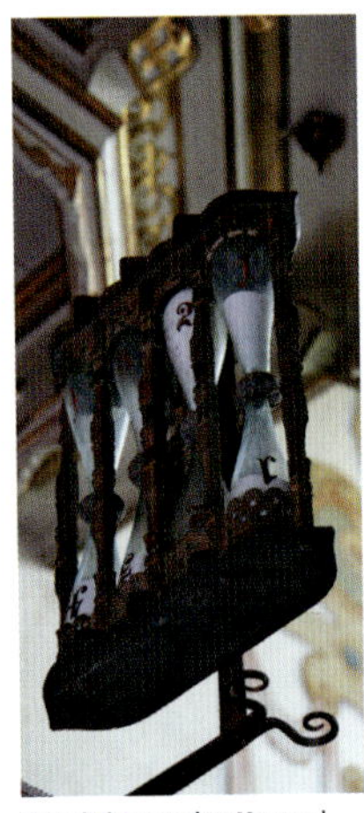
Sanduhr an der Kanzel

Was Silbermann in Burgk zurückließ, konnte sich wahrlich hören und sehen lassen. Die Disposition für die einmanualige Orgel mit 12 Registern war frühzeitig eingereicht und bestätigt worden. So konnten die Gehilfen in der Freiberger Werkstatt langfristig das Pfeifenwerk fertigen, während der Meister vor Ort nur noch das Vorgefertigte zu montieren brauchte. Effizienz gehörte mit zum Erfolgsgeheimnis von Silbermanns Arbeiten, die die Zeitgenossen genauso wie die Nachwelt begeistert und beglückt haben. So gilt auch für das Burgker Instrument, dem der in der Disposition nicht genannte Tremulant das zeittypische „barocke Klanggefühl" verleiht, was Johann Friedrich Agricola in Jacob Adlungs berühmter Abhandlung „Musica mechanica organoedi" (1768) an Silbermann lobte: „die vortreffliche Sauberkeit, Güte und Dauerhaftigkeit, der Materialien sowol als der Arbeit; die große Simplicität der innern Anlage; die ungemein prächtige und volle Intonation; und die überaus leicht und bequem zu spielenden Claviere". Dank solcher Meisterschaft waren später Reparaturen nur selten und große Eingriffe überhaupt nicht nötig.

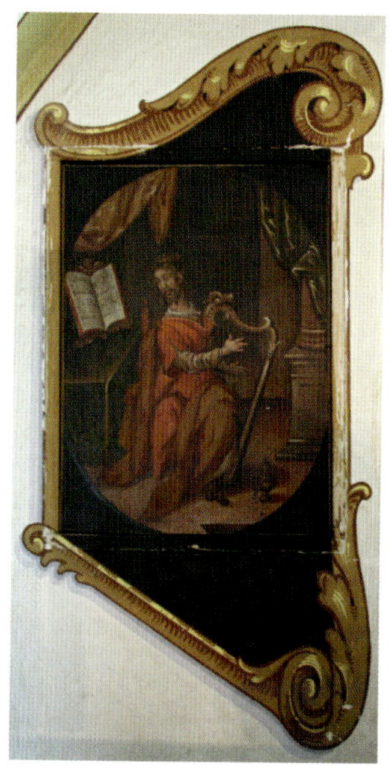

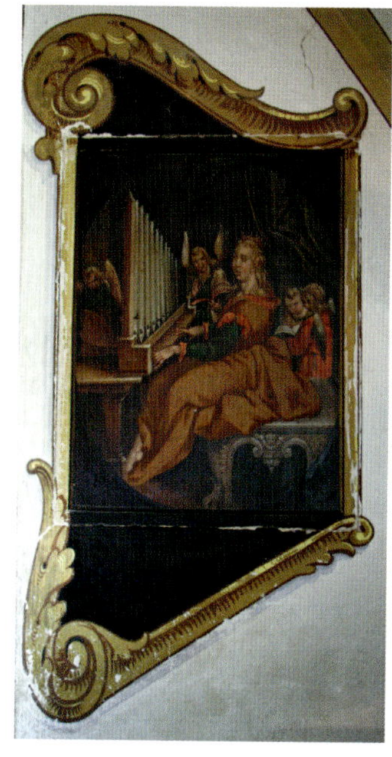

Erhalten gebliebene Türen von der Kerll-Orgel: König David und die heilige Caecilie

Da den Bewohnern der umliegenden Gemeinden zwar zu Gottesdiensten Zutritt zur Schlosskapelle gewährt wurde, Konzerte aber keine stattfanden, schwand das herrliche Instrument aus dem Bewusstsein; Umbauten und romantisierende Klanganpassungen blieben ihm aber deswegen ebenfalls erspart. Auch die „Metallabgabe aus Orgeln", die 1917 und 1944 für Kriegszwecke angeordnet wurde, konnte verhindert werden.

Kleinere Arbeiten führten die Orgelbauer Heinrich und Oskar Schilling aus Schleiz, Heinrich Bock aus Zeulenroda und Ernst Poppe aus Schleiz zwischen 1824 und 1910 durch; schwerwiegend aber war die Änderung der Stimmung auf die gleichstufige Temperierung, die 1860 oder 1863 durch die Firma Schilling erfolgt ist. 1971 erhielt die Orgel einen elektrischen Windmotor. Umfangreiche Reparaturen nahm die Orgelbaufirma Hermann Eule aus Bautzen 1939 vor, und 1982 erfolgte unter Leitung des Sachverständigen Helmut Werner eine umfassende Restaurierung durch den VEB Eule Orgelbau Bautzen. Dabei wurde auch Silbermanns ursprüngliche Stimmungsart wieder hergestellt, die der Lobensteiner Organist und Mathematiker Georg Andreas Sorge 1748 dokumentiert hatte, und ein Vertrag über die Pflege der Orgel abgeschlossen.

Eine erneute Restaurierung durch den Hermann Eule Orgelbau Bautzen fand 2007 statt; im Einweihungskonzert am 27. Mai 2007 spielte Jan Katzschke aus Dresden. Und wie die Klänge klar und schön die Kapelle durchziehen, so tragen Gehäuse und Prospekt der Orgel mit vergoldetem Schnitzwerk und gemalten Ornamenten zur Zierde und Faszination des Raumes bei. Farbtöne aus Weiß, Beige und Gold fesseln das Auge, das auch von den fein gearbeiteten Verzierungen, einem Gitterwerk aus Blüten und Blättern, von überquellenden Blumenkörben und urnenförmigen Vasen erfreut wird. Eine goldene Kartusche setzt der Silbermann-Orgel die Krone auf.

Sehenswertes in Südostthüringen

Rudolstadt

Von lieblichen Auen und waldreichen Bergen umsäumt, von der mächtigen Heidecksburg überragt, zieht sich Rudolstadt in weitem Bogen am Mittellauf der Saale entlang. Wilhelm von Humboldt hat nicht übertrieben, als er die mannigfaltige Landschaft als „eine der schönsten Gegenden Deutschlands" pries. 776 wurde der Ort erstmals urkundlich als Rudolfestat erwähnt; 1326 erhielt er das Stadtrecht und 1340 ging er aus dem Besitz der Grafen von Orlamünde in den der Grafen von Schwarzburg über. Als Residenz des Fürstentums Schwarzburg-Rudolstadt erlebte Rudolstadt besonders im 18. und 19. Jahrhundert eine kulturelle Blütezeit. Das Wirken berühmter Dichter, Denker und Musiker am Hof, die Gründung von Hofkapelle und Hoftheater, Persönlichkeiten wie Schiller und Goethe, Fichte, Humboldt und Schopenhauer, Erlebach und Eberwein, Wagner, Liszt und Paganini haben Rudolstadt den Ruf als „Klein-Weimar" beschert. 1874 trug der Anschluss an das Eisenbahnnetz zur Industrialisierung der Beamtenstadt bei: Rudolstadt wurde durch Porzel-

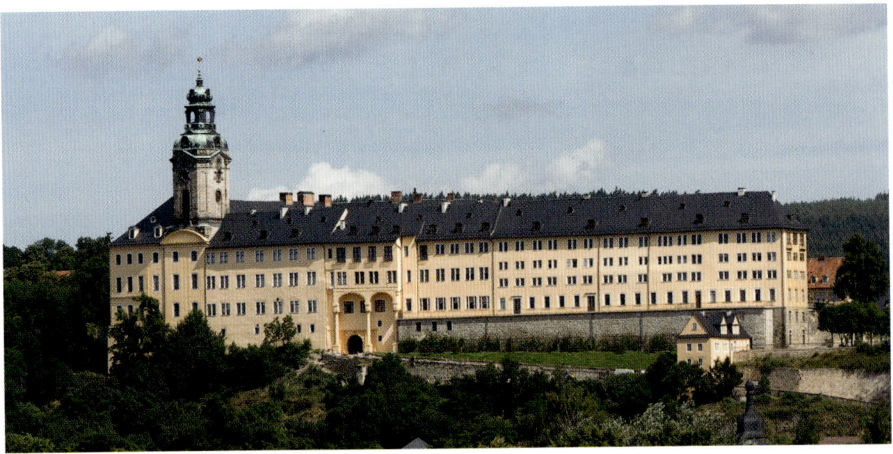

Die Heidecksburg

lan und die legendären Anker-Bausteine der Firma Richter weithin bekannt. Heute werden Porzellane sowie die hochwertigen, pädagogisch wertvollen Schatzkisten für kleine und große Baumeister im Stadtteil Volkstedt hergestellt.

Heidecksburg Rudolstadt

Rudolstadts Wahrzeichen ist die Heidecksburg. Die dreiflügelige Barockanlage wurde in der zweiten Hälfte des 18. Jahrhunderts an der Stelle eines 1735 abgebrannten Renaissance-Schlosses erbaut. In ihren Räumen birgt sie viele wertvolle Kunstschätze. Dazu zählen die Gemälde- und die Porzellan-Galerie, eine Sammlung sakraler Plastiken und eine historische Bibliothek, das Museum zur Regionalgeschichte und die berühmte Waffensammlung „Schwarzburger Zeughaus". 2007 wurde die Dauerausstellung „Rococo en miniature – Die Schlösser der gepriesenen Insel" eingerichtet. Fünf Schlösser mit Tausenden von Figuren und Einrichtungsgegenständen öffnen einen einzigartigen Kosmos des höfischen Zeremoniells und Ambientes. Passend dazu lädt der prachtvolle Festsaal der Heidecksburg, einer der schönsten des deutschen Rokoko, zu stimmungsvollen Konzerten ein. Das Schloss ist Sitz der Stiftung Thüringer Schlösser und Gärten, des Thüringer Landesmuseums und des Thüringischen Staatsarchivs Rudolstadt. Die ebenfalls dreiflügelige Ludwigsburg mit ihrem schönen Rokokosaal wurde zwischen 1734 und 1741 als Stadtschloss für den Bruder des Fürsten erbaut; heute ist der Thüringer Landesrechnungshof Hausherr.

Schloss Ludwigsburg

Von außen beeindruckt die Stadtkirche St. Andreas als imposantes Bauwerk; ihr Inneres überrascht mit einer Vielzahl architektonischer und sakraler Kostbarkeiten. Neben der prächtigen Ladegast-Orgel an der Westseite ist vor allem der zweigeschossige Fürstenstand im nördlichen Seitenschiff zu bewundern, der sich mit dem Stammbaum der Schwarzburger Fürstenfamilie sowie mit reichem Laubwerk, Wappentafeln und einer stuckverzierten Decke schmückt. Bildtafeln und Säulen, Schnitzereien, Stifterfiguren und Reliefs zieren den Hauptaltar und die Kanzel. Die Brüstung der zweigeschossigen Empore hat der Rudolstädter Künstler Hans Seyffried 1636 mit Szenen aus dem Alten und dem Neuen Testament bemalt. Zu den kunstvoll gestalteten Epitaphien, Grabplatten und einem Doppelsarkophag gehört die Ruhestätte der Gräfin Katharina (1567), einer Wegbereiterin der Reformation. Die Glocke Ossana stammt aus dem Jahr 1499. Stadtkirche und Lutherkirche bilden heute das Zentrum einer lebendigen Kirchenmusikpflege.

Stadtkirche St. Andreas Rudolstadt

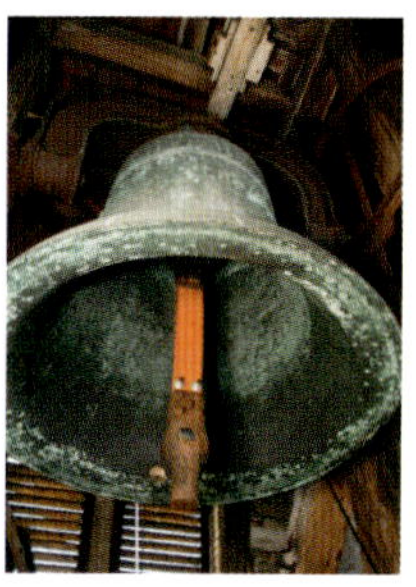

Die Glocke Ossana von St. Andreas in Rudolstdt

Sehenswürdigkeiten in der Altstadt sind der Marktplatz und das Rathaus mit der Fassade von 1659 und dem 1912 erbauten Turm, die jahrhundertealten Wohnhäuser und das Gasthaus „Zum Adler". Der Güntherbrunnen und die Jugendstilgebäude in der Fußgängerzone bieten ebenfalls repräsentative Anblicke. Das traditionsreiche Thüringer Landestheater Rudolstadt, an dem auch die Thüringer Symphoniker Saalfeld-Rudolstadt beheimatet sind, wurde 1792/93 als Sommertheater erbaut und bis 1805 von Goethe geleitet. Im Heißenhof hinter der Stadtkirche und im Lengefeldschen Haus in der Schillerstraße fanden Schillers erste Begegnungen mit Charlotte von Lengefeld (6. Dezember 1787), die später seine Frau wurde, und mit Goethe (7. September 1788) statt. 2009 als Schillermuseum eröffnet, wird jetzt im Haus der Familien Lengefeld-Beulwitz ein vielfältiges und aufschlussreiches Bild der Lebens- und Wohnverhältnisse im 18. Jahrhundert und der Dreiecksbeziehung Schillers mit Charlotte von Lengefeld und mit Caroline von Beulwitz vermittelt. Kein Wunder, dass Rudolstadt nun als „Schillers heimliche Geliebte" von sich reden macht ... Rudolstadts Superlative: Das Rudolstädter Vogelschießen im

Altstadt Rudolstadts

Schillermuseum Rudolstadt

Zweigeschossiger Fürstenstand im nördlichen Seitenschiff von St. Andreas in Rudolstadt mit dem Stammbaum der Schwarzburger Fürstenfamilie

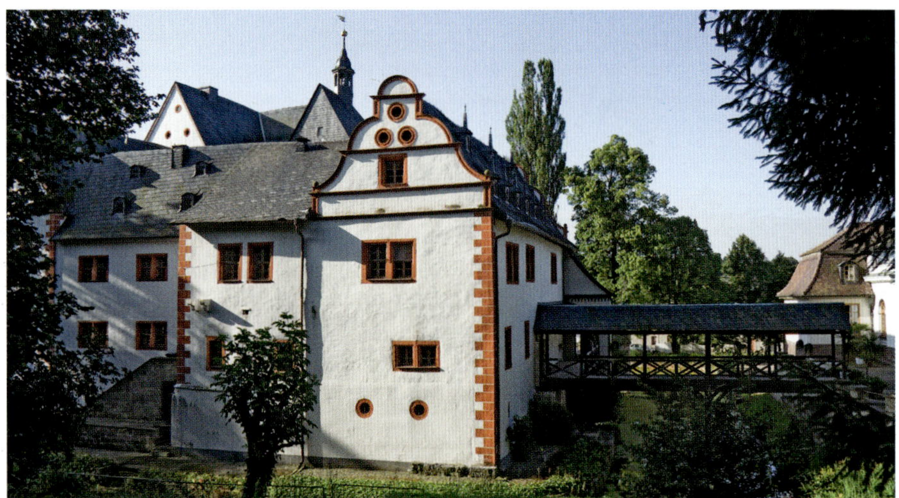

Goethes Liebesnest mit Charlotte von Stein: Schloss Kochberg

August ist das traditionsreichste und größte Volksfest Thüringens, bei dem sich schon Goethe und Schiller vergnügt haben. Die Thüringer Bauernhäuser im Heinrich-Heine-Park geben als ältestes Freilichtmuseum Deutschlands Einblicke in die bäuerliche Lebensweise und Wohnkultur des 18. und 19. Jahrhunderts. Und an jedem ersten Wochenende im Juli wird Rudolstadt zum „Woodstock des Ostens" – das Tanz&FolkFest gilt Tausenden Besuchern weltweit als erste Adresse.

Bad Blankenburg

Unweit von Rudolstadt empfiehlt sich Bad Blankenburg als Tor ins anmutige Schwarzatal. Ein Gedenkstein erinnert an den Reformpädagogen Friedrich Fröbel, der 1840 den ersten deutschen Kindergarten gegründet hat. Die nahegelegene Burgruine Greifenstein, die bis ins 14. Jahrhundert Residenz der Grafen von Schwarzburg war, ist eine der größten Burganlagen Deutschlands.

Großkochberg

Und 11 km nordöstlich von Rudolstadt liegt Großkochberg. Die Goethe-Gedenkstätte in Schloss Kochberg lässt die Freundschaft des Dichters mit Charlotte von Stein Revue passieren. Ihre Familie besaß das Schloss. Der Park und das Liebhabertheater sind Orte wunderbarer Ruhe und exquisiter Veranstaltungen.

Saalfeld

In Saalfeld, das am nordöstlichen Rand des Thüringer Schiefergebirges liegt, beginnt der Mittellauf der Saale, der sich im „Tal der Schlösser und Burgen" bis nach Naumburg und Weißenfels erstreckt. Auch die tiefen Täler der Nebenflüsse Loquitz und Sormitz, das große Talsperrensystem „Saalekaskade", die fruchtbare und breite Orlasenke und der südwestlichste Ausläufer des Thüringer Holzlandes mit dem Hohen Kulm (481 m), dem Hausberg der Stadt, prägen das Landschaftsbild. Und die Beinamen „Steinerne Chronik Thüringens" und „Feengrotten-Stadt" lassen die architektonischen Besonderheiten und märchenhaften unterirdischen Sehenswürdigkeiten bereits erahnen. Saalfeld ist eine der ältesten Städte Thüringens. 899 erstmals urkundlich als „Salauelda" erwähnt, wurde der Ort karolingische Königspfalz und mit der Gründung eines Benediktinerklosters (1071) zum kirchlichen Machtzentrum. Mit der Rückführung der „provincia salaveld" in Reichsbesitz durch Kaiser Friedrich Barbarossa begann um 1180 die planmäßige Anlage der Stadt. „Kupferstraße“ und „Böhmische Straße“ waren bedeutende Handelswege; Flößerei, Fischfang, Kupfer- und Silberbergbau sowie die Schnitzkunst die ersten Wirtschaftszweige. Im Zuge der Industrialisierung entstand 1872 die Maxhütte Unterwellenborn; es folgten Maschinenbau, Schokoladenfabrikation und Bierbrauerei.

Zugang zu Saalfelds liebevoll restaurierter Altstadt gewähren die vier Tore der fast vollständig erhaltenen Stadtmauer aus dem 13./14. Jahrhundert. Der Marktplatz präsentiert sich mit der turmartigen Marktapotheke aus dem Jahr 1180 und dem reich ausgeschmückten Rathaus (1529 – 1537), einem Zeugnis früher thüringisch-sächsischer Renaissancebaukunst, als ein schönes und geschlossenes Ensemble historischer Bauwerke.

Stadtkirche St. Johannes Saalfeld

In unmittelbarer Nähe steht die evangelische Stadtkirche St. Johannes. Zwischen 1380 und 1514 in mehreren Bauphasen an der Stelle eines romanischen Vorgängerbaues errichtet, ist sie mit ihrem gewaltigen dreischiffigen Langhaus und den beiden 63 m hohen Türmen eine der größten und bedeutendsten spätgotischen Hallenkirchen in Thüringen. Nikolaus Kretschmar aus Pößneck und Konrad Bischoff aus Neustadt/Orla sind als Baumeister bekannt. Die Westfassade des vielfältig verzierten Außenbaus erhält durch das tief in die Mauer eingeschnittene Hauptportal, über dem sich ein Tympanon mit dem Jüngsten Gericht und die Figur des betenden Christus befinden, und durch eine Außenkanzel ihr besonders Gepräge. Großen Eindruck macht auch das Tympanon am Südportal, das die Kreuzigung Christi und die Anbetung der Heiligen Drei Könige zeigt. Der Kircheninnenraum wird durch den reizvollen Kontrast zwischen der lichten Weiträumigkeit des Chores und dem wuchtig wirkenden Langhaus mit seinen Säulen und der roten Farbgebung bestimmt. Eine besondere Attraktion ist die „Himmelswiese“. 1982 wurde diese Deckenmalerei im Chorgewölbe bei Restaurierungsarbeiten entdeckt; sie stellt 200 Pflanzen dar, von denen sich 80 botanisch bestimmen und in einen Katalog mittelalterlicher Pflanzensymbole einordnen ließen. Zur kunstvollen und reichen Ausstattung gehören die Veronika-Kapelle mit dem Mittelschrein eines Flügelaltars aus dem Jahr 1480 und ein gewebter Wandteppich in Form eines Gedenkbildes für den 1574 verstorbenen Ritter Wendel von Gräfendorf. Die bleiverglasten Chorfenster sind Sinnbilder der hohen Feiertage des Kirchenjahres; die Fenster in den Seitenschiffen zeigen Glasmalereien aus dem Mittelalter. Im Chorraum ist eine überlebensgroße Figur von Johannes dem Täufer, dem Namenspatron der Kirche, zu sehen,

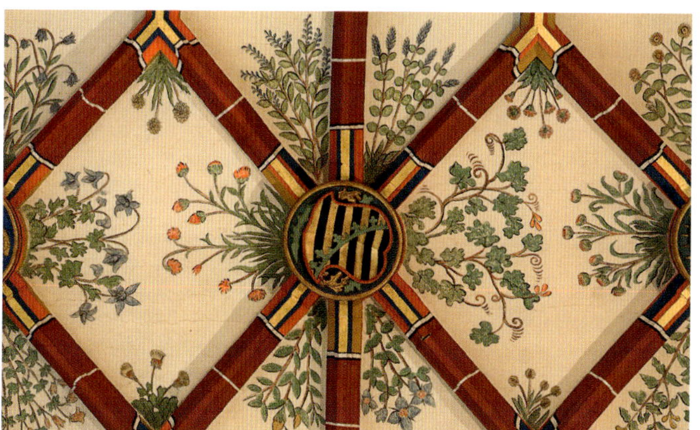

Ausschnitt aus der „Himmelswiese“ an der Decke der Kirche St. Johannes in Saalfeld

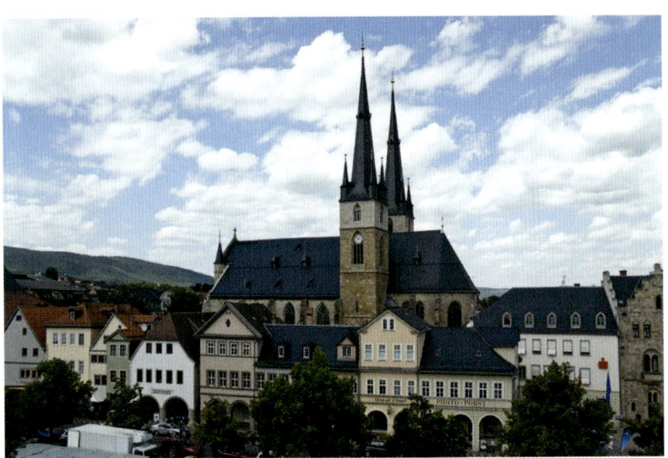

Stadtzentrum Saalfeld mit St. Johannes

die Hans Gottwald von Lohr, ein Riemenschneider-Schüler, geschnitzt hat. Die Krypta diente im 17. Jahrhundert als Gruft der Herzöge von Sachsen-Saalfeld. Stammestafeln der Wettiner und Saalfelds Stadtwappen mit zwei Barben, der Grabstein für den 1556 verstorbenen Bürgermeister und Erbauer des Rathauses Jacob Kelz und Skulpturen wie das Heringsmännchen verweisen auf die Historie der Stadt. Der Theologe, Reformator und Lutherfreund Caspar Aquila war 1527 Superintendent in Saalfeld. 1949 wurde Walter Schönheit zum Kantor und Organisten der Johanneskirche berufen. Er gründete die Thüringer Sängerknaben, den Mädelchor und den Oratorienchor und entwickelte seine Wirkungsstätte über Jahrzehnte hinweg zu einem Zentrum der Kirchenmusik, das weit über die Region hinaus Bedeutung erlangt hat. Außerdem ist Saalfeld der Geburtsort des Komponisten und Musiktheoretikers Johann Philipp Kirnberger (24. April 1721), der 1783 in Berlin verstarb.

Stadtzentrum Saalfelds

Im ehemaligen Franziskanerkloster am Münzplatz, einem der großartigsten mittelalterlichen Bauwerke Thüringens, befindet sich seit 1904 das Stadtmuseum. Innenhof, Kreuzgänge und Gewölbe beherbergen umfangreiche Sammlungen zur Geschichte, Kultur und Kunst Saalfelds und seiner Umgebung. Ein Mekka für Freunde der Gegenwartskunst ist die Saale-Galerie mit ihren zahlreichen Ausstellungen von Arbeiten renommierter Künstler aus dem In- und Ausland.

Das Residenzschloss der Herzöge von Sachsen-Saalfeld mit Schlosspark und Brunnen (heute Landratsamt des Kreises Saalfeld-Rudolstadt) wurde 1677–1720 am Ort der alten Königspfalz und des Benediktinerklosters aus dem 11. Jahrhundert errichtet. In der Dreiflügelanlage finden sich wertvolle Stuckarbeiten, Deckengemälde und die prächtige Barock-Kapelle. Hier wurde Prinz Louis Ferdinand von Preußen aufgebahrt, der am 16. Oktober 1806 in der Schlacht bei Saalfeld ums Leben kam. Im Ortsteil Graba ist die schmucke Kirche St. Gertrudis zu bewundern, die Urkirche des Saalfelder Königshofes. Am südöstlichen Rand der Altstadt, hoch über der Saale, stehen das alte Stadtschloss Kitzerstein und die Burgruine „Hoher Schwarm“, eines der bedeutendsten Wahrzeichen Saalfelds.

Feengrotten Saalfeld

Die größte Attraktion sind die Feengrotten, im Guinness-Buch der Rekorde als „farbenreichste Schaugrotte der Welt“ eingetragen. Ihren Namen verdanken sie der Schönheit ihrer Tropfsteine, die wie Feenhaar glänzen. 1914 konnte die Märchenwelt dieses mittelalterlichen Bergwerkes erstmals öffentlich bestaunt werden. Seither hat der Märchendom mit seiner Gralsburg im wundervollen Spiel von Licht und Farben viele Millionen Besucher aus aller Welt verzaubert und manchen Künstler inspiriert – darunter Siegfried Wagner zum Bühnenbild seines Bayreuther „Tannhäuser".

Schloss Burgk

Malerisch auf einem Bergsporn über der Saale gelegen, ist Schloss Burgk eine der wenigen Burgen in Deutschland, deren mittelalterliche Wehranlage fast vollständig erhalten blieb. 1365 erstmals urkundlich erwähnt und 1403 als Festung errichtet, wurde sie bis 1545 mehrfach modernisiert, um den neuen Feuerwaffen zu trotzen. Im 17. Jahrhundert erfolgte der Ausbau der Randhausburg, deren Gebäude als Wehrmauern dienten, zum Schloss. 1616 begründete Heinrich II. Reuß ältere Linie die erste selbständige Herrschaft Burgk.

Schlosskapelle Burgk

Ab 1697 diente das Schloss nicht mehr als Wohnsitz, sondern als Jagd- und Sommerschloss, dem Heinrich III. durch den Einbau der Silbermann-Orgel in der Schlosskapelle, die Einrichtung der Weißen Zimmer, die Ausstattung des Kleinen Saals mit Wandgemälden und durch die Parkanlage mit dem Sophienhaus künstlerischen Glanz verlieh. Nach der Fürstenenteignung 1918 verblieb das Schloss im Besitz der Familie Reuß. 1945 übernahm das Land Thüringen und 1952 der Landkreis Schleiz (der heutige Saale-Orla-Kreis) die Verwaltung. 1952 wurde das Museum eröffnet. Ab 1980 erfolgten kontinuierlich Sanierungs- und Restaurierungsarbeiten. Ihnen ist zu danken, dass bis 2008 alle Bereiche der Schlossanlage (darunter die Schlossküche mit dem größten Kamin Deutschlands) und die vielen Kostbarkeiten, die sich hinter der schlichten Fassade befinden, zugänglich wurden: historische Wohn- und Schauräume, wertvolles Interieur, Stuck und Dekor, Malereien und Trophäen. Auch die Kunstausstellungen und Konzerte, die Exlibris- und die Künstlerbücher-Sammlung, die Feste und Märkte, die Führungen und Orgelvorspiele sowie die reizvolle Möglichkeit der standesamtlichen oder kirchlichen Trauung machen das Schloss zu einem attraktiven und lebendigen Kulturzentrum im Saaleland. Und neben dem für die Konzerte genutzten Ritter- oder Festsaal, in dem 1970 ein 1722 vom Schleizer Meister Johann Tobias Hübe (Hiebe) gebautes kostbares Orgelpositiv aufgestellt wurde, bietet vor allem die Kapelle ein Beispiel feudaler Prunkentfaltung. Kanzel und Fürstenloge sind prächtige Kunstwerke des Schleizer Bildschnitzers Hans Balbierer und des Schleizer Malers Paul Keil aus dem Jahre 1624. Die Kanzel auf der Ostseite wird von einem Engel getragen und zeigt Jesus mit dem Lamm und der Weltkugel, die von den vier Evangelisten umgeben sind. Fünf Gemälde an der Westempore stellen Szenen aus der biblischen Geschichte dar. Und ein Nymphenreigen dient – ganz und gar weltlich – dem Schmuck und der Huldigung des Landesherren. Vervollständigt wird die fürstliche Ausstattung durch die Plastik der heiligen Margareta. 1910 erhielt das Gestühl seine jetzige Farbe; Decken und Wände wurden durch den Hofmaler Louis Neidhardt bemalt, dessen Arbeiten ebenso wie die des Greizer Bildhauers Bruno Schumann auch die Orgelempore verschönern. Rechts und links der Orgel und der Posaunenengel wurden zwei Gemälde Keils angebracht, die die heilige Cäcilia an der Tischorgel und den Harfe spielenden König David zeigen. Sie hatten früher das Orgelpositiv von Kerll geschmückt.

Naturpark Thüringer Schiefergebirge/Obere Saale

Die vielfältige und reizvolle Landschaft mit ihren dichten Wäldern und idyllischen Winkeln, mit steilen Felsen und den durch Sport und Verkehr belebten Wasserflächen ist mit dem Namen Naturpark Thüringer Schiefergebirge/ Obere Saale sehr anschaulich charakterisiert. Der Fluss, der den Landkreis

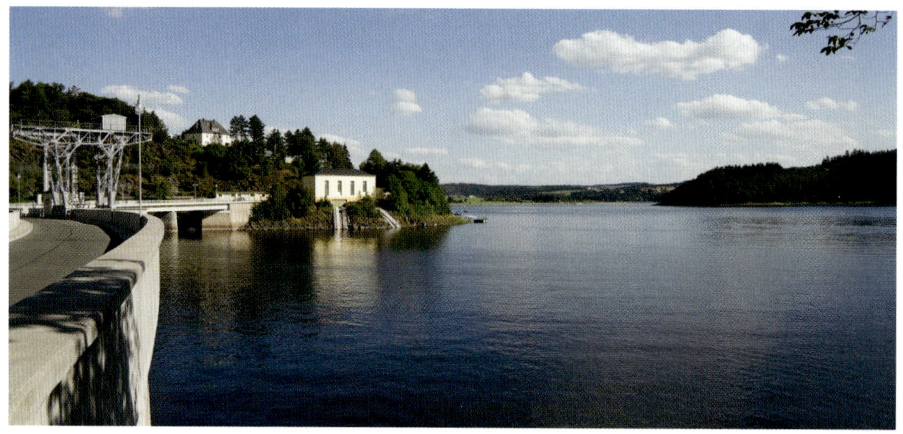

Bleiloch-Talsperre

zunächst in nördlicher und dann in westlicher Richtung nach Saalfeld hin durchwindet, bildet mit der fast 80 km langen und fünfmal gestauten „Saalekaskade" das Thüringer Meer. Die Bleiloch-Talsperre mit ihrer 60 m hohen Staumauer ist die größte Talsperre Deutschlands. Nicht selten stehen die landschaftlichen, historischen und kulturgeschichtlichen Sehenswürdigkeiten der Region mit der Geschichte des Fürstenhauses Reuß in enger Beziehung. 1887 entstand die Staatsbahn des Fürstentums Reuß jüngere Linie nach Schleiz, die 1930 durch die Schleizer Kleinbahn AG nach Saalburg und an die Sperrmauer Gräfenwarth weitergeführt wurde. In der ehemaligen Residenzstadt Bad Lobenstein nahe der Bleiloch-Talsperre befinden sich der Bergfried der alten Burg und das Barockschloss, in Saaldorf der Park mit dem Jagdschlösschen „Waidmannsheil" und in Ebersdorf das Barockschloss mit seiner klassizistischen Säulenfassade und der Schlosspark mit dem Grabmal für die Familie des Fürsten Heinrich XXVII. Reuß jüngere Linie. Ernst Barlach hat es entworfen. Sehenswert in Saalburg ist, neben den Resten von Stadtmauer und Burg, die Fürstenloge in der gotischen Stadtkirche. In Ziegenrück am östlichen Ausläufer des Hohenwarte-Stausees steht das ehemalige Wasserkraftwerk als technisches Denkmal. Attraktive Reiseziele im mittleren und nörd-

Saale-Orla-Kreis

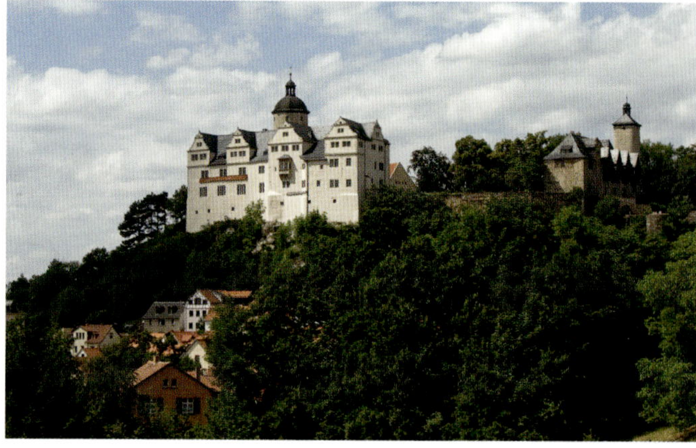

Burg Ranis

lichen Landkreis sind die Burg Ranis mit mannigfaltigen Ausstellungen und der Literaturakademie; die Ausgrabungsstätte Wysburg mit Überresten einer Raubritterburg aus dem 13. Jahrhundert; Pößneck, die größte Stadt in der Orla-Senke und von Goethe als „nahrhaftes Städtchen“ bezeichnet; Neustadt/Orla mit den mittelalterlichen Fleischbänken, dem Rathaus, dem Lutherhaus und der Stadtkirche St. Johannis, in der sich ein Altar von Lucas Cranach d. Ä. von 1513 und eine Orgel des Saalfelder Orgelbauers Johann Georg Fincke aus dem Jahre 1727 befinden; das an der Porzellan-Straße gelegene Triptis sowie die Seenlandschaft um Plothen.

Schleiz

Schleiz, die Kreisstadt, kann als Geburtsort des Porzellan-Erfinders Johann Friedrich Böttger, als Wirkungsort von Konrad Duden, als Veranstaltungsort des Schleizer Dreieckrennens und mit der markanten Bergkirche, der Begräbnisstätte des Reußischen Fürstenhauses, von sich reden machen und interessante Besucherziele vorweisen.

Rudolstadt

Information	Touristinformation Markt 5 07407 Rudolstadt Tel.: 03672 486440 Fax: 03672 486444 E-Mail: info@rudolstadt.de
Sakrale Bauten	Stadtkirche St. Andreas, Lutherkirche, Katholische Kirche, Waldkirche Weißbach
Museen	Thüringer Landesmuseum Schloss Heidecksburg, Freilichtmuseum Thüringer Bauernhäuser, Schillerhaus, Aelteste Volkstedter Porzellanmanufaktur (Gläserne Manufaktur), Rudolf Kämmer Porzellanmanufaktur, Handwerkerhof, Flößereimuseum Uhlstädt, Sägewerk Oberkrossen, Schloss Kochberg

Saalfeld

Information	Saalfelder Feengrotten und Tourismus GmbH Feengrottenweg 2 07318 Saalfeld Tel.: 03671 5504-0 Fax: 03671 5504-40 E-Mail: info@feengrotten.de Tourist-Information Saalfeld Markt 6 07318 Saalfeld Tel.: 03671 522181 Fax: 03671 522183 E-Mail: info@saalfeld-tourismus.de
Sakrale Bauten	Johanneskirche, Schlosskapelle, Martinskapelle, Katholische Kirche Corpus Christi, ehemalige Nikolaikirche, Gertrudiskirche Saalfeld-Graba, Marienkirche Saalfeld-Gorndorf, Nikolauskapelle Saalfeld-Köditz
Museen	Stadtmuseum im ehemaligen Franziskanerkloster, Saale-Galerie, Saalfelder Feengrotten, Gefängnis „Hutschachtel“, Schlösschen Kitzerstein, Burgruine Hoher Schwarm, Darrtor, Kunsthof Remschütz, Schützenmuseum Saalfeld-Köditz

Schleiz, Saale-Orla-Kreis

Informationen	Stadtinformation Schleiz Amt für Wirtschaft u. Stadtmarketing Neumarkt 13 07907 Schleiz Tel.: 03663 428735 Fax: 03663 424288 E-Mail: tourist-info@schleiz.de Tourismusverbund Rennsteig-Saaleland/ LRA Saale-Orla-Kreis Oschitzer Straße 4 07907 Schleiz Tel.: 03663 421466 Fax: 03663 421642 E-Mail: info@rennsteigsaaleland.de
Sakrale Bauten	Stadtkirche, Bergkirche (beide Schleiz), Schlosskapelle Burgk, Johanniskirche Neustadt/O., Brüdergemeine Ebersdorf, Bartholomäuskirche Pößneck
Museen	Heimatmuseum Schleiz, Alte Münze Schleiz, Wasserkraftmuseum Ziegenrück, Museum Schloss Burgk, Deutsch-Deutsches Museum Mödlareuth, Museum Rosenbrauerei Pößneck, Museum Haus Schwandke Triptis, Museum Burg Ranis, Alte Papierfabrik Blankenberg, Orlabahnmuseum Langenorla, Heinrichshütte Wurzbach, Gerberei- und Stadtmuseum Hirschberg, Stadtmuseum Pößneck, Stadtmuseum Neustadt/Orla

Dispositionen

Die Stimmtonhöhe bezieht sich generell – wenn nicht anders vermerkt – auf den Ton a'. Die Schreibweise der Registernamen entspricht denen an der jeweiligen Orgel. Alle Angaben beschreiben den gegenwärtigen Zustand der Orgeln. Die Schreibweise der Registernamen entspricht denen an der jeweiligen Orgel; lediglich die Bezeichnung ‚Fuß' wurde mit dem Zeichen ' einheitlich dargestellt.

 Trost-Orgel in der **Schlosskirche zu Altenburg**

HAUPTWERK I. MANUAL		OBERWERK II. MANUAL		PEDAL		NEBENREGISTER
Groß-Quintadena	16'	Geigenprincipal	8'	Principal Bass	16'	Manual-Schiebekoppel
Flaute traverse	16'	Lieblich Gedackt	8'	Violon Bass	16'	Windcoppel (Pedalkoppel)
Principal	8'	Vagarre	8'	Sub Bass	16'	Glockenspiel 4'/HW c'-c'''
Bordun	8'	Quintadena	8'	Octaven Bass	8'	Tremulant HW
Spitzflöte	8'	Hohlflöte	8'	Posaunen Bass	32'	Tremulant OW
Viol di Gamba	8'	Gemshorn	4'	Posaunen Bass	16'	Calcant
Rohrflöte	8'	Flaute douce	2 f. 4'	Trompetten Bass	8'	
Octave	4'	Nasat	3'	Quintaden Bass*	16'	
Kleingedackt	4'	Octave	2'	Flaut travers Bass*	16'	
Quinte	3'	Waldflöte	2'	Bordun Bass*	8'	
Super Octave	2'	Superoctava	1'	Octav Bass*	4'	
Blockflöte	2'	Cornet ab g°	5 f.	Mixtur Bass*	6–8 f.	
Sesquialtera	2 f.	Mixtur	4–5 f.			
Mixtur	6–9 f.	Vox humana	8'			5 Transmissionen aus dem Hauptwerk in das Pedal (=*)
Trompete	8'					
		KLAVIATURUMFÄNGE: Manuale: C–c''' Pedal: C–c'		STIMMTONHÖHE: 468 Hz bei 15 °C		STIMMUNGSART: ungleichschwebend, nach Neidhardt I

 Silbermann-Orgel in der **Friedenskirche zu Ponitz**

HAUPTWERK I. MANUAL		OBERWERK II. MANUAL		PEDAL		NEBENREGISTER
Bordun	16'	Principal	8'	Principal-Bass	16'	Manualschiebekoppel OW/HW
Principal	8'	Gedackt	8'	Octaven-Bass	8'	Pedalkoppel I
Viol di Gambe	8'	Quintadehn	8'	Posaunen-Bass	16'	Tremulant HW
Rohr=Flöthe	8'	Octava	4'			Schwebung OW
Octava	4'	Rohr=Flöthe	4'			Glockenspiel 4'/Oberwerk c'–c'''
Spitz=Flöthe	4'	Nassat	3'			Balgglocke
Qvinta	3'	Octava	2'			
Octava	2'	Gemßhorn	2'			
Tertia	1 3/5'	Qvinta	1 1/2'			
Cornett ab c'	3 f.	Suffloeth	1'			
Mixtur	4 f.	Sesquialtera	4/5', ab c' 1 3/5'			
		Cimbel	2 f.			
		Vox humana	8'			
		KLAVIATURUMFÄNGE: Manuale: C, D–c''' Pedal: C, D–c'		STIMMTONHÖHE: 463 Hz bei 15 °C		STIMMUNGSART: gleichstufig

 Donat-Trost-Orgel in der **Schlosskirche zu Eisenberg**

OBERWERK I. MANUAL		BRUSTWERK II. MANUAL		PEDAL		NEBENREGISTER
Principal	8'	Gedackt	8'	Sub-Bass	16'	Manual-Schiebekoppel
Quintadena	8'	Principal	4'	Octva-Bass	8'	Pedalkoppel OW/P
Offne Flöte	8'	Nacht-Horn	4'	Posaunen-Bass	16'	Tremulant BW
Grobgedeckt	8'	Spitz-Flöthe	2'	Trompeten-Bass	8'	
Flöthe travers	8'	Quinte	1 1/3'			
Octava	4'	Suff-Flöthe	1'			
Rohr-Flöthe	4'	Singend Regal	8'			
Quinta	3'					
HohlFlöthe	2'					
Mixtur	5f.					
		KLAVIATURUMFÄNGE: Manuale: C, D – c''' Pedal: C, D – d'		STIMMTONHÖHE: 467,3 Hz bei 15 °C		STIMMUNGSART: modifiziert mitteltönig

 Peternell-Orgel zu **Denstedt**

HAUPTWERK I. MANUAL		OBERWERK II. MANUAL		PEDAL		NEBENREGISTER
Quintatön	16'	Lieblichgedackt ab c°	16'	Subbass	16'	Manualkoppel
Principal	8'	Geigenprincipal	8'	Violon	16'	Pedalkoppel HW/P
Hohlflöte	8'	Lieblichgedackt	8'	Principalbass	8'	Calcantenwecker
Viola di Gamba	8'	Harmonika	8'	Gedacktbass	8'	
Octave	4'	Geigenprincipal	4'			
Hohlflöte	4'	Flauto dolce	4'			
Quintflöte	3'					
Octave	2'					
Mixtur 4 f.	2'					
		KLAVIATURUMFÄNGE: Manual: C – f''' Pedal: C – d'		STIMMTONHÖHE: 440 Hz bei 18 °C		STIMMUNGSART: gleichstufig

 Schuke-Orgel (Hauptorgel) im **Dom St. Marien zu Erfurt**

HAUPTWERK II. MANUAL		RÜCKPOSITIV I. MANUAL		SCHWELLWERK III. MANUAL		PEDAL	
Principal	16'	Principal	8'	Bordun	16'	Principal	32'
Oktave	8'	Metallgedackt	8'	Geigenprincipal	8'	Principal	16'
Rohrflöte	8'	Quintadena	8'	Holzgedackt	8'	Violon	16'
Gambe	8'	Oktave	4'	Flauto traverso	8'	Subbass	16'
Nassat	5 1/3'	Rohrflöte	4'	Salicional	8'	Zartbass*	16'
Oktave	4'	Hohlquinte	2 2/3'	Schwebung ab c°	8'	Nassat	10 2/3'
Nachthorn	4'	Oktave	2'	Oktave	4'	Oktave	8'
Quinte	2 2/3'	Waldflöte	2'	Blockflöte	4'	Cello	8'
Oktave	2'	Terz	1 3/5'	Viola da gamba	4'	Gedacktbass	8'
Cornett ab f°	5 f.	Quinte	1 1/3'	Nassat	2 2/3'	Oktave	4'
Großmixtur	6 f.	Oktave	1'	Piccolo	2'	Flötenbass	4'
Kleinmixtur	4 f.	Scharff	5 f.	Terz	1 3/5'	Hintersatz	3 f.
Trompete	16'	Cromorne	8'	Septime	1 1/7'	Mixtur	5 f.
Trompete	8'	Vox humana	8'	Mixtur	3 – 6 f.	Fagott	32'
Trompete	4'			Bombarde	16'	Posaune	16'
				Hautbois	8'	Trompete	8'
		Transmission aus dem SW (=*)		Trompete harmonique	8'	Clairon	4'

NEBENREGISTER
Manualkoppeln: RP/HW sowohl mechanisch wie auch elektrisch, SW/HW, SW/RP
Pedalkoppeln: HW/P, RP/P, SW/P
Tremulant RP
Tremulant SW
Tutti
Crescendo-Walze
Schwelltritt für III
Registerfessel
Zungenabsteller
Tastenfessel HW
Setzeranlage
USB-Schnittstelle

KLAVIATURUMFÄNGE:
Manuale: C – a'''
Pedal: C – g'

STIMMTONHÖHE:
440 Hz bei 17 °C

STIMMUNGSART:
gleichstufig

 Schuke-Orgel (Chororgel) im **Dom St. Marien zu Erfurt**

HAUPTWERK I. MANUAL		OBERWERK II. MANUAL		PEDAL		NEBENREGISTER
Pommer	16'	Gedackt	8'	Subbaß	16'	Manualkoppel OW/HW
Principal	8'	Principal	4'	Oktave	8'	Pedalkoppeln: HW/P, OW/P
Koppelflöte	8'	Rohrflöte	4'	Baßflöte	8'	Tremulant OW
Oktave	4'	Gemshorn	2'	Rohrpommer	4'	4 freie Kombinationen
Gemshorn	4'	Quinte	1 1/3'	Holzflöte	2'	
Nasssat	2 2/3'	Sifflöte	1'	Baß-Aliquote	4 f.	Sowohl vom eigenen Spieltisch als auch von der Hauptorgel aus spielbar
Oktave	2'	Sesquialtera	2–3 f.	Mixtur	5 f.	
Mixtur	6 f.	Scharff	5–7 f.	Posaune	16'	
Scharff	4 f.	Dulcian	8'	Trompete	8'	
Trompete	8'			Feldtrompete	4'	
		KLAVIATURUMFÄNGE: Manuale: C–a''' Pedal: C–g'		STIMMTONHÖHE: 440 Hz bei 17 °C		STIMMUNGSART: gleichstufig

 Volckland-Orgel in der **Neuwerkskirche St. Crucis zu Erfurt**

HAUPTWERK I. MANUAL		BRUSTWERK II. MANUAL		PEDAL		NEBENREGISTER
Quintadena	16'	Quintadena	8'	Principalbass	16'	Manualschiebekoppel
Principal	8'	Gedackt	8'	Subbaß	16'	Pedalkoppel HW/P
Viola di Gamba	8'	Flaute douce	8'	Violone	16'	Noli me tangere
Bordun	8'	Principal	4'	Octavbass	8'	Tremulant
Gemshorn	8'	Nachthorn	4'	Octavbass	4'	Ventil Manual
Traversiere	8'	Quinta	3'	Posaune	16'	Glocken c, e, g, c
Octava	4'	Octava	2'			
Quinta	3'	Terz	1 3/5'			
Octave	2'	Mixtur	4 f.			
Sesquialtera	2 f.					
Cymbel	4 f.					
Mixtur	4 f.					
Vox humana	8'					
		KLAVIATURUMFÄNGE: Manuale: C, D–c''' Pedal: C, D–c'		STIMMTONHÖHE: 466 Hz bei 17 °C		STIMMUNGSART: Kirnberger II

 Steinmeyer-Orgel in der **Johann-Sebastian-Bach-Kirche zu Arnstadt**

HAUPTWERK I. MANUAL		OBERWERK II. MANUAL		SCHWELLWERK III. MANUAL		PEDAL	
Bordun	16'	Quintatön	16'	Lieblich Gedackt	16'	Prinzipal	16'
Principal	8'	Principal	8'	Geigenprinzipal	8'	Violon	16'
Viola di Gamba	8'	Spitzflöte	8'	Lieblich Gedackt	8'	Subbaß	16'
Gemshorn	8'	Quintatön	8'	Flauto piano	8'	Quintbaß	10 2/3'
Schweizerflöte	8'	Viola d'amour	8'	Hessiana	8'	Prinzipal	8'
Bordun	8'	Gedackt	8'	Salicional	8'	Violoncello	8'
Rohrflöte	8'	Flauto traverso	8'	Vox celestis	8'	Gedackt	8'
Hohlflöte	8'	Oktave	4'	Geigenprinzipal	4'	Oktave	4'
Quintflöte	5 1/3'	Spitzflöte	4'	Nachthorn	4'	Posaune	16'
Oktave	4'	Viola	4'	Flauto dolce	4'	Trompete	8'
Fugara	4'	Rauschquinte	2f.	Geigenprinzipal	2'		
Rohrflöte	4'	Mixtur	5f.	Sesquialter	2f.		
Quinte	2 2/3'	Klarinette	8'	Progressivharm.	3-6f.		
Oktave	2'			Oboe	8'		
Cornett	5f.						
Mixtur	5f.						
Cymbel	3f.						
Trompete	8'						
NEBENREGISTER: Manualkoppeln III/I, II/I, III/II Pedalkoppeln III/P, II/P, I/P Tremulant für III Schwelltritt für III Setzerkombinationen		KLAVIATURUMFÄNGE: Manuale: C–a''' Pedal: C–f'		STIMMTONHÖHE: 440 Hz bei 18 °C		STIMMUNGSART: gleichstufig	

 Wender-Orgel in der **Johann-Sebastian-Bach-Kirche zu Arnstadt**

OBERWERK II. MANUAL		BRUSTWERK und POSITIV I. MANUAL		PEDAL		NEBENREGISTER
Principal	8'	Still gedackt	8'	Sub Bass	16'	Coppel (Manualschiebe-koppel BW/OW)
Viol di Gamb	8'	Principal	4'	Principal	8'	Pedal Coppel OW/P
Quinta dena	8'	Spitzflöte	4'	Posaunen Bass	16'	Tremulant HW
Grob gedackt	8'	Nachthorn	4'	Cornet Bass	2'	Cymbelstern C-Dur
Gemshorn	8'	Quinta	3'			Cymbelstern G-Dur
Offene Quinta	6'	Sesquialtera doppelt				
Octava	4'	Mixtur	3f.			
Mixtur	4f.					
Cymbel doppelt						
Trompete	8'					
KLAVIATURUMFÄNGE: Manuale: C, D–c''' Pedal: C, D–c'		STIMMTONHÖHE: 465 Hz bei 18 °C		STIMMUNGSART: ungleichschwebend nach J. F. Wender mit 7 reinen Quinten		

 Gerhard-Schönefeld-Orgel in der **St. Bartholomäi-Kirche zu Dornheim**

HAUPTWERK I. MANUAL		OBERWERK II. MANUAL		PEDAL		NEBENREGISTER
Principal	8'	Lieblich Gedackt	8'	Subbaß	16'	Pedalkoppel HW/P
Bordun	8'	Quintatön	8'	Gedacktbaß	8'	Pedalkoppel OW/P
Viola di Gamba	8'	Principal	4'	Nachthorn	4'	Manualkoppel
Oktave	4'	Rohrflöte	4'			Tremulant OW
Gedackt	4'	Oktave	2'			
Quinte	2 2/3'	Sifflöte	1'			
Waldflöte	2'	Sesquialtera	2 f.			
Mixtur	4 f.					
KLAVIATURUMFÄNGE: Manuale: HW: C – c'''; OW: C, D – c''' Pedal: C – c'				STIMMTONHÖHE: 440 Hz bei 18 °C		STIMMUNGSART: gleichstufig

 Volckland-Hesse-Orgel in der **St. Lukaskirche zu Mühlberg**

HAUPTWERK I. MANUAL		OBERWERK II. MANUAL		PEDAL		NEBENREGISTER
Quintatön	16'	Quintatön	16'	Subbaß	16'	Pedalkoppel HW/P
Principal	8'	Gedact	8'	Violon	16'	Manualkoppel
Hohlflöte	8'	Flaut travers	8'	Octavbaß	8'	Glockenspiel
Viola di Gamba	8'	Principal	4'	Flötenbaß	4'	Glockenaccord
Gedact	8'	Nachthorn	4'	Posaune	16'	Tremulant OW
Gemshorn	8'	Spitzflöte	4'			Calcant
Octave	4'	Octave	2'			
Quinte	3'	Mixtur	3 f.			
Octave	2'					
Sesquialtera	2 f.					
Mixtur	4 f.					
Cimbel	3 f.					
Trompeta	8'					
KLAVIATURUMFÄNGE: Manuale: C – c''' Pedal: C – c'				STIMMTONHÖHE: 494 Hz bei 18 °C		STIMMUNGSART: Neidhardt III

 Trost-Orgel in der **Stadtkirche „Zur Gotteshilfe" zu Waltershausen**

HAUPTWERK II. MANUAL		BRUSTWERK I. MANUAL		OBERWERK III. MANUAL		PEDAL	
Portun-Untersatz	16'	Gedackt	8'	Flöte Dupla	8'	Groß Principal	16'
Groß Qvintadena	16'	Nachthorn	8'	Vagarr	8'	Sub-Baß	16'
Principal	8'	Principal	4'	Hohl-Flöte	8'	Violon-Baß	16'
Gemshorn	8'	Flöte douce	2f. 4'	Flöte travers (klingend 4')	8'	Octaven-Baß	8'
Viol d' Gambe	8'	Nachthorn	4'	Geigen-Principal (eigener Ventilkasten über dem Spieltisch)	4'	Celinder-Qvinta	6'
Portun	8'	Gemshorn	4'	liebl. Principal	4'	Posaunen-Baß	32'
Qvintadena	8'	Spitz-Qvinta	3'	Spitzflöte	4'	Posaunen-Baß	16'
Unda maris	8'	Nassad-Qvinta	3'	Gedackt-Qvinta	3'	Trompeten-Baß	8'
Octava	4'	Octava	2'	Wald-Flöte	2'	Qvintadenen-Baß*	16'
Salcional	4'	Sesqvialtera	1-2f. 1 3/5'	Vox humana	8'	Viol d' Gamben-Baß*	8'
Röhr-Flöta	4'	Mixtura	4f. 2'			Portun-Baß*	8'
Celinder-Qvinta	3'	Hautbous	8'			Octava*	4'
Super-Octava	2'					Rohr-Flöten-Baß*	4'
Sesqvialtera	1-2f. 1 3/5'					Mixtur-Baß*	6-8f.
Mixtura	6-8f. 2'						
Fagott	16'					6 Transmissionen aus dem HW ins Pedal (=*)	
Trompetta	8'						

NEBENREGISTER:
Koppeln: OW/HW (Hakenkoppel)
BW/HW (Schiebekoppel)
HW/P (Windkoppel)
BW/P (Hakenkoppel)
Tremulant zur Vox humana
Tremulant zu allen Manualen, zwei Cymbelsterne (C-Dur, G-Dur), Calcant, Zug für die Sperrventile

KLAVIATURUMFÄNGE:
Manuale: C-c'''
Pedal: C-d'

STIMMTONHÖHE:
466,8 Hz bei 15 °C

STIMMUNGSART:
modifizierte mitteltönige Stimmungsvariante

 Thielemann-Orgel in der **Dreifaltigkeitskirche zu Gräfenhain**

HAUPTWERK II. MANUAL		BRUSTWERK I. MANUAL		PEDAL		NEBENREGISTER
Quintatön	16'	Quintatön	8'	Subbass	16'	Manualschiebekoppel BW/HW
Principal	8'	Gedackt	8'	Violonbass	16'	Windkoppel HW/P
Gedackt	8'	Gedackt	4'	Octavenbass	8'	Zwei Cymbelsterne
Octava	4'	Octava	2'	Posaunenbass	16'	Glockenspiel
Spiel Flaute	4'	Quinta	1 1/3'			Tremulant
Quinta	3'	Octava	1'			Calcant
Octava	2'	Mixtur	4f.			
Tertia	1 3/5'					
Mixtur	6f.					
Trombetta	8'					

KLAVIATURUMFÄNGE:
Manuale: C, D-c'''
Pedal: C, D-c'

STIMMTONHÖHE:
gis = 447 Hz bei 15 °C

STIMMUNGSART:
modifiziert mitteltönig

 Schuke-Orgel in der **Kirche Divi Blasii zu Mühlhausen**

HAUPTWERK II. MANUAL		RÜCKPOSITIV I. MANUAL		BRUSTWERK III. MANUAL		PEDAL	
Quintadena	16'	Gedackt	8'	Stillgedackt	8'	Untersatz	32'
Prinzipal	8'	Quintadena	8'	Flöte	4'	Prinzipal	16'
Viola di Gamba	8'	Prinzipal	4'	Prinzipal	2'	Subbaß	16'
Rohrflöte*	8'	Salicional	4'	Quinte	1 1/3'	Oktave	8'
Oktave	4'	Oktave	2'	Terz	1 3/5'	Gedacktbaß*	8'
Gedackt	4'	Spitzflöte	2'	Mixtur	3 f.	Oktave	4'
Nassat	2 2/3'	Quintflöte	1 1/3'	Schalmei	8'	Nachthorn*	2'
Oktave	2'	Sesquialtera	2 f.			Rohrflötenbaß	1'
Sesquialtera	2f.	Cymbel	3 f.			Mixtur	4 f.
Cymbel	2f.	Dulzian*	8'			Posaune	16'
Mixtur	4f.			* = Register, die zu Bachs Disposition von Schuke hinzugefügt wurden		Trompete	8'
Fagott	16'					Cornetbaß	2'
Trompete*	8'						

NEBENREGISTER:
Manualkoppeln: BW/HW, RP/HW
Pedalkoppeln: HW/P, RP/P als Fußtritte
Tremulant RP
Tremulant BW
Cimbelstern

KLAVIATURUMFÄNGE:
Manuale: C–d'''
Pedal: C–f'

STIMMTONHÖHE:
441 Hz bei 15 °C

STIMMUNGSART:
J.S. Bach 1722 (Wohltemperiertes Clavier), leicht modifiziert

 Trost-Orgel in der **Walpurgiskirche zu Großengottern**

HAUPTWERK I. MANUAL		BRUSTWERK II. MANUAL		PEDAL		NEBENREGISTER
Große Quintatön	16'	Lieblich Gedackt	8'	Subbaß	16'	Windcoppel HW/P
Principal	8'	Principal	4'	Groß Viol di Gamb Baß	16'	Pedalcoppel BW/P
Viol di Gamba	8'	Fledouse	2 f. 4'	Principal Baß	8'	Manualcoppel BW/HW
Bordun	8'	Quinta	3'	Groß-Posaun Baß	16'	Tremulant
Principal	4'	Octava	2'	Quintathön Baß*	16'	Sperrventil
Gembshorn	4'	Mixtur	3 f.	Bordun Baß*	8'	Cymbelsterne C und G
Groß Quinta	3'			Octav Baß*	4'	
Nashat	3'			Trompeten Baß*	8'	
Supraoctava	2'					
Terz	1 3/5'					
Groß Mixtura	4 f.					4 Transmissionen aus dem Hauptwerk ins Pedal (= *)
Trompete	8'					

KLAVIATURUMFÄNGE:
Manuale: C, D–c'''
Pedal: C, D–c'

STIMMTONHÖHE:
464 Hz bei 15 °C

STIMMUNGSART:
Werckmeister; Generalbaß-Unterweisung 1698

 Orgel in der **Kapelle auf Burg Bodenstein**

MANUAL	
Gedackt	8'
Principal	4'
Gedackt minor	4'
Spitz-Flöthe	2'
Mixtur	2 f.

KLAVIATURUMFANG:
C, D–c'''

STIMMTONHÖHE:
470 Hz bei 19,5 °C

STIMMUNGSART:
Neidhardt III

 Schuke-Orgel in der **St. Georgenkirche zu Eisenach**

HAUPTWERK I. MANUAL		OBERSEITENWERK II. MANUAL		SCHWELLWERK III. MANUAL		PEDAL	
Bordun	16'	Quintadena	16'	Koppelflöte	8'	Untersatz	32'
Principal	8'	Großoktave	8'	Spitzgedackt	8'	Principal	16'
Rohrflöte	8'	Gedackt	8'	Salicional	8'	Offenbass	16'
Quintadena	8'	Principal	4'	Schwebung	8'	Subbass	16'
Oktave	4'	Traverseflöte	4'	Principal	4'	Oktave	8'
Spitzflöte	4'	Rohrnassat	2 2/3'	Blockflöte	4'	Gemshorn	8'
Quinte	2 2/3'	Oktave	2'	Dulzflöte	4'	Oktave	4'
Superoktave	2'	Nachthorn	2'	Gemsquinte	2 2/3'	Rohrpommer	4'
Sesquialtera	3 f.	Terz	1 3/5'	Weitoktave	2'	Flachflöte	2'
Groß-Mixtur	6–8 f.	Quinte	1 1/3'	Sifflöte	1'	Bass-Aliquote	3 f.
Klein-Mixtur	5 f.	Jauchzendpfeife	2 f.	Tertian	2 f.	Hintersatz	3 f.
Fagott	16'	Scharff-Mixtur	5 f.	Oberton	2 f.	Mixtur	4–5 f.
Trompete	8'	Terz-Cymbel	3 f.	Mixtur	6 f.	Posaune	16'
		Krummhorn	8'	Dulcian	16'	Trompete	8'
		Vox humana	8'	Hautbois	8'	Dulcian	8'
				Schalmei	4'	Clairon	4'

NEBENREGISTER:
Manualkoppeln: OSW/HW, SW/HW, SW/OSW
Pedalkoppeln: HW/P (mechanisch), OSW/P, SW/P (elektrisch)
Tremulant OSW
Tremulant SW
8 elektrische Setzerkombinationen (davon 5–8 werkgeteilt), Organum plenum, Setzknopf, Rücksteller, Zungen ab, Einzelausschalter für 11 Zungen, Walze an, Handregister zur Walze, Schwelltritt für III

KLAVIATURUMFÄNGE:
Manuale: C–a'''
Pedal: C–f'

STIMMTONHÖHE:
440 Hz bei 18 °C

STIMMUNGSART:
gleichstufig

 Jehmlich-Orgel in der **Kapelle auf der Wartburg zu Eisenach**

MANUAL		PEDAL		NEBENREGISTER
Gedackt	8'	Subbaß	16'	Pedalkoppel
Salizional	8'			Tremulant
Prinzipal	4'			
Rohrflöte	4'			
Oktave	2'			
Sifflöte	1'			
Sesquialtera ab c'	2 f.			
Mixtur	3 f.			

KLAVIATURUMFANG:
C–f' bzw. g'''; Register geteilt in Bass- und Diskantbereich h°/c'

STIMMTONHÖHE:
440 Hz bei 16 °C

STIMMUNGSART:
gleichstufig

 Orgelpositiv von Eberhardt Antony Heinrich im **Bachhaus zu Eisenach**

MANUAL	
Gedackt	8'
Flöte	4'
Principal	2'
Cymbel	2–3 f.

KLAVIATURUMFANG:
C, E–c''' (kurze Oktave)

STIMMTONHÖHE:
445 Hz bei 18 °C

STIMMUNGSART:
Bach/Barnes

 Orgelpositiv eines unbekannten Orgelbauers aus der Schweiz im **Bachhaus zu Eisenach**

MANUAL			
Gedact	8'		
Flöte	4'		
Principal	4'		
KLAVIATURUMFANG: C–c'''		STIMMTONHÖHE: 438 bei 18 °C	STIMMUNGSART: Neidhardt 1729

 Meyer-Orgel in der **Schlosskapelle der Wilhelmsburg zu Schmalkalden**

MANUAL		NEBENREGISTER	
Gedackt	8'	Tremulant	
Principal	4'	Vogelschrey	
Spitzoctav	2'		
Cymbel	$^{1}/_{6}$'		
Regal	8'		
Regal	4'		
KLAVIATURUMFANG: C, D, E, F, G, A, B–a'' (kurze Oktave)		STIMMTONHÖHE: 476,5 Hz bei 15 °C	STIMMUNGSART: mitteltönig

 Walcker-Orgel in der **St. Jakobuskirche zu Ilmenau**

HAUPTWERK I. MANUAL		POSITIV II. MANUAL		SCHWELLWERK III. MANUAL		PEDAL	
Prinzipal	16'	Quintatön	16'	Lieblich Gedackt	16'	Prinzipalbaß	16'
Bourdon	16'	Prinzipal	8'	Geigenprinzipal	8'	Violonbaß	16'
Prinzipal	8'	Rohrflöte	8'	Lieblich Gedackt	8'	Subbaß	16'
Doppelflöte	8'	Flauto amabilé	8'	Konzertflöte	8'	Bourdon*	16'
Gedeckt	8'	Quintatön	8'	Viola	8'	Harmonikabaß	16'
Gambe	8'	Salicional	8'	Aeoline	8'	Quintbaß	10 $^{2}/_{3}$'
Gemshorn	8'	Prinzipal	4'	Voix céleste	8'	Oktavbaß	8'
Dolce	8'	Flauto traverso	4'	Flûte octaviante	4'	Violon	8'
Oktave	4'	Quinte	2 $^{2}/_{3}$'	Fugara	4'	Bourdon	8'
Rohrflöte	4'	Piccolo	2'	Flautino	2'	Violoncello*	8'
Gemshorn	4'	Mixtur	4 f.	Sesquialtera	2 f.	Zartbaß*	8'
Quinte	2 $^{2}/_{3}$'	Clarinette	8'	Cymbel	3 f.	Prinzipalflöte	4'
Oktave	2'			Basson	16'	Cornettbaß	5 f.
Cornett	3–5 f.			Trômpete harmonique	8'	Bombarde**	32'
Mixtur	5 f.			Oboe	8'	Posaune	16'
Scharff	4 f.			Clairon	4'	Basson*	16'
Trompete	8'					Trompete	8'
Cor anglais	4'					Clairon*	4'

NEBENREGISTER:
Manualkoppeln: Pos/HW, SW/HW, SW/Pos
Pedalkoppeln: HW/P, Pos/P, SW/P
Superoktavkoppeln III/I, II/I u. Pedal
Suboktavkoppeln III/I u. II/I
Schwelltritt für III
Tremulant SW
Glockenspiel Pos
5 Transmissionen HW/P bzw. SW/P (= *)
Einführungstritte für Rohrwerke u. Mixturen für jedes Werk einzeln und für ganzes Werk, Ped. Tutti
Die Superoktavkoppeln II/I und III/I sind in der 16'-, 8'- und 4'-Lage bis zum a'''' ausgebaut.

KLAVIATURUMFÄNGE:
Manuale: C–a'''
Pedal: C–f'

**Extension von Posaune

STIMMTONHÖHE:
438 Hz bei 15 °C

STIMMUNGSART:
gleichstufig

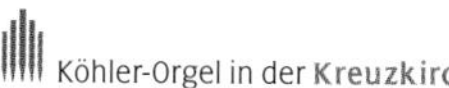

Köhler-Orgel in der **Kreuzkirche zu Suhl**

HAUPTWERK I. MANUAL		OBERWERK II. MANUAL		PEDAL		NEBENREGISTER
Quinthaden	16'	Bordun	16'	Principal	16'	Manualcopel OW/HW
Principal	8'	Principal	8'	Sub bass	16'	Pedalcopel I
Gemshorn	8'	Hohlfloit	8'	Violon bass	16'	Evacuant
Gamba	8'	Fagav	8'	Quint bass	12'	Glockenspiel c' – c'''
Floit travers	8'	Quinthön	8'	Octav bass	8'	Sakristeyklingel
Gedact	8'	Gedact	8'	Hohlfloit	4'	Calcant
Quinta	6'	Octav	4'	Posaun bass	16'	
Octav	4'	Nassatquint	3'	Fagott bass	16'	
Floit duce	4'	Waldfloit	2'	Trompet bass	8'	
Octav	2'	Octav	2'			
Sesquialtera	2 f.	Flashinal	1'			
Mixtur	6 f.	Tercian	2 f.			
Dulcian	16'	Mixtur	4 f.			
Hoboe	8'	Trompet	8'			
		Vox humana	8'			
		KLAVIATURUMFÄNGE: Manuale: C, D – c''' Pedal: C, D – d'		STIMMTONHÖHE: 481 Hz bei 15 °C		STIMMUNGSART: Bach-Kellner

Schippel-Seeber-Orgel (Schwalbennest-Orgel) in der **Kilian-Kirche zu Bedheim**

HAUPTWERK (Hauptorgel) II. MANUAL		RÜCKPOSITIV (Schwalbennestorgel) I. MANUAL		PEDAL		NEBENREGISTER
Gedackt	8'	Gedackt	8'	Subbaß	16'	Pedaltrennung
Viola da Gamba	8'	Großprincipal	4'	Violon	16'	Manualschiebekoppel
Quintatöna	8'	Hohlflöten	4'	Principalbaß	8'	Tremulant
Principal	4'	Principal	2'			Transponierkoppel Obermanual
Kleingedackt	4'	Quinta	1 1/2'			
Octav	2'	Cymbel	2 f.			
Sesquialtera	2 f.	Hautbois	8'			
Mixtur	3 f.					
		KLAVIATURUMFÄNGE: Manuale: C, D – c''' Pedal: C, D – c'		STIMMTONHÖHE: g' = 438,33 Hz bei 16,9 °C		STIMMUNGSART: Bach-Kellner

 Walcker-Orgel („Reger-Orgel") in der **Stadtkirche zu Meiningen**

HAUPTWERK I. MANUAL		OBERWERK II. MANUAL		SCHWELLWERK III. MANUAL		PEDAL	
Principal	16'	Principal	8'	Nachthorn	16'	Principalbass	16'
Quintadena	16'	Flöte	8'	Principal	8'	Violonbass	16'
Principal	8'	Italienischer Principal	4'	Rohrflöte	8'	Subbass	16'
Hohlflöte	8'	Flute harmonique	4'	Dolce	8'	Gedacktbass*	16'
Gambe	8'	Nasard	2 2/3'	Vox coeleste	8'	Quintbass	10 2/3'
Gedackt	8'	Principal	2'	Kleinprincipal	4'	Octavbass	8'
Oktave	4'	Piccolo	2'	Blockflöte	4'	Violoncello	8'
Gemshorn	4'	Terz	1 3/5'	Schwiegel	2'	Bassflöte*	8'
Rohrflöte	4'	Sifflöte	1'	Quinte	1 1/3'	Octavbass	4'
Quinte	2 2/3'	Cymbel	5f.	Cymbel	5f.	Pedalmixtur	5f.
Oktave	2'	Dulzian	16'	Krummhorn	8'	Posaune	16'
Schwiegel	2'	Klarinette	8'	Messingregal	4'	Trompete	8'
Cornett	3–5f.	Schwebung	8'			Schalmey	4'
Mixtur	5–7f.					Singend Cornett	2'
Scharf	4f.						
Trompete	8'						
Clarine	4'						

NEBENREGISTER:
Manualkoppeln: OW/HW, SW/HW, SW/OW
Pedalkoppeln: HW/P, OW/P, SW/P
Super- und Subkoppeln
Tremulant OW
Tremulant SW
Setzerkombination SK II, A–H, 1–8, drei verschließbare Registerebenen, Koppeln und Spielhilfen verschiedenster Art (u.a. Crescendo-Walze)

KLAVIATURUMFÄNGE:
Manuale: C–c''''
Pedal: C–f'

STIMMTONHÖHE:
440 Hz bei 16 °C

STIMMUNGSART:
gleichstufig

2 Transmissionen SW/P (= *)

Ladegast-Orgel in der **Stadtkirche St. Andreas zu Rudolstadt**

HAUPTWERK II. MANUAL		OBERWERK I. MANUAL		ECHO III. MANUAL		PEDAL	
Bordun	16'	Lieblich Gedackt	16'	Lieblich Gedackt	8'	Principalbaß	16'
Principal	8'	Geigenprincipal	8'	Flauto traverso	8'	Violon	16'
Doppelfloete	8'	Rohrflöte	8'	Viola d'amour	8'	Subbaß	16'
Flauto Amabile	8'	Salicional	8'	Aeoline	8'	Baßflöte	8'
Viola di Gamba	8'	Oktave	4'	Salicional	4'	Cello	8'
Principal	4'	Flauto Minor	4'			Quinte	5 1/3'
Gemshorn	4'	Progressio	2-4f.			Octave	4'
Oktave	2'	Clarinette (z.Zt. stumm)	8'			Posaune	16'
Quinte	2 2/3'						
Cornett	2-3f.						
Mixtur	4f.						
Trompete	8'						

NEBENREGISTER:
Manualkoppel III/II, I/II
Pedalkoppel II/P
Feste Kombinationen: pp, p, mf, f, ff, Auslöser
Prolongement
Crescendo-Walze
Fußtritt Walze an/ab
Schwelltritt für III

KLAVIATURUMFÄNGE:
Manual: C-f'''
Pedal: C-d'

STIMMTONHÖHE:
439 Hz bei 15 °C

STIMMUNGSART:
gleichstufig

Sauer-Orgel in der **St. Johanneskirche zu Saalfeld**

HAUPTWERK I. MANUAL		OBERWERK II. MANUAL		SCHWELLWERK III. MANUAL		PEDAL	
Prinzipal	16'	Quintatön	16'	Lieblich Gedackt	16'	Contrabass	32'
Bordun	16'	Prinzipal	8'	Geigenprinzipal	8'	Prinzipalbass	16'
Prinzipal	8'	Rohrflöte	8'	Konzertflöte	8'	Violon	16'
Flute harmonique	8'	Spitzflöte	8'	Lieblich Gedackt	8'	Subbass	16'
Gemshorn	8'	Dulciana	8'	Schalmei	8'	Oktavbass	8'
Gedackt	8'	Salicional	8'	Aeoline	8'	Bassflöte	8'
Viola di gamba	8'	Oktave	4'	Voix celeste	8'	Violoncello	8'
Quintatön	8'	Flauto dolce	4'	Traversflöte	4'	Oktave	4'
Oktave	4'	Oktave	2'	Fugara	4'	Posaune	16'
Rohrflöte	4'	Progressio	2-3f.	Quintatön	4'	Trompete	8'
Oktave	2'	Clarinette	8'	Harmonia aethera	2-3f.	Clarine	4'
Rauschquinte	2f.			Oboe	8'		
Cornett	3-5f.						
Mixtur	3f.						
Trompete	8'						

NEBENREGISTER:
Manualkoppeln: OW/HW, SW/HW, SW/OW
Pedalkoppeln: HW/P, OW/P, SW/P
Tuttikoppel
Koppeln aus Walze, Tuttipedal, Zungen ab, Handregister ab, Walze, Schwelltritt für III, 3 freie Kombinationen, Tutti, Tutti ohne Rohrwerke, Man. 16' ab, Auslöser

KLAVIATURUMFÄNGE:
Manuale: C-f'''
Pedal: C-f'

STIMMTONHÖHE:
443 Hz bei 17 °C

STIMMUNGSART:
gleichstufig

Silbermann-Orgel in der **Kapelle auf Schloss Burgk**

MANUAL		PEDAL		NEBENREGISTER	
PRINCIPAL	8'	SUB-BASS	16'	TREMVLANT	
Gedackt	8'			Klingel (gegenwärtig Pedalkoppel)	
QVINTADEN	8'				
OCTAVA	4'				
Rohr Flöthe	4'				
NASAT	3'				
OCTAVA	2'				
Qvinta	1 1/2'				
SUFFLET	1'				
SESQVIALTERA 4/5', ab c' 1 3/5'					
MIXTUR	3f.				
		KLAVIATURUMFÄNGE: Manuale: C, D – c''' Pedal: C, D – c'		STIMMTONHÖHE: 463 Hz bei 17 °C	STIMMUNGSART: modifiziert nach Silbermann-Sorge

Literatur

A. W. Gottschalg, Liszts „legendarischer Kantor". Ausstellungsflyer, Stadtmuseum Weimar 2008

Altenburg. Auf Stadterkundung. Text Roland Ludwig. Altenburg 1998

Altenburg. Text Lieselotte Swietek. Erfurt 1991 (Kleine Thüringen-Bibliothek)

Eberhard Altenfelder, Kilian-Kirche Bedheim. Informationsblatt Bedheim 2007

Eberhard Altenfelder, Die Orgeln in der Kilian-Kirche Bedheim. Informationsblatt der Kilian-Kirche Bedheim 2007/08

Arnstädter Bachbuch. Hrsg. von Karl Müller und Fritz Wiegand. Arnstadt 1957

Baedeker. Allianz Reiseführer Deutschland. Ostfildern 2001

Baedeker. Allianz Reiseführer Deutschland Osten. Ostfildern 2008

www.Burg-Bodenstein.de

Hermann J. Busch, Ladegast, Friedrich. Art. in MGG, 2. Aufl. Personenteil, Bd. 10, Sp. 998 – 1000. Kassel et. al. 2003

Ulrich Dähnert, Die Donat-Trost-Orgel in der Schloßkirche zu Eisenberg in Thüringen. In: Walcker-Hausmitteilungen Nr. 31 u. 32. Ludwigsburg 1963/64, S. 11 – 24 u. S. 9 – 23

Georg Dehio, Handbuch der deutschen Kunstdenkmäler – Thüringen. München 2003

Albrecht Dietl, Die Orgeln der Meininger Stadtkirche seit dem 16. Jahrhundert. Ein Beitrag zur Geschichte des Orgelbaus. Prüfungsarbeit, eingereicht zum Staatsexamen für Kirchenmusiker (A-Prüfung) 1957 (Ms.)

Die Eilert-Köhler-Orgel in der Kreuzkirche zu Suhl. Festschrift und Programm der Festwoche vom 02. Juni bis 10. Juni 2007 zur Wiedereinweihung nach Restaurierung und Rekonstruktion durch Alexander Schuke Orgelbau Potsdam. Hrsg. vom Gemeindekirchenrat der Kreuzkirchengemeinde. Suhl 2007

Eisenberg. Porträt einer Kreisstadt in Thüringen. Gera 2000

Eisenberg ist sagenhaft. Stadtverwaltung Eisenberg/Voigt & Partner. Gera 2007

Festschrift zur Weihe der Hauptorgel im Mariendom zu Erfurt. Erfurt 1993

Festschrift zur Weihe der Trost-Orgel in der Walpurgiskirche zu Großengottern am 14. September 1997, Leipzig 1997

Festschrift zur Orgelweihe und 275-jährigem Jubiläum der Stadtkirche Waltershausen. Waltershausen 1998

Felix Friedrich, Der Orgelbauer Heinrich Gottfried Trost. Leipzig 1989

Felix Friedrich, Orgeln in Altenburg. Landratsamt Altenburg, Kulturamt 1990

Felix Friedrich, Booklet zur CD „Die Renaissance-Orgel von Daniel Meyer auf Schloß Wilhelmsburg". Aarton-Verlag Bretzfeld 1992

Felix Friedrich, Zwei Volkland-Orgeln in Thüringen. Booklet zur CD „Johann Christoph Bach: Orgelwerke". Aarton-Verlag Bretzfeld 1992 (Bachhaus-Edition Vol. 5)

Felix Friedrich, Orgelbau in Thüringen – Bibliographie. Kleinblittersdorf 1994

Felix Friedrich, Booklet zur CD „Die Orgelpositive im Bachhaus zu Eisenach". Aarton-Verlag Bretzfeld 1995 (Bachhaus-Edition Vol. 11)

Felix Friedrich, Die musikgeschichtliche Bedeutung der Trost-Orgel zu Großengottern. In: Festschrift zur Weihe der Trost-Orgel in der Walpurgiskirche zu Großengottern am 14. September 1997. Leipzig 1997, S. 10/11

Felix Friedrich (Red.), Die Trost-Orgel in der Schlosskirche Altenburg. Schlossverwaltung Altenburg 1998 (altenburgica Heft 6)

Felix Friedrich, „... noch eines und das andere an der Disposition geändert ..." Die Entdeckung einer Quelle zu Gottfried Silbermanns Orgelbau in Ponitz 1737. In: Orgel International 1999/3, S. 195 – 199

Felix Friedrich, Der Orgelbau in Thüringen zur Bachzeit. In: Der junge Bach, weil er nicht aufzuhalten ... Erfurt 2000, S. 60 – 83

Felix Friedrich, Die Orgeln von Tobias Heinrich Gottfried Trost. Ein Orgelführer. Altenburg 2001

Felix Friedrich, Der Orgelbauer Franciscus Volckland. Sonderdruck aus: DULCE MELOS ORGANUM. Festschrift Alfred Reichling zum 70. Geburtstag. Im Auftrag der Gesellschaft der Orgelfreunde herausgegeben von Roland Behrens und Christoph Grohmann. Mettlach 2005, S. 191 – 211

Felix Friedrich/Wolfgang Bauer, Orgeln im Kreis Schmölln. Schmölln 1989

Verena Friedrich, Der Dom St. Marien zu Erfurt. Passau 2007

Martin Geck, Johann Sebastian Bach. Reinbek bei Hamburg 1993

Gottfried Gille, Geschichte der Orgeln in der Oberkirche St. Walpurgis zu Großengottern. In: Festschrift zur Weihe der Trost-Orgel in der Walpurgiskirche zu Großengottern am 14. September 1997. Leipzig 1997, S. 12 – 25

Christian Glöckner, REGER-Orgel der Meininger Stadtkirche. In: Meiningen-Lexikon zur Stadtgeschichte (Red. Johannes Mötsch). Meiningen 2008, S. 169 u. S. 179/180

Frank-Harald Greß, Die Orgeln Gottfried Silbermanns. 3. Aufl. Dresden 2007

Handbuch der historischen Stätten Deutschlands – Thüringen. Stuttgart 1981

Günter Hart, Daniel Meyer – Orgelmacher zu Göttingen. In: Acta Organologica, Bd. 11. Berlin 1977, S. 119 – 134

Hartmut Haupt, Die Orgel der Kapelle im Schloss Wilhelmsburg. Schmalkalden 1979

Hartmut Haupt, Die Orgel der Kapelle im Schloss Eisenberg. Rat des Kreises Eisenberg 1982

Hartmut Haupt, Johann Sebastian Bachs Einfluss auf den Orgelbau in Mühlhausen. Mühlhäuser Beiträge H. 8/1985, S. 35 – 38

Hartmut Haupt (Hrsg.), Orgeln im Bezirk Gera. Rat des Bezirkes Gera 1989

Hartmut Haupt, Zur Orgellandschaft Thüringens. In: Ars organi, 43. Jg., H. 1. 1995

Hartmut Haupt, Orgeln in Ost- und Südthüringen. Bad Homburg 1995

Hartmut Haupt, Die Trost-Orgel in der Walpurgiskirche zu Großengottern – ein thüringisches Orgeldenkmal. In: Festschrift zur Weihe der Trost-Orgel in der Walpurgiskirche zu Großengottern am 14. September 1997. Leipzig 1997, S. 8/9

Hartmut Haupt, Orgeln in Nord- und Westthüringen. Bad Homburg 1998, S. 26–28

Hartmut Haupt, Die Trost-Orgel in Waltershausen – ein herausragendes Denkmal der Thüringer Orgellandschaft. In: Festschrift zur Orgelweihe und 275-jährigem Jubiläum der Stadtkirche Waltershausen. Waltershausen 1998

Bernd Heim, Bedheim. Eine kleine Betrachtung zur Historie des Ortes. In: www.bernd-heim.de/html/bedheim.html

Irene und Gunter Hempel, Wahre Geschichten um Thüringens Musikleben. Taucha 2005

Michael von Hintzenstern, Kirchen im Weimarer Land: 22 Porträts. Rudolstadt & Jena 1999

Michael von Hintzenstern, Die Liszt-Orgel zu Denstedt. Konzertplan 2008

Historischer Führer, Stätten und Denkmale der Geschichte in den Bezirken Erfurt, Gera, Suhl. Leipzig/Jena/Berlin 1978

Rainer Höh, Thüringer Wald. Bielefeld 2004

Herbert Hüllemann, Die Tätigkeit des Orgelbauers Gottfried Silbermann im Reußenland. Leipzig 1937

Hans Rudolf Jung, Musik und Musiker im Reußenland. Höfisches und städtisches Musikleben in den Residenzen der Staaten Reuß ä. L. und j. L. vom 17. bis 19. Jahrhundert. Jena & Weimar 2007

Kilian-Kirche Bedheim in Thüringen. In: www.schwalbennest-orgel.de, Klaus W. Seyferth 1999–2009

Eberhard Kneipel/Johannes C. Virdung, Streifzüge durch die mitteldeutsche Musiklandschaft. Rostock 2000

Wilhelm Kümpel, Die Orgelwerke des Erfurter Domes im 20. Jahrhundert. In: Festschrift zur Weihe der Hauptorgel im Mariendom zu Erfurt. Erfurt 1993, S. 10–12

Die Ladegast-Orgel in der Stadtkirche St. Andreas zu Rudolstadt. Festschrift zur Wiedereinweihung am 11. September 2005

Elke Lang, Die Orgel von Gottfried Silbermann im Schloß Burgk. Staatliches Museum Schloß Burgk 1988

Markus Lang, Der Orgelbau in der Geschichte des Erfurter Domes bis zum 20. Jahrhundert. In: Festschrift zur Weihe der Hauptorgel im Mariendom zu Erfurt. Erfurt 1993, S. 5–8

Paul Lehfeldt, Bau- und Kunstdenkmäler Thüringen. Großherzogthum Sachsen-Weimar-Eisenach. Jena 1893

Erhard Mauersberger, Gutachten über den Umbau der Orgel in der Stadtkirche in Meiningen. 1932

Roland Mehlig, Der Förderverein Renaissanceschloss Ponitz. In: www.renaissanceschloss-ponitz.de/html

Siegfried Neumann, Die Traukirche in Dornheim. In: www.bach-in-dornheim.de

Claus Oefner, Die Musikerfamilie Bach in Eisenach. Eisenach 1984

Claus Oefner, Johann Christoph Bachs Eisenacher Stertzing-Orgel. In: Freiberger Studien zur Orgel H. 7, S. 10–18

Claus Oefner, Zur Geschichte der Orgel in der St. Georgenkirche zu Eisenach. In: www.bachchor.eisenachonline.de

Sabine Ortmann, Die Dreifaltigkeitskirche Gräfenhain. In: www.thielemannorgel.de

Uwe Pape (Hrsg.) unter Mitarbeit von W. Hackel, G. Gille u. H. Fischer, Lexikon norddeutscher Orgelbauer. Bd. 1: Thüringen und Umgebung. Berlin 2009

Georg Pilz, Kunstführer durch die DDR. Leipzig/Jena/Berlin 1974

Günter Pohlenz, „Nach der von Bach geleiteten Restauration". Die Orgel in der Divi Blasii Kirche zu Mühlhausen in Thüringen. In: triangel, Das Kulturmagazin von MDR FIGARO. H. 9/2000, S. 20–23

Gottfried Preller, Geschichte der Orgel in der Johann-Sebastian-Bach-Kirche zu Arnstadt. In: Thüringer Orgeljournal 2000. Herausgegeben vom Verein Thüringer Orgelsommer, S. 19–45

Gottfried Preller, Die Orgeln der Johann-Sebastian-Bach-Kirche zu Arnstadt. In: www.preller-gottfried.de/html/Bach-Kirche.htm

Die Puppenstadt Waltershausen inmitten von Natur und Kultur. Stadtverwaltung Waltershausen o. J.

Restaurierungsberichte der Wender-Orgel in der Bachkirche in Arnstadt und der Steinmeyer-Orgel von 1913. In: www.orgelbau-hoffmann.de

Restaurierung Gräfenhain. In: www.orgelbau-waltershausen.de

Restaurierung Mühlberg. In: www.orgelbau-waltershausen.de

Restaurierung Saalfeld. Restaurierungsbericht der Orgelbaufirma Rösel & Hercher. Saalfeld 1998

Reinhard Rüger, Die architektonisch-ästhetische Konzeption der neuen Hauptorgel des Domes zu Erfurt. In: Festschrift zur Weihe der Hauptorgel im Mariendom zu Erfurt. Erfurt 1993, S. 13–21

Rudolstadt & seine Ecken. Ein kleiner Reiseverführer. Tourist-Information Rudolstadt o. J.

Saalfeld/Saale. Stadtgeschichte(n) erleben. Stadtverwaltung Saalfeld 2004 ff.

Heinz Sawade, Schweitzer und die Mühlhäuser Bachorgel. In: Albert Schweitzer. Beiträge zu Leben und Werk. Berlin 1965, S. 167–170

Schloss Bedheim. Landschaft und Lebensqualität. Hrsg. vom Förderverein Schloss Bedheim e.V. In: www.schloss-bedheim.de

Winfried Schrammek, Bach-Orgeln in Thüringen und Sachsen. In: Johann Sebastian Bach. Lebendiges Erbe. Beiträge zur Bach-Pflege der DDR, Heft 11. Leipzig 1983

Klaus-Michael Schreiber, Die Restaurierung der Eilert-Köhler-Orgel. In: Ars organi·55. Jg.·H. 3 2008

Matthias Schuke, Die klangliche Konzeption der Hauptorgel im Dom zu Erfurt. In: Festschrift zur Weihe der Hauptorgel im Mariendom zu Erfurt. Erfurt 1993, S. 22 – 24

Reinhard Siegesmund, Die Geschichte der Kirche zu Ponitz. In: www.kirche-ponitz.de

Joachim Stade, Geschichtlicher Überblick über die Orgeln in der Stadtkirche Waltershausen. In: Festschrift zur Orgelweihe und 275-jährigem Jubiläum der Stadtkirche Waltershausen. Waltershausen 1998, S. 21 – 25

Martin Stade, Zur Geschichte der Stadtkirche Waltershausen. In: Festschrift zur Orgelweihe und 275-jährigem Jubiläum der Stadtkirche Waltershausen. Waltershausen 1998, S. 7 – 9

Stadtbilder aus Eisenberg und Bürgel. Leipzig 1993

Rolf Stangenberger, Crotus Rubeanus – der berühmteste Dornheimer. In: www.bach-in-dornheim.de

Torsten Sterzik, Die Orgel der St. Jakobuskirche Ilmenau. In: Thüringer Orgeljournal, Jg. 1994, S. 71 – 78

Torsten Sterzik, Orgeln von Wilhelm Sauer. Sauerorgeln in Thüringen. In: Thüringer Orgeljournal, Jg. 1995, S. 30 – 52

Claudia Streitberger, Johanneskirche – Evangelische Stadtkirche Saalfeld. Regensburg o. J.

Martin Sünder, Mühlhausen – Gastgeber des 84. Deutschen Bachfestes 2009 der Neuen Bachgesellschaft. In: Thüringer Staatsanzeiger Nr. 24/2008 vom 16. Juni 2008, Titel- u. letzte Seite

Die Theaterstadt Meiningen. Tourist-Information Meiningen 2008

Eva Tödtmann (Red.), Die Suhler Eilert-Köhler-Orgel. Ein barockes Klangdenkmal in der Kreuzkirche. Suhl 2004

Thielemann-Orgel Gräfenhain. In: www.thielemannorgel.de

Manfred Ungelenk, Die Silbermannorgel auf Schloß Burgk. Neu bearbeitet und ergänzt von Elke Dehmel. Wissenschaftliche Beratung: Hartmut Haupt, Winfried Schrammek, Helmut Werner. Staatliches Museum Schloß Burgk 1983

Die Walcker-Orgel in der St. Jakobuskirche zu Ilmenau. Herausgegeben vom Gemeindekirchenrat der ev.-luth. Kirchgemeinde Ilmenau und vom Ilmenauer Orgelverein e. V. 1993

Rudolf Walter, Max Regers Kirchenkonzerte in Thüringen. Wiesbaden 1978

Winfried Warsitzka, Herzog Christian von Sachsen und der Bau der Schloßkirche zu Eisenberg. Jena 1992

Kristian Wegscheider, Bericht über die Arbeiten an der Orgel in der Kapelle der Burg Bodenstein. Dresden 1995

Helmut Werner, Restaurierungsbericht zur Trost-Orgel in Großengottern. In: Festschrift zur Weihe der Trost-Orgel in der Walpurgiskirche zu Großengottern am 14. September 1997. Leipzig 1997, S. 44 – 52

Wikipedia. Die freie Online-Enzyklopädie

Helmut Wirth, Max Reger mit Selbstzeugnissen und Bilddokumenten. Reinbek bei Hamburg 1991

Franz Zeilinger, Der Neubau der Bach-Orgel und die Wiederherstellungsarbeiten im Inneren der Kirche Divi Blasii in Mühlhausen. In: Bach-Festbuch. 36. Bachfest der Neuen Bachgesellschaft in Mühlhausen. Mühlhausen 1959, S. 61 – 72

Register der Orgelbauer

Das Register umfasst die Namen aller Orgelbauer und Orgelbaufirmen, die im Hauptteil des Buches genannt sind, ferner die aller physisch an der Errichtung bzw. Restaurierung Beteiligten (z.B. Prospektschnitzer, Restauratoren). Nicht verzeichnet werden in den Bildunterschriften, im Dispositionsanhang und im Literaturverzeichnis genannte Namen. Der Erbauer einer heute noch existenten Orgel steht für alle Seiten seines Instrumentes verzeichnet, auch wenn sein Name nicht auf jeder Seite neu genannt ist. Das Register ist nicht buchstabengetreu, sondern sinngemäß aufgebaut (Beispiel: Johann Tobias Gottfried Trost erhielt auch dann einen Eintrag, wenn im Text nicht sein Name, sondern nur „Vater von Tobias Heinrich Gottfried Trost" steht).

Impressum

3., verbesserte Auflage 2017

Herausgeber: Verlag Klaus-Jürgen Kamprad
Theo-Neubauer-Straße 7
04600 Altenburg
www.vkjk.de

ISBN 978-3-930550-67-8

Redaktion/Konzeption/Texte:
Felix Friedrich, Eberhard Kneipel
Gestaltung und Satz: Susanne Rödel
Fotos: Carsten Schenker (S. 51, S. 77, S. 116/119, S. 140 mit freundlicher Genehmigung der Stiftung Thüringer Schlösser und Gärten), S. 36 www.kunstverlag-peda.de, S. 80 links Stadtverwaltung Ohrdruf, S. 139 Stadtverwaltung Hildburghausen
Druck: Printing House Multiprint ltd., Slavyanska Str. 10A, 2230 Kostinbrod, Bulgaria
Gesetzt aus der F760Flare

242. Veröffentlichung der Gesellschaft der Orgelfreunde

Thüringer Osten

Thüringer Mitte

Thüringer Nordwesten

Thüringer Wald/Rhön

Thüringer Südosten